薛澜 何晋秋 等 ◎ 著

国家创新系统的演进与发展

以科教结合为视角

THE EVOLUTION AND
DEVELOPMENT OF
NATIONAL INNOVATION SYSTEM

社会科学文献出版社
SOCIAL SCIENCES ACADEMIC PRESS (CHINA)

编委会

主　编　薛　澜
副主编　何晋秋
编　委　刘念才　周　辉　陈　劲　杜德斌
　　　　　　郭菊娥　朱军文　姚　威　何　洁

序　言

　　"教育"与"科技"是人类社会发展中最重要的一类社会活动，它一方面通过传递生产生活经验来实现人类的生存与繁衍，又通过不断进行知识积累与技术创新来推动人类社会进步。在全球进入知识经济时代的 21 世纪，教育和科技更是成为提高国家劳动力水平，改善知识、技术与产业的创新能力，促进经济社会发展以及影响国家安全和全球竞争力的决定性因素。

　　在人类历史上，教育长时期为少数人所垄断，作为向人们传授知识和价值体系、培养官僚权贵的手段；科学受到宗教、迷信的排斥，难以为人们接受；而技术作为个人谋生的一种手段，仅在社会中、下层人群中流传。中国是历史悠久的文明古国之一，教育和科技的发展形成了自己的特点。中国的教育在两三千年前就有其重要的地位和使命，它不仅传授知识，也是教育人、维护社会秩序的一种重要手段，虽然它主要为统治阶层服务，注重价值观念的传递，忽略理性思维的培养，但是也为社会各阶层的流动提供了上升渠道，因而也引起社会各阶层对教育的高度重视。在科学技术方面，中国在历史上也有不少对于自然现象的观察发现以及各种改造自然世界的发明创造。但由于长期封建统治对思想的禁锢，现代科技发展所需的理性思维难以发展，这与倡导"知识就是力量"的西方国家相比，中国的科技发展在近代明显滞后。直到 20 世纪 20 年代"五四运动"中倡导"科学"、"民主"，才在国内逐渐引起重视。1949 年中华人民共和国成立之后，国家大力支持教育与科技的发展，对现代科技体系进行了宏观布局，在义务教育和高等教育方面也积极推进。尤其是改革开放之后，中国的教育和科技体制改革如火如荼，全社会教育水平空前提高，科学研究与创新能力取得了长足进展，为中国 2020 年实现小康奠定了坚实的基础。

　　本研究重点关注高等教育和科学技术活动。按照传统的理解，高等教育与科技是两种不同的社会活动，有着各自的使命和内容。高等教育的根本任务是传授知识、提升能力和培养德行，其重点是知识和价值体系的整理、存储和传递。科技则是认识世界、改造世界，创造社会物质、精神财富、发展经济的重要手段。对"教育"和"科技"的这种理解导致二者长期以来相互分离，各自发展。直至德国在 200 年前

（1810年）首先提出了教育与研究在高等学校应同时发展，强调科学研究在高等学校的重要性，初步确立了科教结合的概念；1876年美国在这一概念的基础上建立了世界第一所"研究型大学"，设立研究生院，正式将科学研究与高等教育结合起来，既培养高水平的人才，也创造高水平的科技研究成果。至20世纪中叶，美国进一步提出，教育和科技应该为社会发展和进步服务，并在高等学校推行；德国在发展"双元制"教育的过程中，将技术人才的培养引入更大范围的教育机构，至此，教育与科技开始从各个层面相结合。

中国在20世纪50年代初，受当时认识和历史条件限制，将高等教育与科学技术研究及生产应用分离，高等学校只承担教学任务，而科学研究由独立的科研机构进行，生产应用则由国有企业完成。随着科技的发展，这一做法不利于创新人才培养和高校发展，影响科技创新能力的提升的弊端也更加显现。自80年代以来，中国通过多种方式强调科技与教育结合，使我们在各类人才培养和科学技术方面逐步取得了一定的进展。但是，对教育与科技之间的深层关系及科教结合的必要性，在高校、研究机构和相关政府部门之间尚未形成共识，影响了科教结合潜力的充分发挥。正因为如此，如何促进教育与科技更好地结合成为当前中国科技与教育领域亟待解决的理论和实践问题。

目前，"科教结合"尚没有一个准确的定义，它的含义包括了较多的内容，"科教结合"中的"科"可以从内容的角度理解为"科技"（科学与技术体系），也可以从微观的角度理解为"科研"（科学研究），而"教育"同样可以从宏观的角度理解为"教育体系"，也可以从微观的角度理解为"教育活动"（教学）。这样，科教结合的内涵可以从以下几个方面来理解。

（1）科技教育结合，从宏观层面是指：科技事业推动教育事业的发展，同时教育事业也推动科技事业的发展。由于教育与科技在国家经济、社会创新发展中占有重要地位，科技与教育本身具有深刻的内在联系，它们的结合必然会在推动国家的经济、社会创新发展方面发挥重要的作用。

（2）从人才培养的角度讨论：科技与教育的结合能够提升各种类型人才的培养水平，如学术型研究人才、应用型技术人才和高技能人才等。科教结合将科学、技术内容，科学技术研究及开发的手段、方法和实践等带入各种不同类型人才培养的过程之中，将科学研究的最新成果及时转化为教学内容，使教育和人才培养得到全面、高质量的快速发展。

（3）从科技研究的角度讨论：教育与科技的结合，将教育资源（如大学生、研究生）引进研究机构；利用教育的理念、条件和方式培养科研机构和企业的研究人员；高校教师与研究机构研究人员合作研究，可以积极推进科技研究的发展。

（4）科教结合可以使教育机构和科研机构更好地发挥各自的长处，相互取长补短，在管理体制、机制上吸取有益经验，形成合力，不断改革创新，使科技、教育同时得到较快发展。

"科教结合推动国家创新发展"课题为科技部资助，教育部科技司组织的重点科研项目，2013年委托清华大学、上海交通大学、北京大学、浙江大学、华东师范大学和西安交通大学等高校有关部门和人员承担，由清华大学公共管理学院院长薛澜教授担任课题总负责人，在课题进行中先后召开多次项目研讨会，聘请有关专家、学者对各部分研究成果初稿进行审查评议，并由清华大学总课题组组织评议专家小组进行专题研讨。各位专家及总课题组提出修改建议，多次向各学校反馈，对部分章节的内容组织力量反复探讨。各承担任务的学校及研究人员对研究工作认真负责，对研究报告进行修改。本课题于2015年完成研究任务并结题，研究成果经再次修改补充、整理后成为此书。

本研究成果共三个部分（六章），第一部分（第一至四章）为科教结合推动中国创新发展，主要包括：科教结合推动国家知识创新体系发展（高等学校和科研院所的国家知识创新体系建设）；高等学校科教结合的人才培养（新时期人才需求的新趋势，中国高校人才培养体系和路径以及不同类型高校的发展）；科教结合背景下的科研组织模式和相关科研管理机制；科教结合背景下的高校科技评价制度与机制。第二部分（第五章）为国家创新体系建设的国际趋势与战略。第三部分（第六章）为科教结合背景下协同创新的体制和机制。

在实施创新驱动发展战略，完善包括知识创新体系的国家创新体系，努力实现2020年进入创新型国家的过程中，科教结合是当前科技、教育领域面临的一个重要命题。中共中央、国务院发布的《国家创新驱动发展战略纲要》，进一步明确了中国创新驱动发展三步走的战略目标：要在2020年进入创新型国家行列的基础上，在2030年跻身创新型国家前列，并在2050年建成世界科技创新强国。面对这一十分艰巨和复杂的任务，中国高等学校和科研机构应协同合作，积极提升创新人才培养和科技创新水平，努力探索科教结合的路径和策略。目前，国内学者对这一问题讨论尚不够深入，本书对此进行了初步探索，尚有很多问题需要进一步深入研究，笔者诚恳地期待社会各界的批评和建议。本书希望能对此问题的研究发挥一定的作用，通过大家共同努力，使科教结合在推动中国创新发展方面有较大的进展，取得更大的成效，为实现建成世界科技创新强国的战略目标做出更大的贡献。

薛澜、何晋秋
2016年6月

目 录
CONTENTS

第1章 科教结合推动国家知识创新体系发展 …………………………… 001
    1.1 科教结合的国家知识创新体系 ………………………………………… 001
    1.2 高等学校和科研院所与国家知识创新体系建设 …………………… 020
    1.3 中国科教结合知识创新体系的顶层设计 …………………………… 054

第2章 高等学校科教结合的人才培养 ……………………………………… 065
    2.1 建设创新型国家对人才培养的新要求 ……………………………… 065
    2.2 科教结合的高校人才培养的基本理论 ……………………………… 070
    2.3 中国科教结合人才培养的改革创新 ………………………………… 074
    2.4 运用科教结合理念,指导高校分类改革 …………………………… 080
    2.5 运用科教结合理念,推动不同类型高校发展 ……………………… 087

第3章 科教结合背景下的科研组织模式和相关科研管理机制 ………… 114
    3.1 科研组织模式 …………………………………………………………… 114
    3.2 科技资源配置 …………………………………………………………… 132
    3.3 科教资源共享机制 ……………………………………………………… 149

第4章 科教结合背景下的高校教师评聘及科技评价制度 ……………… 175
    4.1 高校教师考核制度 ……………………………………………………… 175
    4.2 高校教师聘任制度 ……………………………………………………… 184
    4.3 高校科技评价制度 ……………………………………………………… 191
    4.4 优化中国高校教师考核聘任与评价制度的对策建议 …………… 206

第5章 国家创新体系建设的国际趋势与战略 …………………………… 215
    5.1 世界科技发展态势与创新力量分布格局 …………………………… 215

5.2 主要发达国家创新体系的共同特征与基本经验 ……………………… 221
5.3 新兴经济体创新体系建设的共同趋势与借鉴 ………………………… 239
5.4 主要发达国家和新兴经济体创新人才培养战略 ……………………… 250
5.5 主要发达国家和新兴经济体创新人才聚集战略 ……………………… 280

第6章 科教结合背景下协同创新的体制机制 …………………………… 299
6.1 协同创新的内涵和模式 ………………………………………………… 299
6.2 协同创新的国际比较 …………………………………………………… 327
6.3 "2011计划"实施情况 ………………………………………………… 351
6.4 推进中国协同创新能力建设的政策建议 ……………………………… 359

后　记 …………………………………………………………………………… 372

第1章 科教结合推动国家知识创新体系发展

1.1 科教结合的国家知识创新体系

1.1.1 中国知识创新体系建设现状

1.1.1.1 中国国家创新体系建设概况

①国家创新系统概述。20世纪80年代以来，为了分析国家特征要素对于科学技术创新能力的影响，一批学者提出了"国家创新系统"的概念，并发展成为理论。首次提出"国家创新系统"概念的是英国萨塞克斯大学（University of Sussex）科技政策研究中心的克里斯·弗里曼（Chris Freeman）教授，他在1987年以此概念分析"二战"后日本经济快速复苏的原因。① 此后，国家创新系统成为一个新的研究领域。

1997年，经济合作与发展组织（OECD）在其研究报告中指出，国家创新系统可以定义为由公共部门和私营部门的各种机构组成的网络，这些机构的活动和相互作用决定了一个国家扩散知识和技术的能力，并影响着国家的创新表现。我国学者王春法认为，国家创新系统是一种有关科学技术融入经济增长过程之中的制度安排，其核心内容是科技知识的生产者、传播者、使用者及政府机构之间的相互作用，并在此基础上形成科学技术知识在这个社会范围内循环流转和应用的良性机制。②

总的来说，国家创新系统理论的观点主要包括以下几个方面。

第一，国家创新系统是促进科学技术知识在整个系统中流动与应用的一种制度安排。现代经济增长除了依赖劳动力和资本流动外，更依赖于知识流（以各种各样的

---

① Chris Freeman, "The National System of Innovation in Historical Perspective," *Cambridge Journal of Economics* 19 (1995): 5–24.
② 王春法：《主要发达国家国家创新系统的历史演变与发展趋势》，经济科学出版社，2003。

科学技术知识形式体现)。知识经济将科学技术知识视为一种核心战略性资源,重视其在转变经济发展方式和培育新的经济增长点中表现出的巨大作用,因此,有必要设立这样一种促进知识生产、传播与应用的有关知识流的制度安排。

第二,知识流动效率直接影响一国的经济增长与创新绩效,知识流动是通过国家创新系统各组成部分之间的相互作用而实现的,相互作用的路径与方式决定了一国的创新效率和水平。有效率的知识流动可以最大限度地减少技术创新的不确定性,缩短创新时滞。世界银行报告认为,对于多数发展中国家而言,不能够迅速地消化、吸收和应用已有的科技成果是其经济落后的根本原因之一。①

第三,国家创新系统可能会存在"系统失灵"。创新绩效依赖于系统各组成部分之间的相互作用,但如果各主体未能有效承担恰当角色或是匹配不当,系统失灵就会发生。例如,公共部门基础研究与工业应用研究之间不匹配,高等学校系统、科研院所系统以及工业界之间缺乏必要的知识转移与共享机制,都可能会导致系统失灵。政府有必要进行干预,打破制度壁垒,促进各主体之间有效率的知识流动。

②中国国家创新体系建设概况。中国当前正处在深化改革开放、加快转变发展方式的攻坚期,科技创新在经济社会发展中的作用日益凸显,我国科技体制改革也进入了全面推进国家创新体系建设的新阶段。2005 年,国务院发布了《国家中长期科学和技术发展规划纲要 (2006~2020 年)》(以下简称《规划纲要》),确定了"自主创新,重点跨越,支撑发展,引领未来"的指导方针,并提出要全面推进中国特色国家创新体系建设。在 2006 年 1 月召开的全国科学技术大会上,中央政府明确提出了用 15 年时间把中国建设成为创新型国家的战略目标。

党中央、国务院在《关于深化科技体制改革加快国家创新体系建设的意见》中明确提出:到 2020 年,基本建成适应社会主义市场经济体制、符合科技发展规律的中国特色国家创新体系。党的十八大报告进一步强调:实施创新驱动发展战略,深化科技体制改革,推动科技和经济紧密结合,加快建设国家创新体系。

中国国家创新体系建设的重点包括:一是建设以企业为主体、产学研结合的技术创新体系,并将其作为全面推进国家创新体系建设的突破口;二是建设科学研究与高等教育有机结合的知识创新体系;三是建设军民结合、寓军于民的国防科技创新体系;四是建设各具特色和优势的区域创新体系;五是建设社会化、网络化的科技中介服务体系。②

国家创新体系实质上是把各类创新及创新主体和其他创新要素整合成一个系统,系统中各个主体之间的相互作用构成了国家创新体系的结构,并可以通过改变、调整

---

① 世界银行:《1998~1999 年世界发展报告——知识与发展》,中国财政经济出版社,1999。
② 《国家中长期科学和技术发展规划纲要 (2006~2020 年)》。

它们之间的关系，使其互相协调与协同，从而使系统在整体上发挥出最优功能。在新时期，建设中国国家创新体系主要体现为优化组织与制度安排，从而在国家层面上推动持续创新，提高国家的整体创新能力和自主创新能力，为提升中国的国际竞争力提供强大支撑。

1.1.1.2 知识创新体系在国家创新体系中的功能

知识创新体系在国家创新体系中的主要功能有四个方面：一是生产知识，尤其是开展实施原创性的基础研究，没有基础科学的进步，"创新"会受到局限，很难有重大突破，取得原创性的成果；二是培养和聚集创新人才，人才是科技创新的根本；三是传承和孕育创新文化；四是强化与其他创新体系的联系，以知识创造为纽带，通过各种方式加强与其他创新体系的联系，特别是与技术创新体系的联系，促进协同创新，推动知识的流动、传播和应用，真正发挥知识创新系统的效力。

知识创新体系的重要功能是进行基础科学和企业技术的基础理论研究，生产前沿性、原创性科技知识。知识创新是技术创新的源头，科学的每一次重大突破，往往都会对技术的创新、高新技术产业的形成和发展产生巨大的作用。科学研究的重大发现和理论突破往往孕育着新的知识革命，知识革命意味着知识体系、知识结构的大变革、大调整，必然引发技术和生产力方面的创新发展。当代信息技术、纳米技术和生物技术的迅速发展等无一不是建立在科学理论的突破之上。美国科学基金会的研究表明，美国近 25 年的经济增长，其 50% 要归功于以基础研究为动力的研究工作。只有以前沿基础科学研究作后盾，才能不断提高原始创新能力，增强国家经济发展的后劲。

培养创新人才是知识创新体系的重要功能之一。建设创新型国家，教育是源头，人才是关键。国家创新能力归根结底取决于人才的创新能力，人力资源对经济的贡献率正在不断上升。高等学校和科研院所作为知识创新体系的主体，有丰富的教学资源和科研资源，是培养创新型人才的摇篮。人才培育和成长需要一定周期和良好的环境，高等学校和科研院所多学科以及各学科综合交叉的学术环境，易于萌生新的学科或新的学科增长点，其研究成果也更具有创新性和前瞻性，因此也更有利于创新人才的培养。

文化传承和创新是知识创新体系的重要内容。创新是人们发现或产生新事物、新思想、新方法的活动，包含观念创新、制度创新、技术创新和管理创新。文化是创新的灵魂，开展创新活动首先要依赖于价值观和制度的变革，依赖于文化的变革。文化一方面为创新提供了知识和智力基础，另一方面为创新提供了思想背景和支撑体系，还为创新提供了确定其发展方向和发展趋势的价值观及意识形态。高等学校和科研院所是文化传承和创新的主要场所，因此，知识创新体系的这一功能也是其他创新体系无法取代的。

知识创新体系可以有效地通过"人才"、"知识"这两个创新关键要素，将知识创新活动、技术创新活动和经济创新活动联系起来。知识创新体系作为国家创新网络的"节点"和"纽带"，发挥着集结与辐射作用，通过将知识生产、知识传播与知识应用衔接起来，有效地将各创新力量集结在一起，形成合力，共同促进国家创新能力的提升。知识创新体系和技术创新体系是国家创新体系的核心，两者的相互交流与支撑能有效地提高创新效率。

1.1.1.3 中国知识创新体系的主体与结构

中国知识创新体系的主体是高等学校和科研院所，同时要充分发挥企业和政府在知识创新体系建设中的重要作用，加强这些主体之间的联系，促进知识在各主体之间的流动，切实提高我国创新体系的整体效力。

①高等学校和科研院所是知识创新的主体。高等学校是科教结合的知识创新体系的主体。从世界主要创新型国家的发展经验来看，高校创新不仅是实现创新人才培养的前提，也是构建国家创新体系的核心，是科技创新的源头和基础。芬兰国家创新体系建设的一条重要经验，就是通过建立系统的知识创新政策体系来实施知识创新，利用知识创新带动国家创新体系建设；美国国家创新体系的最大特点就是基础研究主要在大学中实施，美国大学实施着全国60%以上的基础研究；在所有的经济合作与发展组织国家和地区，大学的功能主要是教育和科学研究，不同形式的科技和教育的结合是高等教育发展的趋势。

在我国，高等学校是基础研究的主力，是高新技术研究和科技成果转化的重要力量，是创新人才培养最主要的基地。第一，高校具有明显的人力资源优势。2014年，高校基础研究经费占全国的比例超过50%；科技部共批准立项"973"项目152项，高校牵头承担的有101项，占总项目数的66%；国家杰出青年科学基金共资助200人，其中高校133人，占总人数的66.5%。① 2014年高校共有科研人员33.5万人，基础研究人员15.5万人，占全国科学研究（基础研究和应用研究）人员的49.1%。第二，高校拥有众多的科研创新基地和平台。截至2014年底，含筹建的国家实验室有19个，其中依托单位包含高校的国家实验室有11个，占全部的57.9%；截至2014年10月，依托高校的国家重点实验室有171个，占全部国家重点实验室的64%。② 第三，高校是基础研究的主力军，2014年高校发表SCI论文19.5万篇，占全国SCI论文的比重为83%。第四，高校是科技创新及应用的辐射源。随着高校的

---

① 教育部原副部长杜占元在2015年高等学校科技工作会议上的讲话。
② 教育部"高校创新驱动和科技发展'十三五'规划战略研究项目"："高校科技创新条件平台建设、布局与管理运行机制研究"。

"社会服务"职能和地位日益凸显,高校承担了越来越多的与企业合作的科研项目,包括应用研究、技术开发、技术服务和科技项目产业化等。

科研院所是知识创新体系的另一大主体。新中国成立时,几乎全盘照搬苏联集中型的科技体制,单独设置的中国科学院系统承担科学和技术研究,从那时起,科研院所便成为我国知识创新体系的主体。改革开放后,我国在不断深化科技体制改革,高校在知识创新体系中的作用不断凸显,但是科研院所仍然是我国知识创新体系的重要主体。第一,科研院所有丰富的科研经费,国家对科研院所的资金支持力度一直很大,2014年政府投入科研经费13015.6亿元,其中1926.2亿元投入科研院所,占政府科研经费的14.8%。第二,科研院所是促进高科技成果转移转化与高技术产业发展的基地之一。2014年,中国科学院通过科技成果转移转化,使地方企业当年新增销售收入3485.55亿元,比上年增长12.23%,利税470.28亿元,比上年增长10.44%。第三,与高校以自由探索为主要方式的研究不同,科研院所是我国任务导向型研究的主要机构,它更多地肩负着我国重大战略性研究的责任。

我国知识创新体系建设的重点是以建立开放、流动、竞争、协作的运行机制为中心,促进高等学校之间、科研院所之间及科研院所与高等院校之间的结合和资源集成。因此,高等学校与科研院所在知识创新体系内部也应有明确的定位,做到分工合理、竞合有序、优势互补。

②企业在知识创新体系中的定位。企业是技术创新体系的主体。对于知识创新体系而言,一方面由于知识创新成果具有典型的公共物品的非排他性和非竞争性特征,另一方面,作为知识创新基石的基础研究往往需要大量投入,且研究周期长、研究结果不确定,以追求经济利益为目标的企业不可能成为知识创新体系的主体。但是,这不等于企业完全不需要参与知识创新。企业结合自身需求,也需要组织和参与知识创新,开展基础研究或应用基础研究。通过加强与高等学校、科研机构之间的合作,形成知识创新网络,促进创新人才的培养与利用。

从科技发展的大趋势来看,企业提升知识创新能力非常必要。进入21世纪以来,随着新一轮科技革命和产业变革的兴起,全球科技创新呈现出新的发展态势。很多科学知识不仅能够直接应用到各个基础学科中,同时也具有明确的实用目的,能够立即形成产业化,而不再依赖从科学研究到技术开发再形成产业化这一传统路径,近些年蓬勃发展的纳米涂料行业就是例证。在科学技术研究中,基础研究、应用研究和技术开发的界限开始变得越来越模糊,科技创新链条更加灵巧,技术更新和成果转化更加快捷,产业更新换代不断加快。

在我国,企业的知识创新能力较弱,基础研究能力较低,基础研究经费绝大部分来自国家财政拨款。在国外的创新型国家,以美国为例,企业一直是基础研究的第二大投入者。2009年，美国基础研究经费支出达759.7亿美元，从来源看，企业占21.7%，联邦政府占53.2%，大学占14.2%，其他非营利组织占10.8%。①2013年我国企业基础研究执行经费只占全部基础研究经费总量的10.1%，其经费主要是通过承担国家重大科技计划项目从政府获得，而不是企业自行投入。在政策上引导和带动企业增加对基础研究的投入不仅是必要的，而且潜力巨大，尤其是战略性新兴产业。

③政府在国家知识创新体系中的责任。以科学研究为核心的知识创新体系建设对高等学校和科研院所提出了更高的要求，科技创新活动越来越体现出主体性、全局性、战略性和前瞻性。由于知识创新关系到国家综合科技实力和国际竞争力，各国政府在科学研究，尤其是基础研究领域都体现出了前所未有的偏好与关注。政府在国家知识创新体系中应发挥重要作用，集中体现在两个方面：一是资源供给，二是制度建设。

科学研究，尤其是科学研究中的基础研究，具有典型的公共物品特征——非竞争性和非排他性。公共物品的提供是不能依靠市场机制来调控的，市场在提供公共物品方面会产生市场失灵。作为公共物品，基础研究具有很强的正外部效应，需要政府加大对知识创新体系的资源供给。资源供给包括资金配置、人力资本创造、平台建设和管理体制的创新。政府对基础研究的财政支出成为很多国家促进高校提升基础研究水平、发挥高校知识生产和扩散能力的重要途径。同时，基础研究本身对于高素质创新人才和团队培养具有重要作用。人力资本既是基础研究中知识发现和成果产出的核心资源，同时也是基础研究成果的重要表现形式。平台建设也是政府在基础研究中应当履行的重要职责，政府可以通过政策支撑、投入引导，汇集具有科技关联性的多主体研究要素，开展科研创新活动的集成系统。管理体制的创新直接关系着高等学校和科研机构的效能和效率，应充分调动教学、研究人员的积极性和创造性，使其取得更好的成果。

国家创新体系的效率取决于各创新主体之间的合作，国家具有统筹安排和宏观把握的责任和能力，因此政府要加强制度建设，从顶层设计的角度促进创新效能的提高。制度建设主要包括要有效激励各类主体积极参与基础研究活动，并分摊从事基础研究活动而带来的不确定性风险；为基础研究活动提供具有前瞻性、方向性和战略性的指导和规划，创造良好的创新环境和文化，提高基础研究的绩效。

④各主体之间需要协同创新。知识流动是决定国家创新体系效率的关键。国家创新体系中的各类创新行为通常都可以抽象理解为增进或利用已有知识存量的活动，不

---

① 刘云、安菁、陈文君、张军：《美国基础研究管理体系、经费投入与配置模式及对我国的启示》，《中国基础科学》2013年第3期。

同创新主体之间的互动总是伴随着知识在不同机构之间的流动,因此知识的容量和分布、知识流动的规模和效率、知识收集与处理能力都直接影响着国家创新体系的结构与效率。国家创新体系特别强调各创新因素之间相互作用的重要性,而不是仅强调某个环节和个体的作用。因此,积极推动各创新主体之间的协同创新具有重要意义。

协同创新是一项复杂的创新组织方式,其关键是形成以高校、企业、研究机构为核心要素,以政府、金融机构、中介组织、创新平台、非营利组织等为辅助(支持和保障)要素的多元主体协同互动的网络创新模式,通过知识创造主体和技术创新主体之间的深入合作和资源整合,产生"1+1+1>3"的非线性效用。[①] 协同创新有利于积极发挥国家有效的政策引导、产业界的需求拉动、活跃的高等学校前沿研究以及研究院所深入的以技术和科技体系为支撑的多方合作、优势互补的协同创新机制,鼓励官、产、学、研的开放共享和深度合作,进一步提高国家、产业与企业的创新及国际竞争力。

通过提升协同创新能力来构建国家核心竞争力是我国建设创新型国家的重要战略。通过体制机制创新和政策项目引导,使高校、科研机构和企业开展深度合作,建立协同创新的战略联盟,促进资源共享,联合开展重大科研项目攻关,在关键领域取得实质性成果。

1.1.2 中国知识创新体系建设存在的问题

20世纪90年代以来,世界经济进入知识经济时代,知识的创造、传播和应用成为世界各国经济发展的基石和增强国际竞争力的关键。为了抓住知识经济产生的新机遇,1998年初,我国做出建设国家知识创新体系的决策,决定由中国科学院开展"知识创新工程"试点。高等学校"211工程"、"985工程"等的实施,对高校知识创新体系的建设也起到了推动作用。高等学校和科研院所作为我国知识创新体系的两大主体,二者在知识创新方面取得了较大进展:第一,科技成果不断涌现,为我国科技发展做出了基础性、战略性贡献;第二,科技创新能力和国际影响力不断提升,持续发展能力增强;第三,凝聚、培养和造就了一批高素质人才和高水平的科技队伍;第四,科技成果转化取得积极成效,为促进经济发展起到了重要作用。但是,我国知识创新体系在体制机制方面还存在一些亟待解决的问题。

我国的知识创新体系存在的问题主要表现在:第一,对知识创新体系在国家整体创新体系中的定位不够明确,各创新主体之间缺乏明确的分工和定位,而且主体相互

---

① 陈劲:《协同创新》,浙江大学出版社,2012。

之间缺乏有效的合作，协同创新机制缺失，导致知识创新系统的封闭与低效，制约了我国技术创新体系的发展以及整体自主创新能力的提升。第二，"科学研究与高等教育有机结合"是知识创新体系的核心内容，但是在实际的人才培养过程中，普遍存在教学与科研相脱离的现象，优质的科研资源没有充分进入教学过程，制约了人才培养质量的提升，造成创新型人才短缺，国家创新系统难以获得可持续性发展。具体来说，存在以下问题。

①在顶层设计上缺乏高水平的国家科技与教育咨询机构。伴随着科技与教育的发展成为支撑社会、经济发展的引擎，科技体系与教育（尤其是高等教育）体系成为不可分割的整体。为了提升国家的科技与教育决策水平，在宏观体制层面推进科教结合，很多国家都成立国家级的顾问委员会或咨询机构，协调科技、教育政策制定，以确保政策和计划与国家的发展目标相一致以及行政部门的工作得到恰当的协调，促进科学与教育领域的合作。当前，我国科技与教育政策制定主体多元化，彼此之间的联系较为松散，使得跨部门的政策决策往往出现不一致，各部门在制定预算以及优先发展领域方面也会出现偏差。国务院在1998年成立了国家科技教育领导小组，其主要职责是：研究、审议国家科技和教育发展战略及重大政策；讨论、审议科技和教育重要任务及项目；协调国务院各部门与地方之间科技或教育的重大事项。从职能实现的角度看，其成员大多来自政府职能部门，这一机构并非一个专业性的政策咨询机构，缺乏专家学者以及其他利益团体的广泛参与，在政策决策和执行方面缺乏有效的战略性研究基础。

为了加强对科技与教育发展战略的集中控制和决策能力，使目前的国家科技教育领导小组形成有效的科技教育决策机制，我国亟待建立国家科学与教育顾问委员会，为国家科技教育发展提出意见和战略建议。

②高等学校与科研院所在国家知识创新体系中的定位不明，存在职能错位、重复竞争、合作不足等问题。我国知识创新体系的主体是高等院校与科研院所，但是在我国目前的发展阶段，高等院校与科研院所在国家知识创新体系中的定位并不明确，两大创新主体之间不仅存在历史性和制度性的隔离和分立，同时还存在一定程度的职能错位。

第一，高等学校与科研院所定位不明。高等学校与科研院所之间相互独立，功能定位存在一定的重叠，二者之间在人员交流、资源共享等方面缺乏有效联系、沟通和合作机制，无法实现优势互补，发挥系统优势。在基础研究领域，国家科研机构与高等院所之间未实现优势互补基础上的资源整合，而且在一定程度上存在不合理的重复竞争，造成科技资源的浪费。

第二，科研经费在高校和科研院所之间配置不合理，研究型高校科研能力没有得到充分发挥，不利于科教结合培养创新型人才。长期以来，高校科研经费投入严重不足。2012年全国研发经费为10298.4亿元，政府投入研发经费2221.4亿元，其中1292.7亿元投入科研院所，占全国研发经费的12.55%，占科研院所全部科研经费的83.46%；高校科研经费共投入780.6亿元，占全国科研经费的7.58%，其中只有474.1亿元来自政府，占高校全部科研经费的60.74%。如果从人均科研经费的角度看，则高等院校所占的比重更低。不难看出，国家科研机构的经费远远超出高校。从科技知识成果产出角度看，高等院校占据了全国基础科研成果产出的绝大部分。2013年，高等学校作为第一作者署名单位发表SCI论文16.1万篇，比上年增加3.0万篇。2006年以来，高等学校SCI论文占全国SCI论文的比重一直保持在80%以上，2013年该比重为83.7%。[①] 因此，高校的投入产出比远远大于科研院所。这种投入与产出之间的极端不匹配会造成两个严重问题：一是高等院校的研究潜力未能得到充分发挥，影响知识创新的效率，更重要的是，高校科研资源投入不足，无法有效支撑创新型人才的培养；二是科研院所资源丰富，但没有全面参与到人才培养中来，科研与教育资源无法有效相互整合并实现优势互补，成为制约创新型人才培养的瓶颈。

高等学校和科研院所作为我国知识创新体系的主体，建立科教结合的知识创新体系要求我们理顺高校和科研院所在国家知识创新体系中各自的定位，明确各自的研究重点和研究领域，充分发挥各自的比较优势，通过多种方式促进它们的联合和合作，以实现两大创新主体之间的优势互补。

③目前的资源分配模式降低了高校科技资源的使用效率，创新的资源配置方式亟待形成。在我国高等教育改革和发展面临的挑战中，高校过度的外部资源依赖和控制是重要的问题之一，也导致高校缺乏创新活力。高校资源依赖主要表现在两个方面：一是表现在高校对行政部门的资源依赖，使高校成了政府机构的下属组织，丧失了高校应有的办学自主权和大学精神。我国高校的经费很大部分来源于政府的财政拨款，并且政府有权决定这些资源的分配和使用。这种行政化的资源配置方式弱化了高校自主行动的能力和积极性，降低了资源的使用效率。二是目前行政业务部门的资源分配方式并没有考虑高等学校和科研机构的教学与科研的长远发展，使得高校难以从长远的角度考虑自身的建设。

我国政府的财政拨款占到高校经费的一半左右，这与许多发达国家公立高校的情况大致相当，而发达国家的高校之所以没有出现类似于我国这样的资源配置行政化模式，是与其资源配置的社会化机制分不开的。资源配置的社会化指资源预算和分配的中介化，即在资源配置过程中打破单纯由行政系统决定的封闭模式，将相关权力移交

---

① 科学技术部创新发展司：《科技统计报告》，2015年3月12日。

给社会第三部门，例如，将高校的经费编制和拨款权力给指定的专门委员会，使高校摆脱对行政部门的资源依赖。此外，在资源分配方式上，应分为两个方面：一是稳定性的拨款，主要根据科研和教学的需要来进行科学预算；二是竞争性的经费，主要以科研项目的方式由基金会之类的机构来分配资源。只有这样，才能降低资金分配中可能出现的权力"寻租"和腐败，提高资源分配的科学性和经费的使用效率。

④高等院校与科研院所在人才培养过程中存在科研与教学分离的问题。我国高校内部科研与教学相分离、与人才培养相割裂的现象普遍存在，这一现象与我国目前高校的管理机制和激励评价机制有直接关系。在相关科研与教学的工作中，一方面表现为对教学、科研在高校的作用没有从高校实际出发给予适当的定位，而是根据上级行政部门的要求，时而强调教学，时而强调科研；另一方面表现为对教学的重视往往表现在形式上，而对科研工作更多地重视科研成果的数量，忽视教学和科研质量的提高。高校往往重视科学研究的成果，而忽视了科学研究培养人才的作用。

知识创新体系建设是实施人才强国战略的重要支撑，大量高层次创新型人才的培养是我国建设创新型国家的根本。在高校的培养人才、科学研究、社会服务这三项职能中，培养人才是其最基本和核心的职能，高校要重视科学研究的育人作用，将科技创新成果转化为教学资源培养人才，要以高水平科学研究支撑高质量高等教育，强调增强高校科研能力建设，要进一步明确科学研究在提高高等教育质量中的作用。

随着科学知识的创新越来越向前沿和高端发展，传统的课堂教学的方式已经不能满足对创新型人才培养的需求，而是需要通过让学生参与科研和实践活动，教师把最新的科研成果和科研方法传授给学生，做到科研教学相结合，依托科研优势，将科研的新思维、新方法、新技术和新资料等运用于教学，贯穿人才培养过程，包括开设新课、更新教学内容、丰富教学方法等手段，通过各种方式促进教学和科学研究相结合，真正实现以高水平科研支撑高质量教育。

⑤协同创新机制缺失，存在科学技术与经济发展相分离的问题，科技服务经济发展的能力有待进一步提升。在知识经济时代，科学技术是第一生产力，世界各国追逐高端价值链，产品之间的竞争变为创新链之间的竞争、创新能力和效率的竞争。提高创新能力成为经济增长的主要动力，发展高新技术产业成为经济繁荣的关键。目前我国的科技发展与经济发展存在一定程度的脱节问题，科技服务经济的能力有待提升。从科研成果转化的角度看，我国的科学技术成果质量不高、转化率较低，没有起到知识应发挥的作用，对我国转变经济发展方式、转变经济结构的提升作用有限。我国目前科技成果转化为现实生产力的能力弱，高技术产业化程度低。据科技部估计，我国每年取得的国家级重大科研成果在3万件以上，省部级的科研成果更多。而在国家级的3万余项科技成果中，只有20%左右的成果转化并批量生产，其中能形成产业规模的

大约只有5%；每年的专利技术有7万多项，但专利实施率仅为10%左右；科技进步对经济增长的贡献率为30%左右，其中高新技术对经济增长的贡献率仅为20%，远远低于发达国家60%的贡献率。来自教育部的调查结果表明，我国高校目前虽然每年取得的科技成果在6000~8000项之间，但真正实现成果转化与产业化的还不到1/10。[①]

成熟的国家创新系统是分工明确且各要素之间能够有效协作并最大限度发挥自身能量的系统。创新既不单纯是企业的事情，也不单纯是高校或科研机构的事情，它需要动员社会各种力量有效合作和沟通。因此，我国知识创新体系的另一个重点是，要以提高科技成果转化能力为着力点，采取各种有效方式，提高科技服务经济的能力，解决科技经济"两张皮"的问题。

⑥缺乏对高校的分类管理，高校办学目标趋同，缺乏活力和竞争力，高校培养的人才与企业需求有较大差距。科技发展和经济发展的关键都是人才，培养大批创新型人才是我国建设创新型国家的基石。自从1998年高等学校扩招以来，我国接受高等教育的人数大量增加，但是教育质量问题堪忧。在我国的就业市场上，一方面企业难以招到合适的人才，另一方面又有大量高校毕业生找不到工作。根据世界经济论坛的一项统计，美国81%的工程专业毕业生可以立即胜任工作，印度只有25%的毕业生做得到，而中国的这一比例是10%。[②] 因此，如何提高高等教育质量，培养适合社会需要的高素质人才，已经成为关系到我国创新体系建设的重要问题。

高校的多样化是高校自身发展的需要，也是一国高等教育系统创新活力的主要表现。不同类型高校的相互合作和竞争，能够更好地服务国家、行业和地区发展，满足不同的社会需要。但是，我国高校长期以来存在定位不清、目标不明、任务模糊等问题。高校在人才培养、科学研究以及社会服务方面对国家和社会的需求反应迟缓，脱离实际，盲目竞争，导致我国高校千校一面。目前，尽管高校的办学目标趋同现象有所改善，但未从制度上根本解决。为了获取资源，部分高校一味地贪大求全，改名合并，造成了大而无为、效率低下、合而不并等弊病，使得某些特色鲜明的行业型高校和主要服务于地方经济社会发展的地方性高校逐渐降低了竞争力和活力。

今后的教育改革要做到，大部分高校的人才培养和研究工作应侧重于技术、技能及其应用，创新也将无处不在地融合于具体应用之中。建立以市场需求为导向的人才开发机制，避免培养与使用脱节，实现人才结构和人才知识能力结构与经济社会发展同步，缓解人才供需结构性矛盾。

---

① 朱希铎：《科技成果转化到底应由谁来推动?》，中国科技网，http://www.wokeji.com/zhengwu/zbft/201409/t20140915_818073.shtml，最后访问日期：2015年9月15日。
② 王佳颖、王庆环：《高校毕业生如何较快胜任工作?》，新华网，http://news.xinhuanet.com/edu/2012-11/28/c_124012658.htm，最后访问日期：2015年11月28日。

⑦中国基础研究投入不足，缺少原创性基础研究成果。基础研究是探索性、创造性的工作，原始创新是基础研究的内核。但是，与世界发达国家相比，我国基础研究投入严重不足。基础研究在2004年达到接近6%的最高水平之后持续下降，2011年为4.7%，2012年为接近4.9%。2013年，我国基础研究、应用研究、试验发展经费占全国科研经费的平均比例分别为4.7%、10.7%和84.6%，而2013年美国的这一比例分别为16.5%、19.2%和64.3%。我国基础研究投入比例不仅低于发达国家，也低于大多数发展中大国。除了比例失调，还存在结构失调问题，企业基础研究占其研发投入的比例过低，大学对基础研究的投入力度不够，公共研究机构则承担了过多的试验发展项目。基础研究经费比重的长期"低迷"，企业、大学和科研机构研发结构的失衡，导致经济与产业发展后劲不足，难以跳出跟踪模仿、数量扩张的发展路径。

虽然我国基础研究的整体影响力、高校基础研究产出的影响力与世界平均水平的差距在逐渐缩小，但在重大原创性科学研究方面与世界平均水平差距巨大。缺乏高水平基础研究成果是我国国家创新体系建设的薄弱环节。从基础研究产出的几个关键指标来看，尽管近年来我国论文产出数量不断提升，但具有国际影响力的重大原创性成果仍然较少。以SCI为例，2005~2015年（截至2015年9月）我国科技人员共发表国际论文158.11万篇，继续排在世界第2位，数量比2014年统计时增加了15.4%；论文共被引用1287.60万次，增加了24.2%，排在世界第4位，位次保持不变。中国国际科技论文被引用次数增长的速度显著超过其他国家。我国平均每篇论文被引用8.14次，比上年度统计时的7.57次提高了7.5%。世界平均值为每篇论文11.29次，我国平均每篇论文被引用次数与世界平均值还有一定的差距。在2005~2015年间发表科技论文累计超过20万篇的国家（地区）共有20个，按平均每篇论文被引用次数排序，我国排在第15位，与上一年度统计相同。每篇论文被引用次数大于平均值（11.29次）的国家有12个。瑞士、荷兰、美国、英国、瑞典和德国的论文篇均被引用次数超过15次。①较低的基础研究水平制约了我国自主创新能力的提升，也使得技术创新缺乏源头和基础。我国下一步科学研究的重点，应实现从数量增长为主向质量跃升为主的转变，开展重大原创性研究，催生重大原创性科研成果。

1.1.3 科教结合引领国家知识创新体系建设

1.1.3.1 科教结合的知识创新体系的内涵

知识创新体系是由与知识的生产、扩散和转移相关的机构和组织构成的网络系

---

① 中国科学技术信息研究所：《中国国际科技论文统计结果》，2015。

统。科教结合的知识创新体系中的"科教结合"是指科学研究与高等教育的有机结合，这主要包含两个层面的含义：第一，在管理体制层面上，要做好知识创新的两大主体——高等学校和科研院所之间的有机结合，使得它们之间形成定位明确、竞合有序、优势互补的两大主体。第二，在高等学校和科研院所层面上，要求二者在培养人才和开展科学研究工作中，做到科研与教学充分融合，以高水平科研支撑高质量教学，促进创新型人才培养，同时高质量人才又进一步推动教育、科技事业的高质量、高水平发展。

构建科教结合的知识创新体系，是以创新型人才培养为核心和基础，以科技、教育体制机制改革为着力点，以提升前沿科研能力和孕育创新文化为主要内容，以改革试点为主要形式，通过知识创新体系促进国家基础研究、前沿技术研究、高端人才培养和推动国际科技合作交流，以提升我国创新系统的整体实力。

构建科教结合的知识创新体系，当前要以实施国家科技、教育、人才三个中长期规划为契机，以协同创新为纽带，以建设高绩效国家创新系统为目标，充分发挥知识创新在前沿知识生产、创新人才培养中的重要作用。

1.1.3.2 科教结合"引领"国家知识创新体系建设

在知识经济时代，国家创新体系更加强调知识的持续创新和高效运用。只有建立适宜知识创新体系，促使知识在生产、传播和应用等各环节畅通流动、充分共享的体制机制，才能使经济社会的发展真正建立在知识资源的最佳配置和合理利用上。实行科教结合战略，正是中国建设合理高效的国家创新体系体制机制的必然选择。

①科教结合的理论基石：科学研究与人才培养不可分离。从国际经验来看，科研活动（尤其是基础研究）具有双重功能：一方面是认识自然界和社会发展的基本规律，解决经济社会发展的难题，另一方面是培养科研人才，二者密不可分。一流的科研活动，一定需要新鲜血液补充，新的人才带来新的观点、新的思维和新的视角。而创新人才的培养，又必须通过从事科研活动，来锻炼培养未来科研人才的观察能力、动手能力以及综合分析的能力，它们互相依赖、互相促进。

A. 科学研究与人才培养相结合能提高基础研究的效率和质量。

第一，从知识经济学的角度来说，科研与人才培养相结合可以提高整个科研和教学系统的效率，尤其是基础研究的效率。科研是一项复杂的知识活动，每一项科研成果的出现都可能需要很多次甚至无数次的实验，这是培养学生的最佳场所。以引力波的发现为例，数千名大学生和数百名博士生参与到这一研究中，成为高校最重要的人才培养的场所。从另一角度而言，基础研究工作的不确定性大，有时可能不能获得"有用"的成果，但在科研过程中让学生参与其中，使学生在科研中得到培养，那么学生便是立即有用的"成果"。

第二，从知识系统的角度来说，知识的生产、传播与应用相结合可以提高系统的效率。教学与科研是相互联系的，包括有形联系（科研知识应用于教学，即新知识的传播）和无形联系（科研对学生的科研态度、知识掌握方法的影响和发展以及教学对教师科研欲望的激发）。教学活动和科研活动都是对知识的传播和交流，只不过教学侧重于知识的整合和运用，科研侧重于知识的发展。新知识的发展需要不断有人挑战固有的理论，教师向学生传播知识的过程是对知识的再加工和创造过程，这一过程不仅促使教师进行更深入的思考，学生由于没有受到固有知识、固有观念以及权威的束缚，也更有可能对固有知识提出超越传统观念束缚的新想法，促进新知识的产生。

B. 科研活动与教学活动相结合能提高高等教育人才培养的质量和效率。

第一，科教结合是当今时代对人才培养的必然要求。现代科学知识更新速度快，知识淘汰速度快，社会发展无止境，学无止境，社会需要的是能够终身学习、不断更新自身知识的人才。传统的知识传授型教学模式下培养的人才已经不能满足时代的需求，这要求高校必须在学生获取知识的能力、方法手段上下功夫，通过科研促进人才的培养。

第二，科学研究能强化学生科学方法、创新思维、探索精神的培养，提升学生发现问题、解决问题的能力，这是创新人才培养的必修课。"以发现为特征"的科学研究能够帮助学生理解和应对未来世界的复杂性与不确定性，培养学生的知识学习能力、分析能力、推理能力、实证分析能力、逻辑思考能力等。科研与教学相结合有助于培养独立学习能力，能够提高学生的创新、分析和推证能力，这些是学习中难以学到的，并且有助于学生的终身学习。

第三，科研型教学能够激发学生的学习和研究兴趣。兴趣是最好的老师，而在我国的高等教育中，"填鸭式"的知识型教学方式使得学生独立思考的训练太少，学生缺乏主动性思考，通常是被动型上课，学生对所学知识的创造性感到不足，学习兴趣和动力缺乏。科研是一种自主探索型的学习方式，在这个过程中，学生会自主发现问题，发现问题的过程能够激发学生探索的热情。在国外高校的教学方式里，能够很好地做到多给学生自主研究和探索的空间，这一点很值得我们学习。

第四，科研能够提升学生的批判性思维，使其敢于向权威挑战、向书本挑战。批判性思维是科技创新的基础。在科学探索中，客观条件在不断变化，科研结果也在不断变化，新的科研成果需要不断挑战旧的科研成果，具有学习的批判性思维成为科研的必要素质。通过在科研中学习，学生能够不断发现问题并解决问题，这一过程能够提升学生的自主思考能力、形成批判性思维、破除对权威和书本的迷信。科研型学习的这一功能也是传统教学方式所不具备的。

②从科教分离走向科教结合的中国高等教育。新中国成立初期，几乎全盘照搬了苏联集中型的科技体制，由单独设置的科学院系统承担主要的科学和技术研究，高校调整为教学机构。这种体制从一开始建立就充满争议，20世纪50年代，一些综合性大学提出要结合教学开展科学研究，并由此引发了高校科学研究问题的讨论。1957年，受苏联科学院附设西伯利亚大学模式的影响，中国科学院向中央领导提出建立一所大学的想法，以克服科教分离的弊病，于是1958年成立了中国科学技术大学。

改革开放以后，高校既是教育中心又是科研中心的定位逐步明晰。1987年原国家教委发布了《关于改革高等学校科学技术工作的意见》，明确提出高校开展科研既是人才培养的需要，也是促进科学技术发展的需要，必须置于重要地位并积极开展。1995年"科教兴国"战略提出，"211工程"和"985工程"启动，高校的科学研究得到空前发展，科研能力和水平不断提升，科研经费大幅增长，科研成果也不断涌现。

从高校内部看，虽然高校的科研地位在不断上升，但是这并没有引起对科学研究的育人功能的重视。在传统的教育、科研理念下，将高校的科研与教学活动分离，导致高校的"科研教学双中心"，始终无法处理好教学与科研之间的矛盾。而且，随着评价体系的过分功利化，教学、科研"两张皮"的问题更难以解决。

从高校和科研院所的关系看，虽然经过多次科技体制改革，高校的科研功能不断加强，但在我国这种特殊的体制下，高等学校与科研院所之间存在定位不清、分工不明、科研资源配置不合理、竞争与合作关系混乱等问题，造成科研资源的严重浪费，因此，加强二者的顶层融合很有必要。

如何从"科教分离"走到"科教结合"是我国现阶段高等教育必须正确面对和妥善解决的问题。科学家钱学森先生曾多次质疑，"为什么我们的学校总是培养不出杰出的人才"，他对于这个问题的答案是"没有一所大学能够按照培养科学技术发明创造人才的模式去办学"①。而所谓"培养科学技术发明创造人才的模式"关键即在于确立"科教结合"理念，明确科研育人的地位和作用，探索科教结合的规律和特点，解决好科研、教学"两张皮"的问题。

③科教结合引领国家创新体系建设的实践。通过科教结合方式促进知识的生产、应用和传播，促进创新型人才的培养，并进一步推动产业升级和经济发展，进而促进国家创新体系整体效率的提高，已经成为世界各国的共识。

通过科教结合方式产生的基础研究成果能够促进产业效能的提高，产业的兴起和发展依赖于科学原理或技术的基础研究。目前，科学与技术之间的传统界限日益模

---

① 转引自周光礼、马海泉《科教融合：高等教育理念的变革与创新》，《中国高等教育》2012年第8期。

糊,科学研究、技术发明与产品创新之间相互促进的趋势更加明显,产品更新速度与技术更新速度同步加快。国家之间的竞争已前移到原始创新阶段,原始创新能力、关键技术创新和系统集成能力已经成为国家之间科技竞争的核心,成为决定国际产业分工地位和全球经济格局的基础条件。

美国学者曼斯菲尔德(Mansfield)通过对美国公司的大量研究指出:近年来,美国企业对学术研究的依赖程度正在逐步提升,学术研究对技术创新的贡献率也在逐渐增加;美国大学研究的社会回报率已接近30%。例如,美国大学在纤维光学和激光方面的研究创造了电信技术的变革,为美国带来了史无前例的经济增长;美国大学在20世纪70年代实施的重组细胞DNA技术的研究,开启了美国生物工艺学工业的大门;美国大学在治疗或控制100余种植物、家禽和牲畜疾病疫苗方面的研究以及发展高产量、抗病性水果、蔬菜及谷物方面的研究,带来了农业的彻底变革;美国大学在卫星摄像技术方面的前沿研究,在太空探险、天气预测、环境监控和军事监视等方面发挥了极其重要的作用。

从世界主要创新型国家的发展经验来看,促进科教结合是目前很多国家创新体系建设的核心和关键。例如,芬兰在《国家创新体系评估政策报告》中提出,创新是教育、科研以及创新系统的建设。"芬兰国家创新体系与其说是企业的创新、技术的革新,不如说是教育的改革和科学研究质量的提升。"[1]

美国非常强调高校的高水平研究和人才培养对创新的基础性作用,全国60%以上的基础研究都在高校中进行。美国在创新人才培养的过程中,通过设立本科生科研计划、向本科生开放国家实验室等方式,加强高水平科学研究对高层次人才培养的支撑作用。美国许多著名的国家实验室设立在高水平大学,通过国家实验室与高校强强联手的形式,实现科研与人才培养的相互支撑,如芝加哥大学的费米实验室、加州大学伯克利分校的劳伦斯实验室等。

法国大学和国家科研中心(CNRS)主要通过建立混合研究单位(UMR)和协作研究单位(URA)来实现合作。大学和科研中心的合作促进了双方人员的流动:科研中心约有70%的研究人员在各大学从事教学与研究工作,而大学的教学、科研人员,有50%在国家科研中心从事研究工作。

德国在创新人才培养中的一个重要特色是发挥校外科研机构的独特优势。以马普学会为例,截至2012年1月,该中心有员工17019人(其中5378名为研究员),同时有13456名博士后、博士、学士、学生助理研究员和访问学者在此进行科学研究。德国马普学会为了加强与大学的合作,对大学开放专业设备、实验室和图书馆,与大

---

[1] 范瑞泉等:《创新科研体制,推进科教结合》,《中国高校科技》2012年第9期。

学联合资助重点、特殊研究领域，并允许大学的教职人员申请成为马普学会客座研究员，甚至领导马普学会的研究小组。

为了提升科教结合对国家创新体系的引领作用，世界上很多国家相继从国家层面，将教育与科技的管理与组织机构整合起来，共同推进科技进步、人才培养和经济发展。1994 年，德国联邦教育与科学部和联邦研究与科技部合并，成立了"联邦教育与研究部"，将前沿基础研究、技术创新与人才培养紧密联系起来。2008 年，韩国将教育部与科技部合并成为"韩国教育科学技术部"，以免发生职能重复，造成各领域之间的矛盾和资源浪费。2007 年，新一届英国政府组建儿童、学校与家庭部和创新、高校与技能部（DIUS）。该机构负责英国高等教育的"拨款、发展和质量"工作，推动政府有关促进国民技能提高的项目，促进对研发、科学、创新和技能领域的有效投资，从而确保英国在全球化经济中拥有具备竞争力的劳动力，并最终推动英国实现使自己成为"全球科学、研究与创新最佳之地"的长期目标。

中国机构层面的"科教结合"模式在不断创新，很多高校和科研院所采取了很多措施促进科研与教学结合。比如，清华大学举办了"数理基科班"、"清华学堂班"等项目实行科教结合。在这些项目中，邀请各个领域高水平的科学家和工程师等到学校给学生上课，把学生送到最先进的实验室和企业去实习和实践，培养了高素质的创新型人才。从 1995 年起，清华大学开始实施大学生研究训练（Students Research Training，SRT）计划。该计划旨在培养学生创新意识和创新能力，使本科生较早接受科研训练，了解工业界，了解社会实际，锻炼实际才干，是贯彻教学和科研相结合的方针培养学生创新能力的新探索。该计划在跨学科培养学生创新能力方面效果显著。清华大学逐步将学生科研能力培养纳入本科生教学计划和人才培养评价体系，要求本科生在校期间必须取得科研能力训练的学分才能合格毕业。

中国科学院也重视科教结合工作，在 2009 年成立了"科教结合工作指导委员会"，充分利用丰富的科研资源，探讨科教结合培养创新人才的模式。中国科学院设立了科技英才班、联合共建项目、研究生公共教学实验平台等科教结合项目，启动了"科教结合协同育人计划"项目等。

高等学校与科研院所的合作也在不断探索之中。中国科学院与高等学院合作共建了一些研究机构和平台，如国家纳米科学中心，由清华大学、北京大学、中国科学院物理研究所、中国科学院化学研究所等 18 个单位共同组建。

1.1.3.3 科教结合的知识创新体系的运行机制

①高等学校与科研院所的持续互动机制。为了充分发挥高等学校和科研机构在国家创新体系建设中的应有作用，中国应该充分借鉴其他发达国家成功经验，明确高等学校与科研院所在国家知识创新体系中的作用和任务，促进高等学校与科研机构之间

的融合与交流，包括科研人员之间的交流与合作，公共研究机制以及共同培养人才机制的建立等，不断改善中国高等学校与科研机构之间的联系与合作机制，使两者相互协同，共同成为国家知识创新体系的基础平台。

第一，高等学校与科研院所之间应分工明确，优势互补。从世界范围看，虽然高水平的研究型大学和一流水准的研究机构是国家创新体系中最为核心的部分，同时也是科学技术创新特别是原始性创新的主要来源，但是两者的功能重点还是存在一定的区别。研究型高校应成为基础研究的主力，应更多地在政府的公共资源资助下，进行自主探索的基础研究，以提供公共科技知识等公共产品或准公共产品。政府科研机构则应该更多地肩负起战略性研究的责任，要更多地从事与特定政府部门职责密切相关的公益性和长期积累性研究。

第二，破除阻碍高等学校与科研院所之间合作的体制机制障碍，通过各种方式加强二者之间的协同创新。我国的科研院所和高等学校之间需要加强协同，通过共建机构和平台、加强人员交流和项目合作、联合培养学生、共同推进科研成果转化等加强合作，以提高我国知识创新体系的整体效率。

第三，建立合理的资源配置机制，使得资源在高等学校与科研院所之间分配合理。资源配置方式决定了知识创新的效能和结构，我国亟须改变目前的资源配置方式，调整资源供给模式，合理配置高校和科研院所的经费，加强高校的保障性经费配置。

②高等学校和科研院所内部的科研与教育相结合机制。科教能否融合，科技资源能否很好地转化为教学资源，人才培养能否为科研机构提供优秀的人才并推动科学技术研究的发展，关键在于教育与科技的体制机制。科教结合提升高等学校及科研院所的科研水平和人才培养能力，需要紧密结合国家经济、科技发展与创新人才培养的战略需求，以强化科教结合为核心，加快科教结合的高等学校及科研院所制度建设；以创新发展为动力，深化高等学校及科研院所科研管理体制、运行机制的改革；以促进学科融合、资源整合为战略选择，实现科技创新能力和人才培养能力同步提升。

第一，引导高校教师重视科研育人，使科研育人成为高校及教师的自觉行动。中国高等教育正处在重要的转型期，全面提升高等教育质量必须全面提升高校科学研究对人才培养的贡献率。

第二，坚持科研的育人性和教学的学术性，构建教学和科研工作协同创新的机制。① 要以"探究式"教学代替简单的知识传授，着力培养学生自主学习能力，最大限度地提高学生的素质和创新能力。

---

① 周光礼：《高校人才培养模式创新的深层次探索》，《中国高等教育》2012年第10期。

第三，改变教师评价体系，设立与科教结合相适应的激励机制和制度保障。高校和科研院所作为重要的人才培养单位，要将人才培养引入高校和科研院所的考评系统，保证科研人员有足够的时间投入培养学生的工作，保证研究生参与研究不仅仅是为导师服务，更是提升自身的科研能力，从而推动科研与教育结合。

第四，改革高校管理体制。我国高校的管理体制是由原来的教学管理体制发展起来的，而随着高校科研活动的不断强化，高校应打破教学和科研管理从上到下分属两条线的条块管理模式，建立一套能够促进教学与科研良性互动的管理机制，实现教学与科研管理的有机结合。

③科教结合促进产业发展的机制。由于科技对经济发展具有重要意义，世界各国高度重视科技成果产业化，采取了很多有意义的制度尝试。为了提高科技对经济的提升能力，我国也出台了一系列政策措施，包括产学研合作、大学科技园、校办企业、科研院所改制等，对提高我国自主创新能力和加快经济结构转型做出了突出贡献。但是，与发达国家比较，我国科技对经济的提升能力不够，科研成果向经济转化差距较大，还存在很多制度性障碍，还有很多需要加强和改进的地方。

第一，提高对产学研合作的认识，推进高等学校、科研院所与产业的合作。加强产学研合作、积极推动高等学校和科研院所的科技成果向现实生产力转化，既是高等学校、科研院所实现社会服务功能的需要，也是当前我国企业创新能力较弱的客观要求，更是建设创新型国家的使命。在产学研合作中，企业是核心，发挥主导作用；高等学校是主力，发挥创新源的作用；政府指导和引导，发挥协调、支持和推动作用。应提高企业、高等学校、科研院所对产学研合作的认识，制定合理的包含推动产学研合作内容的考核指标及制度，并纳入有关机构及主要负责人考核系统。

第二，完善高等学校、科研院所知识创新及科技产业政策体系，促进知识流动，实现规范发展。政府以政策、措施的制定与实施作为工作重点，通过制度安排和政策设计来规范高等学校、科研院所知识创新和科技产业化中高等学校、科研院所、企业及其他相关机构之间的利益关系，促使高等学校、科研院所知识向产业流动，防范产学研合作的风险。要进一步明确产学研合作中高等学校、国家大学科技园、科研院所、科技型企业的地位。注重已有政策的实施和评估，及时解决高等学校、科研院所与产业合作及高等学校、科研院所科技产业发展中的新问题。

第三，推进科技中介机构的建立和发展，加强高等学校、科研院所与产业的信息交流。制定科技中介机构条例、实施细则和相应的政策、法规，提高科技中介机构的社会地位及合法介入产学研合作项目的机会，鼓励科技中介机构规范经营、合法盈利，使科技中介机构能够在产学研结合和科技成果转化、应用和产业化方面发挥更大的作用。加强企业与高等学校之间及人员之间的学术、技术交流，企业、科技中介机构应派人参加高等学校、科研院所举办的学术讲座、研讨会，及时了解高等学校、科研院所的研究方向和动态，从中发现有应用前景的研究项目和课题，以便加强联系并给予资助和扶持。高等学校、科研院所的教师、研究人员及学生应经常前往相关企业去了解企业在生产及发展中遇到的新问题及行业发展方向，使研究工作更好地为产业、为企业、为生产服务。

第四，明确高等学校、科研院所科技成果的权利归属及利益分配机制，制定并实施知识产权战略规划。知识产权制度是对高等学校、科研院所与产业合作关系影响最显著的制度安排。对中央、地方政府资助或国家财力资助的高等学校、科研院所科研项目知识产权的归属、许可转让和利益分配等制定可操作的法律法规及实施细则，明确高等学校、科研院所作为中央、地方政府资助或国家财力资助科研项目发明专利所有人的权利和义务，特别是对其发明专利许可或转让中的权利和义务、职务发明人与科研人员的正当权益和行为规范做出可操作的明确规定，其中应包含对高等学校、科研院所的发明专利必须进行转让和利用方面的要求。对于经技术评估后学校不予申请专利的发明，建议发明的所有权在不违反国家有关规定的情况下，由高等学校、科研院所教师、研究人员或发明人自由申请专利。政府、高等学校及企业（行业）应共同制定知识产权战略规划，在产学研合作中推动规划的实施。

1.2　高等学校和科研院所与国家知识创新体系建设

高等学校和科研院所是我国知识创新体系的两大核心主体，使之保持良性关系，对于建设和完善我国科教结合的知识创新体系意义重大。为了更好地发挥科教结合的优势，提升创新系统的效率，应在国家知识创新体系内构建高等学校和科研院所"两者并置，定位明晰，优势联动，竞合有序"的新型模式。

1.2.1　中国知识创新体系主体演变过程

1.2.1.1　从欧美模式到苏联模式的知识创新主体

自1920年北京大学设立地质研究所，1922年北京大学、清华大学相继成立化学研究所，中国就有了有组织的科研活动。1929年8月，"中华民国"教育部公布的《大学规程》将大学的办学目标描述为"研究高深学术，养成专门人才"，体现了"教学和科研相统一"的洪堡理念。1934年"中华民国"教育部公布了《大学研究院暂行规程》，此后许多高校建立了研究院及研究机构，我国的高校科学技术研究体制初步形成。与此同时，国民政府还于1928年成立了"中央研究院"、北平研究院。此后陆续成立的大大小小的研究机构近200个。因此，至1949年，我国实际上存在大学与国立研究院并置的欧美式科学研究架构。

新中国成立时，几乎全盘照搬了苏联集中型的科技体制，单独设置科学院系统承担主要的科学和技术研究，高校则调整为以教学为主的学术机构。1949年11月，在接管、调整民国时期的"国立中央研究院"、北平研究院等科研机构，并将其与延安自然科学院合并的基础上，中国科学院于北京成立。中国科学院成立之初，根据《中央人民政府组织法》，作为领导全国科学研究的政府部门，隶属于政务院，受文化教育委员会指导。1954年3月8日，中共中央对科学院党组报告做出重要批示："科学院是全国科学研究的中心。"[①] 同年，国务院于11月10日发出的《国务院关于设立、调整中央和地方国家行政机关及其有关事项的通知》明确指出，原属于中央人民政府政务院的中国科学院今后不再作为国务院的组成部分，但其工作仍受国务院指导。[②] 周恩来在中国科学院学部成立大会的报告中进一步明确："从宪法通过后，科学院已不是国家的组成机构，而成为独立的学术研究和领导机构。"[③] 此后，中国科学院从行政部门变成了全国性的学术机构。

1950年3月27日，中、苏两国政府就苏联专家在华工作问题于莫斯科签署协议。1952年10月，中国科学院扩大院长会议做出了关于加强学习和介绍苏联先进科学的决议。

1954~1960年，苏联顾问、专家780人（次）陆续来华工作。柯夫达和拉扎连柯先后担任中国科学院院长顾问，对中国科学院及中国科学事业的发展做出了贡献。帮助中国科学院建立了学部，并于1955年1月提交了《关于规划和组织中华人民共和国全国性的科学研究工作的一些办法》的建议。这一建议促成了中国第一个科学技术发展长期规划即《1956~1967科学技术发展远景规划》。苏联顾问在协助中国科学院解决机构设置、规章制度、管理体制和学科领域的总体规划方面给予了帮助。到1960年，仅是在苏联专家的帮助下建立起来并能够独立进行研究工作的研究所、室（组）就有40个以上；而派去苏联学习的研究生、实习生和进修生559人，其中不少

---

① 樊洪业：《中国科学院"办院方针"史事编年述要》，中国科学院网站，http://www.cas.cn/jzzky/byfz/200909/t20090923_2515295.shtml，最后访问日期：2015年9月25日。

② 《国务院关于设立、调整中央和地方国家行政机关及其有关事项的通知》，法律之星，http://law1.law-star.com/law?fn=chl521s613.txt&titles=&contents，最后访问日期：2015年11月30日。

③ 中国科学院学部成立大会，人民网，http://scitech.people.com.cn/GB/25509/56813/65480/65501/4431604.html，最后访问日期：2016年2月1日。

人回国后成为研究组、研究室中的重要骨干。① 中国科学院建立起了高度集中的管理模式和运行机制。20世纪50年代中国科学院主要从事机构发展工作，60年代以后主要从事为国防服务的"两弹一星"技术研发，在试制、仿制和工程技术上积累了较强的实力。

中国的大学在这一阶段，保留了非国家层面的科研功能，在科研工作中也做出了重要贡献。例如，北京大学化学系与中国科学院有关研究所组成的人工合成牛胰岛素的协助组，1965年9月首次成功地运用有机化学的方法合成了结晶牛胰岛素，在国际上产生了较大的影响。

总体而言，在苏联模式下，中国科学院是知识创新的唯一主体，高校未能确立其在国家知识创新体系中的主体地位。高校这一知识创新主体的缺位，国家科学技术研究和高等教育投入的不足，再加上科技与教育的分离，使我国的科研发展与人才培养受到了严重不利的影响，也使我国在此后30年里与世界先进国家知识创新水平的差距日益扩大。

1.2.1.2 改革中的知识创新主体

1977年后，我国的科技体制改革、教育体制改革相继展开，"科学技术是第一生产力"重回主流意识形态领域，高校和以中国科学院为主体的科研院所同时开始转型，成为我国知识创新体系中不可或缺的两大主体。

① 1977年7月，邓小平在听取教育部的工作汇报时提出："要抓一批重点大学。重点大学既是办教育的中心，又是办科研的中心。"② 邓小平同年8月指出："高等院校，特别是重点高等院校，应当是科研的一个重要方面军，这一点要定下来。它们有这个能力，有这方面的人才。事实上，高等院校过去也承担了不少科研任务。随着高等院校的整顿，学生质量的提高，学校的科研能力会逐步增强，科研的任务还要加重。朝这个方向走，我们的科学事业的发展就可以快一些。"③ 1985年发布的《中共中央关于科技体制改革的决定》和《中共中央关于教育体制改革的决定》分别指出："高等学校和中国科学院在基础研究和应用研究方面担负着重要的任务。""要根据中央关于科学技术体制改革的决定，发挥高等学校学科门类比较齐全、拥有众多教师、研究生和高年级学生的优势，使高等学校在发展科学技术方面做出更大贡献。……重点学科比较集中的学校，将自然形成既是教育中心，又是科学研究中心。"至此，高校重返知识创新体系。2009年，全国高校从事全时研究与发展的人员有18.9万人，通过各种渠道获得科技经费727.7亿元，共承担各类科技课题33.4万项，投入课题经费

---

① 中国科学院档案，档案号：60-4-45。
② 中共中央文献研究室：《邓小平同志论教育》，人民教育出版社，1990。
③ 《邓小平文选》第2卷，人民出版社，1994，第53页。

583.6亿元，其中基础研究经费占24.0%，应用研究经费占43.6%，试验发展研究经费占13.9%。在国家科学技术奖授奖项目中，全国高校获得国家自然科学奖16项，占总数的51.7%；国家技术发明奖31项，占通用项目总数的79.5%；国家科学技术进步奖151项，占通用项目总数的68.0%。在科技部批准立项的84个国家重点基础研究发展计划项目中，高校专家担任首席科学家的有49项，占总立项数58.33%。[①]高校正朝着知识创新体系主力的趋势发展。

近些年，随着改革的深入，我国的知识创新体系逐步打破了旧体制条块分割的布局，扩大了高校的办学自主权，对高校的功能分类也进行了探讨，研究型大学的概念开始在中国出现。在"211工程""985工程"的推动下，研究型大学的基础研究能力获得了迅速提升。特别是"985工程"实施后，我国出现了数十所研究型大学特征鲜明的高校，在知识创新体系中发挥着主力军的作用。2012年，在对我国706所普通高校的调查排名中，科研实力最强的36所研究型大学占总数的5.10%，其博士生导师数量占54.24%，培养的博士生占61.50%，硕士生占33.81%，本科生占9.00%。[②]

[②]"办院方针"一直是中国科学院确定其主要任务和发展方向的依据。1981年1月29日中国科学院在向中央的汇报中，提出了新的"办院方针"，即侧重基础、侧重提高，为国民经济和国防建设服务，但中央领导对此提出了质疑。1983年，按照中央要求，先后有两个工作组进驻中国科学院调查，得出了中国科学院的"办院方针"需要修改的相同结论。国务院科技领导小组赴中国科学院调查组认为："科学院的具体任务、方向，应当从全国科技力量的分工方面加以考虑。""从长远的发展看，今后大学的基础研究会逐步加强，发展性的工作[③]要与生产紧密结合，主要放在工业部门，因此科学院除了要从事一定的高水平的基础研究外，主要应该面向经济，提高应用研究的水平，为国家的技术创新、技术开发储备知识和人才，大量的发展工作要减少。"中央有关领导听取他们汇报后认为，中国科学院改革的最终目标是：尽可能减少事务性工作，使它成为一个只负责制定政策，把握科技发展方向的咨询性机构。1983年底，中共中央书记处指示要求中国科学院"大力加强应用研究，积极而有选择地参加发展工作，继续重视基础研究"。这一指示成为中国科学院第三次"办院方针"。

在新的"办院方针"的指引下，中国科学院1989年进行了"一院两制"的改革。

---

① 《中国教育年鉴》编辑部：《中国教育年鉴》，人民教育出版社，2011。
② 熊旭：《2012年中国36所研究型大学综合实力纵览》，人民网，http://edu.people.com.cn/GB/16675092.html，最后访问日期：2015年12月21日。
③ "发展性的工作"主要指技术开发，是当时起草文件用词。

1998年进行了"知识创新工程"试点。知识创新工程主要进行基地建设,技术开发类研究机构集体转制或新建研究机构等。通过改革,中国科学院调整了机构布局,加强了科研队伍建设,优化了内部运行机制,研究领域向应用研究和基础研究集中。

2011年,中国科学院正式全面启动《知识创新工程2020:科技创新跨越发展方案》(简称"创新2020"),进一步明晰了战略定位,确立了出成果、出人才、出思想的"三位一体"的战略使命,制定了"一三五"规划,决定实施"民主办院、开放兴院、人才强院"的发展战略。民主办院,即深入基层、深入实际调研,问政、问需、问计于一线科研与管理人员,集思广益,建立科学决策、民主决策的体制机制;开放兴院,即开放观念,开门拓业,加强合作,协同创新;人才强院,即加大培养、吸引优秀人才的力度,以人为本,营造平等宽和、激励创新的环境。"创新2020"先行启动的试点主要包括三个方面:一是组织实施战略性先导科技专项,二是加强三类基地和中心建设,三是深化改革、创新体制机制与管理。①

按照规划,到2020年,中国科学院将实现七大目标:第一,在空间、海洋、能源、信息、人口健康等战略领域,突破一批关键技术,掌握一批核心自主知识产权,解决一批制约我国经济社会发展的瓶颈问题。第二,促使地球科学、天文学、化学、物理学、数学、生命科学等学科进入世界先进行列,培育一批对未来发展影响重大的新的学科生长点。第三,1/3左右的研究所率先实现跨越发展,成为国际同领域具有重要影响力的研究机构。第四,至2020年拥有大批优秀创新人才,建设结构合理、动态优化的高水平创新团队。第五,至2020年形成覆盖全国、特色鲜明的院地合作体系,有效促进高技术产业发展。第六,为国家宏观决策提供具有重要价值的科学思想和咨询建议。第七,成为中国科技界在国际上的重要代表,在全球科技合作中发挥重要作用。②

目前,中国科学院仍是我国知识创新的一支主力军,研究质量在我国处于领先地位。但与此同时,其改革在一定程度上仍保留着对苏联模式的路径依赖。例如,苏联在5次制定的科学院章程的第一条中都规定"苏联科学院是苏联最高学术机构"。中国科学院章程中"是国家自然科学最高学术机构"也是类似的规定。中国科学院的隶属关系、组织体系也有明显集中模式的痕迹。从第二次"办院方针"开始,各方围绕中国科学院职能的争论从未停止。1981~2002年,中国科学院"办院方针"经历了4次调整,实质上也是关于中国科学院地位、作用不同主张博弈的结果。

除了中国科学院所属的科研院所,中央部委所属、地方政府所属和部队所属的科

---

① 张维:《中科院启动"创新2020"试点工作》,《科技日报》2010年1月27日。
② 吴晶晶:《面向2020年的科技创新路线图——解读中科院"创新2020"规划》,新华网,http://news.xinhuanet.com/2011-01/27/c_121032744.htm,最后访问日期:2015年1月27日。

研究院所在改革开放之后,也经历了4个阶段的改革。一是恢复和重建阶段(1978~1984年)。"文化大革命"的10年,对我国的科研院所体系造成了巨大的损害。这一阶段的重点任务是对科研人才队伍和科研院所进行大规模的恢复与重建。二是扩大自主权阶段(1985~1994年)。在科研院所体系初具规模的同时,传统的计划管理模式已呈现出种种不利因素,如科研活动在封闭的系统中进行,与社会经济生产严重脱节;科研单位缺乏必要的自主权,科研院所的人事、经费管理完全在行政指令下开展,科研人员的创造性和积极性受到严重的影响;科研院所之间、科研院所与高等院校之间、企业和科研院所之间没有形成合理的竞争合作关系,在很大程度上阻碍了技术市场的繁荣和发展。1985年以来的科技体制改革主要着眼于促进科技与经济相结合、扩大院所自主权、增强科研人员激励等方面,具体措施包括改革全额事业费拨款制度,除社会公益类和基础类科研机构保留全额事业费拨款外,其他机构实行差额、减额直至取消经费拨款;实行所有权与经营权相分离,将具体的管理权限下放到科研院所,实行党委领导下的院(所)长负责制,扩大院所自主权;推动科研院所、高等院校和企业之间的联系与合作,促进科技成果转化等。三是分类改革阶段(1995~2005年)。前两个阶段的改革虽然取得了一定的成绩,但是科技、经济"两张皮"的现象仍较为普遍,尤其是政府所属科研院所中具有应用技术开发优势的机构尚未实现转制,科研成果转化为现实生产力的渠道仍未畅通。1995年《中共中央关于加速科技进步的决定》明确指出,国家除保留一批从事基础性、社会公益性以及关系到国防安全和经济建设重大课题的科研部门的管理以外,大部分应用型科研院所均向企业化转制,转为企业或并入企业、成为研究中心或实验室。四是治理改革阶段(2006年至今)。2006年《国家中长期科学和技术发展规划纲要(2006~2020年)》强调,加强"自主创新"是我国科技发展的战略基点;科研院所要在推进国家创新体系建设的进程中充分发挥骨干作用,在明确机构功能定位、建立现代院所制度、完善内部治理结构等方面将改革推向纵深。因此,这一阶段的改革聚焦于科研院所作为学术型组织的定位与发展,重点在"细化"、"深化"科研院所的分类发展。

从30多年的改革历程看,我国大学和科研院所的改革发展一直聚焦于知识创新主体与处理政府和市场之间的关系,而大学和科研院所之间的互动合作,基本上缺乏总体规划,不具有知识创新体系内涵式发展的意义。

1.2.2 德国、法国、美国三国的知识创新实践

1.2.2.1 德国知识创新主体实践

德国的知识创新主体主要包括研究型大学、马克斯·普朗克科学促进会(简称

马普学会）以及德国弗朗霍夫应用研究促进会（简称弗朗霍夫协会）。三者在知识创新的不同领域实现了差异性定位，在均衡互动发挥各自优势中推动着知识创新。

①德国研究型大学的科学研究。据中德科学中心统计数据，目前德国共有282所高校，其中有103所综合大学、176所专门高等学校。综合大学中的40所是科学研究的骨干力量。

德国是最早兴办研究型大学的国家。1810年普鲁士内务部文教总监洪堡筹建了世界上第一所研究型大学，即柏林大学。柏林大学的精神主旨是"学术自由"及"教学和科研相统一"，它的理想是"为科学而生活"。柏林大学把致力于科学研究作为对教授的主要要求。他们认为，在科研方面取得成就的优秀学者总是优秀的教师。其后，柏林大学的这些精神、理念和做法在德国大学中得到推广，对全球高等教育的发展也产生了深远的影响。

德国研究型大学的重点是开展自由探索的基础研究和广泛的应用基础研究。据德国联邦统计局数据，2010年，德国高校用于科研与开发的经费约为125亿欧元。政府是其主要的资金供给者。公开性、竞争性及研究机构经费自由支配是政府分配科研经费的原则，目的是最大限度地释放出研究主体的创造力。此外，德国高校的科研工作还得到私人基金会或者科研委托合同形式的资助。

德国的教育立法属于各州，联邦宪法只规定某些最基本的原则。为满足自由探索的基础研究对大学组织功能要求，高校实行自我管理，校长负责制、利益相关者参与和学术自治等内部治理方法。为保障大学师资的高质量，大学实行严格的教师评聘晋升制度，建立以教授为核心的科研队伍。

德国的研究型大学与其他高校一样保持了自治的传统，享有大学章程和大学自行规定的独立自主权。研究所是科研和教学实体，所长只能由教授担任。教授的行事风格深刻影响着教研室或研究所的工作风格，教授是研究的中枢。

②马普学会。马普学会是非政府、非营利性的学术团体，成立于1948年。目前马普学会共有80多个研究所，拥有12600名雇员（其中有4400名科研人员）。此外，每年还有超过9000名博士研究生、博士后、访问学者和科研助理在马普学会各研究所从事科研工作。

马普学会的宗旨是提升人们的认识水平，改进人们对世界的看法，开展为公益服务的研究活动。它主要从事国家战略性基础研究，将资金和研究力量集中用于以应用为导向的前瞻性、综合性和交叉性研究，尤其是那些因资金、人员、设备等限制无法在大学开展的研究课题。

2010年，马普学会年度财政经费约为15亿欧元。其经费的80%由联邦政府和州政府依法提供。马普学会可不受约束地使用所得经费，但也接受联邦和州政府的检查。另外20%的预算来自社会捐赠、会费以及学会的服务收入，这笔资金被用于进行较大风险的课题研究。

评议会是马普学会的最高决策机构。评议会由学会主席、秘书长、各学部主任、会员代表和比例不到10%的政府官员组成，其中2/3由选举产生，1/3由其职务所决定。

马普学会下属的研究所大多临近高校设置，专业设备精良，研究人员无教学聘约限制。研究所不接受单个的、有时间限制的委托研究，所有研究成果都自由发表，原则上拒绝保密性研究。研究所秉持哈纳克原则，即"让最优秀的人来领导研究所"，为每位所长提供稳定、不受时间限制的研究经费。如果聘请不到能够胜任的优秀所长，即使确定了研究方向、有了研究任务，研究所也不会成立或保留。学会还给优秀的科学家支付有国际竞争力的报酬，提供一流研究设备和优厚的个人生活条件，甚至不受德国限薪令的限制。目前，在马普学会研究所担任所长的外籍科学家超过25%。[①] 马普学会章程赋予了研究所"自由独立地从事科学研究活动"的权利：研究所可以自主决定研究题目；可以在中期规划内改变整个研究所的科研任务；有权自由支配财政预算，同时可直接获得来自第三方的项目经费；还可以自主决定国内外的合作伙伴及合作方式。

在教育上，马普学会参与学术指导、联合培养青年科学家和研究人员，与大学联合任命教授。鼓励自己的科学家到大学去任教，同时欢迎大学的教授和学生来研究所工作或写毕业论文。马普学会没有"博士学位授予权"，但它以提供研究条件做完博士论文的形式，承担着4000多名博士生的培养任务。为了加强与大学的合作，马普学会推出了客座研究员计划，规定大学的教职人员可以申请成为马普学会客座研究员，可以领导马普学会的研究小组，可以资助有成就的大学退休人员继续进行3年研究工作。马普学会90%的研究所长在大学做过教授，其中至少有30%做过全职教授。在研究方面，马普学会通过合作协议，对大学开放专业设备、实验室和图书馆，联合资助重点、特殊研究领域等。

马普学会在一些方面也与大学存在利益冲突。马普学会的规模与两所大学相当，却分享着德国很大比例的研究与开发经费。充足的资金使马普学会能够提供优越的工作条件和诱人的个人待遇，把大学顶尖的人才吸引走。批评者担心马普学会会成为德国大学跻身世界顶尖大学的障碍，甚至有人要求将马普学会的研究所并入大学。同时，他们还担心最优秀的导师与研究生疏离，影响研究生的成长。

③弗朗霍夫协会。弗朗霍夫协会是联邦德国政府1949年为加快"二战"后经济

---

① 朱崇开：《德国基础科学研究的中坚力量——马普学会》，《学会》2010年第3期。

重建和提高应用研究水平而支持建立的一个公共科研机构。目前，它也是欧洲最大的应用科学研究机构。据德国教育科研部统计数据，目前该协会共有 80 个科研机构，包括 56 个弗朗霍夫研究所及其分所。弗朗霍夫协会致力于开展广泛的应用研究，为国家、社会和企业经济服务。为了完成其科研任务，该协会拥有大约 13000 名员工以及每年约 13 亿欧元的科研预算。其中约 60% 的预算来自第三方资助（项目经费和企业委托研究），40% 来自联邦和各州的事业拨款。

弗朗霍夫协会在政府支持下建立，但它并不隶属于联邦政府的任何部门，在法律上是以协会身份注册的独立社团法人，通过与政府签订合约来确定双方的权利和义务。

弗朗霍夫协会执行委员会是其日常管理机构，由主席 1 人和委员 3 人组成，其中必须有 2 位是知名科学家或工程师，1 位是有经验的商业管理人士，另 1 位则曾在公共服务部门担任过高级管理职务。这一结构考虑了科学家主导权和实现公益目标及市场效率的平衡。

弗朗霍夫协会所属研究所都设立于全国各地的大学之中。在协会授权的范围内，研究所可以自主开展业务、聘用人员和签订项目合同，这些合同经协会法律部核定后可以生效。在研究所连续工作 10 年以上的骨干科研人员可以获得固定岗职位，其余人员按照 3~5 年的合同聘用；两类人员享受不同的薪酬待遇，前者执行国家公务员工资标准，后者则按照合同的规定付酬。研究所实行所长负责制，通常从所在大学的知名教授中选聘。

弗朗霍夫协会的研究经费来源通常分为"非竞争性资金"和"竞争性资金"。"非竞争性资金"主要包括中央和地方政府及欧盟各类稳定投入，其余为"竞争性资金"。该协会于 1973 年对财务管理制度进行了改革，通过将"非竞争性资金"进行再分解而推出了著名的"弗朗霍夫财务模式"，即将国家下拨的事业费中的少部分（约占 1/3）无条件分配给各研究所以保证战略性、前瞻性研究，而其余大部分则同研究所上年的总收入和来自企业合同的收入挂钩，按比例分配。最终理想目标是"非竞争性资金"占 20%~30%，"竞争性资金"占 70%~80%。为确保科研质量，协会还适当放宽项目经费的支出范围和支出方式，允许实际支出不受立项时预算列支的限制；允许将一部分结余经费作为追加管理费使用并跨年度结转。

综上所述，德国研究型大学以基础研究为主要任务，马普学会以应用基础研究为主要任务，弗朗霍夫协会以应用研究为主要任务。三个研究主体在知识创新的不同领域实现了差异性定位，在均衡互动发挥各自优势中推动知识创新。国家在一定程度上参与各研究主体的治理，利用法律和制度保障各级学术机构获得研究所需要的学术自由，创造了基础研究的适宜条件。德国各创新主体之间的学术交流合作多数是在研究所和科学家个人层面上进行的，属于资源（科技人力资源和设施设备）导向的交流合作。表1-1对德国知识创新主体进行了比较分析。

表1-1 德国知识创新主体比较

主体	宗旨理念	职能和研究领域	资助	管理	竞争合作
研究型大学	学术自由、科研与教学相结合、为科学而生活	科研和教学：重点是好奇心导向的研究，广泛开展应用基础研究	政府以公开、竞争和自由支配为原则分配科研经费	保持自治的传统，教授评聘严格实行终身制，教授领导研究所	在人才培养、科研人力资源共享上与科研机构合作，在高端人才上与之竞争
马普学会	提升人们的认识水平，改进人们对世界的看法，开展为公益服务的研究活动	科研：以服务国家战略为导向的基础研究，尤其是大学因种种原因无法开展的基础研究	联邦和州两级政府资助额约占预算的80%，使用无约束，接受政府检查	以学者为主，政府参与组成决策层。科学家待遇优厚，研究所学术权力大。无博士学位授予权	联合培养青年科学家和研究人员，与大学联合任命教授。靠近大学设置研究所，所长几乎都有大学教授背景。向大学开放资源。与大学争夺高等人才
弗朗霍夫协会	开展为国家、社会和企业经济服务的公益研究	科研：广泛开展应用研究	联邦和州政府及欧盟各类稳定投入占40%，其余约60%来自第三方资助（项目经费和企业委托研究）。在内部分配上竞争性比重达2/3以上	日常管理机构由学者主导，公共部门、商界人员参与。骨干研究人员固定。研究所自主开展业务	研究所全部设在大学内，从教授中聘请所长，利用大学资源降低研究成本

1.2.2.2 法国知识创新主体实践

法国的基础研究属于科学研究的组成部分，其高等教育机构和专门研究机构共同承担基础研究任务，科研体制采用集中型模式。

①法国大学的科学研究。法国大学一般被划分为综合大学和大学校，它们都参与科学研究。综合大学跨学科设置科系，力求与教学、研究、知识及技术的演变保持同步适应。法国目前约有90所综合大学，其师资设备和科研力量在法国高等教育结构中占有重要地位。大学校一般是指高等专门学院，属于法国的精英学校，如巴黎高等师范学院、里昂高等师范学院、法国高等理工学院等。它们提供高水准专业化教育，对报考者的要求非常高，在法国只有不到10%的最优秀的高中毕业生能够进入。大学校一般规模不大，其中一些专门培养领导人，有的还培养出了若干个诺贝尔奖获得者。大学校在法国享有的声誉远远超过了大学，其他国家没有类似的学校。

法国高等教育实行中央集权式管理，教育工作由法国最高教育行政机关国民教育部主管，地方机构无权过问。法国大学教育的使命是："教授和传播知识；发展科学研究；培养人才，并让学生中的大多数人为自己的命运尽职、为社会服务。"开办高等教育的原则是"大学自治、集体管理、学科多样化"。大学中的各个"教学与研究单位"通过理事会选举产生其主任领导教学和科研。

法国高校教师属于国家公务员中的 A 级，地位较高，待遇丰厚，职业吸引力强。全国大学理事会中 1/3 的代表由国民教育部部长任命，大学理事会对教师资格、聘任教授、副教授拥有唯一的决定权。担任高校教师必须具有博士学位，并具有一定水平的科研成果。法国法律保障高校教师享有独立性和言论自由，并规定教授的首要职责是授课。每位教授每学年在正式授课 128 小时，或开设辅导课 192 小时，或开展实践课 288 小时之外，还有科学研究方面的要求。法国遵循公开、公平、公正的原则面向国内外公开招聘教授，其慎重的态度和复杂的程序，使高校聚集了一支高素质的师资队伍。

法国大学有数万名教学研究人员和工程技术人员，分布在 160 余所高等院校的约 4000 个实验室中从事科研工作。大学的实验室大体分为 3 类：①与国家科研中心合办的协作实验室，研究经费基本上由国家科研中心提供。②纯粹的大学实验室。③被称为"B2"的实验室，这种实验室无须评审和检查，研究经费相对不多。① 此外，在法国也有不少教学研究人员从事个体研究，他们在某些领域往往拥有较高水平的研究成果。法国大学的科研几乎涉及所有学科领域，在完成"较小型"的科技计划方面，发挥着科研体制灵活多样的优势，对法国知识创新起着重要的作用。

与此同时，法国大学与国家科研中心长期进行科研合作。目前，法国大学和科研中心的合作方式主要通过建立混合研究单位和协作研究单位来实现。前者由科研中心负责在大学或其他研究机构中组建。后者则主要由大学或其他研究机构负责，科研中心一般不参与其中的学术领导。1995 年，高等教育部、大学和科研中心签订为期 4 年，由 3 方共同确定科研计划，并匹配所需经费的合作协议，开始发展以学术目标为导向，资金配置为基础，法规契约为约束的新型合作关系。2008 年，在科研中心约 1300 个科研单位中，有混合研究单位 916 个，协作研究单位 21 个。② 法国大学和科研中心的合作促进了双方人员的流动。目前，科研中心的研究人员在各大学从事教学与研究工作的，约占中心研究人员总数的 70%，而大学的教学、科研人员，有 50% 在国家科研中心从事研究工作。③

②法国国家科研中心。法国国家科研中心创建于 1939 年，是法国科研体系的核心，2007 年起隶属于高等教育与研究部，具有法人资格和财务独立权。据法国国家科研中心统计数据，2013 年科研中心雇员有 33679 人，其中固定人员 25505 人（含科研人员 11415 人），均属国家公务员。下辖 10 个研究院（其中 3 个国家级研究院）、19 个地区代表处、全国各地 1029 个科研单位。科研中心经费充足，2013 年度预算经

---

① 张菊：《法国高校与政府研究机构的合作及对中国的启示》，《科技进步与对策》2003 年第 4 期。
② 孙承晟：《法国国家科研中心及其合作制度》，《科学文化评论》2008 年第 5 期。
③ 夏源：《法国科技政策与管理的回顾与展望》，《科技政策与发展战略》2002 年第 9 期。

费为 34.15 亿欧元，约合 272.73 亿元人民币。

法国国家科研中心的主要任务是从事自然科学、人文科学和社会科学等各个领域的基础研究和应用研究，同时担负研究成果推广、人才培养、跟踪和分析国内外科技形势及发展动向、参与政府科技政策和科研计划制定等工作，并为全国科技界提供大型科研设备。科研中心设置了生物学、化学、生态与环境、人文与社会科学、信息科学与技术、工程与系统科学、物理学 7 个研究院，以及数学、核与粒子物理学、地球科学与宇宙学 3 个国家级研究院。

法国科技研发以大型技术项目牵引为思路，即以解决一定时期内经济和社会发展中的紧迫课题为目标，集中基础研究、应用研究优势和大企业开发优势，进行集中投资，谋求整体突破。科研中心是国家大型研究计划的主要承担者，同时，非常重视跨学科的综合研究，注重利用高校资源，与高校建立密切的合作关系。科研中心 3/4 的实验室都建在高校，吸收高校科研人员参与研究。据法国国家科研中心《2010 年度经济与财政报告》，2010 年，科研中心下辖 66% 的科研单位与综合大学、17% 的科研单位与大学校开展了合作。可见，科研中心与大学在科研活动中形成了一定的主辅关系。

与此同时，科研中心还大力支持高校的人才培养，与大学在人才培养上发展了合作关系。科研中心没有学位授予权，但经大学注册的科研中心研究人员可承担部分教学任务。2010 年，科研中心的科研人员和工程技术人员共参与了 23400 名博士生的训练及培养。

综上所述，法国常把基础研究、应用研究和技术开发置于同等地位，基础研究带有浓厚的实用主义色彩。根据经济合作与发展组织统计指标，法国科技水平紧随美、英、德、日之后。在法国，研究型大学的概念并不鲜明。大学在没有经费资助的情况下，还有不少教学研究人员从事独立研究，这说明法国的大学拥有适宜基础研究的良好学术环境，但是，由于法国科技政策偏重集中研究，大学适宜基础研究的条件并未得到充分利用。法国对教授评聘非常严格，因此保证了高校科技人力资源的高素质。法国国家研究机构与高校在科研上是主辅定位，科研机构经费比较充裕，高校科研资金比较紧张，高校与科研中心没有竞争基础。表 1-2 对法国知识创新主体进行了比较分析。

表 1-2 法国知识创新主体比较

主体	理念宗旨	职能和研究领域	资助	管理	竞争合作
大学	教授和传播知识，发展科学研究，培养人才。无研究型大学分类	教学和科研：在所有的学科领域开展较小型研究	根据《高等教育法》，实行合同拨款制度。政府资助的 80% 用于工资	隶属国民教育部，大学自治，集体管理。教授评聘严格，属 A 类公务员，地位高，薪水丰厚，教学是其第一责任	配合科研中心实施科研计划

续表

主体	理念宗旨	职能和研究领域	资助	管理	竞争合作
科研中心	国家大型研究计划的主要承担者	科研：自然科学、人文科学和社会科学等各个领域的基础研究和应用研究	国家计划资助，经费较多	隶属国民教育、研究与技术部，具有法人资格和财务独立权，雇员属公务员	3/4 的实验室都建在高校，科研中心半数人员在大学工作，与大学协作进行科研，参与大学教学和研究生培养

1.2.2.3 美国知识创新主体实践

美国长期致力于保持其基础研究的全球领先地位。美国总统奥巴马在经济、政治多重巨大压力下，削减了联邦政府 2012 财年多项开支，但科技预算方面仍比 2011 年增加了 2 亿美元，其中基础科学和应用科学方面的投入增长幅度还达到了两位数。目前，美国的科研主体包括研究型大学、联邦实验室等。

①美国的研究型大学。美国研究型大学的创建，深受德国洪堡思想的影响。吉尔曼从德国留学回国后，于 1876 年创建了霍普金斯大学。这所大学按照他的意愿，以科研为主，并率先在美国大学中建立了研究生院。其他高校纷纷仿效霍普金斯大学的办学模式，从而使美国的大学转入了现代大学的轨道。

美国国家科学基金会（NSF）是政府科学基金资助机构，支持全美大学和其他学术机构的基础研究。美国国家科学基金会的任务和核心价值是确保美国在科学与工程领域的领导地位，提高国家的创新经济竞争能力。美国国家科学基金会通过竞争性的同行价值评议对各大学进行经费资助，该系统是国际上公认的"黄金标准"。为了更好地适应基础研究的需要，美国国家科学基金会形成了许多配套的资助政策和措施。例如，每年美国国家科学基金会把至少 30% 的竞争性经费授予年轻的新人；重视连续资助方式和鼓励高风险的探索研究创新。1990 年起设立小额探索性研究项目，美国国家科学基金会受理此类项目申请后不进行同行评议，直接由美国国家科学基金会的计划官员决定是否予以资助等。

目前，美国大学开展的科研工作，约有 96% 集中在 200 所研究型大学。美国 4000 多个高等教育机构全部科研经费支出的约 35% 集中在 25 所大学。40 多年来，美国高教系统不断扩张，但联邦政府一直把资助大学全部经费的约 78% 集中用于支持前 100 名的大学。

美国的研究型大学长期承担 50% 以上的基础研究任务，它们普遍把"学术卓越"作为衡量大学水平的核心指标，重视科研对教学的促进作用。加州大学伯克利分校甚至提倡科研第一、教学第二，以确保科研的主导地位。2012 年 10 月，在英国《泰晤士报高等教育副刊》发布的"2012～2013 年世界大学排行榜"中，美国有 7 所大学进入前10名，有30所大学进入前50名，显示了绝对的科研与教学实力。

美国大学不论公立和私立均设董事会，董事会集人权、财权、行政权于一身，有完全法人地位。校长由董事会和校长"双向选择"。校长全权管理校务，拥有与全责对等的全权。董事会对校长的遴选格外慎重，校长一般是兼有治校理念与能力的学者。美国大学有一套选用一流人才的制度。他们把派出、引进和培养结合在一起，在科研人员从博士到教授的全周期精选人才。大学一般按既有制度选用人才，也依据突出的学术水平使用"破格"、"终身制"方法吸引国内外最优秀的人才，给那些有才华的年轻学者脱颖而出制造机会。弹性的选才制度让美国大学聚集了高质量且有进取精神的师资，有力地支撑了大学的基础研究，也使美国成为一流人才大国。

与国家实验室的交流合作促进了部分研究型大学的崛起。例如，麻省理工学院从一个以本科生为主的二流技术学院崛起成为一流的研究型大学，得益于该校辐射实验室（前身是林肯实验室）所进行的出色的科学研究。林肯实验室是美国大学中第一个大规模、跨学科、多功能的技术研究开发实验室。第二次世界大战期间，在军方资助下，该实验室成功研制了雷达。在实验室带动下，麻省理工学院的通信、计算机、电子、生物物理学、神经生理学等学科水平不断提高，终于进入世界一流大学行列。

②美国国家实验室。美国国家实验室也称联邦实验室，是国家基础研究中的重要力量，拥有可靠的资金保障、良好的科研环境、先进的实验条件及高水平的研发技术人员。美国拥有700多个国家实验室（约有20万名科学家和工程师），其中有100个左右是大型综合实验室，其余为规模较小或专业面窄的研究机构。实验室从事美国全部科研工作的约14.4%，其中承担了全国基础研究的18%、应用研究的16%和技术开发的13%。[①] 实验室分别隶属于8个联邦部门。

实验室主要从事政府需要的科学技术研究，具体包括：完成政府职能需要的研究工作；从事全民需要而又不能直接获得经济利益的研究工作；从事投资大、周期长并有一定风险，企业不愿承担的科研工作；从事对整个国家极为重要，然而大学、企业又无能为力的研究工作；从事需要综合多学科的研究工作；与大学合作，为那些在大学受到一定局限的应用研究领域培养科学家和工程师；从事那些有助于促进工业部门各企业之间竞争的研究与发展项目。

国家实验室通常实行理事会决策、监事会监督、院所长负责日常管理的领导体制。实验室年度经费总额约占整个联邦政府研发经费总额的1/3，主要来自美国国会根据联邦机构研究开发计划的财政拨款，国会具体规定了这些拨款的用途及使用方式。实验室分为两种管理类型。一种是政府拥有、政府管理的实验室，其工作人员属

---

① 任波、侯鲁川：《世界一流科研机构的特点与发展研究——美国国家实验室的发展模式》，《科技管理研究》2008年第11期。

于联邦公务员,这种实验室是多数。另一种是政府所有、承包商管理的实验室,其土地和设备由政府拥有或租用,管理工作通过合同委托给大学、企业或非营利机构。

国家实验室大部分建在大学内。实验室与大学的合作是提高美国基础研究水平的重要途径。例如,加州大学伯克利分校第二次世界大战期间在劳伦斯实验室从事铀同位素的分离和纯化研究,在实验室首次发现了人造元素锫和锎,取得了一流的研究成果。伯克利分校由此成为美国乃至世界核物理学的圣地。

综上所述,美国是知识创新能力最强的国家,研究型大学和国家实验室是对美国知识创新贡献最大的主体。美国的科技政策和科技体制为充分发挥两大主体的作用搭建了开阔的舞台。美国的研究型大学继承传统,不断创新,追求卓越,形成了各具特色的强大的知识创新群体。他们在创新知识、培养人才和服务社会上积累的经验,为世界其他国家提供了有益参考。美国的研究型大学和国家实验室在治理结构、宗旨使命上均有不同,且各自拥有独享的核心优势,呈现了一种资源共享、目标渗透、功能互补、研发合作、学术竞争的关系。在两者的均衡互动中,研究型大学提高了学术水平,促进了人才培养,国家实验室满足了政府和社会的研究需求,增强了国家竞争力。表1-3对美国知识创新主体进行了比较分析。

表1-3 美国知识创新主体比较

主体	宗旨理念	职能和研究领域	资助	管理	竞争合作
研究型大学	继承洪堡理念,以科研为主,追求学术卓越	科研和教学:承担50%以上的基础研究,也从事应用基础研究	主要由美国国家科学基金会通过竞争性的同行价值评议进行资助,接受政府以外的资助	董事会是最高权力机构。董事会和校长"双向选择",校长全权管理校务。有一套选用一流人才的制度	利用国家实验室进行研究,通过竞争获得实验室代管权,并争取国家重大科研项目。提高代管实验室运作效率,争取更多的政府托管补贴。在合作中培养研究生。高校的学术自由氛围吸引了部分国家实验室科研人员
国家实验室	为国家战略服务,开展前沿基础研究,推动高技术转移	科研:基础研究约占18%、应用研究约占16%、技术开发约占13%	政府以近1/3的研究发展经费按科研项目拨款的方式资助国家实验室,实验室需要竞争科研项目	理事会决策、监事会监督、院所长负责日常管理,正式工作人员均为政府雇员。实行政府所有、政府管理和政府所有、承包商管理两种模式	大部分国家实验室建在大学内,由大学代管,与大学建立合作项目。开放资源,促进高水平研究和高素质人才培养

1.2.2.4 对德国、法国、美国三国知识创新实践的评价

①德国、法国、美国三国知识创新共通性分析。第一,政府在知识创新中扮演着

重要角色。三国政府都能为创新主体提供较为充裕的研究资金。大学是适宜基础研究的学术组织，尤其是在好奇心驱动的基础研究中，大学所提供的学术自由氛围，是科研院所无法复制的。几乎所有的自然科学诺贝尔奖得主都曾任研究型大学的教授，美国国家实验室部分研究人员放弃原工作投入大学科研，法国大学教研人员在没有资助的情况下仍能从事个体研究，这都证明了研究型大学是基础研究的天然基地。为了更好地适应基础研究的需要，三国都注重学校治理，用法律、规章维护学术组织的学术自由，调整学科设置，选用高素质教授。

第二，在大学以外都存在精干的专门科研机构。专门科研机构在定位上基本选择了服务国家战略、服从政府需要。在研究领域上避免与大学重合，在大学的弱势之处建立起自己应用性强、自上而下、大型专门的研究优势，在创新体系中占有不可或缺的重要地位。

这些国家的大学和科研院所没有一个是"大而全"的机构，不具有内在排他性，两者巧妙的学术和职能定位，使双方的资源得到最有效的利用，最大限度地避免了相互之间不必要的竞争，敞开了相互之间以业绩为导向、自身优势为资本的合作大门，使其在对方的发展中，获得自身发展的动力，全力发展自身核心优势，提升、巩固自己的学术地位。并且，科研院所的实验室、研究所选址不约而同地靠近大学，多数实验室建在大学校内，例如，弗朗霍夫协会的研究所全部建在大学内，说明专门科研机构在建设之初，就谋划了怎样利用大学的研究优势，设计了与大学长期合作的框架。大学同样利用科研院所的优势，提高了自身的科研和教学水平。尤其是美国，研究型大学与国家实验室的合作简捷、深入、高效、稳定。

②德国、法国、美国三国知识创新差异性分析。德国、法国、美国三国知识创新主体之间的差异主要体现在以下几个方面：第一，各国创新主体在政府资助上的差异（见表1-4）。美国通过竞争性的同行价值评议，支持全美大学和其他学术机构的基础研究。采用这个方法，不仅做到了资金与高价值项目的耦合，还调动了不同学术机构学术竞争的积极性，从而提高了创新主体的学术水平。德国在大学中实行竞争性资助，而马普学会依法获得直接资助，所以马普学会的科研资金比大学宽裕许多。马普学会薪酬待遇优越，吸引走了一部分大学高端人才，招致了一些大学的不满。马普学会在世界科研机构前100名排名中，位列非大学研究机构第一，而德国大学在世界排名前100的大学中则名次靠后。德国的这种资助方式使不同学术机构之间缺乏学术竞争激情，加大了资源零和竞争的压力，有可能进一步削弱好奇心驱动的基础研究实力，导致德国基础研究体系有所失衡。法国的资助方式带有计划色彩，是非竞争型分配，资助的重点向国家科研中心倾斜，大学能用于基础研究的资金很少。这种资金分配方式进一步强化了法国国家科研中心与大学之间的主辅

关系。

表1-4 美国、德国、法国创新主体政府资助差异比较

国别	资助方式	作用	两大主体关系
美国	完全竞争	资金优化配置，主体学术竞争	平等
德国	局部竞争	弱化基础研究，强化应用基础研究	不平等
法国	非竞争分配	没有竞争	主辅

第二，各国创新主体在基础研究作用上的差异（见表1-5）。美国大学长期承担全美基础研究50%的任务和部分应用基础研究任务，国家实验室担负18%基础研究和16%应用基础研究，美国的大学在基础研究中起决定性作用，国家实验室发挥重要作用。美国的大学和国家实验室恰当地利用了分工的互补性，加强学校和实验室层面上的互动，实现了双赢。德国的大学主要从事好奇心驱动的基础研究，马普学会主要从事使命驱动的基础研究，两者在基础研究中发挥着不同的重要作用。法国的大学和科研中心的研究方向在基础研究领域基本重合。依据法国的科技政策，教授首要的责任是教学，科研中心在基础研究中起主导作用，两者主辅定位，使大学基础研究的先天优势不能得到很好发挥，科研中心在国内没有学术竞争对手，也不利于其提升和发展。

表1-5 美国、德国、法国创新主体基础研究领域作用比较

国别	研究领域	作用	合作	竞争
美国	基础研究、应用基础研究均有部分重合	大学起决定性作用，实验室发挥重要作用	以学术为导向	非零和
德国	应用基础研究部分重合	突出马普学会的地位和作用	以资源为导向	零和
法国	完全重合	科研中心主导，大学配合	以计划为导向	无

③德国、法国、美国三国知识创新带来的启示。第一，政府在知识创新中承担着重要职责。一方面，政府可以制定与知识创新需要相吻合的科技政策，构建科学合理的科技体制，调动社会各方参与知识创新的积极性，规范社会各方的知识创新行为。另一方面，政府也应遵循知识创新规律，减少直接的行政干预，加强知识创新主体的学术自主功能。

第二，保持知识创新主体的适度差异是构成有序竞争的基本条件。例如，国外大学的优势主要体现在研究成果具有教学、科研双重效果；校园内充满自由研究的氛围和多学科交叉渗透的知识环境；小型化研究灵活分散；拥有庞大的高素质科技人力资源等；国外科研院所的优势则主要体现在拥有侧重于应用、自上而下、大型集中的科研活动等方面，而正是这种差异促使不同主体在高水平知识创新中相互依赖、功能互

补、协同创新。如果两个主体的研究活动完全重合，根据生态位法则（"格乌司原理"）①，在资源一定的条件下，无差异主体必然面临全面竞争，结果是两败俱伤或淘汰其中之一。因此，应按差异化要求培育创新主体，不能把大学办成科研院所，也不能把科研院所办成大学。

第三，除大学和科研院所之外，应鼓励企业和非营利组织进入知识创新体系。例如，美国的基础研究除拥有研究型大学、联邦实验室两大支柱之外，还有企业以及私人基金会、非营利组织的研究机构参与。在这"四维结构"中，每一维都有自己的优势和侧重，谁都不可以单独决定整个体系的研究方向和研究行为，任何一维通过同他人的交流合作都更容易取得更大的成就。斯坦福大学曾利用能源部设在本校的直线加速器中心开展基础研究，实验室3名研究人员（2名访问学者）分别获得1976年、1990年和1995年的诺贝尔物理奖，1982年的沃尔夫奖。因此，一元机构稳定性虽好，但缺少竞争与合作，往往活力不足；多元主体之间如果自愿建立一种以业绩为导向、以优势为资本的伙伴关系，那么这种关系网络将构成一个相互依赖、相对独立、灵活多样的均衡结构，更有利于整个知识创新体系的发展。

1.2.3 中国高校和科研院所与国家知识创新体系建设

1.2.3.1 研究型大学与中国知识创新体系建设

国家知识创新能力的提高，要靠源头创新的增强，而原始性创新科技成果在相当大的程度上来自基础性研究。原始创新和具有自主知识产权的核心技术的产生，需要有强大的基础研究支撑，需要多学科的交叉、综合，更需要有拔尖人才和创新群体长期艰苦的努力。基础研究是研究型大学的本质特征。研究型大学作为人才集中之地，有原始性创新研究需要的源源不断充满活力的科技人才（本科生和博士研究生），有进行原始性创新的良好环境，有进行原始性创新的资金支持，所以研究型大学当然应该成为创新型国家的原始性创新基地。

目前，我国研究型大学已经成为基础研究的主力军。2013年，我国高校拥有科研机构9842个，从事科研活动的全时制研究队伍有32.5万人，其中从事基础研究的有14.7万人，占全国的49.4%，高出研究机构18.6个百分点。② 此外，我国高校还

---

① "格乌司原理"也称生态位法则、"价值链法则"，原指在大自然中，各种生物都有自己的"生态位"：亲缘关系接近的，具有同样生活习性的物种，不会在同一地方竞争同一生存空间。该原理应用于企业经营等领域，即指同质的产品或相似的服务，在同一区间竞争难以同时生存。

② 科学技术部发展计划司：《2013年我国高等学校科研活动分析》，《科技统计报告》2014年第16期。

拥有中国科学院院士和中国工程院院士600余人，国家创新群体150余个，国家杰出青年基金获得者1500余人，依托高校建立的国家重点实验室近140个。①

近些年，高水平大学中具有博士学位者的比例（简称博士比）已经成为评价一所大学办学质量的重要指标。在美国，排名前30名的大学博士比平均为96%。2009年，我国博士比最高的是北京师范大学，达到81.3%。② 2013年，我国高等学校科研人员的博士人员占比达25.1%，高出研究机构9.7个百分点。同时，教师人才结构也是衡量一所大学综合实力的重要方面。我国研究型大学通过人才引进和培养，教师人才结构已大有改善。例如，目前清华大学拥有图灵奖获得者1人、两院院士73人，北京大学拥有两院院士70人，同时两校还有一大批长江学者、国家杰出青年科学基金及新世纪优秀人才。

2013年，我国高校的科研经费为856.7亿元，占全国科研经费的7.2%。其中，基础研究经费为307.6亿元，占全国基础研究经费的55.4%。③ 在基础研究中发挥较大作用的大学，主要集中于"985工程"和"211工程"等研究型大学内。其中，排名全国高校前50位的大学所拥有的科研经费占全部高校总经费的64%以上。④ 虽然从2008年开始，我国高校的基础研究经费开始超过科研机构的基础研究经费，大学开始成为我国开展基础研究活动的最大执行部门，但是，由于我国基础研究的经费总量偏低，与发达国家和几个发展中大国相比，我国的高校基础研究经费仍显不足。

2013年，在高校的科研经费中，来源于政府的资金为519.6亿元，占高校科研总经费的60.3%。国家自然科学基金是我国高校基础研究的主要资助者之一。国家自然科学基金委员会于1986年成立，主要支持面上项目、重点项目和重大项目，主旨是推动和资助基础研究，并在一定程度上资助应用研究。

随着国家自然科学基金预算的逐年增长，例如，从1986年的8000万元提高到2015年的224亿元，相应地研究型大学科技论文的产出也有大幅提高，2006年以来，高等学校SCI论文占全国SCI论文的比重一直保持在80%以上，2013年该比重为83.7%。一些研究型大学的基础研究质量也很突出。目前，北京大学在物理、化学、工程学、材料学、数学和临床医学方面的论文引用率达到了世界领先水平。⑤

然而，尽管近年来我国研究型大学在基础研究及成果产出方面取得了长足进步，但其"机构行政化"和"人员官僚化"的情况仍比较严重。这主要表现在：第一，基于历史原因，目前高校还有副部级、厅局级之分。并且，不同行政级别的高校之

---

① 柴葳：《全国137个国家重点实验室依托高校建立》，《中国教育报》2011年5月24日。
② 李黎藜、胡汉辉：《研究型大学人才队伍现状分析及优化策略》，《科技投融资》2011年第8期。
③ 科学技术部发展计划司：《2013年我国高等学校科研活动分析》，《科技统计报告》2014年第16期。
④ 周绪红：《推进研究型大学建设是走向高等教育强国的必然》，《中国高等教育》2008年第1期。
⑤ 薛澜、柳卸林、穆荣平等：《OECD中国创新政策研究报告》，科学出版社，2011。

间，竞争环境并不公平。为争取更多的公共教育资源，高校只能竭力争取更高的行政级别。第二，大学成了行政机构，大学校长和其他管理者成了官员。高校中甚至出现一种价值导向，即担任一定行政职务的教员更易于争取学校资源，因此造成教职人员非常积极地竞聘行政管理职务，而很难专注于教学和科研。第三，行政部门对高校办学的干预和管理，严重削弱了大学的自主权。而高校对政府的行政依附，又导致高校缺乏个性和原创精神，失去发展活力。

目前，为推进大学去行政化、扩大高校办学自主权，党和政府开始采取一系列实质性措施。党的十八届三中全会通过的《中共中央关于全面深化改革若干重大问题的决定》提出，要"深化教育领域综合改革"，"深入推进管办评分离，扩大省级政府教育统筹权和学校办学自主权，完善学校内部治理结构"，"推动公办事业单位与主管部门理顺关系和去行政化，创造条件，逐步取消学校、科研院所、医院等单位的行政级别"。各高校已开始重视"大学章程"的建设工作，应通过大学章程的建设来推动高等学校的内涵式、规范化的创新发展。

1.2.3.2 应用型大学[①]与我国知识创新体系建设

在我国高等教育快速发展的过程中，应用型大学作为一支增长迅速的力量，为提高国民素质、促进地方经济社会发展、实现中国高等教育大众化做出了重要贡献。1978 年，我国普通高等学校数量仅为 598 所，招生数为 40.1 万人，在校生规模为 85.6 万人。2014 年我国普通高等学校数量增加到 2529 所，招生数达到 721.4 万人，在校生人数超过 2547.7 万人，中国成为世界上在校生规模最大的国家，其中除了 100 所左右的研究型大学外，其余均为应用型大学。

应用型大学参与国家创新体系建设，集中体现为大学在参与国家创新系统知识创新、技术创新的过程中，与国家创新系统内其他创新主体产生各种交互作用和联系，其中应用型大学应在国家创新体系的区域创新体系中发挥重要作用。应用型大学通过研究进行的知识创造以及借由技术转移进行的知识开发和应用为地方建设服务；通过人力资源开发、教育、区域毕业生就业、继续教育以及职业教育等方式进行的知识转移为地方发展服务；致力于文化和社区发展，创造社会凝聚力和基于创新的可持续发展，搭建大学和地方之间的桥梁，发挥其所在区域和社会发展中的重要作用。有研究表明，从世界范围来看，高等教育规模与城市化率呈现高度的一致性；高等教育可以提升人力资本，培养高级专门人才，从而推动了社会经济的发展和城市化水平的提高；城市化程度为高等教育规模的扩张提供了最基本的物质基础；另外，由城市化带

---

① 这里应用型大学泛指除了研究型大学以外的其他类型大学，包括应用技术型大学、职业技术学院、专门型大学等。

动的产业结构变迁促进了高等教育规模的扩展。①

目前我国地方应用型大学在促进区域创新体系发展,为地方经济发展服务,成为地方科学文化中心方面的作用不明显。其原因是多方面的,主要有:第一,地方所属高校为地方经济发展服务的理念还没有完全树立起来,缺乏为地方经济和社会发展服务的积极性。第二,地方所属大学的办学质量难以满足服务地方经济发展的需要,在人才培养、科技研究、科研成果转化等方面缺乏市场竞争力。第三,缺乏地方高校与企业之间的沟通交流机制,高校人才培养、科技研究和开发与企业的需求脱节,企业对地方高校认可程度不高。

我国"学术导向"的评价机制对应用型大学的发展较为不利。目前我国对高校的投入主要取决于学校的层次,而现行政府对高校的评价标准基本上是学术导向,如重点学科、硕士点、博士点等方面,并以此来决定给各个高校的投入。在教学评估、学科建设评审、科研项目申报等方面,将应用型大学与研究型大学一起进行评审申报,应用型大学在获取资源、项目、经费等方面处于不利的境地,影响了社会对高校的评价取向,应用型大学社会声望不高,在获得社会资源时也面临不利。在这样的背景下,评价取向和资源配置方式对应用型大学发展起着"指挥棒"作用。为了获得更多的支持,部分应用型大学盲目攀高,忽视自身的办学条件和特色,纷纷向综合性、研究型大学的发展目标看齐。大多数应用型大学都走上了"合并"之路,导致应用型大学办学模式"千校一面",发展定位趋同,办学特色优势变得不鲜明,一些办学质量、特色和效益均不错的地方大学也出现了发展缓慢、失去特色的现象。

我国应用型大学应加强社会服务职能,提升服务地方经济的贡献力。应用型大学办学目标应与社会经济发展结合起来,树立面向社会、服务地方的办学理念。学校工作的重点是培养地方发展所急需的人才,解决地方社会、经济发展中的难点问题,通过培养人才和提供技术咨询与服务来促进地方经济的发展。地方政府应从本地区的实际出发,对地方高校提出并合理规划地方高校的发展方向,落实和扩大地方高校办学自主权,在招生计划、专业设置等方面允许高校根据市场变化和区域发展需求进行调整,及时满足本地区产业发展的需要,培养一批为地方经济文化建设服务的专业性人才,提升办学质量。

应用科技大学的科学研究工作应根据本校的专业学科方向,围绕相关的行业、企业(事业机构)的需求,开展以应用为导向的科学研究和应用基础研究。在研究工作中应强调应用性,要以能用于企业生产为目标,而不能仅为教师发表论文,鼓励教师与企业单位研究人员(或学生)共同研究,在研究工作中相互学习提高,这有利

---

① 郭书君、米红:《我国高等教育规模与城市化互动发展的实证研究》,《现代大学教育》2005年第5期。

于实现学校为地方、企业服务的目标。

1.2.3.3 中国科学院与我国知识创新体系建设

目前，中国科学院是国务院直属事业单位，实行院长负责制。院长由国务院任免，对国务院负责。科学院下属研究所实行所长负责制，由院长任命，对院长负责。

中国科学院包括6个学部（数学物理学部、化学学部、生命科学和医学学部、地学学部、信息技术科学部和技术科学部）、12个分院（沈阳、长春、上海、南京、武汉、广州、成都、昆明、西安、兰州、新疆、重庆）、98个科研机构（含3个植物园）、2所学校、1个文献情报机构、1个技术支撑机构和1个新闻出版机构。[①]

中国科学院于1998年开始实施"知识创新工程"试点，于2011年正式全面启动"创新2020"。2012年7月，其直属的中国科学院研究生院更名为中国科学院大学。

长期以来，中国科学院面向国家战略需求不断进行科学探索与知识创新，一方面为我国的国家安全和经济建设做出了重大贡献，另一方面也为其自身发展积累了优势。

第一，中国科学院拥有一支较高水平的科技人才队伍。截至2013年底，中国科学院共有中国科学院院士303人，占全国总数的40.4%，中国工程院院士6人，占全国总数的7.6%[②]全院有专业技术人员4.84万人，其中高级专业技术人员1.91万人、中级专业技术人员1.85万人，初级专业技术人员1.08万人。[③] 截至2015年年底，中国科学院大学在学本科生664名；在学研究生4.45万余名，其中博士生占50%。[④]

第二，中国科学院在推进"两弹一星"、载人航天和青藏铁路等重大研究项目的过程中，不断加强其基础设施建设。目前已拥有国家重点实验室89个、国家工程实验室10个、国家工程中心30个、重大科技基础设施12个、野外观测台站212个，在科技资源、研究设施和大型设备方面具有较雄厚的实力。

第三，中国科学院在目标导向型研究中具有优势。一方面，在中国科学院的发展历程中，经常有围绕某一重大课题建立一个研究所，从而形成跨学科研究团队的例子。例如，成立于1949年的中国科学院大连化学物理研究所，几十年来，在不断发挥学科综合优势的基础上，加强技术集成创新，逐步形成了自己的科研特色。另一方面，由于特定研究的需要，中国科学院国家重点实验室的选址往往有特定的要求，有时实验室周边的自然条件和地理环境都相当恶劣，符合研究工作的需要，有利于获得

[①] 中国科学院发展规划局编《中国科学院统计年鉴2014》，科学出版社，2014。
[②] 《中国科学院2014年年鉴》，中国科学院网站，http://www.cas.cn/jzzky/nj/nj2014/，最后访问日期：2015年11月30日。
[③] 《中国科学院2014年年报》，中国科学院网站，http://www.cas.cn/jzzky/nb/nianbao2014/，最后访问日期：2015年11月30日。
[④] 中国科学院大学网站，http://www.gucas.ac.cn/site/11，最后访问日期：2015年11月30日。

研究要求的研究成果。

第四，中国科学院对推进科教结合工作方面比较重视。2009年，中国科学院成立了"科教结合工作指导委员会"，负责全面指导全院科教结合工作；同时设立科技英才班、联合共建项目、特聘教师岗位项目、研究生公共教学实验平台4类科教结合教育创新项目。截至2011年，中国科学院支持此类教育创新项目共计36项。2011年底，中国科学院确立的出成果、出人才、出思想的"三位一体"的战略使命，有利于实现其学部、院所和大学的"三位一体"，有利于实现其科研资源与教育资源的进一步结合。

当然，中国科学院在其发展中也面临着许多问题。

第一，中国科学院所辖院所、机构过多，很难实行统一管理。中国科学院面向每个阶段国家战略需求的变化，不断调整其机构布局。但是这种调整，基本上是以增设院所为主调，对于战略地位已经削弱的机构却很少裁撤。这样一来，中国科学院体系日渐庞大，其内部也存在资源竞争的现象，不利于统一管理，也不利于提高其科研效率。

第二，中国科学院长期与院外交流较少，在一定程度上形成了封闭氛围，不利于其国际合作的发展。近几年，在科技全球化的推动下，中国科学院进行国际交流的人次、举办国际学术会议的数量、与国外研究所合作的项目数量虽然有所增加，但与国内高等教育系统和其他国家的科研机构相比还有一定差距。

第三，中国科学院在与地方产业融合方面不及高校灵活有效。2011年，中国科学院与全国31个省、自治区、直辖市建立了合作关系，形成了院地合作体系。院属单位在技术市场登记的合同数共1774项，合同金额16.7亿元；通过科技成果转移转化，使地方企业新增销售收入2628.8亿元，同比增长28.3%。[①] 尽管如此，中国科学院由于长期围绕重大项目进行研究，在应用研究方面灵活性不足，与地方产业的融合还有待加强。

1.2.3.4 其他科研院所与我国知识创新体系建设

除了中国科学院所属科研院所，我国还存在数量可观的其他中央部委所属科研院所、地方所属科研院所等。这些研究单位定位不同，分工不同，在国家创新体系中功能互补、协同发展。

自分类改革以来，我国科研院所数量总体呈下降趋势，科研院所总数、中央属科研院所数以及地方属科研院所数都逐年降低。1995年，全国共有科研院所5841个，其中，中央属1148个，地方属4693个。截至2012年底，全国共有科研院所3674

---

① 《中国科学院2012年年报》。

个,其中,中央属 710 个,地方属 2964 个。随着科研院所数量减少,科研机构从业人员数和科技活动人员数也相应减少,但研究人员的素质有所提高。1995 年,公立科研机构从业人员数和科技活动人员数分别为 101 万人和 64.4 万人;2012 年,人员数则分别是 73.9 万人和 38.8 万人。① 然而,与此同时,在科研院所的科研人员中,高学历人才所占比例不断上升。2013 年,研究机构科研人员中博士毕业人员占 15.4%,硕士毕业人员占 31.1%②。科研人员中高学历人才所占的比重反映了一个国家研发人员队伍的质量,是衡量研究机构创新能力的重要指标。

从研究领域看,我国的科研院所可分为综合科学类研究机构、农业类研究机构、专业技术服务类研究机构、社会事业类研究机构和产业类研究机构等。其中,综合科学类研究机构以知识创新为根本任务,不以具体的国民经济行业为服务对象。这类机构以中国科学院和中国社会科学院为核心,是我国基础科学研究和战略高技术领域研究以及社会和人文科学研究的核心力量。

2009 年,我国农业类研究机构约占研究机构总量的 13%③,这类机构以中国农业科学院、热带农业科学院、林业科学研究院、水产科学研究院以及省级农业科学院为主体,在农、林、牧、渔业领域从事科学研究和创新,为农业发展提供农业科研公共产品和公益性服务。专业技术服务类研究机构约占机构总量的 4.4%④,这类机构以国家和省级专业技术行政管理部门如气象局、地震局、海洋局、测绘局、质量监督检验局等所属的有关研究单位为主体,在气象、地震、海洋、测绘、技术检测、环境监测、地质勘查等专业技术服务领域进行科学研究,承担特定的公益性专业技术服务任务。社会事业类研究机构约占机构总量的 7.7%。⑤ 这类机构主要从事教育、卫生、社会保障和福利、环境治理和自然保护、水利及公共设施管理等领域的科学研究,并提供相关的公益性服务。产业类研究机构约占机构总量的 4.3%。⑥ 这类机构涉及工业、建筑业、交通运输、信息传输与计算机服务、金融业等,主要进行与政府履职相关的、关系到行业共性技术的科学研究。

相对于中国科学院所属的综合科学类研究机构,农业类、专业技术服务类、产业类等研究机构,具有鲜明的专业性。以农业科研院所为例,其学科发展不同于大学的科目设置,其学科领域和研究方向是在长期的探索实践过程中针对研究对象的特殊性不断分化出来的。例如,由作物遗传育种学针对水稻生产实践,分化出水稻遗传育种

---

① 国家统计局、科学技术部:《中国科技统计年鉴》(历年)。
② 科学技术部创新发展司:《科技统计报告》,2015 年 3 月 12 日。
③ 科学技术部:《中国科学技术指标 2010》。
④ 科学技术部:《中国科学技术指标 2010》。
⑤ 科学技术部:《中国科学技术指标 2010》。
⑥ 科学技术部:《中国科学技术指标 2010》。

学，而水稻遗传育种又继续分化出优质稻育种、超级稻育种等。① 这种分化使农业科研院所的学科愈来愈细，专业化、方向性愈来愈强。可以说，农业类、专业技术服务类等科研院所的核心能力是其在长期的成长过程中逐渐积累起来的，是这类机构所特有的，也是其他研究单位所难以模仿的。然而，随着现代社会的迅速发展，产业结构的不断调整，公共服务需求的不断细化，这类机构里有一部分过去比较有影响的学科已慢慢边缘化和弱化。因此，如何继续保持专业技术竞争优势，已成为现阶段农业类、专业技术服务类等研究机构的重要命题。其中，增强科学研究的产业导向性，始终以支撑和服务产业发展为导向，紧跟产业需求，是农业类、产业类等研究机构的任务核心；针对整个社会对公共产品和公益性服务的日益增长和变化的需求，在新兴的科学技术领域不断发展催生出一些新的研究方向和技术手段，是专业技术服务类和社会事业类研究机构的关键任务。

地方属科研院所是我国区域性科技主力。中央属科研院所主要关注影响国家全局的问题，如国家安全、国防建设、空间海洋、国家科技发展战略重点等；地方属科研院所则主要体现本地特色，主要围绕地方经济社会发展对公共科技的需求，运用公共科技解决当地社会发展领域中的重点、难点和热点问题，为本地的社会公众服务。因此，地方属科研院所应该掌握本地的研究特点：一是有一定的地域范围，二是有特定的地方需求，三是与本地资源能力和技术专长紧密结合。例如，地方农业科学院在紧密联系农业生产实际、掌握本区域的农产品生产规律、开发适宜本区域的农产品品种、研究推广实用技术、建立农业试验站等方面具有明显的优势。

1999年以来，国家相继制定了一系列科技体制改革的政策和措施，加快了地方科研院所的转制。以科技开发、应用研究为主的地方科研院所逐渐由财政全额拨款转为差额拨款或自收自支。目前，地方科研院所的改革已获得了很大进展。但是，由于经费、人员以及经营管理水平的制约，很多科研院所的市场竞争力较弱，地方科研院所的整体发展趋势与地方经济社会发展的要求还不太适应，存在许多亟待解决的问题。首先，转制之后，许多科研院所偏重短、平、快的开发项目，轻视基础性、长远性、全局性的科研工作，使科研活动的经济效益导向与社会公益目标之间的矛盾越来越凸显。其次，科研院所重复设置、条块分割、机构臃肿等状况并没有太大改变。最后，科研经费投入虽然连年增加，但总量依旧不足，人均科研经费过低，仪器设备老化等现象比较严重。②

为了进一步发挥地方科研院所推动地方科技进步、促进区域经济和社会发展的骨

---

① 王小虎、陆建中：《农业科研院所学科特点与学科建设研究》，《农业科技管理》2013年第2期。
② 罗仕潼：《地方应用型科研院所转制后防止过度市场化研究》，《中国科技论坛》2010年第2期；何德权：《转制科研院所技术功能定位及对策研究》，《科技进步与对策》2013年第8期。

干作用，应将地方科研院所的科学技术创新能力纳入整个区域创新体系中进行规划和统筹。地方政府应注重"面上引导"和"重点支持"相结合，利用政策、资金和科技计划等管理手段，对地方科研院所进行引导和支持。同时，需因地制宜建立与本地社会、经济和产业发展相匹配的科研体系，使地方科研机构与地方高校形成合力，共同组建具有地域特色的地方协同创新中心。

总之，无论是中央属科研院所还是地方属科研院所，无论是综合科学类研究机构还是农业类、专业技术服务类、产业类等研究机构，不同科研院所应有不同的职能定位，在国家创新体系中发挥不同的作用。并且，不同类别的科研院所应强调协同合作，实现优势互补；相同或相近类别的科研院所应强调有序竞争，不断激发科研创新和技术发展的动力。

1.2.3.5 中国研究型大学和中国科学院职能定位中存在的问题

目前，中国研究型大学和中国科学院的职能定位，未能完全摆脱科研体系一元结构的思维模式，两大知识创新主体缺乏系统的分工。这一问题具体表现在以下几个方面。

①中国研究型大学在知识创新体系内的作用并未充分发挥。与政府科研机构或企业研发组织相比，大学最突出的特点是能把高水平人才的培养和科研活动有机结合起来。世界一流大学的成功经验，在这方面为我们提供了很好的借鉴。例如，斯坦福大学校长 G. 卡斯帕尔曾对斯坦福大学与硅谷成功的原因做过比较深入的分析。他认为："答案并不在于斯坦福大学发现了什么'秘诀'，而在于斯坦福大学严格贯彻作为一所'研究密集型'大学具有的基本的普遍的目标与特性。"[①] 然而，中国的研究型大学虽也取得了一定的科研成果，其在知识创新体系中的作用却没有得到充分发挥，例如，大学的研究方向和目标不够清晰，很多知识资产没能被"激活"，科技成果流失比较严重，科研力量比较分散，科研工作缺乏持续发展的较长远的规划等。

②中国知识创新主体的职能定位与知识创新规律并不吻合。世界各发达国家普遍把大学作为好奇心驱动的主体，把国家资助的专业科研院所作为使命驱动研究的主体，依据知识创新规律实现了研究主体、研究环境、研究任务的最佳结合。中国科学院全面占据基础研究的中心位置，研究型大学的"研究活动具有强烈的应用导向"[②]，两者的研究活动主体优势错位，偏离了知识创新规律，割裂了使命驱动和好奇心驱动的主体与外部研究条件之间的有机联系。

③中国知识创新主体核心优势的培育被忽视。学术组织的优势形成是一个长期的

---

① G. 卡斯帕尔：《研究密集型大学的优越性》，载《21 世纪的大学：北京大学百年校庆召开的高等教育论坛论文集》，北京大学出版社，1999，第 103 页。
② 薛澜、柳卸林、穆荣平等：《OECD 中国创新政策研究报告》，科学出版社，2011。

过程，需要成熟的理念作为精神支柱。发达国家大学和科研院所逐步形成了符合学术发展规律的、稳定成熟的学术理念，如学术独立、追求卓越、科研与教学并重、依法治理等，他们把这些理念融入校训和组织宗旨、组织章程等，长期坚持与完善，才取得了今天的成果。在中国，由于政治运动干扰、法制不健全等因素，中国科学院在大部分发展时期没有正式有效的章程；北京大学、清华大学这两所中国最优秀的研究型大学，对学校的学术方面的思想建设不够重视，对于学校的统一校训、学校章程并没有下功夫，使之深入人心，并在学校内贯彻实施。总体而言，目前中国研究型大学和中国科学院在培育知识创新核心优势方面存在以下问题：第一，责任过于泛化，难以把资源和注意力集中在核心优势上；第二，过于关注眼前效果，对需要长期资助、好奇心驱动的基础研究投入不足；第三，对于国家（地方）急需的使命性、任务性科研项目推动不力，责任不明确，成绩不能满足政府和社会的需求；第四，评价、激励机制不够完善；第五，缺乏稳定、成熟的学术理念；第六，主要学术和业务领导人在聘任上的局限性，使办学、办院难以取得突破性进展。这些状况都不利于中国两大知识创新主体独特学术优势的培育，也不利于两者在知识创新体系中的有效分工。

④中国知识创新主体的发展日渐呈现自成体系的封闭趋势。目前，中国研究型大学和中国科学院科研领域高度重合。2012年7月，中国科学院研究生院更名为中国科学院大学，两大主体的科、教职能日益接近，呈现了知识创新主体自成体系的趋势。其各自的科研活动更加封闭，合作更依赖外力推动。国家为两大主体的重复建设付出了不必要的代价，两大主体的综合实力也在全面竞争中受到削弱。

⑤中国政府资助方式的不完善强化了知识创新主体优势错位的局面。尽量多方争取资助，是知识创新主体建设发展的客观需要，各国政府都注意利用知识创新主体的这一需要，将资助作为一项有力的工具，调节创新主体之间的关系。中国目前对研究型大学和中国科学院的基础研究资助方式并不完全一致，中国科学院在得到国家保障性资金后，仍然参与国家自然科学基金项目的竞争，而研究型大学只通过竞争国家自然科学基金项目得到资助。这种资助方式，不利于调动研究型大学和中国科学院学术竞争的积极性，有可能激发资源的零和竞争，也将进一步强化知识创新主体优势错位的局面。

中国研究型大学和中国科学院在职能定位上之所以会存在上述问题，既有历史原因，又有现实原因。从本质上说，研究型大学和中国科学院在历史使命、服务对象、组织机构、治理结构上并不相同，但两者进入知识创新体系的特定背景和时机，造成了它们之间一直存在多种关系模式和发展趋势。

A. 主辅关系与平等趋势并存。长期以来，在仿效苏联的集中式科研模式中，中国科学院在中国具有最高的学术地位。改革开放以后，中国科学院的地位并未改变。1981年3月6日，中共中央在转发中国科学院的文件中明确指出："中国科学院是国家自然科学的最高学术机构和综合研究中心。"1998年下发的《国务院关于机构设置的通知》（国发〔1998〕5号）中写道："中国科学院是国务院直属事业单位。中国科学院是国家自然科学最高学术机构和全国自然科学与高新技术综合研究与发展中心，是国家知识创新体系的核心。"在新、旧科技体制交替的过渡期，享有诸多体制、制度优势的中国科学院，仍居于中国知识创新体系的核心，研究型大学处于辅助地位。然而，学术地位最终要靠学术能力和学术成果来确认。经过"知识创新工程"和"985工程"、"211工程"，中国科学院和研究型大学的科研能力都得到了提升。如果以目前公认的基础研究成果来衡量，研究型大学在数量上已超越中国科学院，中国科学院则在质量上仍保持领先状态。随着研究型大学的基础研究潜力在政策保障下进一步发挥，中国科学院和研究型大学在知识创新体系内的主辅关系，或许将被平等或合作关系所取代。

  B. 独立关系与渗透趋势并存。中国科学院直属国务院，研究型大学隶属教育部。由于中国科学院的工作直接向国务院负责，国家职能部门对研究型大学是领导和指导关系，科技部对中国科学院则是协商关系。因此，在日常协调科学技术工作、科学技术重大问题时，教育部、科技部等国家职能部门的权威和作用都被削弱。部门的分割，分散了中国的科学研究力量，制约了中国科技力量作为一个整体发挥作用。中国科学院和研究型大学之间的归口管理单位和级别的不对称①，给它们之间的合作造成了一定的困难。并且，中国的管理基本以单位为导向，所有的评价体系、考核体系很难超越单位体系。如何考核人才、如何决定科研成果归属，都是中国科学院和研究型大学在合作中经常遇到的问题。在实践中，很多项目往往在刚开始有较好合作，到后期，却由于利益分配等问题，导致合作失败。所以，目前中国科学院和研究型大学在职能构建上出现了自成体系的倾向，封闭性越来越强。一些高层的、大规模的学术合作，往往依赖外部力量的推动。例如，2012年8月15日中国科学院、教育部关于印发《科教结合协同育人行动计划》的通知，旨在充分发挥中国科学院研究所与高等学校双方的优势，促进科教结合协同育人。这类科研主体之间的学术合作问题，在发达国家多发生在科研主体之间，有很低的合作成本和很高的合作效率。而在我国现有科技体制下，这类合作却需要国家职能部门推动。当然，中国科学院和研究型大学之间的彼此依赖性虽然不强，两大主体的研究人员之间的交流趋势却日益明显。在国家自然科学基金申报中，虽然没有中国科学院和研究型大学联合申报的项目，但中国科学院和研究型大学，都有获得项目后邀请另外一个主体内人员参与研究的事例。原主体的边界由于人员的互相渗透而变得不那么清晰，而趋向于平等合作。

---

  ① 中国科学院和部分研究型大学一方是正部级单位，另一方是副部级单位。

C. 竞争关系与合作趋势并存。高教系统加入知识创新体系之后，必然会对国家知识创新资源的分配方式提出自己的诉求。在公共资源总量一定的前提下，客观上就构成了高教系统与中国科学院的资源竞争关系。这种关系通常通过资助竞争、项目竞争、高端人才竞争和学术地位竞争表现出来，尤其以学术法规地位之争最为关键。与此同时，在国家各类重大科技计划、专项引导下，研究型大学和中国科学院均参与研究，在知识创新体系内产生了合作关系。我国的"863计划"，就是研究型大学和中国科学院在一个大计划框架引导下联合研发的实例。目前，两者在科学研究活动合作方面正向前推进，而在科教结合、联合育人的合作上也开始起步。例如，2001年8月中国科学院化学研究所与北京大学化学与分子工程学院进行全面合作，共建化学研究和教育基地。2003年3月，中国科学院纳米科技中心和北京大学、清华大学等共同组建国家纳米科学中心。2012年5月，中国科学院学部－北京大学气候变化研究中心和中国科学院学部－清华大学科学与社会协同发展研究中心在京成立。可以说，在一定时期内，高教系统与中国科学院之间的竞争会继续存在，但两者之间的合作关系也将不断加强。

1.2.3.6　研究型大学和中国科学院在中国知识创新体系中的理想定位

①围绕研究型大学与中国科学院关系模式和职能定位的争论。目前，基于各种历史原因和发展趋势，中国社会各界围绕研究型大学与中国科学院的关系模式和职能定位存在不同的看法，主要观点如下。

大学在中国知识创新体系中发挥什么作用？观点一：随着国家支持力度的不断加大，高校科研水平和综合实力快速发展，国际影响力不断攀升，已经成为中国基础研究的主力军。[1] 观点二：高校是基础研究最适宜的环节，高水平研究型大学是科学研究原始创新和自主创新的发源地，应该在国家层面加大对基础研究的引导。[2] 观点三：高校已建成大批中心实验室，而且教学相长，其基础研究效率高于科研院所；中外经验证明高校在知识创新方面具有不可替代的重要地位和作用，因此高校应成为知识创新体系的第一执行主体。[3] 观点四：中国的研究型大学要逐步走向理论与应用并重，向基础研究、应用研究和高科技成果转化相协调的新方向发展；开展多层次、多形式的决策咨询和科技服务，提高科技成果转化的层次和水平，为国家重大决策提供支持，为城市产业组织提供支持，在发展高科技模式中成为主角，充当排头兵。[4]

---

[1]　唐景莉、杨晨光：《高校成为基础研究"主力军"》，《中国教育报》2007年2月28日。
[2]　《教育部关于加快研究型大学建设增强高等学校自主创新能力的若干意见》，2007年7月10日。
[3]　董晋曦：《关于国家创新体系的若干思考——兼论高校应成为知识创新系统的第一执行主体》，《研究与发展管理》1999年第6期。
[4]　刘步英、徐光明：《江西省省长黄智权强调：高校要成为高新技术发展排头兵》，《中国教育报》2001年11月26日。

中国科学院在我国知识创新体系中占据什么地位？观点一：中国科学院在开展国家"知识创新工程"试点以后，除了依旧是国家自然科学最高学术机构和全国自然科学与高新技术综合研究与发展中心外，还成为国家知识创新体系的核心。中国科学院的核心地位有其历史渊源和现实需求，应考虑单独立法，明确其在国家科技事业发展中的独特法律地位。① 观点二：中国科学院是 20 世纪 50 年代按照当时苏联科学院的模式建立的，无论从人数还是机构设置上看实际上已成为国家的一个部委。中国科学院"知识创新工程"的关键之处在于仍要继续维持原有模式。观点三：从实际运行情况和投入产出结果来看，中国科学院没有起到原先所设想的作用，无法担当知识创新主要执行者的重任。应取消中国科学院总部现有的管理指挥功能，剥离其下属的众多研究所，让中国科学院成为在科学界的最高荣誉和国家咨询机构。对研究所分别做出保留骨干形成几个国家级研究中心、转为科技企业或并入大学的安排。② 观点四：中国科学院虽然定位于着力解决我国经济建设、国家安全和社会可持续发展的重大战略问题，但实际研究却是基础研究和公益研究并重，与大学研究存在很大的交叉和重复。公益型研究机构的一个重要改革方向，是鼓励有条件的科研机构与高校合并或开展多种形式的合作。③

②研究型大学和中国科学院在中国知识创新体系内的最佳关系模式。综合分析上述意见，本研究认为，"两者并置，明晰定位，优势联动，竞合有序"是目前中国科学院和研究型大学这两大知识创新主体的最佳关系模式。

在我国原始创新能力不足、创新成果质量不高以及科技创新对经济建设支撑力度不够的背景下，无论是中国科学院还是研究型大学，其单独的知识创新能力都不能满足国家对知识创新体系的要求。选择中国科学院和研究型大学两者并置的知识创新主体结构，能够充分利用我国现有的知识创新资源，利用知识创新的积累效应，使科教结合的知识创新体系在适宜的起点上，保持知识创新的连续性，这是现实和理性的选择。

在中国科学院和研究型大学两者并置的知识创新主体结构中，明确各自的发展重点，发挥各主体的核心优势，选择差异化的职能定位，将在两者之间形成互为补充、互为依存的关系。发达国家知识创新的成功经验显示，科研院所在使命驱动的基础研究中具有优势，研究型大学在好奇心驱动的基础研究中具有优势。各国基本都遵从这一规律，以研究型大学充当好奇心为导向的基础研究的主力，科研院所则避开研究型大学的优势研究领域，担负以使命为导向的基础研究重任，二者优势联动，以优补

---

① 朱效民：《中科院新院章制定的法律背景研究》，《科研管理》2004 年第 6 期。
② 董晋曦：《关于国家创新体系的若干思考——兼论高校应成为知识创新系统的第一执行主体》，《研究与发展管理》1999 年第 6 期。
③ 周志田等：《我国公益类科研机构改革方向研究》，《科研管理》2002 年第 2 期。

劣，发挥系统的整体作用。并且，知识创新体系运行效率的高低，取决于各主体核心优势的发挥程度，以及各主体的核心优势对体系内其他主体的正溢出状况。核心优势的发挥程度及正溢出状况与系统创新效率正相关。在系统活动空间有限时，发挥主体非优势职能，就会挤占其他主体发挥优势职能的空间，就是输出负外部性，结果会降低整个系统的效率。因此，培育出具有核心优势的知识创新主体是优势联动的前提，科教结合的运行机制则是优势联动的保障。

在发达国家，不同创新主体之间的学术合作一般不需要政府行政指令撮合，共同的目标和利益是合作的纽带，自身的优势是资本，这种合作带有自信、互信和稳定的特征。而以学术为导向的竞争，也有效地激发了创新主体的创新热情，挖掘了创新潜力，营造了相互赶超的创新氛围。不同的创新主体在自身的发展中，以自己在系统内的正溢出，给其他主体的发展带来了机遇。例如，美国以学术规律为参照培育科研主体，以学术水平为标准治理科研主体，以公平、公正、公开的竞争为原则资助科研主体，以国家需求和重大项目为目标引导科研主体的做法，牢牢掌控住了各知识创新主体的行为，就像一只"看不见的手"在指引着各个主体有序地竞争与合作。国外这种以优势联动、协同创新为核心的知识创新主体关系模式，可以作为完善我国研究型大学与中国科学院职能定位的参考。

1.2.4 完善中国知识创新主体职能定位与关系模式

1.2.4.1 加强顶层设计，深化宏观管理体制改革

我国科研机构体系的科技决策主要由科技部制定，但在实际操作中其他部委在各自负责的领域也会出台相应的科研机构管理办法，导致政出多门，缺乏统一协调。为了促进我国科研资源的合理配置以及科研单位之间的开放合作，亟须从国家层面来统揽全局，总体规划各部门、各领域的科研战略布局。

建立统一的、全局性的科技决策体制。目前，很多国家成立了隶属于政府首脑或国会的科技宏观管理部门，负责制定整个科研体系的科技政策和财政政策，统一协调科研机构的活动。例如，美国于1993年成立了国家科学技术委员会，该机构是总统协调科技、空间以及各联邦政府研发机构的主要部门。2000年4月，法国将原国民教育与研发部分开，设立研究部，负责科研统筹、技术开发、推广和科普工作，研究部部长同其他相关部长建议和实施政府在研究技术领域的政策举措。2000年7月，俄罗斯政府成立联邦工业与科技部，该部的职能是会同联邦有关权力机构制定和实施国家统一的科技和创新政策，对技术领域进行管理，确定科技发展方向。2001年，

日本设立了综合科学技术会议，以便建立跨省、厅的产业技术协调机制，综合协调科技政策。同时，很多国家还拥有一个中立的、多元的专家系统为决策提供咨询，以保证决策的系统性和科学性。例如，德国于1957年设立了科学技术委员会，作为政府科技的咨询机构。日本的科学技术会议也有很多科学家和社会知名人士参与。

就我国而言，为改变多头决策的局面，首先应设立直属于国务院或政府总理的顶层决策机构（如国家科技规划与发展办公室），统一协调管理科研机构体系，并建立科学决策的专家系统和社会参与系统，拉近利益相关者的距离，提高决策的科学性和民主性。其次，要确立多元化的宏观管理模式。目前，国外公立科研院所宏观管理模式一般包含三种形式：一是主管政府部门管理。例如，美国国防部、卫生部、能源部、农业部等都设有专门的科研管理机构，部门与部门相互之间并不交叉管理。部门属科研机构的建立往往是为了辅助某些专业性较强的政府部门的行政职能，同时，主管部门往往也是该领域的信息掌握者和决策制定者，因此，政府部门对科研机构的纵向单一管理可以使科研和行政需要紧密联系，对科学决策和深化科研都有益处。二是委托大学或其他机构管理。三是大科研机构独立运行。例如，美国联邦实验室下属36个科研机构、能源部下属11家科研机构、英国国家物理实验室等采用国有民营管理模式，美国国防部支持的约翰霍普金斯大学应用物理实验室和麻省理工学院林肯实验室等采用民有民营管理模式。在非行政管理模式下，科研机构的独立性和自主性都很强。

就我国而言，应从实际出发，形成业务主管部门管理、大科研机构管理及委托管理三种不同的管理体系。对于中国科学院、中国社会科学院等大科研机构，应改变这些机构的官僚体系，使其按照大型独立科研机构的模式运作；对于气象、地质调查、水文水利研究等与行政管理职能联系紧密的科研机构，可由主管部门管理，在决策机构的协调和指导下，与主管部门签订管理关系和科研计划的合同；对于标准、计量、防灾、减灾、环保等这些与行政部门关联度低，而且需要多学科和其他研究支持的研究机构，可委托综合性大学管理，借助大学的综合研究优势和人才优势，推动科学研究。

1.2.4.2 转变思想观念，改革知识创新体系的一元主体思维模式

科技体制和教育体制的改革，打破了知识创新体系高度集中管理和计划分配运行的苏联模式。但是，部分带有旧体制特性的思想观念和做法依然存在，对建立科教结合的知识创新体系起着阻碍作用。因此，应依据党的科技工作指导方针和科教结合知识创新体系顶层设计原则，统一认识，改善对知识创新体系的领导。

第一，依法管理知识创新主体，慎用行政手段定位学术"中心"、"核心"。《中华人民共和国科学技术进步法》规定，"国家统筹规划科学技术研究开发机构的布局"，只有国家有权决定科学技术研究开发机构在国家总体布局中的定位。国家法规没有明确某个主体是"中心"或"核心"时，各主体不应自我定义为国家的某"中

心"或"核心"。当前构建知识创新体系最突出的矛盾聚焦于主体定位问题，争取"中心"待遇，就有可能获得体制、政策上的优势，实现主体的利益。但是，一个体系内若出现多个相同的中心，将应验"格乌司原理"，使系统因内耗而受损。

第二，改变集中式思维，改革知识创新主体关系模式。目前，集中式的思维模式仍然在一定程度上干扰科教结合知识创新体系的构建。例如，继续沿用集中式的一元主体结构定位策略；认为只有某个主体是"国家队"；建设的规模求大、职能求全；给予某个学术机构特殊的行政级别等，这些都阻碍知识创新主体之间和谐关系的建立。《中共中央关于科技体制改革的决定》指出："允许集体或个人建立科学研究或技术服务机构。"《中华人民共和国科学技术进步法》规定："公民、法人或者其他组织有权依法设立科学技术研究开发机构。"党的科技政策和国家法规已经明确，我国不再实行集中式的科技体制，与之相应的知识创新体系也应该是多元主体的中国模式。为此，应该以改革集中式的知识创新体系为目标统一各方认识，排除构建知识创新体系的方向性干扰；积极引导有研究能力的各类知识创新主体加入知识创新体系，从法规上保障各主体的学术权利平等；合理布局科学研究机构，指导知识创新主体差异定位；减少科学研究实体的行政色彩，调整造成知识创新实体分割的隶属关系，实现各知识创新主体之间无体制障碍的学术对接；探索设置新型科学研究机构的方法，增强知识创新系统服务社会的功能。

1.2.4.3 科学调整知识创新主体职能，调控知识创新主体关系

知识创新体系产出的是公共知识，其运行机制存在市场失灵，政府必须承担调整知识创新主体职能和调控知识创新主体关系的责任。

第一，调整研究型大学和中国科学院的研究任务，使研究型大学侧重于好奇心驱动的基础研究，中国科学院侧重于使命驱动的基础研究。具体而言，保留中国科学院目标导向型院所，对其基础研究机构进行调整，尽可能将基础研究与重点研究型大学相融合，使我国优质知识创新资源与最适宜的创新环境有机结合，产生最佳效益。研究型大学应适当压缩使命性研究项目，把好奇心驱动基础研究在科研中的占比，以及基础研究长期资金在资助资金内的占比调整到适宜的程度，努力把研究型大学和中国科学院建成我国原始创新的主要基地。

第二，针对知识创新主体学术机构的特点，减少行政直接干预，以公共知识产出最大化、知识创新资源利用最大化为价值导向，运用各种调节手段，营造一个公平、透明、宽松、自由的学术环境，善于运用"看不见的手"，引导知识创新主体之间进行良性的竞争合作。通过科学研究计划和专项的设立，引导学术研究方向；坚持和完善科技项目与选题竞争性分配制度，破除不同主体联合竞争科技项目和选题的各种障碍；使用统一的方法，对所有知识创新主体的基础研究进行资助；参考"弗朗霍夫

财务模式",对应用研究的科研院所资助进行改革,探索资助应用研究机构非竞争性资金最小化的方法;对基础研究与其他研究采用不同的评价标准。

第三,改变一元化经费来源和分配模式,扭转我国知识创新主体自成体系的趋势,从全国知识创新力量分工的角度,统筹公共知识和准公共知识研究活动。允许科研经费来源多元化,减小各单位之间的竞争压力。支持大学、科研院所和企业研究机构等自主建立各类知识创新战略联盟,在"大科学"和"跨学科"研究中联合竞争项目、课题,合作研究,创新共享成果,分享奖励和荣誉的机制。完善相关法规,依法对创造公共知识和准公共知识的高校、科研机构和学科专业,提供持续稳定的公共财政资助。

1.2.4.4 培育知识创新主体核心优势,在优势联动中提高系统创新效率

目前,我国知识创新成果的快速增长带有"赶超效应"。为实现知识创新的进一步发展和突破,需大力培育创新主体的核心优势,在优势联动中提高系统创新效率。

第一,深化科研院所改革,建设规模适度、精干高效的科研院所。中共中央、国务院印发《关于深化科技体制改革加快国家创新体系建设的意见》(简称《意见》)提出"加快建设若干一流科研机构"的改革目标。依此目标,改革科研院所办院(所)模式,把科研院所办成规模适度、主责鲜明、竞争力强、开放进取、优势突出、对政府和社会需求反应灵敏的学术机构。分置公益类和基础类科研院所。鼓励有条件的公益类科研院所与高校紧密合作,或以高校为基础建立精干的公益类研究机构,为公共服务提供智力支撑。基础类科研院所建立服务政府职责的运行机制,提高其应用基础研究能力、原始创新能力、成果转化能力和技术突破、带动能力。中国科学院大学应按照科研院所设置院系,不能追求"大而全",应充分发挥其"三位一体"的科教结合优势。

第二,进一步推动大学"去行政化"。一方面,转变政府职能,"明确政府管理的权限和职责","明确各级各类学校办学的权利和责任"[①],鼓励其形成不同的办学模式,避免"千校一面"。研究型大学尤其应建立以基础研究和突破前沿技术领域为导向的科教互动的运行机制。另一方面,清除大学中机构行政化、管理集权化和人员官僚化的问题。要"适应中国国情和时代要求,建设依法办学、自主管理、民主监督、社会参与的现代学校制度"[②],充分发挥学校的学术委员会在学术事务中的重要作用,使学术权力和行政权力在高校运行中实现良性配合。

第三,加强创新文化建设,建设符合知识创新规律、符合我国国情、稳定有效的教学与科研理念,形成积累学术优势的精神支柱。破除学术地位垄断机制,诱导学术竞争。营造公平竞争的系统环境,不以行政定位限制学术竞争,在学术竞争中促进各

---

① 《国家中长期教育改革与发展规划纲要(2010~2020年)》。
② 《国家中长期教育改革与发展规划纲要(2010~2020年)》。

主体核心优势的形成。按照《意见》"发挥科技社团在科技评价中的作用"的要求，支持科技社团对知识创新主体学术地位进行评价。完善高校和科研院所的内部竞争机制，坚持特色办院、特色办学，在细分学术领域形成特色优势。国家对知识创新主体择优扶持。

第四，在知识创新主体优势联动中加强合作，提高系统整体效率。支持科研院所与研究型大学自主结成以学术为导向、以优势为资本的各种伙伴关系。建立相互开放创新资源的管理和运行机制。支持科研院所与研究型大学在自主权限内实施各种科教结合的育人、科研活动。在合作机制设计上，可考虑效仿德国：马普学会虽没有"博士学位授予权"，但它同样承担着博士生的培养任务，是大学学位教育不可或缺的主力。

1.3　中国科教结合知识创新体系的顶层设计

中国科技、教育发展中长期规划实施以来，知识创新体系建设取得了较大的成效，但在创新体制及运行机制方面尚存在不少问题，如科研与教育没有很好地结合，科研对教学和人才培养的促进作用没有充分发挥，同时由于受到认识和条件的限制，教育系统的科研潜力也未能得到有效展现；科技对经济、社会发展的贡献度较低，科技成果在企业及其他部门的应用离国家的要求尚有差距，同时教育和科技部门对创新驱动发展战略的认识尚待深化，对培养创新创业人才，推动大众创业、万众创新亟待加强，使培养的人才能更好地适应企业和社会的需求，等等。为了解决存在的有关问题，为进一步推进中国科教结合的国家知识创新体系的建设，进行顶层设计和总体规划十分重要。现提出以下重点工作建议。

1.3.1　强化国家层面的教育、科技战略决策，设立"科技教育咨询委员会"

由于教育及科技对经济增长和社会发展的重要作用已在全球发达国家取得了共识，教育、科技对社会的影响已经渗透到各个方面，因此，世界许多发达国家和发展中国家均在提高政府对于教育、科技的宏观决策层次及强化政府的决策能力。在当前的国内和国际形势下，积极推进创新驱动发展战略的实施，在推动科教结合的知识创新体系建设过程中也需要对宏观决策体制做出新的、符合时代发展要求并符合我国当前实际情况的调整和安排,将教育、科技的发展提高到作为国家的重大、关键问题的层面来认识和考虑,将其与经济、社会发展在同一层面上做出发展战略决策,进一步推进改革、制定规划、提出措施,对已有的规划进行适时调整和完善,加快改革创新的步伐,力争在社会十分关注的科技、教育改革中面临的重要问题上取得突破。

在我国国家创新体系的建设中,知识创新体系和技术创新体系是其核心内容,存在相互依存和互相推动的关系。实践证明,在知识创新体系建设中,教育和科学技术的结合是其基本条件,只有科技与教育紧密结合才有可能使知识创新体系建设取得实效,才能更好地推动人才培养和科技发展,提高人才培养的质量和科技发展的水平,从而推动技术创新体系的建设。对知识创新的主体——高等学校及科研机构,应明确其定位,并制定其发展战略。

为了更有效地推动科教结合的国家创新体系建设,在国家层面,建议在目前国务院科教领导小组下设立"科技教育咨询委员会",作为科教领导小组的常设咨询机构。目前,国务院科教领导小组的工作机制缺乏专家学者以及其他利益团体的广泛参与,因此建议"科技教育咨询委员会"承担科教领导小组未涉及的战略和政策研究统筹和咨询功能。

"科技教育咨询委员会"的主要职能是从事汇集、研究、评估和咨询工作,对我国知识创新体系、技术创新体系建设情况、国家创新能力提升情况以及重大项目的执行情况及相关的政策意见和建议进行定期评估,从宏观战略角度,分析存在的问题,提出改进和推动工作的建议;就我国创新体系建设的方针、战略规划、重点发展方向和重大经费安排等问题,以及我国高等学校和科研机构在运行和管理当中存在的重大问题等,定期向科教领导小组汇报、提出研究报告,协助其决策。同时,还应进一步提出当前及今后应重点研究的问题,作为研究课题进行部署。

"科技教育咨询委员会"的人员构成应包括专职人员和兼职人员。专职人员主要负责委员会的日常运转工作,而兼职人员应由科技、教育、企业等方面的专家、学者、研究人员、管理人员等组成,分别承担研究任务,定期集中参与研究并完成研究及咨询报告。

1.3.2 建立跨领域的部级协调机构,对科技部等相关部门的职能进行适当调整

随着科技与教育的发展成为支撑社会、经济发展的引擎,科技体系与教育尤其是高等教育体系成为不可分割的整体。为了提升国家的科技与教育决策水平,在宏观体

制层面推进科技与教育的结合，世界各国高度重视跨部门的创新战略、政策制定与执行的统筹协调，均在国家层面加强了对科技与创新活动的治理，提高了顶层设计与统筹协调的力度。第一，建立面向科技创新的大部制，如英国在2007年将负责教育和科技的两大部门合并，成立了创新、大学与技能部，2009年又将创新、大学与技能部并入商务、创新与技能部，组建后的商业、创新与技能部突出强调了围绕提升创新经济竞争力的政策整合。第二，形成跨领域、跨部门的政策协调机制，如韩国在2006年完善了新型创新科技管理体制，建立起统一、跨部门的协调机制；爱尔兰于2004年设置了首席科学顾问并成立负责科技创新事务的内阁委员会，专门负责跨部门科技政策的协调。

当前，我国科技与教育政策制定主体多元化，彼此之间的联系较为松散，各部委相互沟通协商较少，跨部门的政策决策往往出现不一致，各部门在制定预算以及优先发展领域方面也会出现一些问题。因此，我国亟须加强各部委之间的协调，促进各执行部门达成共识，形成一致的战略发展目标，并围绕共同目标推进具体政策、措施的执行。

从我国实际情况出发，简单仿照发达国家组建新的部委的做法不太合适。一是各大部委机构庞大，人员数量众多，调整困难；二是组建起的新部委，如果权力分配机制不够完善，也会造成工作推动困难的情况。因此，建议在现有国家科教领导小组的基础上，吸收科技、教育、经济等部门的相关领导，建立跨领域部级协调机制，在推动我国创新驱动发展战略中，协调解决教育与科技、经济等方面发展战略制定与实施面临的各种问题。该协调机构建议由中央政府主管教育、科技工作的副总理主持，科技部、教育部、国家发改委、工信部、农业部等相关部委参加，跨领域的部级协调机构的秘书处（或办公室）设在科技部，定期组织部际协调会议，研究、协商相关问题。近年来，国家对科技项目管理体制进行了改革，设立了国家科技项目部联合地方的管理协调机制，也可以考虑将这个机制的职能拓展来承担以上职能。

同时，建议对科技部等相关部门的职能进行适当调整。在完善事业单位法人治理结构的基础上，按照服务领域和方向，将现由科技部管理的公益类科研院所划归相关领域或行业部门管理，科技部保留对基础研究类、跨学科（领域）类、共性技术研发类机构的管理，并主要以举办者和出资人身份，通过界定使命定位、给予稳定支持、参与机构治理、监督运行绩效，而非行政领导与项目分配的方式来进行管理，建立主要基于目标合同的管理模式，并引入委托管理等间接管理方式。各领域与行业部门对下属科研院所的管理也应遵循同样的原则。在对现有国家科技计划进行重新分类、清理整合的基础上，将与具体领域、行业密切相关的科技创新计划交由相关领域或行业部门负责，并主要通过机构而非项目资助来实现。科技部集中在基础性、前沿性、战略性、跨学科（领域）重大计划的管理上，并实现从现有科层制行政化管理模式向项目制专业化管理模式转变。

1.3.3 适当调整省（直辖市、自治区）科技及教育主管部门的职能，加强管理、提高协调服务能力

省（直辖市、自治区）级政府从本省（直辖市、自治区）教育、科技实际发展情况出发，调整组建科技、教育管理机构，可以保留现有的教育、科技厅（局）分设，也可以合并组建教育及科技厅（局或委），亦可以将省教育厅中高等教育部分与科技厅合并成立高等教育及科学技术厅（局），基础教育部分组建教育厅或教育局（分管本省学前教育、初等教育和中等教育）。重点是应有力加强对本省（直辖市、自治区）教育、科技及使科技与教育结合的服务和管理，全面管理本地区的高等学校和科研机构，使之适应国家和本地区创新驱动发展战略的实施，使本地区的教育、科技及经济、社会得到较快的发展。

新建教育及科技主管部门应加强对本省高等教育的管理、服务能力，对省内综合性大学及应用型大学中具备研究型大学水平和条件的，原则上应自主办学、自主管理、直接向国家（地方政府）承担办学责任；对于其中未具备研究型大学条件的综合性大学或高校和应用型大学或高校，也要逐步引导，鼓励自主办学。对于应用型大学，省内应制订方案，下放办学自主权，加强协调、管理，严格按照省里的规划及规定（在办学层次、招生规模等方面）办好学校，提高办学质量并从实际出发开展研究、技术开发活动。对于省内职业学院应加强管理，重点支持其办好学校，使教学与实际（行业、企业等）紧密联系，提高基础及应用课程的教学质量，为学生就业创造良好的条件，同时也为学生毕业后在工作岗位上进一步学习、提高打下一定的基础。

对省内科研机构应从实际出发，根据省内的实际需要，自主办好科研院所，同时鼓励其与省内高校加强联系，以多种形式合作办科研院所和办学，具备适当条件的高校及独立研究机构，在能做到互利互惠，不增加国家负担，又有利于人才培养和科技研究发展的情况下，经主管部门批准可以进行合并。

推动省内不同类型高校及科研机构组成协会，研究同类高校及同类科研院所发展中的共性问题；探讨解决问题推动发展的办法；向有关政府部门提出意见和建议；采取措施提高本类高校及科研院所的办学、办院所的质量，提高本类高校及科研院所的社会地位及社会影响力。

1.3.4 对高等学校和科研机构进行科学分类，明确定位，建立相应的评价考核机制

对高等学校进行科学分类，分类指导，分类管理，对不同类型的高校设置不同的评估标准，建立不同的考核激励机制。高等学校原则上应自主办学、自主管理，使各类高校能充分发挥自己的比较优势，改变办学目标趋同的现象，使不同高校培养不同类型的人才，以满足社会对人才的需求。

目前我国有2000多所普通高等学校，根据学校的特点、履行教学、科研、社会服务和文化传承职责，对每一所高校应有明确的定位和要求。从我国现有高校的实际情况出发，将高校分为下列四种类型较为适宜。

①研究型（学术型）高校，招收本科生、硕士生和博士生，以学术导向型为主，分为综合性大学和多科性文理或理工大学两类。

②应用型高校，招收本科生、硕士生，一般不招收博士生，应用型导向，少数高校允许招收联合培养博士生。

③职业学院，目前为三年制高校及专科高校，招收高职生及专科生，职业教育导向，建议增设四年制（学士）和二年制（副学士）学院。

④专门大学（专业学院）和特殊教育学院，根据学校的实际状况，一般招收本科生、硕士生，部分学校招收博士生。学术型与应用型相结合，以应用型为主。

各级高等教育主管部门应对上述高等学校分别提出明确的任务及办学要求，包括办学层次、招生规模及学校发展目标等，各高校应按主管部门的要求制定学校的办学和发展规划及本校的大学章程，按照经过主管部门批准的大学章程、办学及发展规划自主办学，各级政府进行指导和监督，根据各校的不同情况，加强协调、服务和管理。

对科研机构进行科学分类，分类指导，分类管理，对不同类型的研究机构设置不同的评估标准，建立不同的考核和激励机制。对目前我国的独立研究机构，可以分为公益类科研院所、非公益类科研院所和民办研究院所三类，每一个研究院所应由主管部门（政府支持的研究机构）或审核注册部门（民办研究机构）明确其任务及相应的要求。各研究院所应从本身的实际情况出发，制定发展规划及相应的制度，在完成科研任务的同时重视人才培养，加强科学研究与人才培养的结合。鼓励科研机构与高等院校加强联系，开展实质性的合作。对于具备条件的高校和科研院所，根据科研机构合作办学、办院所的协议书，也可以正式合并，做到优势互补、互利互惠，在科学研究及人才培养方面做出更大的成绩。

以质量、水平、创新和贡献为导向，明确各类高等学校及科研院所的建设发展目

标和任务，制定相应的考核、评价指标及方案，推进高等教育和科技事业的发展。应建立教育、科技评价制度与评聘考核制度之间的良性互动机制，将制度着眼点从单纯的科技成果产出及学生考试成绩转到促进科研人员及高校教师的教学、科研的质量、水平、能力的发展和提高上来。努力实现科技评价从以数量评价为主向以质量、水平、创新和贡献及发展前景为主，从关注短、浅、快的形式化评价向更加注重实践检验和历史性评价转变；教学评价从目前考核方法中偏于重视考核学生考试成绩向学生的学业基础、综合素质和能力培养方面转变，从单纯的教学工作量向教师的水平、能力及工作实绩上转变。坚持科学的人才选拔、培养和使用制度。

1.3.5 加快高等学校及科研院所的改革步伐，建立学术型的管理系统及相应的体制、机制

我国近几十年来，在社会发展与改革方面取得了重大进展，保证了我国经济、社会30多年的快速发展。但我国数千年社会遗留下来的官本位等方面的影响并未清除，甚至在近些年有所发展，愈演愈烈。它对社会有较强的腐蚀作用，导致年轻人轻视劳动，轻视劳动人民，追求个人权力，以权谋私，不安心于平凡、踏实的工作。这方面的影响也向教育、科技、文化领域渗透，它必将严重影响我国教育、科研、经济、社会的发展。在当前的形势下，以教育、科技领域为突破口，在高等学校科研院所等学术型的非政府部门推动官本位的改革是一个好的时机，应提上日程，积极推动，力争取得实效。

目前，在社会组织方面，公认有三类组织，第一类是政府，第二类是企业，第三类是非政府组织。对于政府支持的高等学校和非营利性科研机构，它的任务和责任是为社会培养人才和创造科技成果，应属于非营利机构，其经济来源是政府支持和社会捐赠，它不应属于政府机构，也不应是企业，属于非政府组织也不太合适。我们认为，它应该是第四类组织，它的任务来源于政府，也可以认为是来源于社会需求，它不应该是一个营利性的组织，其经济来源于政府和社会各方的支持，包括企业和个人及各类基金会。对这一类组织，特别是考虑到教育、科技领域具有强烈的学术性质，可以称为学术、技术类组织。这类组织不宜套用政府机构的科层官僚体制，也不宜采用企业的体制，而应该单独设立一套适合学术（技术）界的管理及运行体制和机制。其基本特点包括：①教学、科研人员的发展以学术、技术职称的评聘为基础，决定其基本工资待遇，与政府官员系列的科层体系应不相同。②高等学校、科研院所的行政管理体制可沿用目前的高等学校及科研院所的序列，即校长或总院院长、院长或分院院长、系主任或研究所长以及教研室主任或研究中心主任等，亦不应套用政府的职

级，一般采取按一定程序的民主选举和有关上级部门任命（聘任），实行任期制，在任期内的待遇亦按有关规定执行（专门设立职务工资或补贴），任期届满或离职后仍回原单位工作，工资待遇等按原职称的待遇；对高校、研究院所不同行政级别的待遇专门设置系列，一般应高于类似级别和水平的公务员的待遇，但不与公务员系列挂钩。③不同高等学校及科研机构的学术职称及行政管理职务的待遇不同，由学校的不同水平及对社会的贡献确定，分若干级别，不同级别有一定的差别，但同一级别的高校及研究机构的工资应该相同。

在执行上述新的职称、职务体制后，取消目前实行的某些高校及研究机构的与现有公务员系列的行政职务挂钩的有关规定。高等学校及研究院所等学术性强的机构进入学术系列的管理系统。

1.3.6 进一步改革和完善对高等学校及科研院所的资源配置体制，创新运行机制和管理制度

在办学和科研的方向确定后，合理的资源配置是办好高等教育和推动科学研究发展的基础。长期以来，我国高等学校及科研机构在资源配置，特别是经费配置方面存在一些问题：①科研及教育财力和人力资源投入缺乏全局性、更符合实际情况的配置规划，资源配置的科学性有待提高。②资源配置行政化现象比较突出，由政府行政部门决定科研和教育经费的封闭模式有明显的缺陷，形成了高等学校及研究机构对政府行政部门的依赖。③教学人员和科研人员过分关注教学及科研工作以外个人利益的获取，对踏实、勤奋、专注教学、科研精神的形成产生不利的影响，这也是学术领域浮躁、学术腐败的诱因之一。要彻底改变以上情况，进一步改革和完善对高等学校及科研院所的资源配置体制、机制和管理制度十分重要。

在人力资源配置方面，对高等学校及研究院所要根据政府对各高等学校及研究院所的任务和要求，核定各类人员的数量及质量要求；在招聘教师及研究人员时，应强调学术、教学、科研能力及思想道德品质两个方面，原则上应公开选拔、择优录用；对高等学校及研究机构人员的终身聘用制度，应结合我国实情做出必要的规定，要既能保持教学、研究人员的相对稳定，又应留有人员可流动的余地，鼓励竞争、鼓励上进，对教学、研究人员逐步推行一定年限的聘用制，以满足高校研究机构的工作需要并不断提高人员的质量和水平。

在经费资源配置方面，建议采取以下措施：①在国家层面建立实质意义上的统筹协调机制，理顺经费投入、管理及监督体系，使之相互分离，分别由不同机构执行。建立国家层面的教育、科技拨款委员会（由专业人员与专职人员相结合），负责高校

及研究机构的预算审核，确定拨款基数及当年的拨款数量，建立相应的制度，实行社会化、公开透明的经费资源配置方式；经费的运行管理由经费的使用单位负责；经费的监督由社会中介机构及政府财政部门负责，鼓励社会力量进行监督。省（直辖市、自治区）层面的学术管理机构可参考国家层面的实施办法，建立对省内教学、科研机构的投入、管理、监督体系和相应的实施办法。②将高等学校及科研院所中政府支持的经费简化并理顺其拨款渠道，一为政府直接拨款，二为各类基金会（或基金）的拨款。对于政府直接拨款部分，应对各高等学校按其定位、办学层次、办学水平、各类学生招生人数、教职工人数、科学研究工作承担的任务、科研能力及发展的可能性、社会服务、文化传承等方面的基本经费支出需要；并按学校办学及发展情况的变化进行调整，在同一类型高校中，鼓励提高办学质量及水平，奖优罚劣。对各研究院所亦应按照其定位、科研机构的类型和承担的科研任务项目水平、能力及发展的可能性，对社会的贡献等综合因素，确定拨款基数，今后根据研究机构发展情况的变化进行调整。尽量减少或取消由政府行政部门任意设立资助项目，由各校、各研究机构向其主管部门争取经费支持的方式。对于各类基金会（基金）的拨款，除上述固定政府直接拨款之外，高校及研究机构的经费来源只能是从各部门机构基金会设立基金经费（包括科研经费的支持），一律应通过公开、公平、公正的申请、评议、竞争获得，政府资助的经费只能是以上两个方面。除此以外，高等学校及研究机构可以通过企业的科技、教育合作以及个人的捐赠等渠道获得经费资助。减少高等学校及研究机构对各级政府行政部门的依赖，有利于其自主办好学校和研究院所。③对高等学校及科研院所的经费使用情况，由专业部门进行审计及社会监督，将每年的收支预算、决算正式形成文件资料，供学校及研究机构的师生员工及社会人士审阅，提出质询，以保证经费使用的有效性，提高经费用于办学和办院所的效益。

1.3.7 进一步推进科教结合的知识创新体系建设，提高人才培养质量和科学研究水平

科教结合应该是多层次的，在认识上应明确教育和科研在推动国家教育、科技事业发展上是相互促进、互相依存、互为自身发展基础的关系，应站在更高的层面、用更宽的视野来正确认识科技与教育的关系。

高等学校应以学科建设为载体，对于部分高校应重视专业教育，虽然不同类型的高校在掌握教学和科研的深度和广度上应有所不同和侧重，但都应实现教学与科研在不同层次上的交叉融合，对学科知识进行发掘、综合、应用和传播，通过科学研究推动学科发展和专业建设，提高学校的科研、教学水平和综合实力。高等学校和科研机

构都应加大对基础研究的投入力度，共同推动基础学科建设，建立有特色的基础研究及应用基础研究管理体制，探索一种符合本校和本研究机构实际的既有集中研究又有自由探索、既有竞争又有合作、人员开放流动、在高等学校与科研机构之间相互兼职的办法，使我国科学研究能踏实、快速发展，取得更高水平的基础研究、应用基础研究及技术研究开发方面的成果。

完善科教融合的机制、体制，使科技资源能更好地转化为教学资源，要进一步重视教学工作，强调教学与科研的相关性和相互促进的关系，鼓励开展研究性教学、跨学科教学，指导大学生从事不同层次的科学研究。鼓励科研院所的研究人员从事一定的教学工作并在高等学校兼职，将科学研究成果及研究方法用于人才培养、全面促进科教结合，有计划地推动科研机构的研究人员与高校的教师、学生互相参加双方的学术活动，相互参加科研课题，共同开展深入的学术、技术讨论，使相互受到启发，推动提高人才培养质量和科学技术研究开发的能力和水平。

1.3.8 科教结合推进高等学校、科研机构、行业企业的协同创新，进一步做好产、学、研、用结合

近年来，我国基础研究取得了一定的进展，但在高等学校和科研院所存在科研成果与实际应用脱节的现象。我国知识创新体系建设要重视以市场为导向，聚焦重大的工程性基础研究，为技术创新体系的发展提供技术基础。

实践证明，产业的兴起和发展依赖于科学原理或技术的基础研究，一些重大的原创性技术也正是在产业需求背景下催生的，但也不是完全来自自由的基础性探索。因此，正确选择具有浓厚产业背景的、产业导向型基础研究，是提高我国科技服务经济的重要方面。

从近代科学技术发展的大趋势看，除了在国家层面保留和重点支持一部分传统的基础研究[①]力量和学科进行深入探讨外，产业导向性的创新性基础研究会对经济发展发挥重大作用，我国在当前发展阶段，应重视推动这一类研究在科研机构和部分高等学校中加快发展，加大支持力度，才能保证我国新兴产业具有原始创新活力以及持续发展的后劲。

我国基础研究与产业转化脱节的问题，一直没有从根本上得到有效解决，高等学校和科研机构与企业之间尚未形成创新合力。为了将高等学校和科研院所的创新知识和成果转化为可供应用的技术成果，应该支持建立和发展产业技术发展研究开发机

---

① 这里主要指数学、物理、化学、天文、地理及生物学科。

构,大力推动协同创新,进一步做好产、学、研、用结合,以推动基础研究服务于产业发展。

在政府推动下,由科研机构、高等学校与产业界(企业)共建产业技术开发机构,或依托高等学校、研究院所,有选择地重点支持类似机构,聚焦现有产业发展中的"共性技术"和"关键技术"问题,强化对现有产业(企业)的技术服务,关注未来新兴产业和战略性产业的前瞻性研究,抢占新兴产业技术制高点。政府应落实配套政策和措施,增强产业技术开发机构的凝聚力和创新活力,在投融资、服务支撑体系等方面,给予必要的支持,促进其创新发展。

参考文献

Chris Freeman, "The National System of Innovation in Historical Perspective," *Cambridge Journal of Economics* 19 (1995).

王春法:《主要发达国家国家创新系统的历史演变与发展趋势》,经济科学出版社,2003。

世界银行:《1998~1999年世界发展报告——知识与发展》,中国财政经济出版社,1999。

陈劲:《协同创新》,浙江大学出版社,2012。

朱希铎:《科技成果转化到底应由谁来推动?》,中国科技网,http://www.wokeji.com/zhengwu/zbft/201409/t20140915_818073.shtml,最后访问日期:2016年9月1日。

《高校毕业生如何较快胜任工作?》,新华网,http://news.xinhuanet.com/edu/2012-11/28/c_124012658.htm,最后访问日期:2016年9月1日。

周光礼、马海泉:《科教融合:高等教育理念的变革与创新》,《中国高等教育》2012年第8期。

范瑞泉等:《创新科研体制,推进科教结合》,《中国高校科技》2012年第9期。

周光礼:《高校人才培养模式创新的深层次探索》,《中国高等教育》2012年第10期。

中共中央文献研究室编《邓小平同志论教育》,人民教育出版社,1990。

《邓小平文选》第2卷,人民出版社,1994。

《中国教育年鉴》编辑部编《中国教育年鉴(2010)》,人民教育出版社,2011。

熊旭:《2012年中国36所研究型大学综合实力纵览》,人民网,http://edu.people.com.cn/GB/16675092.html,最后访问日期:2015年12月21日。

朱崇开:《德国基础科学研究的中坚力量——马普学会》,《学会》2010年第3期。

张菊:《法国高校与政府研究机构的合作及对中国的启示》,《科技进步与对策》2003年第4期。

孙承晟:《法国国家科研中心及其合作制度》,《科学文化评论》2008年第5期。

夏源:《法国科技政策与管理的回顾与展望》,《科技政策与发展战略》2002年第9期。

任波、侯鲁川:《世界一流科研机构的特点与发展研究——美国国家实验室的发展模式》,《科技管理研究》2008年第11期。

科学技术部发展计划司:《2011年我国高等学校科研活动分析》,《科技统计报告》2012年第18期。

柴葳：《全国 137 个国家重点实验室依托高校建立》，《中国教育报》2011 年 5 月 24 日。

李黎黎、胡汉辉：《研究型大学人才队伍现状分析及优化策略》，《科技投融资》2011 年第 8 期。

科学技术部发展计划司：《2011 年我国高等学校科研活动分析》，《科技统计报告》2012 年第 18 期。

周绪红：《推进研究型大学建设是走向高等教育强国的必然》，《中国高等教育》2008 年第 1 期。

薛澜、柳卸林、穆荣平等：《OECD 中国创新政策研究报告》，科学出版社，2011。

〔美〕G. 卡斯帕尔：《研究密集型大学的优越性》，载《北京大学百年校庆召开的高等教育论坛论文集》，北京大学出版社，1999。

武书连：《再探大学分类》，《科学学与科学技术管理》2002 年第 10 期。

谢和平：《综合性大学的学科交叉融合与新跨越》，《中国大学教学》2004 年第 9 期。

陈佳洱：《基础研究：自主创新的源头》，《科学咨询》2005 年第 12 期。

潘黎、刘元芳：《研究型大学在创新型国家中的角色定位》，《科技管理研究》2006 年第 8 期。

张帆：《德国高等学校的兴衰与等级形成》，北京师范大学出版社，2012。

荀勇等：《高等工程教育——德国工程技术教育的研究与实践》，中国水利水电出版社，2008。

周建松：《高等职业教育的逻辑》，浙江大学出版社，2011。

刘晓：《利益相关者参与下的高等职业教育办学模式改革研究》，博士学位论文，华东师范大学，2012。

专题负责人：薛澜、何晋秋（清华大学）

撰稿人：薛澜、何晋秋、张帆、张青青

第 2 章　高等学校科教结合的人才培养

2.1　建设创新型国家对人才培养的新要求

2.1.1　国家战略背景下对人才培养的新要求

世界多极化、经济全球化浪潮席卷全球，科技进步日新月异，国际竞争特别是人才竞争日趋激烈。为了在竞争中赢得主动，世界上许多国家都将科技创新作为提升国家综合国力与核心竞争力的基本途径，将健全国家创新体系、提升国家创新能力作为其共同追求的目标。人才资源作为第一资源，已成为经济发展的核心资源，是社会发展的动力资源和知识创新的主体。

2.1.1.1　人才强国战略对人才培养提出了新要求

进入 21 世纪，人类社会迈入知识经济时代，中国也进一步强调人才强国战略在国家战略布局中的战略地位。《国家中长期人才发展规划纲要（2010～2020 年）》指出："人才是指具有一定的专业知识或专门技能，进行创造性劳动并对社会做出贡献的人，是人力资源中能力和素质较高的劳动者。人才是中国经济社会发展的第一资源。"[①] 实施人才强国战略的核心任务是要提升人才竞争力、培养高水平和高质量的人才，这是实施人才强国战略的重要基础。虽然中国的人才总量具有一定的优势，但在人才综合实力、科技人才创新力、技能人才竞争力、人才对 GDP 贡献力等方面，与发达国家存在较大差距。因此，实施人才强国战略要求准确把握发展趋势、增强人才培养质量、提升人才竞争力。

---

① 《国家中长期人才发展规划纲要（2010～2020 年）》，2010 年。

2.1.1.2 建设创新型国家对人才培养提出了新要求

当前,中国正处在创新型国家建设的关键时期。提高国民素质、培养创新型人才的重要性和紧迫性日益凸显。《国家中长期教育改革和发展规划纲要(2010~2020年)》指出:"人力资源是我国经济社会发展的第一资源,教育是开发人力资源的主要途径。"① 然而,中国高等教育的人才培养体系尚待完善,在培养目标、培养模式和环境条件等诸多方面还不能适应创新型国家对创新型人才培养的新要求,新学科、高技术、创造性人才短缺,创新型人才培养的教育环节与激励机制、协调机制亟待形成,创新型人才数量与质量不足导致创新效率低下,知识创新与实践能力失衡导致创新实践乏力。建立创新型国家必须依托高等学校和科研机构,将科研原始创新、高水平队伍凝聚与创新型人才培养密切结合并协同发展,这是新时期对中国高校人才培养工作提出的新要求。

2.1.1.3 制造强国和"互联网+"时代对人才培养提出了新要求

2015年5月,中国颁布了《中国制造2025》规划,明确提出了中国制造强国建设的"三步走"战略,标志着中国的经济社会发展开始向"制造强国"及"互联网+"的目标迈进。《中国制造2025》规划对企业提出了新的挑战,"互联网+"对社会经济发展各个领域的创新发展产生了划时代的影响,同时也对人的能力和素养提出了越来越高的要求,进而也对人才培养提出了新要求。目前,中国的教育模式与培养出能够驾驭复杂多变的综合性制造业体系的人才之间尚有较大差距。制造强国和"互联网+"时代需要高等学校主动适应社会发展需求,加强与企业和社会的联合培养力度,注重知识和技术积累,不断拓宽学生视野,提高学生接受新事物和新技术的学习能力。中国正处在产业升级和经济转型的过程中,要推动"中国制造"向"中国创造"转变,亟须加快产业优化与升级、增强技术创新能力、提高企业核心竞争力、提升生产技术和管理水平,这就迫切需要具备驾驭社会变革创新领导能力的高级人才,更需要培养一批掌握精湛技艺和高超技能、善于创新的高水平研究人才、工程技术人才、专业技术人才和技能人才。

2.1.2 新时期对科教结合推动人才培养的新要求

科教结合是推进中国知识创新体系建设的基本要求。2012年,中共中央、国务院颁布了《关于深化科技体制改革加快国家创新体系建设的意见》,该文件中明确提出要"大力推进科技与教育相结合的改革,促进科研与教学互动、科研与人才培养

---

① 《国家中长期教育改革和发展规划纲要(2010~2020年)》,2010年。

紧密结合"。通过加强科教系统的结合，促进知识和人才的双向流动，实现优势互补和资源共享，为创新型国家建设提供强有力的支撑；通过加强科学研究和高等教育的互动，将科学研究与人才培养结合起来，促进教育内容更新和教育质量提升。因此，要从国家创新体系建设的视角来看科教结合，不仅要实现资源的优化配置，更要破除体制机制障碍，营造一个鼓励科教结合的良好外部环境。此外，科教结合也是高校培养创新型人才的重要手段，是解决中国科技与经济转型期急需的创新创业人才的重要途径，有利于提升高校创新能力以及高等教育系统的国际声望和吸引力，是推动中国教育与科技、教育与经济社会发展紧密结合的战略举措，有利于推动解决高等学校、科研机构、行业企业等创新主体自成体系、重复分散、整体运行效率不高等问题。

构建中国科教结合的创新型人才培养体系，需要不断更新教育观念，深化体制改革，将教学、科研和实践紧密结合起来；需要创新教育教学方法，探索多元化的培养方式，注重学思结合、知行统一；需要进行教育创新，改进教育质量评价和人才评价体系，更加关注学生的个性差异，注重因材施教。

①科教结合培养创新型人才需要教育理念的转变。培养具有创新意识和创新能力的人才，需要转变传统的教育理念。首先，高校要使科学研究与人才培养紧密结合并相互促进，让学生不仅掌握牢固的基础和专业知识，还要注重培养学生应用知识的能力，善于发现问题和解决问题，具备良好的学习能力和创新能力。其次，高校教师要树立知识、技能和综合素质的全面质量观，从学生的综合素质、学习潜力、特长和兴趣爱好等各方面对学生进行评价并因材施教。

②科教结合培养创新型人才需要教育模式的转变。创新型人才培养需要在全面质量观的培养理念指导下，转变教育模式，强调学生的探索精神、创新能力和对新知识、新事物的感知能力，注重学生获取与应用新知识的能力的培养。加强高校与科研院所及企业在教育培养上的合作，开拓学生的视野，为人才培养提供更多的平台和机会。与此同时，高校要根据自身的传统、优势和劣势来准确定位发展目标，以此为基础形成人才培养的合理模式，不断提升教育质量。

③科教结合培养创新型人才需要教育评价方式的转变。教育评价方式的转变与教育理念和教育模式的转变密切相关。只有实现教育评价方式的转变才能充分保障教育理念与教育模式的转变。创新是个性化的，也是多元化的，因此，多样性是完善创新人才培养的关键性因素。转变教育评价方式应从如下方面着手：一是要改变过去对高等学校的单一评价模式，根据不同高校的发展定位进行分类评价。二是建立以质量和创新为导向的教师评价机制，营造人尽其才、人才辈出的工作环境。三是改变学校以应试成绩评价学生的模式，更强调学生的创新精神、创新能力、道德素养和责任意识。

2.1.3 国外科教结合推动创新型人才培养的实践

培养创新型人才已成为世界各国高等教育共同的价值追求。早期大学的基本职能就是通过教学传授知识。19世纪初,由洪堡创建的柏林大学提出了教学与研究相结合的办学思想,即通过教学和研究活动的结合达到培养人的目的。在现代世界一流大学中,高水平科学研究与高层次人才培养互为依托、相互促进。发达国家在创新型人才培养过程中也非常重视科教结合,这对加强中国的科教结合、促进创新型人才培养具有重要的启示和借鉴作用。

2.1.3.1 科教结合培养创新型人才

美国在创新型人才培养的过程中,非常重视科教结合。研究型大学在本科生培养阶段设立科研计划,鼓励本科生参与科研,允许本科生和研究生参与国家实验室的重大科研项目,研究型大学和国家实验室联合培养研究生等举措,都取得了显著的成效。例如,麻省理工学院实施的本科生科研机会计划(UROP)以培养学生的科研创新能力为宗旨,面向本科生提供从事前沿研究的机会并给予经费资助。作为本科生科研机会计划的成员,学生以"研究学徒"的身份参与到以教师为主的研究小组中,教师对学生进行一对一的个别指导或对小组进行集体指导。真实的研究情境能够激发学生对科学的兴趣,发展科学论证的能力,培养创新能力和研究技能。实践证明,本科生科研机会计划作为麻省理工学院本科教育改革创新举措,对麻省理工学院本科教育质量的提高起到了明显的推动作用。[①]

美国国家实验室允许本科生、研究生参与国家实验室和重大科研项目。例如,在橡树岭国家实验室(ORNL)参与研究工作的本科生和研究生人数达到了该实验室全职人员的1/3左右。美国能源部下属的阿贡国家实验室设立了"自然科学本科生实验室实习项目"和"学生科研参与项目",招募优秀的本科生在学期中或利用暑期参与前沿科学研究项目。这一举措实现了大学人才培养与国家实验室前沿科研的有机结合,激发了学生继续求学或从事科研相关职业的兴趣。此外,国家实验室还与大学通过双导师制联合培养学生,丰富了创新型人才的培养模式。

2.1.3.2 大力推动 STEM 教育

一直以来,美国政府都非常重视科技人才的培养。1986年,美国国家科学委员会在《本科的科学、数学和工程教育》报告中明确提出"科学、技术、工程和数学"教育,开启了美国重视 STEM 教育的改革历程。1996年,美国国家科学基金会在

[①] 刘军仪:《美国研究型大学本科生科研的价值诉求——基于情境认知与学习理论的视角》,《复旦教育论坛》2010年第2期,第84~87页。

《塑造未来：科学、数学、工程和技术的本科教育》报告中明确提出 STEM 教育的行动指南和政策建议。在 21 世纪初，美国先后推出了《实现美国潜能的科技人才》（2003 年）、《崛起于风云之上：为美好未来激励并推动美国进步》（2006 年）、《美国竞争力法案》（2007 年）、《加强自然科学、技术、工程学、技术学教育方案》（2009 年）和《科技工程留学生就业法案》（2012 年）等计划、法案或报告，旨在强化自然科学及技术领域的大学前教育人才的培养和储备，增强美国在基础研究领域的人才培养力度，注重培养学生的创造能力及创新能力。可以说，美国政府将 STEM 教育上升到了国家战略高度，希望通过 STEM 教育来培养复合型创新人才并提升劳动力水平。

总的来看，美国 STEM 教育秉持了以下理念。

①通过 STEM 教育培养创新型人才。一个国家的综合竞争实力取决于劳动者的素质和水平。事实证明，美国 STEM 从业者普遍接受过较高水平的教育。在美国 16 岁以上的劳动者中，68% 的 STEM 从业者均有本科及以上学历，而非 STEM 从业者这个比例仅为 31%。在 4 类 STEM 职业中，生物科学的从业者学历最高，将近 40% 的人拥有研究生学位，这几乎是计算机、数学和工程领域从业者的 2 倍。拥有 STEM 学位是获得 STEM 工作的通常途径。在 470 万名 STEM 从业者中，超过 2/3 的人拥有 STEM 领域的大学学位。[①] STEM 教育涵盖了基础教育、职业教育和高等教育等领域，让学生具有跨学科的视野，对美国教育系统产生了系统性的影响，大大提升了创新型人才的培养质量，进而有助于提升普通民众的科学文化与技术水平，促进了劳动者水平的提高，增强了国家的科技实力和教育实力。

②将 STEM 教育与教育系统的改革紧密联系起来。美国 STEM 教育的兴起是国家行为，体现了强烈的"国家意志"。STEM 教育涉及教育理念的改革、课程设置改革、教育评价改革、师资培训、不同学习阶段的衔接等内容。在基础教育阶段，注重培养学生的科学、技术、工程和数学基本知识和技能，深化学生对 STEM 教育的认识和理解。在本科生阶段，鼓励学生参与 STEM 教育，为进一步在 STEM 领域学习深造和工作打下坚实的基础。在研究生阶段，鼓励学生在 STEM 领域开展研究并继续从事该领域的相关工作。

③为 STEM 教育提供稳定的专项经费支持。美国国会通过《美国竞争力法案》、《2010 年美国竞争再授权法》等法案，为 STEM 教育提供了稳定的经费支持。同时，总统财政预算对 STEM 教育的支持力度也很大。2015 年，STEM 教育的项目预算为 1.7 亿美元，其中，1.1 亿美元用于 STEM 创新网络建设，0.4 亿美元用于师资培养，0.2 亿美元用于卓越教师团队建设。此外，国家科学基金会、宇航局、健康与人类服

---

① 龙玫、赵中健：《美国国家竞争力：STEM 教育的贡献》，《现代大学教育》2015 年第 2 期，第 41~49 页。

务部和国防部等联邦机构也有 STEM 教育经费投入。2014 财年，国家科学基金会的预算投入为 12.43 亿美元，教育部的预算投入为 8.14 亿美元，宇航局的预算投入为 1 亿美元，健康与人类服务部为 5.31 亿美元，国防部为 1.08 亿美元，史密森学会为 0.25 亿美元，农业部、能源部等其他 8 个联邦机构为 2.48 亿美元。在美国 STEM 教育的发展过程中，不仅教育部门积极参与，美国国会、国家科学基金会和其他政府部门也踊跃参与，共同推进 STEM 教育，有效实现了跨部门的通力合作与资源共享。

此外，德国、日本等发达国家在创新型人才的培养过程中也非常重视科教结合。2005 年，德国推出"卓越计划"，通过专项经费支持高校和科研机构提升人才培养质量和科研实力。截至 2012 年，共计拨款 46 亿欧元。同时，重视发挥科研机构的独特优势。其中又以马普学会、弗朗霍夫协会、亥姆霍兹联合会和莱布尼茨联合会 4 个机构最具代表性。这些科研机构除了培养自己的科研人员和团队外，还积极向在校本科生和硕博研究生提供科研和实践机会。

2002 年，日本陆续实施了多项人才培养战略计划，包括"240 万科技人才开发综合推进计划"、"21 世纪卓越中心计划"、"科学技术人才培养综合计划"等。"240 万科技人才开发综合推进计划"是针对日本高科技人才短缺的现状，提出到 2006 年培养精通信息、环境、生物、纳米、材料等尖端技术人才达到 240 万的目标。根据计划要求，在校的本科生、研究生和科研人员将被定期派遣到佳能、索尼等国内大型企业进行研修。该计划认为，学生培养仅仅靠积累知识远远不够，必须通过在企业的实际体验磨炼能力。[①] 同年，日本政府开始实行"21 世纪卓越中心计划"，重点资助若干优势学科领域，目标是建立世界一流研究与教育基地（卓越中心）。该计划鼓励新兴学科和跨学科的发展，支持不同大学之间或跨国联合申请，经费分配采取第三方评价方法。与此同时，日本在创新型人才培养中注重科教结合，充分发挥创新平台与重大科技设施对人才培养的作用。日本综合性研究所、大学实验室都为在校研究生和本科生提供从事研究、实习和参观的机会。以日本理化学研究所（简称 RIKEN）为例，1996 年该研究所设立了"青年研究助理"计划，为博士生提供在研究所从事研究工作的兼职机会。

2.2 科教结合的高校人才培养的基本理论

发达国家的发展历程证明，以高水平科学研究支撑高质量高等教育是建设高等教

---

① 《日本实施培养科技人才的国家战略》，新华网，http://news.xinhuanet.com/fortune/2002-05/29/content_414609.htm，最后访问日期：2012 年 10 月 5 日。

育强国的重要经验。高等教育作为科技第一生产力和人才第一资源的结合点，通过培养创新型人才和实施前沿研究，在国家创新体系建设中发挥着基础性和源头性作用。当前，中国正处于进一步提升国际竞争力、加快转变经济增长方式、从科技大国向科技强国迈进的关键时期，要形成科技自身高水平持续积累的长效机制，需要战略性和前瞻性的科学研究，需要具有创新性的高水平科学和技术研究人才，同时也需要与国家建设紧密联系的高水平的技术和技能型的应用型人才。因此，促进教育与科技、教育与经济、教育与社会发展深度融合，提升国家的自主创新能力，是当前中国高等教育乃至整个社会经济发展亟待解决的问题。

尽管当前中国的自主创新能力在稳步提升，但仍然面临着一些关键问题：一是科研的战略性和前瞻性不足，发现和提出世界范围内的战略性前沿选题尚少，原始性、突破性的创新成果不多，行业、企业技术前沿性创新成果缺乏；二是科技与经济结合、科技与教育结合的问题没有得到真正解决，科研成果的闲置与企业难以获得关键核心技术的现象并存，严重影响了中国的经济增长后劲；三是科学研究与人才培养没有形成良性互动的局面，以高水平科学研究支撑高质量高等教育以及高校以高质量的人才支持高水平科研的发展格局亟待完善。这些问题已经成为制约中国国际竞争力提升的瓶颈。因此，完善科学研究与人才培养的互动机制，提升高校的协同创新能力，不仅是实现高校职能的客观需要，也是高校体制机制创新的重要环节，更是加快国家创新体系建设以及提升国家知识、技术和区域创新能力的重要途径。

2.2.1　科教结合是近代高等教育的基本特征

科研与教学和学习的结合是近代高等教育的一个基本特征，大学研究与教学的关系是现代高等教育当中最为重要的一对关系[①]，学术研究使科学与高等教育联姻，给大学带来了声誉。伯顿·克拉克在《研究生教育的科研基础》以及《探究的场所》中对法国、德国、日本、美国、英国等国家的科学研究与研究生教育的关系进行了跨国比较研究。[②] 他认为，美国高等教育成功的一个关键要素是将研究生教育和科学研究结合起来。在他看来，研究本身就是一种重要的教学方式，同时也是一种重要的学习手段，应该通过让学生参与科研来训练他们从事科研。因此，教授的作用就在于把科研和教学结合起来。由于研究、教学和学习三个环节的联系非常紧密，克拉克提出了"研究—教学—学习联结"的概念，把三者合拢起来成为促进知识生产的一个无

---

① 〔美〕伯顿·克拉克：《高等教育新论——多学科的研究》，王承绪译，浙江教育出版社，2001。
② 〔美〕伯顿·克拉克：《研究生教育的科学研究基础》，王承绪译，浙江教育出版社，2006。

缝网络。① 在他之后，又有许多学者对科学研究与高等教育的融合进行了研究。② 到了21世纪，人类开始进入知识经济时代，研究的概念有了更广泛的含义，它不仅要体现在研究生教育阶段，也应逐步进入本科及其他教育层次。因此，现代高等教育应从学校的实际出发，开展不同层次的研究，并将研究带入教学之中，研究作为一种教学内容和方法，与教育紧密地结合在一起，共同服务于大学的人才培养。

2.2.2 科教结合是一种有效的教学和学习方式

科教结合是一种教学手段，更是一种学习方式。大量研究证明，参与科学研究能够提高高等教育人才培养的质量和效率③，尤其在以研究为其合法性基础的研究生教育阶段。研究生教育，尤其是博士教育的重要性沿着三条线路展开：首先，博士教育培养了大量实施创新的主体，即高质量的研究人员和学者，他们是与国家利益相关的重要研究项目的积极参与者；其次，博士生的科研活动能够促进科学创新，或者说博士生的研究过程本身就是一个知识创新的过程，毕业后，他们将博士教育期间所获得的隐性知识传播到所工作的单位，成为知识传播的重要媒介④；最后，研究生教育中的科技成果可以多种方式进入整个高等教育过程。

事实上，博士生在读期间的学术贡献也越来越被学术界所关注，成为学术界不可忽视的力量。博士生，尤其是理工科博士生常常被博士培养单位评价为"科研队伍的重要生力军"。从学术生产力指标看，博士生是知识生产环节的主要人群之一。⑤ 杰姆斯（James）等人通过对100多所研究型大学的实证研究发现，在控制其他变量的情况下，大学教师的研究生产力（可以用出版物或引用率来测量）与该大学博士生数量的多寡有着紧密的关系。⑥ 马斯库斯（Maskus）等人利用国家统计年鉴的研究也发现，保持其他变量不变，科学和工程领域博士生数量的增加与专利申请、大学获得的专利和非大学获得专利的数量增加有着紧密的联系。美国学者伊兰伯格（Ronald

---

① 〔美〕伯顿·克拉克：《探究的场所——现代大学的科研和研究生教育》，王承绪译，浙江教育出版社，2001。
② Paricia J. Gumport, "The Contested Terrain of Academic Program Reduction," *Journal of Higher Education*, 1993 (64): 283–311.
③ Svein Kyvik, Jens - Christian Smeby, "Teaching and Research. The Relationship between the Supervision of Graduate Students and Faculty Research Performance," *Higher Education*, 1994.
④ Mangematin, V. and S. Robin, "The Double Face of PHD Students: the Example of Life Sciences in France," *Science and Public Policy* 30 (2003): 405–14.
⑤ Vincent Larivière and Yves Gingras, "On the Relationship between Interdisciplinarity and Scientific Impact," *Journal of the American Society for Information Science and Technology* (2010): 126–131.
⑥ James D. Adams, John Marsh, J. Roger Clemmons, *Research, Teaching and Productivity of the Academic Labor Force* (New York: Department of Economics at Rensselaer Polytechnic Institute, 2005).

G. Ehrenberg）在其所主持的对 13552 名博士毕业生的大型调查中涉及了博士生的科研产出问题。根据他们的问卷调查结果，有 40% 的博士生在读期间发表了至少一本书或一篇同行评议的期刊论文。[①] 也有许多研究者从多个角度论证了科研人员在其博士期间的学术表现与博士毕业后的学术产出有着极为密切的联系。[②]

总之，不论是研究生教育，还是本科生教育，教学与科研都是相互依赖、相互促进、不可分离的统一体。要正确处理教学和科研的关系，将二者有机结合起来，以科研促进教学，深化教学改革，优化课程体系，更新教学内容，不断提高人才培养质量。由此可见，以科研促进教学是提高大学教学质量的重要途径。

2.2.3 科教结合是高校参与科技创新的主要优势

关于如何培养创新型人才，不同的教育哲学倡导不同的教育实践。在整个近代高等教育系统里，都存在科研—教学的密切联系。从发达国家建设高等教育强国的经验来看，科学研究与人才培养的有机结合不仅是培养创新型人才的最佳途径，而且是实施高水平科研活动的有效组织模式。美国学者认为，正是科学研究与人才培养的有机结合保证了美国高等教育的辉煌和经济的持续竞争力。在德国，高等学校、研究机构和企业的创新能力与研究水平在国际上具有较强的竞争力，各主体间也具有互动合作的传统。为了应对日趋激烈的全球竞争，德国出台了推动包括高校在内的创新主体之间的合作。例如，德国于 2006 年推行的"卓越计划"，旨在通过向博士生培养、科研团队与一流大学建设三个领域增加科研经费的形式，推进德国高水平人才的培养以及科研水平的提高，进而提升整个德国的国际竞争力。在博士生培养方面，"卓越计划"更加提倡大学与校外科研机构进行跨学科协作，在"卓越计划"评选出的 39 所研究院中，有 34 所与校外研究机构建立了密切的联系与合作。

随着国际竞争日渐加剧，提升国家科研水平、争夺世界一流人才的重要性日益凸显。如何通过有效的方式将创新型人才培养、科研能力提升和创新文化孕育等多元化使命更加有效地结合起来，是当前高等教育学者需要思考和回答的战略问题。在中

[①] Ehrenberg, R. G., Zuckerman, H., Groen, J., & Brucker, S. M., *The Graduate Education Initiative: Description and Preliminary Findings*, Cornell University, School of Industrial and Labor Relations, 2006. http://digitalcommons.ilr.cornell.edu/workingpapers/150/.

[②] Clemente, F., "Early Career Determinants of Research Productivity," *American Journal of Sociology* 83 (1973); Thomas, C. Buchmueller, J. Dominitz, W., LEE, H., "Graduate Training and the Early Career-productivity of Ph. D. Economists," *Economics of Education Review* 14 (1999): 65–77; Ehrenberg, R. G., Zuckerman, H., Groen, J., & Brucker, S. M., The Graduate Education Initiative: Description and Preliminary Findings, Cornell University, School of Industrial and Labor Relations, 2006. http://digitalcommons.ilr.cornell.edu/workingpapers/150/.

国，科学研究与人才培养的互动和结合问题尚未引起足够的重视，尤其是尚未将该问题纳入国家创新的整体视角，既缺乏以大样本问卷调查和大规模实地调研为基础的实证研究，也没有充分的理论研究积累。

科教结合不仅对高校自身的创新意义重大，同时也是高绩效国家知识创新体系建设的重要内容。高校在国家创新中的战略地位得益于其科教结合的组织特性和组织功能，缺乏高校的积极参与将会影响国家创新体系，尤其是知识创新体系的建设成效。

2.2.4 科教结合是提升创新精神和培育创新文化的有效方式

创新的主体是人，有什么样的人才就能做出什么样的创新活动。创新是人们发现或创造新事物、新思想、新方法的活动，包括观念创新、制度创新、技术创新和管理创新。"创新"不仅是一种物化的新思想、新产品，更是一种文化，思想和产品的创新往往是短暂的，创新文化的孕育和传承才能保持创新的可持续性，而教育系统无疑是这种文化孕育和传承的最佳场所。缺乏创新性的教育和学术系统，自主创新最终将难以实现。文化一方面为创新提供了知识和智力基础，另一方面也为创新提供了思想背景和理念支撑，更重要的是文化还为创新提供了确定其发展方向和发展趋势的价值观及意识形态。因而，文化是创新的基础和精神动力，是创新的灵魂。科教结合在培养高质量和高水平人才方面将发挥重要作用，它有利于培育创新文化，提升创新精神。

2.3 中国科教结合人才培养的改革创新

高等学校的基本任务是做好教学和人才培养工作。从进入社会后的职业发展角度来看，人才可以分为学术型和应用型两大类，研究型大学以培养学术型人才为主，应用技术大学和职业学校以培养应用型人才为主。从学历和学位角度看，人才可分为研究生（博士、硕士学位）、本科生（学士学位）、专科生（副学士学位）。从中国高校的在校生数量看，本科生和专科生占90%以上，而研究生不足10%。

2.3.1 积极推动本科生教育改革，加强科教结合的本科生培养

改革开放30多年来，中国高等教育规模迅速发展，中国已经成为高等教育大国，

但高等教育质量不高的问题却一直没有得到显著的改善。本科教育是高校人才培养的基础任务，旨在培养基础知识宽厚、创新创业意识强、具有良好学习和实践能力的适应性强的高素质人才。本科生中的大多数可以成为社会需要的适应面广的创新型复合型人才，少数可以成为研究生教育阶段的优质生源。从这个意义来说，本科生教育要重视学生的全面发展，不仅是获取知识，提高能力，更要重视正确价值观的形成，把学生培养成一个能融入社会并对社会做出贡献的人。从中国近年来的高校本科教育的发展来看，还存在一些问题。例如，本科生教育过于偏重专业教育，忽视通识教育对学生成长的重要作用，目前对学生开设的通识教育课程（如人文、社科、综合科技介绍等类），尚未充分发挥其应有的作用，并未体现通识教育的本质；本科生教育以知识灌输为主，忽视对好奇心、独立思考能力、批判性思维的培养；本科生教育的考核方式单一，过于看重考试成绩，忽视了对学生发展性能力的培养；等等。这将对中国教育和科技发展产生负面影响。因此，要积极推动本科生教育改革，通过科教结合提高本科生人才培养质量。

2.3.1.1　本科教育中应专业教育与通识教育并重

改变大学本科过分强调专业教育的现象，应适当加强通识教育的内容，要正确理解通识教育的内涵及其对大学生成长的重要作用。专业教育课程的设置是为了让学生获得相关知识后可以用于工作实践，而通识教育则更多是从价值观形塑、思维方式、人文素养等方面对学生进行教育和培养，为学生全面发展打下基础。在本科生阶段的前期（一、二年级）适当精选并开设涵盖自然科学、社会科学和人文学科的通识教育课程及专业相关的基础理论课程，扩大学生认识世界的学习视野，从更加广域的角度来观察事物，促进个性正常发展，同时，也为专业学习打下基础。在本科生阶段的后期（三、四年级）主要开设专业教育课程及相应的社会实践和企业实习，掌握所学专业领域的具体知识和技能。

2.3.1.2　创新本科教育的教学形式和评价方式

对大学本科生的教学应结合课程的内容，采取多种教学形式。提高教学工作中小班研讨课的比例，改变单纯的课堂讲授的教学形式。对核心课程，让学生都有参与课堂讨论的机会，在课堂的教学中调动学生的积极主动性，使学生成为学习的主体，师生之间形成良性互动，教学质量得以有效提升。由于师生互动和教师的引导，小班研讨课能够实现对学生批判性思维的引导和创新精神的培养。例如，北京大学从试点院系的低年级必修基础课程中的"小班课教学"试点课程实现了"五个改变"：一是改变传统的教学模式，预留专门时间让学生在课堂上互动；二是改变陈旧不变的教学内容；三是改变过去的单向的教学方式，提倡和鼓励学生主动学习和提问并与教师讨论，通过以学生为主的切磋交流，增强学生的自信心和沟通能力；四是改变过去的期中/期末考试模式,通过注重平时成绩,从各个环节考核学生的学习情况及教学质量;五是改变教书和读书的分离状况,拉近教师和学生的距离。经过多年的探索实践,"小班课教学"已经成为培养创新型人才的一种有效形式。对"大班课教学"亦应采取多种方式鼓励学生在自学的基础上讨论和交流,大胆提问和答疑。同时还可以采取结合实验、实习和社会考察等的现场教学。

对学生学习情况的考核和评价也是大学本科教学改革的一个重要方面。中国高校考试成绩评价主要采用百分制,这一评价方式本身就有缺陷,学生学习情况用100分中的若干分的较小差别来衡量其优劣并不科学,导致学生对于分数过于计较,同时还会产生许多问题。用分数档制度(比如 A、B、C 等)替代传统的百分制计分,相对较为合理,在大学阶段更适宜,也是一种发展趋势。例如,美国等许多国家的高校一般采用字母表示的 10 级制对学生总体学习情况进行排序,一般分为 A^+、A、A^-、B^+、B、B^-、C^+、C、C^-、F,共 10 级,也有采用 A、B、C、F,共 4 级。这类评价方式采用的是更为宽泛的综合性评价,有利于学生在学习中对自己的要求更全面,也有利于教师对学生的综合评价。

2.3.1.3 本科教育中融入科学研究的内容

改变传统的大学本科的教学观念,从科教结合的角度,根据不同课程的特点,扩大学生的视野,适当将科研成果的有关内容纳入教学之中。逐步引导学生参与调研性课题和实践性课题,培养学生的科研意识,了解研究过程并掌握一定的研究方法。在本科阶段开设科学研究方法的入门课程,使本科生能够接受科学研究方法的入门教育,从文献阅读、综述、新概念的缘起、提问等基本的科研方法和学术写作的特点,培养学生的创新能力和探索精神,并在科研小组中锻炼团队合作能力。从学校实际出发,在研究型大学开展本科生科研,特别关注在教学过程中对学生科研能力和素养的培养。给予本科生科研项目以资金资助,利用高等学校的优势科研资源和导师资源,调动学生参与科学研究的积极性。对能够参加科研活动的学生,可推动学生深入学习相关学科领域的知识,加深知识基础,拓宽学术视野并提高自学能力。增加学生与教师相处的机会,可以让学生接受教师学术修养和人格魅力的熏陶感染,这也正是师生之间传递隐性知识的有效方式。从二年级开始在本科生中遴选一部分学生从事科研活动训练。学生在科研中提升自己的能力,会使他们能够更顺利地进入研究生阶段的学习。如果学生在科研过程中发表论文、申请专利或者有其他研究成果,可引导学生申请继续进入研究生阶段的学习。本科生的科研活动可增进师生之间的了解和感情,有利于教师从中选拔优秀学生,部分本科生有可能在开展科研过程中确定了自己未来的学术方向。

2.3.1.4 大学本科教学中应重视实践教学环节，对理工学科专业应重视并加强工程教育

实践环节的教学是高等学校本科教育中的重要组成部分，它不仅可以加深学生对理论知识的理解，也会启发学生的创新思维，同时还是培养学生全面发展的重要方面。实践环节的内容很广，它包括在实验室进行的实验课、在工矿企业进行的实习实训、小型试验以及社会调查研究、社会工作实践等。对高校人才培养中人数最多的理工学科专业的工程教育，也是实践环节的重要内容，包括从事工程设计、施工、运营管理及科技成果的转化、运用，内容十分丰富。实践教学环节及工程教育对于不同类型的高等学校应有不同的要求和重点，对于研究型大学应进行较多的实验和试验，安排必要的实习和社会调查；对于应用型高校，则应根据不同学科专业安排较多的实习实训和工程教育的内容，在技术培训方面应适当加强；对于职业教育类高校，则更应加大工矿企业的实习实训的内容，以提高其技术、技能。总之，实践环节的教育不仅会深化理论课程的学习，对全面提高高校的教育质量也十分重要，更有利于培养学生创新创业的精神和能力。实践教学环节也是中国较长时期以来高等教育的薄弱环节，应在改革的基础上，认真规划，在各类高校突出重点，予以加强。

2.3.1.5 对本科生实施分类培养，满足社会多元化的人才需求

中国已经形成了不同类型和层次的高等教育体系。从研究型高校到应用型高校，各类高校有不同的具体的办学目标和任务，在人才培养、科学研究、社会服务和文化传承等任务与目标方面各有侧重。

研究型高校的人才培养强调基础理论及综合知识教育。本科阶段强调通识教育，注重基础知识和技术能力的培养，为社会培养高素质通用型人才，为在工作岗位从事技术及研究，或继续攻读研究生打下基础。因此，研究型高校往往会为本科生提供参与科研的机会，使学生能够接受一定的科研培训。

应用型高校的人才培养强调应用基础理论及应用知识、技术和技能教育，主要培养应用技术、工程技术人才及技术前沿的专门人才，使其具有较强的实践能力、技术应用和开发能力、从事技术创新的能力，毕业后可直接服务于地方经济社会发展。本科阶段主要为在行业（企事业单位）工作打下基础。应用型人才培养需要从事实践活动，实验实习实训需要校企深度合作，实现人才培养目标与企业用人需求的匹配，共同培养应用型人才。

2.3.2 创新科教结合的研究生培养

中国的研究生总体规模已经迅速扩大为世界第一，研究生教育已经成为中国高层

次创新型人才和科学研究创新成果产出的重要来源,也是中国增强综合国力、提升国际竞争力的重要支撑力量。然而,中国高校研究生教育质量还无法满足经济社会发展对人才的需求,与世界一流大学相比还存在较大的差距。主要体现在以下几个方面:一是研究生创新能力普遍不足、原创性成果少;二是应用型研究生和学术型研究生培养定位不清,培养质量与发达国家比较差距较大;三是研究生考评机制尚待改进,有的学校对博士论文选题重视不够、对博士论文审查要求不严。

2.3.2.1 分类培养不同能力特征的研究生

根据社会对人才的不同需求对研究生实行分类培养,明确对学术型博士生、应用型博士生及各类硕士生等不同的具体要求。

学术型研究生以博士研究生培养为主,在研究型大学多数学科鼓励直接攻读博士学位的硕博连读培养方式,重点培养基础学科理论、新兴交叉学科前沿理论、重大工程技术前沿理论及技术理论等方面的博士研究生,使其受到更为全面、系统的学术训练,有利于创新性科研成果的产出及高水平理论人才的成长。对于学术型研究生,要改革课程设置,将前沿科研成果及时纳入课程教学,培养学生的思辨能力和独立创新能力;让学生参与国际前沿的学术研究,加大对学生学术研究能力的培养;为学生提供参与国内外学术交流的机会,使其在开阔视野的同时了解国内外同行的研究现状;健全研究生培养质量保障体系,加强对培养程序和环节的考核,对博士学位论文质量应严格要求,建立和执行对博士研究生合理的淘汰机制;促进鼓励创新、容忍失败的研究氛围,鼓励学生选择好奇心驱动的研究题目进行学术研究,避免过多参与导师的应用实践类课题研究,提高博士研究生的学术、理论水平,全面提高培养质量。

应用型和专业学位研究生的培养以硕士研究生培养为主,结合国家发展需求与社会实际需要,重点培养工程技术、应用文科专业人才。在掌握基本理论和专业知识的基础上,注重学生实践能力的培养与训练,为相关行业领域培养高素质的人才。这类研究生的培养要与学术型研究生在培养模式上进行区分,包括培养目标、课程设置、教学方法、评价标准等方面。例如,清华大学在工程硕士培养中注重理论和实践相结合,培养复合型专业人才。电子与通信工程专业硕士的论文选题直接来源于生产实践或有明确的生产背景和应用价值:可以是一个完整的工程项目的设计或其研究专题,或是某一企业技术攻关、技术改造大项目中子项目的设计或其研究专题;也可以是新工艺、新设备、新材料的研制和开发。研究生导师由承担工程类研究课题并具有指导工程硕士论文能力的教师担任。经学位评定委员会审核批准后,可以从厂矿、企业等单位聘请高级工程技术人员作为联合指导导师与学校导师共同指导。对于应用型硕士生的培养亦应有明确的要求,重点研究应用基础理论、工程技术及技术前沿基础理论。

2.3.2.2　加强学科建设，提高研究生培养质量

2015年10月，《国务院关于印发统筹推进世界一流大学和一流学科建设总体方案的通知》正式颁发，对推进世界一流大学和一流学科建设，建设高等教育强国提出了总体要求。世界一流大学和一流学科建设对于中国知识创新体系建设和培养创新型人才具有重要意义。要通过高水平重点学科建设带动相近学科的发展，形成学科集群。在此基础上开设交叉学科课程，打破学科壁垒，拓宽研究生的知识体系。同时，重点学科及世界一流学科建设应与国家重大科研项目相结合，鼓励研究生积极参与此类项目，有利于研究生提前接触科技前沿，了解国家需求，为以后独立开展科研工作奠定基础。例如，北京大学鼓励研究生参与国家重大科研项目，北京大学的研究生大量参与前沿课题，通过高水平的课题锻炼，研究生的培养质量得到了显著提高。据不完全统计，该校研究生以第一作者身份发表的SCI论文数量从2001年的400多篇，上升到2009年的1200余篇，分别占到同时期全校SCI论文总量的34.4%与68.7%，其中有一部分发表在世界顶级学术刊物《细胞》（Cell）、《自然》（Nature）和《美国科学院院报》（Proceedings of the National Academy of Sciences of the United States of America，PNAS）上。

2.3.2.3　营造适宜创新型人才培养的学术环境

培养拔尖创新型人才需要为其提供良好的教育和文化环境，建立符合其成长规律的制度环境。一方面，营造研究生教育的创新环境，搭建全国性的优质教育资源共享平台，提供研究生开展学术交流和研讨的环境条件，推进研究生教育改革，促进研究生开展国内交流及国际交流。开展院校之间、院校与科研单位之间的交流或联合培养，充分利用有限资源，为研究生教育提供更为广阔的教学和研究平台。另一方面，应充分发挥科研院所及企业在提升人才培养质量方面的作用。科研院所一般有固定的研究方向及学科特征，企业有直接的应用需求。科研院所及企业在提升人才培养质量方面可以发挥培养交叉学科和团队合作能力的学生。以美国工程研究中心为例，它是由美国科学基金会引导、大学实施、企业参与的科研院所。该中心是将大学的科研和企业需求相结合的桥梁。工程研究中心既重视专业的理论知识教育，也将企业所需的实践与教育相结合。

2.3.2.4　扩展创新型人才的国际视野

面对全球化背景下日益激烈的国际人才竞争，研究生培养模式改革必须注意国际视野的培养。鼓励学生申请国内外合作项目出国访学、参加国际会议和留学，利用出国的机会亲身体验世界一流大学的教学研究氛围；邀请国外知名专家学者到国内讲学和研究，让学生了解世界前沿学术研究动态；建立双边或多边联合实验室、联合研究院、联合研究生院等组织架构,聘请国外知名专家学者担任研究生导师,让学生接受先进的学术指导;大力发展国际合作办学,吸引海外著名大学、教育机构在中国设立海外教学中心和海外校区。通过引进这些优质教育资源,使学生有机会在校园内选修国外著名大学的课程,切身体验国外一流大学的教学方式,开阔视野和知识面。

2.3.2.5 提高创新型人才的人文素质

中国高等学校长期以来偏重知识的学习,缺乏对探索精神的培养。为了提高中国高等学校的人才培养质量,必须将自然科学与人文社会科学紧密结合,重视科学精神和人文素养的养成,倡导勇于创新的科学精神和团队合作意识;提倡理性怀疑和批判的学术自由氛围,提倡敢于探索前沿问题和难点问题,要宽容和容忍失败,营造鼓励创新的文化氛围。

总体来看,科教结合培养拔尖创新型人才,应鼓励大学加强科教结合,重视科研与教学相互支持和密切配合,加强课程教学的前沿性、系统性,为拔尖创新型人才的成长提供必要的支撑;建立鼓励探索、宽容失败的考评体系,激发创新型人才的创新意识和创新活力;加强体制机制创新,为培养拔尖人才提供条件保障,如加大对学生的资助力度、促进导师制度改革、营造宽松自由的研究环境等。

2.4 运用科教结合理念,指导高校分类改革

对中国高等学校进行分类管理和指导的意见已提出多年。早在 1993 年颁布的《中国教育改革发展纲要》中就明确提出,要建立高校分类体系标准和相应的政策措施,使各种类型的高校合理分工,在各自的层次上办出特色。2010 年颁布的《国家中长期教育改革和发展规划纲要(2010~2020 年)》中再次提出"建立高校分类体系,实行分类管理"的明确要求,但目前尚未付诸实施。党的十八大又进一步明确提出了中国经济社会的发展任务,科技和教育发展将在新时期承担更大的历史责任。

在现阶段,中国的高等教育发展中存在两个突出的问题:一是部分高校定位不够明确,办学目标模糊,一些高校在学科、专业及院系设置上求全,在办学规模上一味求大,部分高校未从本校实际情况出发,在办学层次上以学术为导向,盲目追求所谓的高层次;二是对高校的评价片面地以学术水平及其标准为导向,以学校的行政级别(副部级高校、司局级高校和处级高校等)和学生攻读学位的类型(博士学位、硕士学位、学士学位,专科层次等)区分学校的办学水平,影响了部分高校的办学方向,

不利于高校内涵式发展。中国的高校管理存在体制性障碍，亟须对此进行改革和完善。

美国和部分欧洲国家的高等教育历史较长，现代高等教育制度的建设和实施已有100多年。例如，美国目前有4000多所高校，但是培养博士生的学校只有200多所，约占美国高校总数的5%；大量办学质量和水平较高的州立大学重点发展本科教育；数量占学校总数1/3以上的社区学院，原则上只招收二年制大学生；一批办学质量优秀的独立文理学院和理工学院只招收本科生，不招收硕士生。高校的办学层次与办学质量是两个不同范畴的概念，每一层次的高校都应培养高质量的学生；高校的办学层次与学校的社会地位不相矛盾，美国的本科大学和社区学院在社会上都享有很高的社会地位，不同层次的高校对国家和社会承担不同的人才培养责任。

2.4.1 中国高校分类改革的政策思路

《国家中长期教育改革和发展规划纲要（2010～2020年）》中明确提出，建立高校分类体系，实行分类管理。然而，中国并没有一个相对科学合理的高等学校分类方法。一些学者和管理人员根据高校的实际发展状况进行了一些分类探索。其中，影响较大的是将国内高校分为研究型、研究教学型、教学研究型和教学型四类[1]，其缺点是将研究与教学相分离，影响了科教结合的高等教育发展方向。其他分类方法有：按照学校的主管部门进行分类（部属、中央和地方共建、地方属等），中国地方高校（大学）占全国高校总数的95%以上，这种分类在客观上降低了地方高校的地位，并过分强调了高校对行政主管部门的依附性，不利于高校逐渐加强自主办学的发展方向；按照所授学位的不同进行分类（博士、硕士、学士、专科等），过分强调了大学的学术性，忽视了其培养多样化人才的根本任务；也曾有以高校的行业属性进行分类，其分类的边界不易界定，概念不够清晰；还有以高校的主要学科门类、以高校是重点还是非重点、以高校的规模（学生数量）等对高校进行分类，它们均有一定的局限性。联合国教科文组织曾于1997年发布过高等教育分类的意见，但由于分类繁杂，不太适用于中国。[2]

综上，本研究认为，高校分类应当与时俱进，从中国高校的发展规划及实际情况出发。既要考虑不同类型高校的基础、条件和特点，同时考虑高校培养人才的主要服务对象，兼顾政府和社会对高校治理、评价及监管的需要。为此，高校分类应遵循三

---

[1] 武书连：《再探大学分类》，《科学学与科学技术管理》2002年第10期，第26～30页。
[2] 联合国教科文组织于1997年1月正式发布了《〈国际教育标准分类〉第二次修订稿》，同年8月，在巴黎召开的联合国教科文组织第29届大会上被正式批准实施。

项基本原则：高校的办学目标和任务相近、对高校的评价内容相近、分类应简明并能普遍适用。

基于以上原则，从当前中国的实际情况出发，建议运用科教结合理念，根据高校科研活动和教学活动的特点，对中国高校进行分类。高校的科研活动分为主要从事知识创造的基础性研究和主要从事应用知识创造的应用性研究，高校的教学活动可以分为主要从事传授理论和综合知识，提高实验能力的教学和从事传授一般理论和应用知识，提高技术技能的教学。不同类型高校在科研活动和教学活动方面的定位和重点应不同。因此，本研究认为，对当前中国的2529所[①]普通高等学校分为下列四类为宜。

第一类，研究型大学。这类大学在科研方面主要从事高水平的基础研究和应用研究，在教学方面重视理论知识和综合知识的传授，进行技术技能的培养，给学生打下坚实的基础。主要包括目前由国家教育主管部门直接管理的部分高校（即"985计划"资助的高校）和少数省市所属的高校（即部分"211工程"建设的高校）。这类高校学术水平相对较高，中国世界一流大学将从中产生，其中又可分为两类，A类为高水平综合性研究型大学，B类为高水平应用性研究型大学。[②]

第二类，应用型大学或学院。这类大学在科研方面主要从事应用性研究，在人才培养方面应同时重视兼顾知识的传授和技术技能的培养，强调学生应用基础理论和应用技术的掌握。主要包括三部分高校：大批省、市所属的一般多科或单科行业高校；建校时间较短、省市所属的一般多学科大学或学院，基本上以理工科为主，也包含部分独立学院；由地方有关部门设立和管理的部分应用文理学院。

第三类，职业型高校（大学或学院）。这类学校从事与企业联系密切的技术研究，办学的重点应放在教学和实践方面，在培养学生时应特别重视学生技术技能的培养，同时提供与技能相适应和匹配的理论知识。其中包括大量的单科或多科高等职业教育机构（高等职业学校）及高等专科学校，目前学制为三年，其中多数由当地政府归口管理，部分为省、自治区、直辖市有关部门管理。

第四类，特色型高校（专门学院）。其中包括艺术及体育类院校，民族大学或学院，国防大学或学院，从事学历教育的政治培训学校以及从事特殊教育理论与实践研究和教学的学校等，属于中央或地方有关部门管理。

---

① 至2015年7月30日，教育部发展规划司公布，2014年全国共有高等教育机构（高等学校）2824所，其中普通高等学校2529所，成人高等学校295所，在普通高等学校中本科高校1202所（其中公办1165所，民办37所），高等职业学校1327所（其中公办1020所，民办307所），其中不含由国防系统管理的军事院校和由各级党委管理的党校等。在香港、澳门、台湾地区的高等学校未统计在内。

② 其中包括学术及研究水平较高的行业高校。

对当前高校分类管理的建议见表 2-1。

表 2-1　中国高校的分类管理

类型	特点	目前管理部门	建议高校管理方式
研究型高校	招收本科生、硕士生、博士生，以高水平学术及科研导向为主。可分为两类：A 类为综合性研究型大学，B 类为应用性研究型大学	部委、省（多数由部委、省、自治区、直辖市管理，少数由部委、省、自治区、直辖市共同管理）	自主办学，目前由部委、省、自治区、直辖市共建共管，其中10所以内高校以部管为主，其余以地方管理为主。建立协会
应用型高校	招收本科生、硕士生，一般不招收博士生，应用型导向，个别高校允许招收联合培养博士生	省、部、区、市（地方大学）	地方管理，其中 5 所以内由部委、地方共建共管。逐步试行自主办学。建立协会
职业型高校	目前为三年制高职院校及专科高校，招收高职生及专科生，职业教育导向	省、市、区（地方大学）	地方管理，其中 5 所以内由部委、地方共建共管。逐步扩大办学自主权。建立协会。增设四年制（学士）和二年制（副学士）学院
特色型高校（专门学院）	根据学校的实际状况，一般招收本科生、硕士生，部分学校招收博士生。学术型与应用型相结合，以应用型为主	部、省、区、市	逐步扩大办学自主权。根据学校具体情况，分别由部委、省、直辖市、自治区和市管理，按办学特点，分别建立协会

关于研究型高校与应用型高校的界定，它们之间的区分重点不仅在于"研究"与"应用"，还在于对"学术"方面的要求。应用型高校与职业型高校的界定，其区分重点不仅在于"技术"与"技能"，主要在于"服务对象及内容"的某些差别。特色型高校的界定，这类学校人才的培养具有某方面的特点，如学生个人具有某种特殊才能，再如艺术、体育类院校的学生；学生毕业后从事的工作具有某种特殊性，如国防院校和民族院校等的毕业生；人才培养过程具有特殊性，如特殊人群、残障人士的教育研究及实践等。

2.4.2　积极推进中国高校的分类改革和发展

2.4.2.1　明确不同类型高校的具体办学目标及任务

高等学校的基本任务是为国家培养所需的建设人才，教学工作是高校的主要任务。应明确规定各类高校不同的具体办学目标和任务。研究型高校、应用型高校、职业型高校及特色型高校（专门学院），均应分别有人才培养、科学研究和社会服务的明确任务及目标，但要各有侧重并各具特点。

研究型大学的人才培养强调基础理论及综合知识教育，在博士生培养阶段，主要培养从事基础研究、应用基础研究及学科前沿研究的复合型人才。在本科教育阶段强调通识教育①，注重基础知识、技术知识和实践能力的培养，为社会培养高素质通用型人才，在工作岗位从事技术工作及研究工作，同时为继续深造的学生攻读研究生打下基础。研究型大学的科研应以基础理论、应用基础、工程技术研究为主，并以高水平的科研推动高水平的人才培养和社会服务。

应用型高校的人才培养强调应用基础理论及应用技术（重点是工程技术）、知识和技能教育，主要培养应用技术、工程技术人才及技术前沿的专门人才，本科阶段教育为在行业、企事业单位等从事工程、技术、设计、试验、开发、推广及管理工作打下基础，提高创新能力，科研以应用基础和工程技术为主，培养高素质工程、技术人才为社会服务。这类高校经考核通过可以招收和培养硕士研究生，但不得单独招收和培养博士生，少数这类学校经考核通过并经教育主管部门批准可以与研究型大学联合招收和培养博士生。

职业型高校的人才培养注重职业素养及职业基础知识教育，结合行业、企业中的专业理论和技术、重视技能教育及培养，为行业和企事业等单位培养在生产及业务第一线工作的技术、技能人才及基层管理人才，重视创新能力的培养，根据教学和企业的需要开展科研工作，培养高素养的技术、技能型人才，为社会服务。这类学校可招收和培养职业教育的四年制本科生和二、三年制职业教育的学生。

特色型高校（专门学院）根据各校的特点，分别培养侧重于应用的高水平学术研究人才、高水平应用技术人才或特殊技能人才。在科研方面，有的学校强调应用基础研究，有的学校偏重应用技术和技能研究，以培养高素质、高水平的专门、专业人才，为社会服务。

2.4.2.2 科学研究应成为高等学校的主要任务之一

数百年的国际发展经验和半个多世纪以来的国内实践表明，高等学校和科研院所是国家科学研究的主要力量。高等学校具有较多的教学和科研人才、门类比较齐全的学科、专业及良好的研究条件和人文环境等多方面的优势，是国家知识创新和基础研究的主力军，是应用研究的重要力量。因此，科学研究应成为高等学校的主要任务之一，各类学校应从本校实际出发，开展不同类型、不同层次的科学研究、试验开发及推广应用等科技活动，不断提升高校的创新能力，推动高校与经济社会融合，为在新时期推动大众创业、万众创新做出应有的贡献。

---

① 通识教育可以是一种教育理念、教育方式或为了实现人们追求的教育理念、教育方式而进行的课程和环境的安排和组织。较为简明、实用的解释是：通识教育是通过一定组合的课程和训练来构建学生合理的认知基础，培养良好的思维、行为能力和优良的道德品质。

2.4.2.3　根据分类改革需要完善办学条件保障体系①

完善国家对公办高校的财政拨款制度，改进目前单纯以高校招生人数确定拨款基数的办法。将高校办学经费分为教学与科研两个部分，教学经费按规定的招生总数、人均拨款数拨款；科研经费（非竞争性科研经费）按不同类型的高校分级确定基数按年拨款②，以保障高校开展适合本校特点和能力的科研活动。推动科教结合，不断提高教育和教学质量。

2.4.2.4　建立并完善高校的认证和评价体系

在调查研究和国际比较的基础上，借鉴发达国家的成功经验，在国内建立高校的认证体系。规范对高校的评价制度，延长评价周期、减少评价次数，对不同类型的高校必须按不同的评价标准及评价办法进行评价，以引导并鼓励形成爱岗敬业、质量第一、开拓创新、"行行出状元"的发展氛围。鼓励踏实办学，潜心教育、教学和科研，逐步改变浮躁、虚夸的风气。

由高等教育主管部门与各类高校协会共同制定高校的评价及认证工作条例及实施办法。评价及认证工作由具有资质的第三方认证、评价中介机构③进行，认证及评价的中介机构应该是独立运作的专业机构，其数量的控制及审批均由教育主管部门与高校协会共同进行，认证及评价机构接受各高校和社会的监督。

2.4.2.5　按照高校类别分别建立相应的高校协会

按照本研究提出的高校分类方法，建立相应的四类高校协会。各类高校协会的主要任务是：研究讨论本类高校办学的共性问题，探讨解决问题的办法；进行同类高校之间的校际合作与交流；向各级教育主管部门反映本类高校面临的重要问题和困难，提出意见和建议；争取各类高校的合法权益等。

各类高校协会的特点是：①有利于逐渐扩大并落实高校的办学自主权，各校在探索中相互交流启发，使之从议论走向实质性的实践，以推动高校办学自主权走向正常发展的轨道；②有利于高校与各级教育管理部门正确处理它们的位置及相互之间的关系，逐步走向法制化及规范化管理的道路；③通过协会集中、正常反映各类高校共同的问题及诉求，使高校管理向科学治理的方向发展。

各级教育主管部门应积极支持并指导各类高校协会开展工作，各类高校协会是各类高校最重要的校际组织。由国家教育主管部门（教育部）会同地方教育主管部门

---

① 办学条件包括用于支持教学、科研、社会服务等方面的基本费用及仪器、设备、装置和场地。
② 改变目前国内高校经费中没有保证科研基本条件和科技管理的费用，参考英国、澳大利亚等国对高等学校分级拨款的做法。
③ 认证、评价机构应与各级教育部门、科技主管部门完全脱钩，这类机构应接受政府有关部门及社会组织和公民的监督与监管，国家应制定相应的管理办法。被评价或认证的机构与评估及认证中介机构之间不发生任何经济关系。

及有关专家，制定各类高校协会的章程及运行、管理条例。①

教育部主管司局应充分支持并协助各协会开展相关工作。各协会应总结经验，相互交流，使之在各类高校建设中发挥重要作用，并能推动中国各类高校健康发展。

2.4.2.6　加强对各类高校建设、发展及治理（管理）等方面的研究

各类高等学校均应重视对本类型高校的建设、发展及治理（管理）的研究工作，各高校在研究本校建设和发展有关问题的同时，也应关注对本类高校建设、发展及治理的共性问题的研究及探讨。各类高校协会亦应提出相关的研究课题，组织本类高校协会的成员开展研究，研究成果在协会内部交流和使用。

2.4.2.7　合理确定研究型与应用型等四类高校数并制定其近期发展规划

中国目前共有各类普通高等学校2529所（不包括成人高校）。根据中国人口数量及适当提高高校入学率的要求，包括经政府认可的民办高校在内，经适当调整后，建议现阶段的高校总数以3000所左右所为宜。后续可根据国家经济和社会发展需要进行调整，适当增加高等学校数量。

研究型大学是国家创新的基础，在一定时期（近期）内，中国要逐步地、切实办好约120所研究型大学。目前大约有70所高校已达到或初步达到国内研究型大学的基本要求。建议在目前研究型大学相对集中的城市或地区，近期内暂不增设研究型大学。要保证在尚无研究型大学的12个省份应至少设立1所研究型大学或高水平的医科大学。对新疆、内蒙古、西藏、广西、宁夏、贵州等省份建议由国家教育主管部门安排重点高校在师资、人才培养及教学、科研等方面进行对口支援。建议在现行的高校管理体制下，凡确定为研究型大学的高校均应由教育部和所在省份共同管理，其基本经费均应由中央政府和地方政府（以中央政府拨款为主）统筹划拨和管理。

应用型高校的培养目标应突出培养应用型工程、技术人才，在一定时期内应逐步办好约1000所这类学校。在今后一段时间内，应重点研究这类学校的办学，明确其与研究型大学和职业型高校的区别。改善办学条件，拓宽毕业生的就业方向，使之在国家的经济社会发展中发挥更大的作用。

---

① 对各类高校协会的章程及运行、管理条例，建议可包括以下内容：各校现任正职校长及书记代表学校作为当然的会员，由会员协商推荐并选举产生会长（1人）及副会长（3人），任期均为3年，会长及副会长均不得连任，但本届副会长可允许被推选为下一届会长。各类高校协会可分别设立5～7人组成的咨询小组，可聘请各高校教育专家、教授参加（其中可包括1～2名高校退休校长或书记）。协会设秘书长1人和副秘书长2～3人（其中1人由会长所在高校推荐，另1人可由教育部相应管理部门的正司长兼任）。对于学校数多于200所的高校协会，可按地区设立5～7个协会的分会开展日常工作。没有分会的协会，总会可设立常务委员会，每个分会2人参加常务委员会。未设分会的协会每年召开1次全体会议，设立分会的协会2～3年召开1次全会，但分会应每年召开1次。协会开会时教育部分管副部长参加会议，听取大家的意见，教育部主管司局负责人应参加会议，并参与筹备，保证开好会议。

职业型高校应加强与部门、行业和企业之间的联系，鼓励合作办学。目前已有这类学校 1327 所。此类高校的发展重点是在现有基础上，逐渐办好已有的职业型高校，不断提高整体的办学质量和水平。

特色型高校（专门学院）应从实际出发，规范办学、改善办学条件、提高教育教学质量，办好约 100 所这类学校。

政府应鼓励办好高质量的民办高校和中外合办高校（具有独立法人资质的办学实体）。在一定时期内，争取办好这类学校 400 所左右，办出特色，逐渐提高办学质量和水平。采取积极、有效措施，鼓励私人投资或设立基金办学，应提高民办高校创办人的社会地位，引导和支持他们更多地从事公益事业，为国家培养更多的高质量人才，大力提高社会大众的文化和科技素养。

2.5 运用科教结合理念，推动不同类型高校发展

2.5.1 加快建设研究型大学，统筹推进中国世界一流大学的建设[①]

2.5.1.1 研究型大学在中国的发展

最早提出研究型大学概念的是德国教育总监洪堡，他于 1810 年筹建了德国柏林大学。柏林大学不仅重视传播知识和培养人才，还特别强调"学术自由"，并提出大学应开展科学研究。洪堡认为，大学应该是创造知识的地方。受德国现代大学理念的影响，19 世纪末"科学研究"正式进入美国大学，1876 年创建的约翰·霍普金斯大学成为美国第一所研究型大学，随后美国成立了一大批以培养研究型人才和研究为主要目标的新型大学，在学校内建立了一种新型的集教学、研究于一体的培养高层次学术型人才的研究生院。研究型大学以创造、传播创新性知识为己任，以培养创新型人才为目标，并开展高水平、前沿科学研究，在推动经济、社会快速发展和科技、教育、文化创新等方面发挥着重要的作用。

在中国，现代意义的高等教育直到 19 世纪末 20 世纪初才开始出现。当时，政府陆续建立了一批高等学校，同时一些国外组织和机构也在国内兴办了少数私立大学，这些学校主要是参照美国和欧洲大学的模式办学。20 世纪初至 40 年代，一批留学国外的人才陆续回国，在国内的各大学中任教和从事科研工作，为中国的教育和科技发

[①] 何晋秋：《建设和发展研究型大学　统筹推进我国世界一流大学和一流学科建设》，《清华大学教育研究》2016 年第 7 期。

展做出了贡献。到 50 年代初，中国政府对当时已有的高校进行了全面调整、撤并和重组，保留了少数综合性大学，新建和重组了一批服务于工业、农业、师范和外语等领域的高等学校（学院）。这些高等院校在 50～70 年代为国家建设和发展做出了重要贡献。

中国对研究型大学的关注和研究始于 20 世纪 80 年代，随着改革开放方针的实施，大批留学人员出国学习和交流，当时国外关于研究型大学的概念和内容开始广泛地传播到国内。[①] 90 年代，国内学界开始讨论研究型大学的有关问题。同时，在国家的支持下，部分基础较好的高等学校开始向建设研究型大学的方向发展。[②] 研究型大学是中国高等教育系统的重要组成部分。建设一批高水平的研究型大学，对于提高中国高等教育水平以适应未来科技、经济和社会发展需要，建设人力资源强国和创新型国家，具有重要的战略意义。

2015 年，国家颁布了《统筹推进世界一流大学和一流学科建设总体方案》。[③] 建设世界一流大学和一流学科对于提升中国的高等教育发展水平、增强国家核心竞争力以及奠定长远发展基础，都具有十分重要的意义。

2.5.1.2　中国研究型大学的内涵与定位

发达国家知识创新的成功经验显示，研究型大学在基础研究特别是好奇心驱动的基础研究中具有优势。中国研究型大学已经成为基础研究的主力军，在创新型人才培养、基础研究、社会服务以及创新文化孕育方面发挥着重要的作用。

综观国内外，研究型大学的学科门类较为齐全，具有高水平的基础研究能力，科教结合能力较强，研究型大学的基本任务和目标是培养高质量的人才和创造高水平的科研成果；承担着知识传播、知识创新、社会服务和文化传承的职能，为社会发展、经济建设、科技进步和文化繁荣发挥着重要作用。

①研究型大学是培养创新型人才的摇篮，是创新科技人才的集聚地。要提高国家自主创新能力，需要培养和造就一大批创新型人才。研究型大学重点是培养创新人才，培养的博士研究生、硕士研究生、高质量的本科生是国家创新人才的中坚力量；同时，它还具有促进学科创新集群的优势，能发挥汇聚创新人才的作用，为创新人才的储备提供人力资源。学科创新集群的形成和发展是科学研究发展的必然要求，也是培养拔尖创新型人才的有效途径。当今世界，科学前沿的重大突破、重大原创科技成果的产生，大多是学科交叉融合的结果，在近百年获得诺贝尔自然科学奖的 334 项成

---

① 沈红：《美国研究型大学形成与发展》，华中理工大学出版社，1999；何晋秋、曹南燕：《美国科技与教育发展》，人民教育出版社，2002。
② 王战军：《中国研究型大学的建设与发展》，高等教育出版社，2003。
③ 国务院：《统筹推进世界一流大学和一流学科建设总体方案》，2015 年 10 月 24 日。

果中，近半数项目是多学科交叉融合的成果。① 同时，文理渗透也有利于人才的培养，因为文科和理科需要不同的研究方法和思维方式，逻辑思维与直觉感受是科学思维和创造的两翼。理工学科有助于培养学生的逻辑思维和抽象思维，人文科学则有助于培养学生的直觉感受和形象思维。

②研究型大学是国家基础研究的主要力量，是创新型国家源头创新的基地。要提高国家自主创新能力，要靠源头创新的增强。而原创性科技成果在相当大的程度上来自基础性研究。原始创新和具有自主知识产权的核心技术的产生，需要有强大的基础研究支撑，需要多学科的交叉、综合，更需要有拔尖人才和创新群体长期艰苦的努力。美国科学基金会的研究表明，美国近25年的经济增长，有50%要归功于以基础研究为动力的研究工作。② 基础研究是探索性、创造性的工作，基础研究是研究型大学的本质特征。研究型大学有原始性创新研究需要的源源不断、充满活力的科技人才（本科生和博士研究生），有进行原始性创新的良好环境和资金支持，所以研究型大学应该成为创新型国家的原始性创新基地。③

③研究型大学是国家经济发展的科技支撑和智力保障。科学技术和人力资源水平对国家经济社会发展具有重要作用。研究型大学拥有高素质的人才和高水平的科研能力，可为社会经济发展提供所需的科技支撑和智力保障。美国著名的"硅谷"之所以在高新技术方面能取得举世瞩目的成就，离不开斯坦福和伯克利等研究型大学的支持。这些研究型大学与产业部门在开展研究、人才培养和创业活动等方面进行合作和交流互动，有力地促进了社会经济发展。研究型大学拥有的人力资源优势，在政府决策、社会文化引领等方面发挥了重要的作用。在许多国家，研究型大学的"思想库"直接成为政府决策的智囊机构。④

④研究型大学是国家文化传承创新的引领者。⑤ 文化传承、创新对构建国家创新体系具有重要的作用。大学从创立之初便具有文化传承的作用，集中体现在大学精神、大学文化和大学思想等方面，是支撑社会发展的软实力。文化对个体、组织和社会具有潜移默化的渗透力，有利于激发个体的创造力、增强组织的凝聚力、提升社会的和谐力。研究型大学肩负着传承中国优秀文化的责任，肩负着扬弃糟粕、进行文化创新的责任，文化创新是国家自主创新能力提高的坚实后盾，为整个创新型国家社会发展提供方向和精神引领。

研究型大学招收本科生、硕士生和博士生，可分别授予学士、硕士和博士学位。

---

① 谢和平：《综合性大学的学科交叉融合与新跨越》，《中国大学教学》2004年第9期。
② 陈佳洱：《基础研究：自主创新的源头》，《科学咨询》2005年第12期。
③ 潘黎、刘元芳：《研究型大学在创新型国家中的角色定位》，《科技管理研究》2006年第8期。
④ 潘黎、刘元芳：《研究型大学在创新型国家中的角色定位》，《科技管理研究》2006年第8期。
⑤ 席西民等：《现代大学功能和创新文化研究》，中国人民大学出版社，2008。

研究型大学的人才培养强调基础理论及综合知识教育，以高水平学术及科学、技术研究导向为主，培养博士生是研究型大学最主要的任务，培养从事基础研究及学科前沿研究的复合型人才；本科教育仍然是研究型大学最根本的任务，在这一阶段强调通识教育和工程教育，注重基础知识、技术知识、实践能力和思想品德的培养，为社会培养高素质的通用型人才，在工作岗位从事技术开发及研究工作，同时为继续攻读研究生打下基础，为研究生（博士生和硕士生）教育提供优质生源；硕士生阶段在一些研究型大学的许多学科和专业不作为一个独立的阶段，大学本科毕业生直接申请攻读博士学位。博士生的培养强调在其确定的研究领域和方向上，应站在国际研究的最前沿，应具有创造性和创新性。获得博士学位的毕业生的主要工作方向是在高等学校或研究机构从事教学和科研工作。学士学位毕业生可进入行业、企业或事业等单位，经过一段实际工作锻炼成为技术员和工程师，从事技术、研究工作或在生产岗位从事技术、操作和管理工作。研究型大学的科研以基础理论、应用基础和工程技术研究为主，并以高水平的科研推动高水平的人才培养和社会服务。

2.5.1.3 中国研究型大学发展存在的问题

经过改革开放30多年来的发展，中国的研究型大学已经取得了很大的成就，但是仍然存在不少问题。概括起来，这些问题主要体现在如下方面。

①部分研究型大学关于国家对学校的期望和需求认识不足。创新驱动发展战略已经上升到国家战略。国家对高校特别是研究型大学在提高国家创新能力和增强国际竞争力方面提出了更高的要求，部分研究型大学对此认识不足、措施不力，效果不明显。在推动学校的改革发展和教学、科研工作方面没有提出更高的要求和采取有力的措施，在高质量人才培养和高水平科学研究成果产出方面，均与国家和社会对研究型大学的要求有较大差距。有的地方教育主管部门对本地高等教育的发展缺乏总体布局，未重视分类发展和分类指导的重要性。一方面，对已有研究型大学未严格要求，对其他类型高校也未进行必要的规范和引导，而是让其提出脱离国家需要和本校实际的发展目标，高校的发展带有较大的盲目性。另一方面，高等教育系统对办学的指导思想、分层次办学、引导教师树立良好的教风、营造优良的学风以及推动创新发展等方面存在理论和实践方面深入探讨不足，更未将有关教育思想、政策和发展趋势的讨论引向社会，从而使教育方面的困难和问题难以为社会所了解，也不容易得到社会的支持。

②现有学科结构未能反映国际科技发展的最新前沿和趋势，学院设立过多，不利于学科发展以及学院内部的学术交流与合作。中国部分研究型大学的现有学科结构未能反映国际科技发展的最新前沿和趋势。学科及学院设置单一而且面窄，不能根据需要及时调整设立新学科，学校内部和学校各学科之间的交流不充分，交叉学科、边缘

学科的发展受到限制，发展缓慢，难以适应国际竞争和社会发展的需要。例如，吉林大学有30多个学院，青岛大学所设学院也超过30个，而哈佛大学只有10个学院，斯坦福大学只有7个学院。学院过多同时又相互独立的状况形成众多的"山头"，不利于学科发展，同时还带来了管理上的弊病。

③高水平人才的培养体系亟待完善。部分高校的博士生培养水平不高，对本科生教育要求不严，离研究型大学应该成为高水平人才培养基地的要求尚有较大差距。研究型大学培养的部分优秀高水平本科毕业生和博士生，大量留学国外，以致国内博士生及博士后的生源质量下降，而这批优秀拔尖人才回国工作的相对较少。对此现象有关高校尚未足够重视，对此深入研究不够①，认识上有偏差，也未采取有效的对策措施。很多研究型大学的研究生培养仍然停留在阅读文献和课堂讲授模式，缺乏必要的社会实践以及参与高水平课题研究的机会。进一步完善中国研究型大学的高水平人才培养体系已经成了当务之急。

④高水平科学研究及学科建设是研究型大学的重要任务，部分研究型大学对此认识不足、推动不力。中国尚有部分研究型大学对如何正确处理教学与科研的关系和高水平学科建设的重要性缺乏深刻、全面的理解和认识。一方面，学校缺乏长远的规划和布局，其结果是学校发展的特点不明显，教学质量不稳定，科研工作和学科建设没有重点发展方向。另一方面，学校对科研工作缺乏引导，学科之间相互隔离，科研力量分散，对任务导向类科研项目（国家项目或部门重大项目）缺乏监督和协调，有的项目研究力量薄弱，研究成果质量不高；对教师兴趣驱动的自由探索研究也没有形成良好的学术研究氛围和环境，难以取得重大的科研成果。国家对研究型大学在基础研究和重点学科发展以及重大科技进展和突破方面寄予了很高的期望，部分研究型大学由于储备不够或认识不足，未能积极主动承担起自己应尽的责任。

⑤人才聘任和使用方面的政策及制度尚待进一步完善。中国的高等学校对教师和研究人员的有效激励机制尚待完善，对从事教育、教学、科研的敬业精神倡导不力。部分教学和研究人员并未把主要精力集中在教学、科研工作上。在部分研究型大学里，未形成自由、宽松但具有强烈责任感、使命感和事业心的学术环境；缺乏科学、有效的评估和激励机制。近年来，不少高校采取多种措施在国内外招聘优秀人才，取得了一定效果，但部分高校在校内人才使用、充分发挥其作用方面的工作滞后，学校的工作效率较低，成果不突出，优秀拔尖人才及高水平的科研、教学创新团队形成较

---

① 对大学毕业生和研究生出国留学和工作应有全面的认识，尤其是国内高水平研究型大学更应重视。优秀的大学本科毕业生和研究生应立足国内，并尽可能创造条件让他们有机会去国外高水平大学、研究机构和企业学习和工作，使之进一步得到培养和训练，回国工作后与国外保持联系，加强国际交流与合作。那种单纯以毕业生中有多大比例的学生被国外高校接收作为学校办学成绩的认识是不正确的。

慢，难以适应研究型大学对高素质、高水平教师和研究人员的要求。要建设一支高水平的师资队伍，就必须进一步完善人才聘任和使用政策。

⑥教育和科研经费的配置及使用机制有待改进和完善。在中国的研究型大学系统中，一方面经费总量不足，另一方面经费使用效率不高。研究型大学的资源（教学、科研经费）配置方式有待改善，科学、有效的激励竞争机制尚未形成，学校获取经费的渠道不够畅通。政府和社会对高等院校教育和科研的投入不足，管理存在较多的问题。① 在经费使用上，未能充分调动教师从事教学和科研的积极性，研究型大学的经费用于人力资源（教师、研究人员及博士生）的部分很少，高校教师的职务（职称）工资普遍偏低，往往根据承担的授课、指导实验、学生考试和答辩等具体的教学任务发放补贴（实际上是相当于计件工资）的方式。这种薪酬支付方式对学术机构，特别是对研究型大学的教学科研人员不适宜，影响了高校教书育人和教学科研水平的提高。学校教学及科研经费的使用缺乏科学评估，未充分发挥其效益。

⑦研究型大学的管理体制及运行机制亟待改进。在现阶段，中国研究型大学的管理体制及运行机制基本上是沿袭行政管理（科层制）的传统，行政化色彩过浓。一方面，某些教育主管部门缺乏在实质上鼓励学校自主办学的观念；另一方面，部分研究型大学也没有足够的自主办学意识，不愿意主动、独立承担自主办学的责任。这些都使得中国的研究型大学很难在学校管理上有较大的创新，从而也很难真正做到依法自主办学。大学行政化使得部分学校办学没有特色，教学质量提高缓慢，科研水平和能力没有明显改进。学校的管理落后于当前国家创新发展的步伐，难以满足国家对研究型大学在教学和科研工作方面的要求和期望。

2.5.1.4　提高办学质量，推进中国的世界一流大学和一流学科建设

①认真办好研究型大学，统筹推进中国的世界一流大学建设。继 1995 年正式启动"211 工程"以来，中国又陆续实施了"985 工程"、"优势学科创新平台"和"特色重点学科项目"等重点工程，一批重点高校和重点学科建设取得重大进展，带动了中国高等教育整体水平的提升，为经济社会持续健康发展做出了重要贡献。但是，由于长期以来重点高校都由教育主管部门认定，使得重点建设存在身份固化、竞争缺失以及重复交叉等问题。

由于对重点高校没有明确的标准，而且对高水平大学的概念模糊，不便作为一种高等学校的类型。鉴于对世界一流大学更难以制定明确的标准，而且在中国建设世界一流大学又是一个相对漫长、逐步发展和形成的过程，因此，世界一流大学也不宜作

---

① 高校经费管理存在问题较多。例如，一方面制度不健全，造成浪费和不正常的损失；另一方面，经费使用管理未抓住重点，管理过细、繁杂，在一定程度上挫伤了教师开展教学、科研创新的积极性和主动性，同样对国家造成了损失。

为一种高等学校类型。研究型大学是目前全世界都接受的一种高校类型，已有近200年的历史，中国可吸收各国建设研究型大学的经验教训，从中国的实际出发，自然形成并认定一批研究型大学，将其作为建设世界一流大学的基础，从而逐渐在中国建设并形成世界一流大学。

②确定中国研究型大学的基本条件和初步标准，在国内评估和认证一批研究型大学，逐步建立研究型大学的评价体系。参考国内外的实践和经验，尽快提出研究型大学的初步标准和简明的评价指标体系，以教育部直属高校及"211 工程"大学为主，选择师资力量、办学条件较强的高校进行评估，以推动研究型大学建设。研究型大学应在高等学校中自然形成（必要时可由第三方认证），而世界一流大学必然从研究型大学中产生。

深入探讨并提出研究型大学相对较为优化的办学规模及研究生（博士生、硕士生）、本科生的适宜规模比例。严格限制研究型大学办二级学院、分校及从事大学本科以下层次的学历教育，对研究型大学现有的二级学院、分校及低层次的学历教育进行调整，使之独立建校或从研究型大学中分离出去，使研究型大学能集中精力在高水平教学、高质量基础理论及工程技术研究、科研成果转化和企业化等方面，以学术型发展为导向，努力提高办学质量和人才培养水平。

③优化研究型大学的学科结构，加快世界一流学科建设。研究型大学应明确本校的优势学科和带有任务性质的应发展的重点学科，并重点建设与其密切相关的学科，加快中国的世界一流学科建设。加强研究型大学内部的基础学科之间，以及基础学科与应用学科、科学与技术、自然科学与人文社会科学之间的交叉融合，支持综合交叉学科的发展，积极扶持新兴学科和学科创新集群的建设和发展；推动大学和研究机构深度合作，带动高校科学研究能力和学科整体水平的提高，不断完善高校知识创新体系。探索在高校内部跨学科跨领域集成资源、协同攻关、探索科技创新的组织模式和运行机制，培育跨学科、跨领域的科研与教学相结合的团队，促进科研与教学互动、科研与创新型人才培养相结合，推动学校高水平优秀研究及教学人才梯队的培养和形成。

④重视本科生培养，切实提高博士生的培养水平。本科生培养是研究型大学的基本任务。研究型大学的本科教育和人才培养应兼顾以下两个方面的要求：一方面是为从事学术研究和攻读研究生培养预备人才；另一方面是充分重视多数学生的就业需求，向社会输送德才兼备的应用型技术人才。研究型大学的本科教育应对学生进行通识教育①，提高教育质量。对研究型大学的博士生培养过程和水平应进行严格的全面

---

① 研究型大学应在总结国内外通识教育经验、教训的基础上，确定通识教育的学分数、学时数及课程的大纲和内容，并形成教材。

评估和考核，提高博士生的质量，使之达到发达国家的博士生培养水平。限制教授指导博士生的数量，同时允许少数科研能力强、科研成果水平高、有独立研究课题和充足科研经费的副教授招收博士研究生，建议取消"博士生导师"这一不合理的"层次"。① 对学校是否具备培养博士生的资格进行严格审查，要从学校整体综合水平衡量是否具有招收博士生的条件；原则上只能是研究型大学和少数高水平专门大学（专业学院）才能招收博士研究生。

⑤提高科学研究在研究型大学里的地位。当前中国将创新驱动发展作为国家重要的发展战略，更加强调了科研在国家建设发展中的重要性，研究型大学和国家科研机构是中国知识创新的主体和科学研究的主力军。从社会分工和资源配置的角度看，研究型大学承担了国家50%以上的基础研究任务。研究型大学具备的资源条件、研究环境和学术氛围更适合从事基础研究，尤其是兴趣驱动型的探索性研究，同时也能承担一部分目标导向性的研究任务。研究型大学的科学研究应紧密联系并服务于高水平人才培养。因此，研究型大学应该将科学研究作为学校的重要任务之一，既产出大量高水平的科研成果，又有力地推动高水平人才的培养。

⑥改善并保证研究型大学的办学条件，发挥学校自主办学的积极性和创新精神，办好学校并向世界一流大学迈进。作为中国建设世界一流大学、推动高等教育发展的一项重要任务，研究型大学建设应纳入统一的国家创新体系建设。世界一流大学必须依托一定数量的研究型大学这一基础，因此，建设研究型大学也是中国建设世界一流大学和一流学科工作的基本内容。建议在中央和相关地方政府设立的建设世界一流大学和一流学科的专项资金中给予引导和支持，资金应主要用于为建设世界一流大学的重点学科（使之成为世界一流学科）、有关重点科研项目、提高博士研究生及本科生教育和培养的水平以及学校的人才队伍建设。加大对研究型大学的基础研究投入，除教学经费外，在高等学校设立一定数量的科研经费，以支持年轻教师科研项目的启动以及教师和研究人员兴趣驱动性的探索性自拟科研项目的开展。

要着重从如下方面改善研究型大学的办学条件：第一，改革政府向公立高校的拨款制度。根据研究型大学现有水平、条件及对国家的贡献进行分级，按级确定拨款基数。在拨款基数中主要应包括教学经费、科研经费及教学和研究人员经费3个部分。拨款基数确定后3~5年不变，给学校以稳定支持。在执行过程中可以随国家经济发展情况定期进行增减调整。第二，要重视对高校的教学和科研重大设施及基础设施的

---

① 在高等学校凡具有教授、副教授职称的教师都应有资格指导博士研究生，他们是否招收博士生应由是否需要及生源条件等因素决定。中国专门设立"博士生导师"这一层次，使国外同行认为中国的教授和副教授中有相当一部分人还不具备指导博士生的水平，容易造成误解。同时，也可能被有的地方刻意利用，以降低教授和副教授的评审条件。

补充和更新，教育主管部门和学校应统筹考虑后通过专项进行申请并拨款。这类设施应尽量提高其在校内外的利用率，并以设备的实际利用率及取得的科研、教学成果作为后续支持的主要条件。第三，提高教学和研究人员的工资待遇。根据学校的实际发展情况制定规划，在少数学校实行年薪制试点探索。在实行较合理的年薪制后，应限制或减少研究型大学教师在校外的有酬兼职①，并对有关活动进行申报，同时制定相应的制度予以规范。改变目前部分高校教师的校内"计件工资"模式，鼓励教师全身心投入教学和科研工作。

⑦"因校制宜"制定学校建设发展规划。在制定学校发展规划时，应根据国家对每一所研究型大学的建设发展目标及任务（部分研究型大学应明确提出建设世界一流大学和一流学科的目标、任务、进度和规划），认真研究本校历史和现状以及在近期、中期发展的需要与可能，重新审视学科、专业发展的趋势和国家、地方的需求情况，重点加强本校的强项学科、专业及与之联系较密切的领域，对难以体现本校特点的部分院系应在上级主管部门的统筹下，合并、撤销或在校与校之间进行调整。学校在校生总数应进行适当控制，尽可能减少或取消在校外设立的教学点及教学区，要集中在主校区开展各层次的教学活动，使本科生从进校开始就融入大学的学术殿堂之中。高等学校在制定中期发展规划时，应对校区建设提出合理规划，在大城市内的研究型大学应限制其发展规模，也可以在适当的地方建立能够整体搬迁的新校区。学校的独立学院应尽快与校本部脱离，使学校集中精力办好研究型大学。

⑧完善研究型大学的治理体系和管理机制。高等学校和科研院所应建立学术类机构的治理体系和管理机制，不宜实行政府机构的科层制管理体制，取消部分研究型大学的副部级行政级别的规定②，使之更符合当前国家改革创新发展的新思路和新战略。要确立教学和科研工作在学校的主导地位，学校内的行政工作应服务和支持学校的教学、科研工作。在学校形成学术自由、提倡争论、服从真理、相互支持和民主管理的氛围。明确校长和党委书记的职能与分工，创新研究型大学的校长选拔机制③，进一步完善党委领导下的校长负责制。

---

① 在实行年薪制后，允许教师在承担科研工作的项目经费中获取合理报酬，控制其总量不超过其年薪的比例；科研成果转化、专利转让等按国家及学校规定可获取合法收入，原则上不允许在社会、企事业单位获取额外报酬，教师在校外的收入均应向学校申报。
② 建议对教育和科研等学术部门专门制定符合学术部门（按不同机构类别）的地位、部分行政及学术领导人的在职待遇，薪酬补贴制度和规定（可适当高于相应的政府工作人员），使之与行政科层制脱钩。
③ 创新研究型大学的校长选拔机制，校长的招聘和审批工作在国家主管部门统一领导下进行。首先在学校成立招聘工作小组，提前半年在国内外公开招聘，初审并确定应聘候选人，应聘候选人在全校教职工代表会（以教授为主）上报告其办学理念、学校发展及治校方案，搜集校内外的评价意见，招聘工作小组整理后，正式上报给学校党委及校务委员会，经审查后上报国家有关主管部门，最后由国家主管部门按程序审批并正式任命。

2.5.2 应用科技大学的发展研究

2.5.2.1 应用型高等教育体系在中国的实践和探索

应用科技大学（目前在国内称为应用技术大学）虽然在中国高等教育体系内正式提出的时间不长，但是从其内涵和定位可以发现，新中国成立初期实际上就是在重点建设应用型的高等教育体系。1952年，中国在全面学习苏联高等教育体制的基础上对高校院系进行了全国性的调整和建设，其特点如下：第一，1952年院系调整时将一些学校的理工学科和专业分别进行了调整与合并，成立了一大批工科和农科高等院校，如成都工学院、北京邮电学院、华东化工学院及各省的农学院，培养工业、农业等需要的工程技术人员，当时十分强调高校与工矿企业合作，加强了实习实践环节，培养了一大批国家急需的专业人才，在国家20世纪50~60年代的工农业的恢复和发展中发挥了重要作用。第二，在50年代，国内只有少数文理科较强的综合性大学，如北京大学、复旦大学、南京大学、武汉大学和四川大学等保留了原有的主要文理学科①，多数理工科较强的综合性大学都调整为服务于国家工农业生产建设和发展的理工学院和多科性工业大学，如当时的清华大学、浙江大学和重庆大学等，即使这些学校是综合性大学也调整为以工科为主的应用型高等教育机构（大学）。当时，这批大学和新建的工学院、理工学院和多科性工业大学的办学目的和任务非常明确，那就是为国家工农业生产发展和社会发展服务，面向工厂、企业和社会，教育与生产劳动相结合，培养应用型人才。第三，50~60年代，上述两类高等学校（新建的工科、农科高等学校和原来的综合性大学，以及经院系调整后重新组建的以工科为主的多科性工业大学）在建设和发展中，在系科设置、专业设置、课程设置及教学内容上都进行了不断调整和改革，使之适应当时国家建设发展的需要。

进入21世纪，这批高等学校大多数都已经发展成为国内水平较高的研究型大学（综合性大学）。与此同时，这类高等学校也面临较大的困难，即使原来工科很强的大学或学院也与工厂、企业联系减弱，而各地在20世纪80年代以后新建的四年制本科院校也纷纷向综合性大学、研究型大学和学术型大学方向发展，使当前中国服务于工矿企业、农业及各类服务业的应用型人才的培养面临困难。另外，在90年代末高等教育大发展后，高等学校规模迅速扩张，由于在学校定位、专业设置、教学内容确

---

① 这些综合性大学保留了其主要的文科、理科，其余的工科和农科一般均建成独立的多科或单科学院（大学）或与其他学校合并重组，医科、政法、财经、外语等也经调整、重组后分别成立了独立建校的单科学院（大学），如北京医学院（北京医科大学）、北京政法学院、北京外语学院、西南政法学院、中南财经学院、上海外语学院等。

定及学生实践能力培养等方面存在不少问题，出现了当前高等学校毕业生就业难等一系列问题。与此同时，工矿企业、农业和服务业等用人单位又难以招聘到符合要求的大学毕业生。

从上述对中国半个多世纪高等教育历史的简要讨论中可以看出，20世纪50~70年代，中国确有一批相近于当前所讨论的应用科技大学。80年代以来，由于中国在相当长一段时间内，对国内的高等教育研究不够深入，对国外高等教育的学习和交流不够全面，比较偏重于关注"学术型大学"、"研究型大学"，导致对国外发达国家的职业教育的发展以及大量应用型人才的培养研究不够，认识不清。虽然教育主管部门一再强调要重视和加强应用型高等学校和职业教育发展，但并未形成社会共识，且发展方向不太明确，办学导向有偏差。因此，中国当前应用型高等学校及职业教育的发展仍然面临着较多的问题和困难。

2.5.2.2　国外应用型高校的发展对中国的启示

在美国和德国等高等教育发达的国家，应用型高等教育体系也非常发达。在建设研究型大学体系的同时，应充分借鉴发达国家的应用型高校和高等职业教育的发展经验，推动中国应用科技大学健康发展。

①德国和美国的应用型高校及职业教育发展的特点。德国的职业教育在中学阶段就开始分流。学生在完成4年（或6年）初等教育（小学）后，根据本人的学习情况和兴趣，选择进入不同类型的中学学习，其中只有完全中学（学制为8年）的毕业生才能进入学术研究型综合大学[①]，实科中学和主科中学（一般均为5~6年）承担着普通教育与过渡性职业教育的双重任务，学生毕业后可以进入应用型高校和职业教育系统（主要包括双元制职业学校和应用科技大学）继续学习，成为应用型人才。德国的高等学校主要分为三类，即综合大学、应用科技大学和职业学校。随着现代科技的快速发展，德国非常重视新兴高科技产业发展对应用型人才和技能型人才的需求及人才培养的探索，使技术和技能型人才的教育和培养能适应新时代的要求。20世纪60~70年代以来，德国应用科技大学的快速发展就是适应上述需求的重要措施，也是未来的发展趋势。由于德国的教育系统及社会（人群）对职业教育的认可度较大，对学生教育的早期分流，社会（学生、家长、官员和中产阶层等）也可以接受。事实证明，由于德国重视对年轻人技能和技术的培养和训练，德国的工农业及服务业的发展取得了显著效果，德国产品也长期保持着高质量。同时，由于多数学生较早就与企业建立了密切的联系，有利于他们今后就业，从全社会考虑也有利于社会各阶层的稳定，这种做法值得我们学习和借鉴。

---

① 应用科技大学以后也可以招收完全中学的毕业生。

美国的初等教育和中等教育均属于义务教育阶段，未从学术和应用两个方面进行分流。① 美国在高等教育阶段十分重视应用型人才的培养（这是学生毕业后就业的现实需求），但在学校学习阶段并不过分强调职业培训（职业培训由专门机构进行）。美国主要有四类高等学校，即研究型大学、州立大学、四年制本科学院及社区学院，社区学院一般为两年制职业教育，两年毕业后获副学士学位，参加工作，也可进一步接受企业或社会的职业培训项目，进行专门的技能或技术训练。有一部分学生继续在四年制社区学院学习，或者经过考核和考试，合格者转学至其他四年制本科大学再学习两年，毕业后可获学士学位。这些人既可以直接参加工作，也可以报考研究生。美国在总体上非常重视对各类学生的通识教育，也重视科学技术的应用及技能和技术教育，并力图将两者有效地结合起来。在美国各类学校的实践中，既有经验也存在许多困难和问题，这些都值得我们进一步研究和探索。同时，美国社会（含家庭和学生）对理论联系实际以及提高实践能力的高度重视为世界各国所肯定，美国年轻人劳动观念的建立及重视"动手能力"的培养是从家庭教育和社会教育开始的，具有优良的传统。孩子们从小就参加家务劳动并作为志愿者参加社会义务劳动，这些都值得我们重视和提倡。

②社会文化因素对德国和美国职业教育发展的影响。在德国和美国等发达国家，对学术研究和应用创新、对个人发展上"当官"和"为民"的社会认知及心理平衡等，都值得我们认真学习和研究。他们既重视并高度评价理论研究成果及学术研究人员、学者和大学教授，同时也非常肯定技术创新成果、技术工人、工程师、技师、医生、律师和企业领导人，这类人员不仅拥有较多的财富，社会地位也很高。而在中国，追逐名利的风气一度非常盛行，官本位思想根深蒂固，很多人为了个人谋利而走向仕途；追求做各类名人并企图从中获利或暴富；不劳而获的思想和行为死灰复燃。社会对这类现象批判不够，对这类人的羡慕和重视程度及其社会地位远远超过从事创新研究、应用发展、企业生产和社会服务的踏实、勤奋劳动的工作人员和普通劳动者。政府也一直在努力纠正和制止这些情况，采取了多种措施，但效果并不显著。因此，社会文化因素对职业教育的影响非常值得研究。

③中国应用科学技术大学的未来发展。2013年初，根据社会经济发展的需要，国家又重新提出了要让现有部分高校转型建设应用技术大学，并要进行应用技术大学（学院）的改革试点和战略研究工作。2013年6月，在教育部的推动下，应用技术大学联盟正式成立，参加应用技术大学联盟的学校包括四年制本科院校、独立学院和民办本科院校等。成立联盟是希望提升这些地方院校的办学质量，提高这类学校与行

---

① 何晋秋、曹南燕：《美国科技与教育发展》，人民教育出版社，2003。

业、企业和区域经济发展的联系与合作，加快应用技术型人才培养，为企业培养人才并提供技术服务支撑，同时也希望促进解决当前大学毕业生就业难的问题。面对新的发展形势和要求，一批地方本科高校已开始向应用技术型高校转型发展。2014年6月召开了全国职业教育工作会议，同年，教育部等六个部门颁布了《现代职业教育体系建设规划（2014～2020年）》[①]，这对推动应用科技大学的发展具有重要意义。

在中国现阶段重新认识和强调应用科技大学的建设和发展，是国内形势发展对中国高等教育改革的需要，向建设应用型高校的方向发展是部分普通本科院校的正确选择。建设和发展应用科技大学有利于改变社会观念，引导高等教育朝着正确的方向发展。

2.5.2.3　中国应用科技大学发展面临的困难和问题

①中国应用科技大学的定位尚不明确。应用科技大学的提出必然会对中国高等教育的发展产生重要的影响。虽然这一类型的大学在德国已有近半个世纪的实践，中国在20世纪50年代以后的相当长时期内也对其十分重视，有一定的实践经验。但是，对于国内外的实践与目前提出应用科技大学的关系哪些可以借鉴、哪些还有待改进，均缺乏深入研究，中国应用科技大学的定位不够明确，尚需经过周密研究提出系统的实施办法和措施。

②应用科技大学在提高教学质量和水平方面，亟待加强学生实习、实践环节。应用科技大学的教学工作是学校的基本任务。其中，正确处理理论教学与实践教学的关系，全面提高应用科技大学的教育教学质量，加强实践环节的教学十分重要。当前，应用科技大学与职业院校都面临着实习、实训和实践场所不易解决的问题，其中最重要的原因是：中国企业、行业和高等学校的内部体制和外部管理系统都发生了变化，学校与企业（行业、事业单位）之间的关系没有与时俱进加以调整。这一问题的实质是没有重视并从法制的角度根本上解决学校、用人单位和学生三方之间的责任和权利关系，也未从国家层面明确并强调行业、企业、事业等用人单位对培养应用型人才和职业教育人才的一定责任，同时也未出台相应的补偿、支持政策和措施。

③应用科技大学中科学研究的功能不够明确。教学是应用科技大学的基本任务，但科学研究也十分重要。特别是在现阶段，国家正在大力实施创新驱动发展战略，积极推进大众创业、万众创新，处理好教学与科研的关系是应用技术大学办学的重要内容，也是应用科技大学加强与行业以及企事业单位联系的重要内容和手段。因此，如何从各校的实际出发，开展科学研究、试验开发和推广应用等科技创新活动，积极推

---

① 《教育部等六部门关于印发〈现代职业教育体系建设规划（2014～2020年）〉的通知》，教育部网站，http://www.moe.edu.cn/publicfiles/business/htmlfiles/moe/moe_630/201406/170737.html，最后访问日期：2015年12月8日。

动教师、学生参加适当的科研工作，特别是参与行业、企事业单位、中小企业的应用技术研究课题等，对应用技术大学的发展十分重要。

④学生的培养目标和就业发展方向以及体系不够明确。应用科技大学在高等教育体系中，学校数量和学生人数都比较多。从招生伊始，就应明确学生毕业后的就业和发展方向。目前国内已有的各类人才的职称系列比较复杂且不够规范。对国内现行的教学研究类的教授、研究员系列，工程技术类的工程师、技术员系列以及技能类的技师、技工系列等，应合理界定并明确它们之间的薪酬差别及相应的关系，使之更加科学合理。

⑤师资队伍建设滞后于学校发展。应用科技大学的师资队伍建设是当前四年制本科院校转型发展面临的突出而紧迫的问题，从总体上看，四年制本科院校的师资队伍建设尚滞后于学校发展。一方面要符合对应用型人才培养的要求，学校要加强实践环节的教学，应聘用和培养与企业紧密联系的"双师双能型"教师。但是，现阶段在转型发展的高校中除少数学校略有基础之外，多数学校均十分缺乏此类教师。另一方面，应用技术大学在教学工作中也非常重视联系实际的理论教学，因此对进入学校做教师的人选在学术和理论知识（重点是专业理论基础）方面也有较高的要求，现阶段在这方面也还存在一定的差距。

⑥未建立应用型高等学校的科学评价体系。长期以来，中国对应用型高等学校的评价，基本上还是沿用对学术型高校的评价体系。虽有过局部调整，但并未体现出不同类型高校的定位、目标、任务及学校特点，特别是对学术型和应用型两大类高校，针对教学工作中的理论教学及实践环节的要求以及对两类高校的科学研究工作的要求均不够明确，从而使得各类高校的办学目标趋同。这不仅脱离学校实际，而且脱离应用型人才的培养需求，不利于高等学校及高校教师规划自己的发展方向，对不同类型高校的发展十分不利。

⑦在新形势下高等学校的国际交流与合作需进一步加强。随着产业升级步伐的不断加快，世界各国都十分关注高等教育中应用型人才的培养。随着全球科学技术的迅速发展及在重要技术领域的重大突破不断涌现，高新技术产业的发展势头非常迅猛，对高等学校的应用技术教育、实践教育和理论教育均提出了新课题和新要求，世界各国都在积极探索应用技术人才及职业教育人才的培养方向、内容及方法。如何结合中国的国情，研究发达国家的教育理念和办学方向，深入研究发达国家职业教育的发展及存在的问题。国外应用类高校和职业学校的办学模式，它们与企业和社会密切联系，如何得到社会的认可及广泛支持等，都有待进一步探讨。解决这些问题不仅需要间接学习发达国家的经验，更需要借助于广泛的国际交流与合作。由此可见，中国的高等学校在新形势下的国际合作及交流亟待进一步加强。

2.5.2.4 应用科技大学的发展定位

综观国内外应用科技大学的发展可以发现，此类高校的定位为：培养具有较强实践能力、创新精神，并针对所学专业和学科，从应用和实践出发，掌握必要的基础理论和应用基础理论知识的高素质应用技术和工程技术人才；其科研工作以应用类、工程类和技术科学研究为导向；应用科技大学应依托行业，为企业和区域经济、社会发展服务。因此，应用科技大学的人才培养目标应更贴近经济和社会发展的实际需求，培养地方经济和社会发展需要的工程技术、设计、操作和管理人才。应用科技大学以本科教育为主，在符合国家有关政策的前提下，有条件的可招收少量的硕士研究生，少数具备条件的应用科技大学，可与研究型大学（主要是行业高校中的研究型大学）合作，招收个别学科或个别专业的联合培养博士生，但必须经合作培养的研究型大学正式考查同意，并经国家教育主管部门批准。

应用科技大学还具有如下特点：第一，培养目标突出的应用型和技术型人才；第二，专业设置与地方产业结构和职业门类紧密结合；第三，人才培养模式强调校企结合；第四，在人才培养及就业方面明确应用科技大学与研究型大学和职业型高校之间的关系。具体如表 2-2 所示。

表 2-2 研究型大学、应用科技大学、职业学院学生的学习及就业方向

学校类型	教学、科研主要方向	毕业学生就业主要面向	学生就业主要工作单位	职务职称系列，个人主要发展方向
研究型大学	学术、技术	全国	研究机构、大学、企业	研究员、教授、技术员、工程师
应用科技大学	技术、工程技术	地区	专业、行业、企业	技术员、工程师、设计师
职业学院	技能、技术	企事业单位	企事业单位	技师、技术员、工程师

2.5.2.5 积极推进中国应用科技大学的建设和发展

①引导普通四年制高校向应用型大学转型。随着国内经济体制改革的深入推进、产业结构调整和战略性新兴产业的发展，高校人才培养的类型和层次都将面临新的需求。因此，引导普通四年制高校向应用型大学转型发展，既是保持自身可持续发展的正确选择，也是实现内涵式发展的重要路径，更是中国高等教育发展的必然需要。应用型大学的人才培养目标是为社会发展提供适用的技术技能型人才，使其具有较高的实践能力、技术应用和开发能力以及从事技术创新的能力。这一培养目标决定了其人才培养必须做到理论与实践相结合，需要在现实的工作环境中从事实践活动，强调能力本位；在教学过程中必须强化实践实习实训，强调校企合作，实现人才培养目标与企业用人需求的匹配，共同培养应用型人才。

②应明确应用科技大学人才培养的任务。应用科技大学致力于培养具有实践能力、创新精神的高素质应用技术和工程技术人才。其具体任务是：为国家（主要面向所在省、直辖市、自治区和省内的市、县）培养中、高级技术人才，其主要工作单位是工矿企业、农业及服务业等各行业的生产、设计、技术和管理服务部门。

应用科技大学的四年制本科可招收普通高中毕业生，亦可招收经过考试达到其要求的中等职业学校的毕业生。应用科技大学的硕士生系可招收各类高校的本科毕业生，也可招收高等职业学校的毕业生，这些毕业生均应具有学士学位。应用科技大学招收博士生的要求应与合作培养的研究型大学一致，采取联合招生、联合培养并进行博士论文答辩及评审，以保证博士生的质量。

③应用科技大学应正确处理理论教学与实践环节教学的关系。应用科技大学强调实践教学环节和理论联系实际是其办学的两个重要特征，也是其区别于其他几类大学的重要方面。为了提高应用科技大学的办学质量，应在结合发达国家成功经验和中国实际情况的基础上，探索新的办学思路并在实践中不断总结和完善。关于实践环节，除了结合课堂教学内容安排正常的实验课内容之外，应根据学生所学专业的需要（可适当扩大专业涵盖的范围）安排实习实训环节的教学并将实习和实训结合起来，实习时间的长短应根据不同专业需要在教学计划中合理安排。关于理论教学，国外有些学校的做法是"实际联系理论"，即根据不同专业对学生应掌握的应用技术和技能的要求，从中总结应掌握的基础理论及应用基础理论知识的内容，在此基础上将理论知识系统化，以有利于学生接受和掌握的方式安排在教学计划中。① 中国的应用科技大学可在此基础上探索出最适合中国国情的教学方式。

④应用科技大学应开展以应用为导向的技术理论和应用技术研究。应用科技大学应为地方及行业和企事业单位服务，因此，应用科技大学从事的研究工作不仅要能满足行业、企业及地区发展的需要，也应有利于进一步加强与他们之间的联系。学校在科研选题上应根据地方有关部门的要求，并尽可能从行业和企事业单位的生产和技术发展的需要出发，接受企业的科研任务或者学校从企业的需要提出研究课题。特别是对中小企业或研究力量较弱的单位，更要主动关心并开展有利于企事业单位需要的研究任务。在研究工作中应强调实用性，要以能用于企业生产为目标，鼓励教师、学生与企事业单位的研究人员共同研究，使学校能更好地为地方和企事业单位服务。

⑤加强师资队伍建设，尽快形成"双师双能型"教师队伍。为了顺利实现应用

---

① 这与我们过去强调的"理论联系实际"应有所不同，而是要更深入探讨对学生的培养目标（以应用技术、技能为主），并从中提出对应用技术和技能的要求，再进一步上升到理论层次的需要，并将理论内容按理论知识的内在逻辑，系统地加以组织，照顾学科学术的内在联系，但不是完全按学科、学术性的系统去安排。这一要求是很高的，绝不是将理论内容支离破碎地凑合在一起，既无系统性也使学生难以掌握。

科技大学的办学目标，需要一支知识、技术和能力过硬的"双师双能型"教师队伍。他们不仅需要具备良好的知识储备以及教学与科研能力，还应有较长时间在企业工作的经历，具备良好的工程、技术、技能和实际操作能力。"双师双能型"教师要在学校和企业间合理流动，尤其要让教师定期在企业工作，使其及时掌握行业最前沿的技术和发展需求，具备指导学生实践操作的能力。此外，还应建立兼职教师队伍，聘请来自行业和企事业单位的工程、技术专家、高级技师为学生授课以及指导学生学习。

⑥建立应用型高校的科学、合理的评价体系和制度。要改变中国高校办学目标趋同的状况，提高应用类高校（应用科技大学）的人才培养质量和教学科研水平，更好地服务于地方、行业和企事业单位的需要，应尽快建立应用型高校及其教师的评价体系和制度。对应用型高校教师的评价与其他类型高校应有区别，分别设立评价标准，明确其发展方向和路径，建立相应的制度。主管部门应加紧制定评价体系、制度和实施办法，引入第三方评估机制，尽快在应用科技大学中实施。在实施过程中不断总结经验，使之渐趋完善。

⑦建立并完善应用技术类人才的职称晋升及事业发展制度。根据应用技术类人才的专业和学科特点，基本上应在工程—技术系列的职称（职务）上发展，应对技术员和工程师系列进行深入研究，使之符合实际情况。此外，应明确研究类人才系列及技能型人才系列之间的相互对应关系，保持一定的平衡及在发展过程中保持合理的经济收入差距，使不同类型的人员都有自己的发展前景，通过努力达到各自的事业目标、地位及合理的经济收入水平。制定不同类型的人才发展路线图，使每一个人都知道自己的正当、合法的发展空间和路径，促进社会在公平和公正的基础上稳定发展。

⑧推进国际合作与交流，提高应用科技大学的办学质量和水平。在推动中国应用类高等学校的发展时，应关注发达国家类似高校的发展动向，广泛而有重点地加强与国外高等学校、教育管理部门及研究部门之间的交流与合作，深入探讨应用技术大学及职业院校发展面临的问题，使中国能在借鉴其他国家经验教训的基础上少走弯路，推动中国应用类和职业类高校快速健康发展，服务于国家发展需要。

2.5.3 高等职业院校的发展研究

2.5.3.1 中国高等职业教育机构的发展历程与成效

从20世纪初开始，中国的职业教育已有上百年的发展历史，积累了一定的宝贵经验。中国最早的高等职业教育机构是清末兴办的高等实业学堂和专门学堂，20世纪初成立的专科学校也属于高等职业教育的范畴。中国现代意义上的高等职业教育从20世纪中叶开始，经历了半个多世纪的发展。80年代，重视和发展教育成为国家的重要任务，中国的高等职业教育得到了迅速发展。1980年，在经济较发达的东南沿海城市，如南京、厦门等地先后出现了一批由中心城市举办的新型地方职业大学。1985年5月，《中共中央关于教育体制改革的决定》中明确提出"积极发展高等职业技术院校，逐步建立起一个从初级到高级、行业配套、结构合理又能与普通教育相互沟通的职业技术教育体系"，为中国高等职业教育体制的改革指明了方向。1998年9月，《中华人民共和国高等教育法》明确指出，高等职业教育属于高等教育范畴。2000年以来，相继出台了《国务院关于大力推进职业教育改革与发展的决定》（2002年）和《国务院关于大力发展职业教育的决定》（2005年），强调了职业教育的重要性。2010年颁布的《国家中长期教育改革和发展规划纲要（2010～2020年）》中明确提出了高等职业教育的办学模式、改革目标及多元化办学等要求，进一步明确了高等职业院校的办学思想和人才培养目标，学校的建设和管理得到进一步的规范。到2014年9月，中国公办高等职业院校数量已经达到1327所，在校生达到1006.6万人，学校数量占整个普通高等学校数的52.47%，在校生数占到40%以上。高等职业教育的办学规模和质量不断提升，为中国实现高等教育大众化发挥了重要作用。①

2.5.3.2 中国高等职业教育发展中存在的问题

随着全球经济和社会的迅速发展，对劳动者的知识、技术和技能的要求日益提高。19世纪以来，西方发达国家对技术和技能人才的培养日益重视，职业教育得到快速发展，相应地也大大推动了科技、经济和社会的快速发展。与此同时，由于职业教育在解决就业方面发挥了重要作用，从而引起了社会的普遍重视，其地位也得到了提高。与发达国家相比，中国在这方面尚存在较大的差距。概括起来，中国的高等职业教育发展尚存在如下问题。

①社会整体对职业教育的重要性普遍认识不足。由于中国长期以来一直存在重理论、轻实践，重学术、轻技能的倾向，特别是中国在长期封建社会中流传下来的"劳心者治人，劳力者治于人"的观念，更助长了脱离实践、轻视体力劳动的错误思想泛滥。新中国成立后，曾对此现象加以批判，情况有所改变。但在20世纪末21世纪初，由于在社会治理和教育、文化、宣传等方面的正确引导和发展相对滞后，使轻视工农业生产、轻视务实劳动和劳动人民，追逐个人升官发财、"官本位"、"就业分高低贵贱"等方面的错误思想未得到有效抑制，进一步影响了职业教育的发展。此外，社会整体对职业教育在国家建设事业中的重要性及对年轻人接受职业教育后对个人发展的重要性普遍认识不足，进一步制约了中国职业教育的发展。

②中国现代职业教育体系尚待建立和完善。职业教育体系的不完善造成了中国高

---

① 刘晓：《利益相关者参与下的高等职业教育办学模式改革研究》，博士学位论文，华东师范大学，2012。

等职业教育发展中的不均衡和社会认可度不足。中国高等职业教育体系的设计不合理，实施过程中也不能适应时代的变化。主要存在以下问题：a. 中等职业教育从九年义务教育后的分流缺乏正确引导和宣传，中国对人的智力和技能发展在理论上研究不够①，对个人发展的合理规划未在社会上展开讨论并加以正面引导和宣传。b. 高等职业教育的学制及学位制度设计不够合理，限制了高职院校的发展，中国规定高职的学制为三年，它与四年制本科仅差一年，毕业后没有学位，工资待遇相应偏低，发展受限，人为造成所谓"专升本"的问题。c. 统一的三年制高职未考虑到不同专业的特点，给教学及实践课程的安排带来困难，在教学计划安排上也不够合理。d. 对目前大量独立设校的四年制本科大学和学院定位不明，办学方向模糊，给职业院校的发展带来不利影响。e. 中职、高职及四年制本科大学之间未建立科学、合理的衔接方式，这不利于这些学校自身发展和教育公平。

③部分职业院校的办学方向和目标不够明确，水平尚待提高。在现阶段，中国部分职业院校在办学方向上不够明确，办学目标也比较模糊，办学质量和水平尚待提高，职业教育人才的供给与市场需求不能有效匹配。由于没有及时掌握市场对技能和技术人才的需求，对技能要求不够明确，使学生毕业后的就业竞争力不强，不能满足国家经济社会发展、产业结构调整对技能和技术人才的需求。

④中国职业院校学生的用人单位（行业、企业和事业单位等）在职业院校学生的培养方面未承担起应负的责任。目前职业院校及应用型高校普遍存在实习、实训场所不易解决及技术、技能型教师短缺等问题。虽然学校对此应做努力，但更重要的是各行业、企业、事业单位也应承担必要的责任并加以协助。中国在制度建设上未跟上，仅靠教育部门和学校单方面努力是不可能解决的，未从立法和制度的角度探讨解决的途径。

⑤中国的技术技能职称体系及"职业技术技能证书"等制度不够健全。中国职业教育系统中的技师、工程师和技术员等的职称体系尚不够明确，职称评审的指标体系以及评审方法与过程等不够科学合理，并缺乏统筹和规范。职业技术技能职称体系、职业资格证书的社会认可度不高。技术技能职称引导技术技能人员提升其专业技能的力度不够，与行业标准和企业技术需求之间的对接不够，尚未在薪资待遇、职业生涯发展等方面体现其应有的作用，导致相当一部分人员停留在职业发展的初级阶段，提升动力不

---

① 德国马格德堡-施腾达尔应用科技大学原校长卡沙德（Kaschade）教授指出，"学生不仅有理论天分，还有实践天分"，我们应将"学生的理论与实践天分充分利用"。德国教育体系在这一方面非常明确，而且在教育的各个层面都注重理论与实际相结合。德国之所以能做到这一点，有三个原因：一是注意到学生不同的学习能力，二是考虑社会各层面对理论和实践能力的不同要求，三是社会需要高质量的实践人员和理论人员。林凤彩、陈晓莉等：《德国应用科技大学的调查与研究》，天津科学技术出版社，2015，第1~4页。

足，发展潜力未得到充分发挥。此外，中国职业教育系统在工资、招聘、职称及晋升发展等方面制度不够完善，不利于职业教育系统人员的发展和提高。

2.5.3.3 中国高等职业教育的发展定位

高等职业院校应结合学校所在地区现有的或将要重点发展的行业和企事业单位的需要办学。因此，高等职业院校的办学定位是：为学校所在县、市、省培养生产或工作岗位需要的职业型人才，这些人才应具有比较全面、深入的基础和应用知识及一定的技术和技能。其课程应在普通高中已学课程的基础上安排通识教育课程，结合专业需要的应用基础理论课程及行业（或企事业单位）所需的专业知识、技能课程（含实习、实训）等三类课程。

综上所述，建议高等职业院校从目前的三年制改建或设立两个相对独立的、学制为两年和四年的高职院校。学习两年后可获得副学士学位，完成四年学习可获得学士学位。目前的一般高职院校改为两年制高职院校，经考核合格的可改为四年制高职院校。四年制高职院校可以招收和培养四年制高职学生，也可以招收和培养两年制高职学生。四年制高职院校应合理设定其通识教育课程、基础知识和理论课程以及行业所需的专业知识课程和技术、技能训练所占的比例。两年制高职院校主要进行通识教育课程的学习，安排适当的基础、专业知识及技术、技能课程和实习。目前的三年制高职院校学生，仍可保留目前的学制，其课程可进行适当调整，部分学生自愿转入四年制高职学习的学生，学完四年学习且成绩合格者授予学士学位，不愿意转为四年制学习的学生，学完三年毕业时可授予副学士学位。

高等职业院校除招收普通高中毕业生外亦可招收中等职业学校的毕业生。从两年制高职院校毕业且已获得副学士学位的毕业生，毕业后可以直接就业或继续在四年制高职院校学习。两年制高职院校毕业生参加工作后，根据本人的实际情况可以通过考试再进入四年制高职院校继续学习两年，获得学士学位后再参加工作。

高等职业院校的四年制毕业生可以报考应用科技大学的研究生，经考试合格，可攻读硕士学位，或在具有联合培养博士生资格的应用科技大学攻读博士学位。

2.5.3.4 提高认识，积极推进中国职业教育的发展

建立现代化的职业教育体系是一个系统工程，不仅事关教育系统本身的改革与发展，更关系到社会经济文化等诸多领域。要推进现代意义上的职业教育体系的构建，需要从如下方面着手。

①在全社会范围内提高对职业教育的认识。受传统文化的长期影响，要在中国提高对职业教育的认识并非易事，特别是在知识分子及广大干部、管理人员和中产阶层中正确认识年轻人（子女）的科学、合理的发展道路更难。要解决这一问题，绝非教育系统或职业教育内部可以做到的，必须依托全社会的观念和环境的改变。相关的

举措包括：a. 通过传统媒体和网络媒体在全社会加强宣传引导，其宣传教育重点如下：一是从人力资源的社会分工及个人的社会责任角度，宣传正确的就业观；二是在现代社会的年轻人（18 岁以上）群体中营造自立自强的社会风尚（在经济上自立及具有社会责任感），并在家庭中（子女及其父母）取得共识；三是要宣传体力劳动是每个人所必需的，即使是受过高等教育的人也应该从事一定的体力劳动。应让全社会，特别是各个家庭中的父母和子女都对以上三个方面提高认识，宣传并落实"行行出状元"的中国古训，从而确立职业教育在社会中的正确位置。b. 在全社会的工资福利体系及各行各业从业人员的晋升发展等方面应有一个基本的、科学合理的发展路线图，使每个人都知道自己的正当、合法的发展空间和路径，提高职业教育在现实社会中的地位。c. 社会舆论和教育机构应加大对职业教育与国家建设事业发展及个人发展的重要性的介绍和宣传，努力办好各地的中等职业学校和高等职业院校，加强这类学校与当地群众的交流、介绍学校及其学生取得的成就，以提高社会对职业教育的认识。同时应限制和制止各地对所谓"高考状元"①的宣传和渲染、夸大的报道和介绍，适当修改对高级中学及其教师的评价指标体系。

②理顺高等职业教育与高等普通教育之间的关系，完善高等职业教育的招生毕业制度和学位制度。作为高等教育两大体系的高等职业教育与高等普通教育，并不是完全分割、不可逾越的，两者只是教育类型的差别而无层次的差别，没有高下之分，应是平行发展，而不是互相替代。建立高等职业教育体系的学位制度，可借鉴世界上一些发达国家的做法，建立适合中国高等职业教育体系的学历和学位制度。学历可以有两年制、四年制，可以通过实行学分制（包括实习、实训课程亦应规定学分），根据学分累计情况颁发学位证书，即副学士和学士学位。对两年制高等职业院校的毕业生中达到通识教育的基本要求及一定理论知识和技术、技能要求的学生授予副学士学位。这一做法有利于扩大高职学生在今后个人事业发展的选择范围，增加高职人才培养的类型及实用性。

在职业教育系统逐步实行"宽进严出"的招生和结业制度。放宽职业教育院校的入学限制，但对完成学习年限的学生获得学位、毕业证书及职业技术技能证书等应有明确的标准和严格要求。对未达到要求的学生允许在一定年限内以多种方式补考，或以肄业的方式结业。

③建立具有中国特色的现代职业教育体系。吸取发达国家的经验并从中国的实际

---

① 较长时期以来，各地对"高考状元"的宣传和炒作愈演愈烈，不仅有全国状元，还有地区、省、市、县的所谓"高考状元"，相应地带来了不少负面影响，对考生本人今后的发展及社会影响均不利，应加以正确引导，既要鼓励认真学习，有条件的学生走学术发展道路，也应鼓励、支持学生根据个人情况选择多样化的发展道路。

出发，通过规范的校际学分认可及不同类型的专门考试，在中国职业教育（包括中职、高职）和应用科技大学与研究型大学之间建立具有中国特色、公平合理的现代教育体系（相互衔接及联系的"立交桥"）。图 2-1 为职教系统与其他各类教育机构之间的沟通衔接关系。

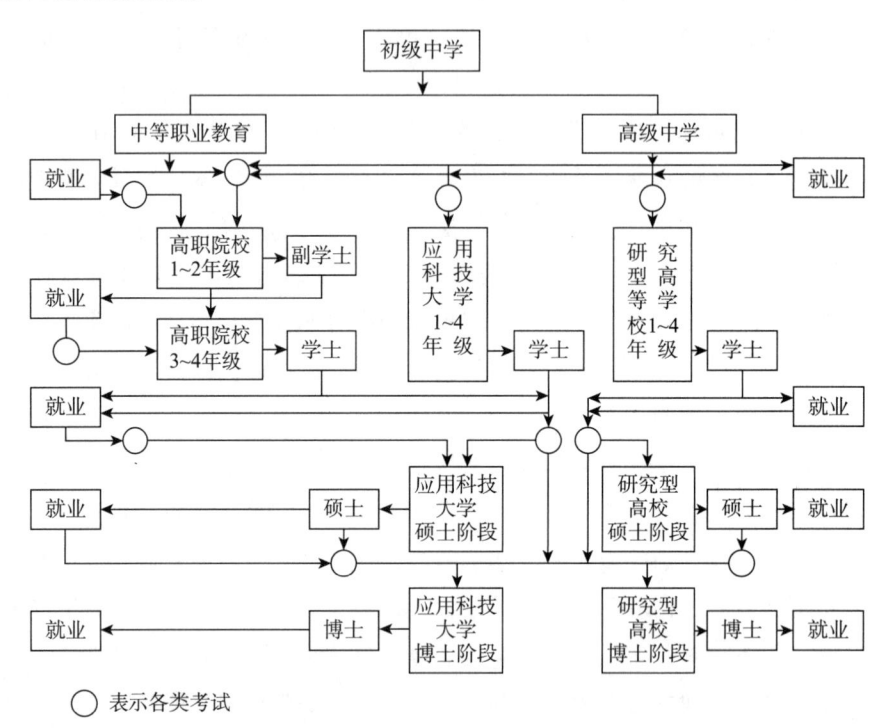

图 2-1　职业教育系统与其他各类教育机构之间的沟通衔接关系（"立交桥"）

进一步明确各类职业院校办学的具体目标，优化通识教育课程①、专业课程；对基础理论课进行改革并适当加强；合理安排实验、实习、实训教育和课程，在实施中评估效果，总结经验，落实改革措施。

④扩大学校的办学自主权，因地制宜发展职业教育。中国区域经济发展差异较大，而职业教育所培养的学生主要服务于地方经济和区域社会发展，因此，在制定高等职业教育发展政策时要因地制宜，制定适合不同地区发展的政策。对中等职业教育、普通高中教育及高等职业教育进行全面规划，按需发展。国家要充分落实高等职业院校的办学自主权，让学校根据其自身所处的区域和行业、企业等的特点来确定自身的发展方向和路径。特别是在专业设置、课程设置、实习实训等方面应从实际出发，考虑社会、市场对人才的需求，提高教育教学质量，满足国家和地方建设发展的

---

① 通识教育课程的内容，应根据不同类型和学制的学校分别制定，如对两年制高职、四年制高职、应用技术学院（大学）及研究型大学分别确定课程的学时和内容，并形成教材。

需要。

⑤完善职业技术技能职称和职业资格证书等制度体系。建立并完善科学合理的中职、高职毕业生，大学本科毕业生，硕士、博士毕业生的入职基本工资系列并加以规范，四年制高职毕业生的入职工资应与四年制大学本科毕业生的工资相同；设计合理的技能、技术及学术发展的职称系列及晋升体系，建立职业技术、技能职称及"职业技术技能证书"制度体系，完善职业技术、技能职称的级别制度，并使之与工程技术人员等各类人员的职级提升和发展相匹配。

⑥鼓励用人单位承担相应的职业教育责任。根据发达国家的经验，高等职业院校与中等职业学校的建设和运行均应与行业、企业等用人机构合作。培养出来的毕业生才有可能适应用人单位的要求，有可能解决学生实习、实训活动面临的多方面困难。行业和企业等用人单位应支持职业技术教育的发展，政府应出台相关政策，鼓励其与各类职业院校合作办学。承担职业院校及应用科技大学学生的一部分实习、实践活动及"双师双能型"教师的培养等。在多种形式的合作办学中应明确三方（学校、用人单位及学生）的责任及权利。政府需要制定多元化的优惠措施，调动企业参与职业教育的积极性，例如税收减免、贴息贷款和科研项目资助等。

⑦推动并尽快完成《职业教育法》的修订工作。应积极推进《职业教育法》的修订工作。修订重点应包括以下方面：a. 明确各类职业教育的主要执行机构的功能和定位；b. 明确各职业教育参与主体的责任和权利；c. 明确行业和企业等用人单位对各类职业教育执行机构（学校及培训机构）在人才培养方面的责任，同时明确相应各方的责、权、利关系；d. 扩大并明确政府和社会对职业教育的投入（含税收减免、贴息贷款和科研项目资助等）；e. 明确并落实《职业教育法》的执法监督制度。

政府应鼓励办好高质量的民办高校和中外合办高校（具有独立法人资质的办学实体）。在一定时期内，争取办好这类学校400所左右，办出特色，逐渐提高办学质量和水平。采取积极、有效措施，鼓励私人投资或设立基金办学，提高民办高校创办人的社会地位，引导和支持他们更多地从事公益事业，为国家培养更多的高质量人才，大力提高社会大众的文化和科技素养。

参考文献

刘兵：《人才概念、社会发展与教育理念》，《群言》2010年第8期。

张璞：《论知识经济时代人才观的转变》，《新疆石油教育学院学报》2005年第1期。

奉公：《论大学本科的"元才教育"》，《北京理工大学学报》（社会科学版）2002年第3期。

季诚钧：《应用型人才及其分类培养的探讨》，《中国大学教学》2006年第6期。

关玉东：《谈谈企业复合型人才知识结构的认识》，《南方经济》2004年第4期。

路甬祥：《规律与启示：从诺贝尔自然科学奖与20世纪重大科学成就看科技原始创新的规律》，

《西安交通大学学报》（社会科学版）2000年第20期。

金盛华、张景焕、王静：《创新性高端人才特点及对教育的启示》，《中国教育学刊》2010年第6期。

魏敏、蒋光祥：《中外高校合作办学发展中的问题与策略思考》，《管理观察》2008年第3期。

申伟：《中外高校合作办学的人才培养模式构建研究》，硕士学位论文，东北大学，2008。

陈鹰、田效进：《中外高校合作办学模式探讨》，《华东交通大学学报》2007年第1期。

张星谕、王辛枫：《高校中外合作办学模式探索》，《边疆经济与文化》2005年第5期。

王春艳：《当代中外高校合作培养人才模式研究》，硕士学位论文，河海大学，2005。

牛万玛吉：《我国高校校际合作研究》，硕士学位论文，中国石油大学，2011。

胡艳婷：《高校战略联盟研究》，《中国高教研究》2007年第8期。

湛俊三：《地方高校战略联盟研究》，博士学位论文，武汉理工大学，2008。

程勉中：《论高校的战略联盟》，《高教探索》2005年第2期。

花良凤：《教学科研评价一体化——关于高校教学与科研关系的研究》，《成都大学学报》（教育科学版）2008年第8期。

许建潮、胡明、王红梅：《高校教学科研一体化的探索与实践》，《长春工业大学学报》（高教研究版）2006年第4期。

周挺：《推进教学科研一体化 提高研究式教学的科研含量》，《福州党校学报》2005年第5期。

黄晓鹏、王景文：《教学科研一体化发展模式的探索与实践》，《中华医学图书情报杂志》2007年第6期。

张炳生：《高校科研教学一体化机制的构建》，《黑龙江高教研究》2006年第12期。

金薇吟：《学科交叉理论与高校交叉学科建设研究》，硕士学位论文，苏州大学，2006。

邹晓东：《研究型大学学科组织创新研究》，博士学位论文，浙江大学，2003。

吴丹青、张菊、赵杭丽、吴光豪：《学科交叉模式及发展条件》，《科研管理》2005年第5期。

文少保：《美国大学跨学科研究组织变迁与运行治理研究》，博士学位论文，大连理工大学，2011。

龚玉：《基于学科交叉的高校国家重点实验室研究》，硕士学位论文，华东师范大学，2011。

张耀、倪勇、任聪敏：《基于产业聚集区的校企合作模式研究与实践》，《高等工程教育研究》2011年第5期。

周彬、冉茂瑜、顾新：《高校上市公司发展研究》，《科技管理研究》2009年第12期。

周斌：《高职院校校企合作教育研究》，硕士学位论文，中南大学，2010。

赵月桃：《高职高专院校产学合作教育的理论与实践研究》，硕士学位论文，天津大学，2006。

张恩栋、杨宝灵、姜健、洪杰、陈超、刘业伟：《国内外高等学校产学研合作教育模式的研究》，《教学研究》2006年第3期。

张俊、李忠云：《高等院校产学研究结合的科研主导型模式研究》，《经济师》2005年第12期。

张俊：《高等学校产学研结合模式及发展趋势研究》，硕士学位论文，华中农业大学，2004。

刘本盛：《启动"哑铃型"高校科技开发模式探析》，《中国高教研究》2000年第12期。

王成超：《我国大学城的空间模式与区域联动研究》，硕士学位论文，华东师范大学，2005。

潘懋元、高新发、胡赤弟、张慧洁：《大学城的功能与模式》，《高等教育研究》2002 年第 2 期。

赵效为：《大学城与城市互动发展的经济学分析》，博士学位论文，复旦大学，2005。

崔海波：《我国大学城建设对城市空间结构的影响研究》，硕士学位论文，华南师范大学，2007。

黄亲国：《中国大学科技园的发展与对策研究》，博士学位论文，厦门大学，2006。

杨震宁、吴杰：《不同功能分类科技园的资源供给差异研究》，《科研管理》2011 年第 9 期。

殷群、谢芸、陈伟民：《大学科技园孵化绩效研究——政策分析视角》，《中国软科学》2010 年第 3 期。

王海华：《国内高校合作培养学生研究》，硕士学位论文，山东大学，2008。

邓尚民、韩靖：《高校合作参与机制的博弈分析》，《软科学》2007 年第 6 期。

王常策：《论我国高校合作与合并办学的困难和条件》，《北京科技大学学报》（社会科学版）2000 年第 4 期。

叶鉴铭：《校企共同体：企业主体学校主导——兼评高等职业教育校企合作"双主体"》，《中国高教研究》2011 年第 3 期。

陈启强：《论我国高等职业教育中的校企合作》，硕士学位论文，四川师范大学，2008。

马艳秋：《校企共建创新平台的运行机制研究》，博士学位论文，吉林大学，2008。

庞世俊、庞少召：《职业教育校企合作的驱动方式解构、问题与策略》，《职教通讯》2010 年第 4 期。

刘文清：《构建利益驱动的校企合作运行机制研究》，《教育与职业》2012 年第 5 期。

费峻涛、方韵梅：《美国研究型大学人才培养模式研究》，《中国科教创新导刊》2011 年第 10 期。

刘丽、陈立栋、郭得科：《研究型大学本科生科研训练的问题分析与建议——基于比较研究的视角》，《高等教育研究学报》2014 年第 4 期。

郝永林：《研究型大学内涵的转向及其研究新进展》，《湖北社会科学》2015 年第 1 期。

王宁：《美国研究型大学的现状及发展战略》，《教育探索》2015 年第 1 期。

卓泽林、柯森：《"紧缩时代"下美国公立研究型大学的应对策略研究——基于密歇根大学的经验、影响及启示》，《现代大学教育》2014 年第 6 期。

熊建辉、潘雅：《创建 21 世纪美国公立研究型大学的典范——访美国加州大学洛杉矶分校校长吉恩·布洛克》，《世界教育信息》2013 年第 24 期。

王志强、闫温乐、林爱菊：《竞争、创新与美国研究型大学的变革》，《中国人民大学教育学刊》2013 年第 4 期。

约翰·奥布雷·道格拉斯、徐丹、蒋扇扇：《中国研究型大学的未来：领导者还是追随者？》，《大学教育科学》2014 年第 2 期。

苑健：《美国研究型大学的现状、问题与改革》，《评价与管理》2014 年第 2 期。

李海玉：《1990 年以来美国研究型大学本科教育改革的背景、举措及启示》，《社会科学家》2014 年第 10 期。

菲利普·G. 阿尔特巴赫、易梦春：《研究型大学的过去、现在和未来》，《山东高等教育》2014 年第 11 期。

朱方来等：《中德应用型人才培养模式的比较研究与实践》，清华大学出版社，2014。

杨明、赵凌：《德国教育战略研究》，浙江教育出版社，2014。

孔寒冰、叶民等：《国际视角的工程教育模式创新研究》，浙江大学出版社，2014。

〔德〕乌尔里希·森德勒等：《工业4.0——即将来袭的第四次工业革命》，邓敏、李现民译，机械工业出版社，2015。

邹晓东等：《打造第四代工程师——工程领导力及创业能力开发》，浙江大学出版社，2014。

林凤彩、陈晓莉等：《德国应用科技大学的调查与研究》，天津科学技术出版社，2015。

张婕、陈光磊：《德国应用科技大学对我国地方高校转型发展的启示》，《国家教育行政学院学报》2015年第1期。

余晓玫：《地方本科院校建设应用技术大学的改革探索——以奥地利应用技术大学发展为例》，《科技视界》2015年第4期。

丁彦、张伟：《国外应用科技大学的发展研究综述——以德、荷、芬、瑞为例》，《中国校外教育》2014年第3期。

李建忠：《芬兰应用技术大学办学特色与经验》，《大学》（学术版）2014年第2期。

张春月：《欧洲应用科技大学的科学研究及启示》，《浙江树人大学学报》（人文社会科学版）2014年第3期。

李梦卿、安培、王克：《高等职业教育学位制度的理论循证与实践形态——兼谈我国"工士"学位制度建设》，《教育发展研究》2014年第22期。

王立晖、汤卫华、刘皓、安娜：《澳洲职业教育对我国职业教育国际化的启示》，《河南科技》2014年第22期。

刘甲珉：《加拿大职业教育对我国职业教育转型升级发展的启示》，《青岛职业技术学院学报》2014年第6期。

李云姝：《美国职业教育立法的特色及启示》，《中国成人教育》2014年第23期。

胡启明：《印度"国家职业教育资格框架"发展实施及启示》，《职业技术教育》2014年第25期。

马成荣等：《我国现代职业教育学制改革的路径探析》，《中国职业技术教育》2014年第31期。

王雪：《职业教育人才培养企业化路径探索》，《产业与科技论坛》2004年第16期。

金根竹：《香港职业教育的特色及启示》，《产业与科技论坛》2014年第19期。

单武雄、刘鹤翔、余俭敏：《我国高等职业教育的怪圈及其对策》，《长沙铁道学院学报》（社会科学版）2004年第3期。

张倩、张海松、任国平：《香港四所院校优质职业教育体系保障机制与启示》，《科技视界》2014年第35期。

〔美〕约翰·塞林：《美国高等教育史》，孙益等译，北京大学出版社，2014。

张燕军：《美国教育战略研究》，浙江教育出版社，2013。

沈红：《美国研究型大学形成与发展》，华中理工大学出版社，2000。

何晋秋：《中国高等教育的改革与发展》，清华大学出版社，2001。

何晋秋、曹南燕：《美国科技与教育发展》，人民教育出版社，2009。

王战军：《中国研究型大学建设与发展》，高等教育出版社，2003。

何晋秋：《建设和发展研究型大学 统筹推进我国世界一流大学和一流学科建设》，《清华大学教育研究》2016 年第 7 期。

孔寒冰、叶民等：《国际视角的工程教育模式创新研究》，浙江大学出版社，2014。

雷家彬：《分类学与类型学：国外高校分类研究的两种范式》，《清华大学教育研究》2011 年第 2 期。

陈厚丰：《中国高等学校分类与定位问题研究》，湖南大学出版社，2004。

潘懋元、吴玫：《高等学校的分类和定位问题》，《复旦大学教育论坛》2003 年第 3 期。

李国强：《学术高校分类的重要视角》，《国家教育行政学院学报》2013 年第 9 期。

马陆亭：《我国高等学校分类的结构设计》，《北京大学教育评论》2005 年第 3 期。

佘远富、陈章龙：《基于职能视角的高校分类方法研究》，《现代教育科学》2012 年第 11 期。

专题负责人：何晋秋、郭菊娥（清华大学、西安交通大学）

撰稿人：何晋秋、郭菊娥、刘军仪、黄海刚、张旭

第3章 科教结合背景下的科研组织模式和相关科研管理机制

3.1 科研组织模式

现代科研组织是根据科学技术发展的特点,把人力、资金和设备科学地结合在一起,建立科学研究的最佳结构。先进的科研组织模式,可以有效地提高科研工作效率。它的特点主要表现在新型的科研组织模式和科研手段、科技信息的公用化、先进的科研组织管理。中国目前的科研组织模式还处在不断发展改革过程中。根据科学技术发展的时代特点,制定适应科学技术活动发展特征的科研组织方式,将有利于科学活动更好地开展,同时充分促进科技与经济的结合,使科技更好地服务于社会经济发展。高等学校是国家科学技术创新的主要阵地之一,高等学校的科研活动除了搞好科学技术研究本身,还肩负着在科学技术活动中充分实现科技与教育相结合、培养优秀的科研后备人员等任务。

3.1.1 科技发展新趋势对变革科研组织模式提出新要求

当今世界科技发展呈现出群体突破趋势,学科交叉推动科技发展,科技与经济发展的联系更为紧密,科技成果产业化的速度越来越快,这种趋势要求科研组织模式与之相呼应。

当今世界科技发展的趋势主要体现在:

(1)前沿基础研究向宏观拓展、微观深入和极端条件方向交叉融合发展,颠覆性技术层出不穷。

（2）在强调科学研究面向前沿的同时，开始重视"问题导向"与"需求导向"的科技创新部署，强调通过多学科交叉融合与多部门协同，开展"全链条"的科技创新。全球科技界在开放合作、协同创新以应对共同挑战的同时，科学前沿和高技术领域的竞争日趋激烈。

（3）科学研究进入了全球化国际化阶段。国际科技合作重点围绕全球共同挑战，向更高层次和更大范围发展。科学研究国际化是科学发展的时代特征。无论是从科学问题的深度和广度，还是从科学的组织和规模来看，科学研究在科学问题的规模、投资的强度、科学研究的方式等方面已经进入一个全球化和国际化的时代。

新的科技发展趋势，使得单兵作战的科学研究组织模式在很多方面已不再适应新的形势，需要创新科研组织模式设计来满足其发展需求。

新形势下的科研活动组织需要有一定的积累，并具有弹性，以便于对科学问题的发展做出及时的反应；需要开展跨学科合作的大规模、大尺度的协作型科学研究；需要开展巨额投资建造、维护和运行大型研究设施的"工程式大科学研究"（又称"大科学工程"）；需要开展将科学研究与需求相结合起来的"全链条"式科学研究。当然，科学研究主要是创造性的脑力劳动，对高等学校而言，研究人员自主选题的研究工作是科研工作的重要组成部分，这是高校科研工作的重要特点，基础研究成果，特别是理论研究成果将对人类社会发展、认识自然界和宇宙做出重要贡献。

科学研究活动需要由各层次的科技人才及支撑人员来完成，因此科学研究活动的组织其实就是对科技人力资源的规划和组合。这种规划和组合需要从人才培养阶段就开始，尽早开始，按需培养符合新的科技发展趋势和新型科研组织需求的人才。因此，将科技人才教育体系的设计与科技发展需求结合起来，以高水平的科学研究支撑高水平人才的培养，以高水平人才的培养推动高水平科学研究，将"科"与"教"相结合，成了推动科学研究发展的重要因素。

3.1.2 中国科研组织模式的发展历程与现状

3.1.2.1 中国科研组织模式的发展历程

①高校与科研机构的科研组织模式。在国内外开展科学研究的机构中，都同时包含了两个重要的组成部分：高等学校（尤其是研究型大学）以及科研机构，当然企业也是创新体系中开展科学研究的重要组成部分。但相对于企业来说，高校和科研机构从事的科学研究更加偏向于基础以及公益性，具有更多的相似性。因此在这里我们暂时不将企业作为研究对象。

发达国家的科研机构主要包括实验室（例如美国的国家实验室）、研究所（例如德国的马克斯·普朗克研究所，简称马普所）等。中国的科学研究机构主要包括高校和中国科学院，承担了国内从基础研究到重大应用基础研究、重大科学研究设施等重要的科研任务。

由于高校与科研机构承担的社会角色有不同的偏重，所以高校与科研机构的科研组织模式存在不同。主要体现在：

A. 高校社会职能包括人才培养、科学研究、社会服务，其中人才培养是高校的根本使命之一，因此高校科研机构多与教学密切相关，多是系所合一的科研机构，分散在各个院系中，科学研究的组织较为松散，教师在宽松自由的环境中展开研究。

B. 科研院所主要的任务就是从事科学研究，面向需求做项目、出成果，为国家的基础研究和应用开发做贡献。因此，科研院所开展的多是目标导向型的科学研究，并因此采用较为紧密的科研组织形式，按专业大类分为各个学科团队，团队成员高度集中，围绕团队带头人展开紧密研究。

②高等学校科研组织模式的演变历程。对于20世纪50年代以来中国高校和科研院所科研组织形式的不同演变历程，可进行如下归纳。新中国成立后到改革开放前，中国高校科研普遍实行的是校、院（系）、研究所（教研室）三级科研组织形式，通常是按学科门类或一级学科建设学院，按二级学科设系。①

改革开放以后，国家科技投入不断增加，国家科技体制也发生着深刻的变化，大学作为国家基础研究主力军和应用研究的重要生力军，迸发出强劲的科研活力。随着国家科技政策的调整和科技体制的变化，大学科研体制也在不断深化改革，科研组织也在不断调整以适应这种变化。大学面向学科产生了一批研究室和研究所；随着社会需求的扩大，单一学科很难解决实际中的问题，多学科交叉产生了一批研究中心和研究院；随着国家科研投入的不断加大，大科学、大工程需要大交叉、大团队的集团攻关，随之在大学中又产生一批独立研究机构，更加重视团队，重视科研探索的深度，重视和保障科技工程的质量。②

同时，随着科技创新对协同要求的提高，高等学校在科技创新中不仅号召在校内开展协同，同时更号召在高等学校之间、高校与科研机构之间开展深度的协同创新活动。2012年，教育部、财政部正式启动"高等学校创新能力提升计划"（"2011计划"）。"2011计划"按照"国家急需、世界一流"的要求，结合国家中长期教育发展规划纲要、国家中长期科学和技术发展规划纲要和"十二五"相关行业领域以

---

① 张少颖：《研究型大学科研组织形式改革研究》，硕士学位论文，大连理工大学，2009。
② 史红兵、夏文莉、钱秀红、邵鼎：《研究型大学科研组织的发展思考》，《中国高教研究》2011年第2期。

及地方重点发展规划，发挥高校多学科、多功能的优势，积极联合国内外创新力量，有效聚集创新要素和资源，构建协同创新的新模式，形成协同创新的新优势，建立一批"2011"协同创新中心，加快高校机制体制改革，转变高校创新方式，集聚和培养一批拔尖创新人才，产出一批重大标志性成果，充分发挥高等教育作为科技第一生产力和人才第一资源重要结合点的独特作用，在国家创新发展中做出更大的贡献。①

"2011计划"是对科研组织形式的一次重要改革试点，主要体现在：

A. 将科学研究活动与国家需求相结合。通过构建面向科学前沿、文化传承创新、行业产业以及区域发展重大需求的四类协同创新模式，实现有效支撑中国经济社会又好又快发展。

B. 建立一批协同创新中心。提出有关高校、科研院所、企业等科研实体之间的科研活动机制的探讨。突破高校与其他创新主体间的壁垒，充分释放人才、资本、信息、技术等创新要素的活力，大力推进高校与高校、科研院所、行业企业、地方政府以及国外科研机构的深度合作，探索适应于不同需求的协同创新模式，营造有利于协同创新的环境和氛围。

C. 将科学研究活动与人才培养的结合提到非常重要的位置。"2011计划"的核心目标和任务是提升人才、学科及科研三位一体的创新能力。

D. 强调科研体制创新。"2011计划"实施重在突破制约高校创新能力提升的体制机制障碍，打破高校与其他创新主体间的壁垒，通过改革创新，改变了以论文数量、项目为主的评价方式，转而以解决国家重大需求贡献度为导向来评价科学研究，解决教育、科技与经济社会发展结合不紧以及科研资源配置分散、封闭、低效等问题，充分释放人才、资本、信息、技术等方面的活力，营造有利于协同创新的环境氛围。

③科研院所科研组织模式演变历程。新中国成立后至改革开放前，科研院所承担的科研工作主要由研究室这个层面完成（也有研究室下设学科组承担一些工作），研究所对研究室负责人进行任命，也对重大任务进行统一调配，研究所也根据上级任务对研究室或课题组进行经费分配。②

2014年，白春礼指出，20世纪80年代开启的科技体制改革，对科研院所实行"稳住一头、放开一片"，推动了科技与经济结合，为经济发展注入了强劲动力。③ 90年代进行的第二轮科技体制改革，推动部分应用类科研院所转制为企业，促进了国家

---

① 教育部、财政部：《"高等学校创新能力提升计划"实施方案》，2012。
② 傅诚德：《科技体制及其改革的若干思考》，《石油科技论坛》2010年第3期。
③ 白春礼：《科研院所改革，路在何方？》，《求是》2014年第22期。

创新体系建设。在当前新一轮科技体制改革中，宏观层面创新驱动发展战略的顶层设计、科技资源配置、科技计划组织方式等改革正在逐步展开，微观层面的科研项目、经费管理和科技评估等改革也在有序推进。但在中观层面上，科研院所科研组织模式、资源配置方式、科技评价等方面的治理结构和体制机制，依然没有根本性改变，制约了创新活力和能力的提升。

因此，中国科学院在2014年启动"率先行动"计划，提出根据不同类型科研活动的特点和规律，改革科研组织模式和管理体制，构建四类新型机构，作为院机关分类进行业务布局、业务管理、资源配置和考核评价的主体，形成新型院所治理体系。四类新型机构包括创新研究院、卓越创新中心、大科学研究中心、特色研究所。通过分类改革，中国科学院破除了跨所的法人壁垒，克服分散封闭、交叉重复等碎片化和孤岛现象，加强中科院统筹布局的新型组织模式。

A. 卓越创新中心。致力于科学和技术原创，研究基础与前沿问题，以重大问题为导向，有明确的重大科学问题。采用的组织模式为：由中科院机关和主要参加单位代表等构成的理事会；由国内外同领域高水平专家构成的学术咨询组织；系统布局主要研究方向，各研究方向均有核心团队；高度的开放性、流动性、国际化，活跃的国内外交流合作；科教融合的重要队伍。

B. 创新研究院。侧重于服务经济发展和国家安全，以重要需求为导向，带动产业升级、突破瓶颈制约、影响或制约国家安全的重要基础和技术方向；先导性、风险大、市场竞争前的技术前沿领域方向。采用的组织模式为：由中科院机关、院外利益相关方和主要参加单位代表等构成的理事会；将经济社会发展和国家重要需求转化为科技任务的战略研究组织；围绕产业链构建创新链，有明确的技术路线图；重大任务牵引、集中分散结合、若干团队协同攻关的研发模式；围绕创新链，与企业及研究机构形成相互耦合的研发机制。

C. 大科学研究中心。国际先进的大科学装置的设计、建设和运行，依托大科学装置的综合交叉前沿研究。采用的组织模式为：由院机关和主要参加单位代表等构成的理事会；由科学家、用户代表组成的用户委员会；一整套规范化、标准化的建设、运行和管理制度；围绕大科学装置开展合作研究，高度的开放共享和国际化。

D. 特色研究所。侧重于服务社会可持续发展。特色研究所关注社会可持续发展不可或缺的特殊需求领域，进行自然科学和社会科学交叉研究，以及长期观测、持续积累的基础性工作。采用的组织模式为：由院机关、政府部门、主要参加单位代表等构成的理事会；将可持续发展重大需求转化为科技任务的战略研究组织；重大问题牵引，多学科交叉，综合性、网络化的研究模式；与政府、公众、科学界交流互动。①

3.1.2.2 中国科技计划改革的新动向

科技计划（专项、基金等）是政府支持科技创新活动的重要方式，中央财政科技计划的变革，将带动中国科研组织模式的变革。改革开放以来，中国先后设立了近百个科技计划（专项、基金等），支持了大量科研项目，取得了一大批举世瞩目的重大科研成果，有力支持了中国社会、经济建设。但随着新科技革命、产业变革和经济社会快速发展，科技计划和项目管理中的问题开始凸显，科研项目和资金管理需要进一步适应科研创新的规律做出调整和变革。

中国现行的科技计划和项目管理中主要存在的问题体现在：资源配置"碎片化"，国家行政管理部门多头负责，顶层设计与统筹协调不够；未能很好地聚焦国家战略目标需求，项目众多同时目标发散；项目与计划多头申报，重复资助的现象较为突出。

随着科技创新过程中"科学"、"技术"、"市场"的演进周期缩短，研发阶段边界日趋模糊，成果转化更加迅捷；创新链条由科学→技术→市场的单向推进式演变为更为复杂有机的螺旋式甚或是交互式，即市场需求有可能直接决定于技术或科学的发展发现，新的科学发现有可能来自市场需求的灵感。科学研究除了鼓励自由探索、推进前沿基础研究外，还需要从基础前沿、关键技术到应用示范进行全链条设计，同时在科研活动组织方面加强一体化组织实施，使科学技术研发活动具有更加明确的需求导向。

2014年国务院印发了《关于深化中央财政科技计划（专项、基金等）管理改革方案的通知》②，在该文件中明确提出对中央财政科技计划（专项、基金等）进行重新整合与分类管理，从宏观的中央科技计划和具体科研项目维度对国家科技计划和项目的管理进行了重新部署。此次国家对中央科技计划（专项、基金等）的改革将直接引起科研院所科研活动组织模式的改革，以适应新的科技计划（专项、基金）模式。

科技计划优化整合后，中央财政科技计划（专项、基金等）划分为四大类型：自然科学基金、重大科技专项、重点研发计划、基地与人才专项。

①国家自然科学基金。主要资助基础研究和前沿探索，鼓励自由探索的基础研究，以面上部署为主，强调学科均衡发展，支持人才培养和团队建设。国家自然科学基金计划的资助方式，主要适合以科学家为单位，或者以科研团队为单位开展规模较

---

① 中国科学院发展规划局：《中科院科研机构分类改革的标准、启动程序与共性政策》，中国科学院，http://www.cas.cn/zt/sszt/cassxxdjh/yw/201411/t20141115_4253232.shtml，最后访问日期：2015年12月8日。

② 国发〔2014〕64号文件。

小、灵活性更强、更趋于前沿的科学研究活动。

②国家重大科技专项。主要资助聚焦国家重大战略目标、解决国家重大战略需求的问题。国家重大科技专项以任务为导向、需要目标导向明确、能够针对目标进行高效组织的科研项目组织模式。

③国家重点研发计划。主要资助国家重大战略任务，着重支持战略性、基础性、前瞻性重大科学问题、重大共性关键技术研究；加强跨部门、跨行业、跨区域研发布局和协同创新，为国民经济和社会发展主要领域提供持续性的支撑和引领。国家重点研发计划需要稳定一批长期服务于国家目标的基础研究队伍，同时提到了要实现为国民经济和社会发展提供持续性支撑和引领，开展产、学、研、用的全链条研究。因此，对于科研活动的组织模式也提出了"协同"的要求。国家重点研发计划不是单一的机构或者是个人能够完成的，需要多机构、多行业、多地域协同完成，对科研活动的组织性提出了更高的需求。

④基地和人才专项。主要支持基础科研条件建设，促进科技资源开放共享，支持创新人才和优秀团队的科研工作，着实提升创新能力。基地和人才专项其实是两种科研组织模式的集成。一种是支持长期科研和资源共享的科研基地模式，这种模式包括国家实验室、国家重点实验室、国家工程研究中心等。在改革中，国家将对不同类型实验室的定位与功能进行明确，构建分工明确、职能互补的国家科研基地体系。另一种是支持各类科研人才的人才计划模式，这种模式以具体的科研工作者为资助对象，鼓励科研工作者开展自身感兴趣的优势领域的科学研究，增强科研工作者的单兵作战能力。

中国科技计划改革将进一步加强对政府资助科学研究中"问题导向型"科学研究的支持和组织，开展有组织的科学研究，使科学研究能够与应用紧密结合，提高科研资助的效率，也提高科学研究活动的针对性，同时对于自由探索类科学研究所能获得的资助渠道也更加明确。

3.1.3 国外科研组织模式的经验

3.1.3.1 美国国立卫生研究院下属国家癌症研究中心的科研组织案例

美国国家癌症研究中心是美国国立卫生研究院所属的 27 个研究所（中心）之一，历史最为悠久。1937 年，美国总统罗斯福（Franklin D. Roosevelt）批准了国家癌症法案，随后国家癌症研究中心正式成立。1971 年，美国国会通过了国家癌症法案修正案，扩大了国家癌症研究中心的研究范围和工作职权，并制定了国家癌症研究计划，以法律形式保证了国家癌症研究中心的权威和职责。根据 2015 年 11 月国家癌症研究中心官方网站提供的数据，国家癌症研究中心拥有近 4000 人的队伍，2015 年经费额为 50.39 亿美元。[①] 国家癌症研究中心的研究工作包括基础研究、转化医学研究、癌症教育培训等，从原始创新到临床转化，再到人员教育与培训。在国家癌症研究中心的作用下，美国在癌症研究和治疗方面取得了重要研究成就。经过多年的探索和积累，国家癌症研究中心形成了一套行之有效的科研组织模式及管理制度，对其科研组织模式进行分析，有助于中国科研组织模式改革方面的深层次探讨。

本研究尝试通过对美国国家癌症研究中心进行财务分析来对其科研组织模式进行推导分析。以国家癌症研究中心官方网站截至 2015 年 11 月提供的最新的预算情况书中的数据为例，通过经费在不同科研团队、科学中心、科研项目之间的分布情况，来看国家癌症研究中心的科研组织模式（包括非竞争性项目、竞争性项目和小企业创新研究计划等）（见表 3-1）。

表 3-1 美国国家癌症研究中心 2012、2013 财年经费情况

单位：万美元，%

类别		2012 财年	2013 财年	2012 财年到 2013 财年绝对数额变化	增幅
研究资助项目	非竞争性项目	163944.5	148651.3	-15293.2	-9.3
	管理支撑费用	1981.9	3844.3	1862.4	94.0
	竞争性项目	41400.4	40394.5	-1005.9	-2.4
	小计	207326.8	192890.1	-14436.7	-7.0
小企业创新研究计划		7735.5	7126.0	-609.5	-7.9
总计		*215062.4*	*200016.1*	*-15046.3*	*-7.0*
癌症研究中心		27987.7	26223.2	-1764.5	-6.3
杰出研究计划		11345.4	10429.6	-915.8	-8.1
研究中心培育计划		3343.8	2146.7	-1197.1	-35.8
其他专业中心		18602.0	14595.6	-4006.4	-21.5
总计		*61278.9*	*53395.1*	*-7883.8*	*-12.9*
职业培训项目		7316.4	6752.5	-563.9	-7.7
癌症教育		3337.2	3446.6	109.4	3.3
临床合作团队		22984.2	23544.3	560.1	2.4

---

① National Cancer Institute, "Building on Opportunities in Cancer Research," http://www.cancer.gov/about-nci/budget/annual-plan/nci-plan-2016.pdf.

续表

类别	2012 财年	2013 财年	2012 财年到 2013 财年绝对数额变化	增幅
其他资助	7116.4	5010.4	-2106.0	-29.6
总计	40754.2	38753.8	-2000.4	-4.9
研究资助合计	317095.4	292165.0	-24930.4	-7.9
国家研究服务奖励	6599.2	6578.8	-20.4	-0.3
研发合同	58971.5	61604.6	26331	4.5
内部研究项目资助	85784.1	81157.2	-4626.9	-5.4
研究管理与支撑	37491.9	36605.4	-886.5	-2.1
建设费用	0	0	0	0.0
房屋及设备费用	792.0	790.4	-1.6	-0.2
国家癌症研究中心总计	506734.2	478901.4	-27832.8	-5.5

资料来源：National Cancer Institute, *2013 Fact Book*, http://obf.cancer.gov/。

A. 科研组织结构。

a. 项目类型。

一是研究项目。

二是杰出研究计划设立，设立该计划的目的是推进交叉学科研究，加快基础科学和临床科学之间的交流，促进基础科学发现能够迅速得到应用。相比一般的项目资助，杰出研究计划资助的是一个研究团队，资助的时间更加稳定。但是相比研究中心，杰出研究计划资助的是某一个特殊的研究，研究对象较为集中。

以上所有类型的项目研究经费之和占国家癌症研究中心研究总经费的 43.9%（2013 年）。

国家癌症研究中心资助的研究项目类型包括基础研究、交叉科学研究、应用研究。项目资助的方式包括竞争性项目资助、非竞争性项目资助。资助的研究人员包括院内研究人员、院外研究人员。

在针对院外研究人员设立的研究项目资助中，非竞争性经费资助大于竞争性经费资助（2013 年约为 4:1）。

b. 研究中心形式。包括癌症研究中心、研究中心培育计划、其他专业研究中心。以上三类资助研究中心的经费占癌症研究中心总经费的 11.1%（2013 年）。

c. 国家癌症研究中心经费变动趋势。从 2009 财年到 2013 财年的经费变动趋势来看，国家癌症研究中心对于临床合作团队的支持呈增长趋势，说明国家癌症研究中心对于将临床实践与基础研究相结合的研究采取鼓励的态度；对于专业中心的资助呈较大的增长幅度（见表 3-2）。

表3-2 美国国家癌症研究中心2009~2013财年经费变动趋势

单位：%

类别	2009财年至2010财年	2010财年至2011财年	2011财年至2012财年	2012财年至2013财年	2009财年至2013财年
研究项目资助	1.6	-0.2	-0.6	-7.0	-6.3
癌症研究中心	3.6	-5.9	0.6	-6.3	-8.2
杰出研究计划	1.8	-8.9	-6.9	-8.1	-20.6
研究中心培育计划	38.0	-9.3	-4.9	-35.8	-23.6
专业中心	22.6	14.0	14.4	-21.5	25.4
临床合作团队	8.5	-4.2	-5.8	2.4	0.4
研发合同	0.6	-4.4	0.5	4.5	1.0
内部研究资助项目	3.1	3.5	2.9	-5.4	3.9
其他	0.0	-2.1	-0.8	-5.5	-8.3
国家癌症研究中心总计	2.6	0.8	0.2	5.5	3.6

资料来源：National Cancer Institute, *2013 Fact Book*, http://obf.cancer.gov/。

以上数据分析表明，国家癌症研究中心对于科学研究的资助主要分为研究项目资助和研究中心资助两种模式，研究项目资助占科研资助的大部分，但是近年对于临床医学团队尤其是专业中心的支持呈现较为明显的增长趋势。

接下来，本研究将对国家癌症研究中心对研究中心进行资助的情况进行分析。

B. 国家癌症研究中心建立的癌症研究中心。

国家癌症研究中心目前有66个癌症研究中心，分为综合中心和专业中心，其中综合中心有41个，专业中心有25个。癌症研究中心采用在机构的层面上对癌症研究进行支持的资助形式，代替了传统的对单独的研究和项目进行多重资助的形式。

国家癌症研究中心对于其癌症研究中心做出的定义包括：

——多学科：不同学科之间的合作；

——学科融合：就不同的科学问题相关的学科进行交叉融合；

——跨学科：为了达到同一个科学目标，在不同学科之间进行学科整合、信息交换、资源共享、研究方法互换。

癌症研究中心的运行具有以下特征：

——仪器设备共享；

——组织能力：引导和评估癌症研究，能将依托机构在癌症研究方面的能力最大化；

——学科交叉、跨学科合作和协调：中心成员来自不同学科，他们之间的合作能够提高和加强癌症研究的效率和质量；

——以癌症研究为核心：研究目标明确；

——官方许可：中心是一个有充足的物理空间和资源的正式组织；

——高素质科学带头人：中心领导具有较高的科学素养和管理水平，同时由官方委托任命；

——对于国家癌症研究中心的建设提出了理想模式；

——癌症研究中心能够成为区域机构合作的枢纽；

——癌症研究中心能够成为新项目的首选试点单位或发起单位。

癌症研究中心支持的申请需要经过一个竞争性的同行评议程序，对申请的科学价值进行评估和排序。胜出的申请者才可以获得癌症研究中心计划的支持，资助经费可用于中心的管理运行、研究资源建设、中心种子基金。

获得癌症研究中心计划支持的中心分为三个类型：

——通用癌症中心：研究领域集中在一个相对较窄的范围，如基础研究；

——临床癌症中心：将强大的临床科研和基础科研结合在一起；

——综合癌症中心：整合基础、临床、预防、控制和人口健康的中心。

中心资助形式示例：国家癌症研究中心1966年设立"纪念斯隆－凯特琳癌症中心"（Memorial Sloan-Kettering Cancer Center），以设立中心并对其给予支持的方式，代替了对40多个小的、独立项目的支持。通过设立中心的方式国家癌症研究中心在进行考察时只要对中心一个点进行考察就能了解项目的整体情况，中心还可以对包括临床、人口健康、癌症基础研究在内的系统研究进行充分整合及有效协调。

癌症研究中心的经费来源于多个渠道，一般来说包括以下几个渠道：

——国家癌症研究中心专门设立的癌症研究中心计划的经费，可用于中心的管理运行、研究资源建设、中心种子基金；

——项目经费：包括国家癌症研究中心自身设立的科研项目经费、来自外部的科研项目经费；

——其他机构对癌症研究中心的资助：包括州政府、地方政府资助经费，其他机构的资助经费；

——捐赠经费。

癌症研究中心根据其研究性质的不同可划分为基础研究型、临床型、综合型、自主设立型（指不依托于某个已经存在的机构，能够获得良好的资助，且运行状态良好的中心）。不同类型的癌症中心获得经费的数额有所不同，基础研究型中心获得经费相对较少，综合型中心和自主设立型中心获得经费相对较多。

3.1.3.2 国际科研组织模式成功经验案例

①协同创新的科研组织模式——瑞士联邦理工学院区域创新联盟。在欧盟委员会最新公布的创新联盟实力中，瑞士的创新能力在欧洲一直保持首位，在全球也处于领先地位。其中，瑞士苏黎世联邦理工学院区域研究联合体下的2个联邦理工学院和4

个联邦研究所为瑞士保持创新上的领先地位做出了巨大贡献。

联邦理工学院区域协同创新主要依靠政府直接引导和协调，并为其提供充足的经费支持，使瑞士的2个联邦理工学院、4个以应用型研究为主的联邦研究所组成联邦理工学院区域联盟，以共同成立4个竞争力研究中心的形式，展开大规模的区域协同合作（见图3-1）。

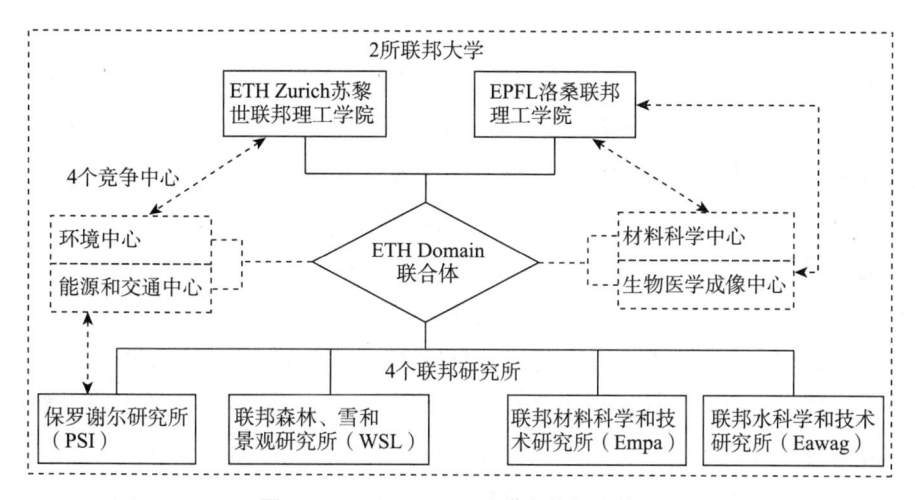

图3-1　ETH Domain联合体组成框架

联盟每年科研经费将近30亿瑞士法郎，稳定的联邦资助经费与竞争性经费比例大致为7:3，2/3的竞争性经费来自瑞士政府或欧盟政府。联邦理工学院联盟向其4个竞争中心提供持续的经费资助（2011年为1500万瑞士法郎）。

②在大学成立研究中心，促进交叉学科发展的模式——美国科学和技术中心计划（STC）。美国科学和技术中心计划是以研究中心为载体，由联邦政府提供经费在大学里加强多学科研究活动的科研组织模式。

美国科学和技术中心计划具有管理竞争性与稳定性相结合的特点，中心的建立在竞争的基础上进行，建立后有稳定的支持，保证中心平稳度过建设期，建设期后通过竞争的项目机制督促中心不断自我发展完善。美国国家科学基金会对在建设期的美国科学和技术中心计划提供稳定资助，额度一般在单个中心每年200万~500万美元。[①]

美国科学与技术中心计划在科学研究方向设置上拥有最大限度的灵活性，重视大学科技创新及人才教育，将知识转移纳入计划目标，并在预算上给予保证。

③在大学成立研究中心，促进产学研结合，推动工程学科发展的模式——美国工程研究中心计划（ERC）。美国工程研究中心是通过政府（美国国家科学基金会独立

---

① 樊春良、佟明、朱蔚彤：《学科交叉研究的范例——美国科学和技术中心（STC）的学科交叉研究》，《中国软科学》2005年第11期。

或与其他政府部门联合，如能源部）设立科研平台计划，由大学牵头，工业界和州政府共同参与的形式促进学术界与工业界的交流，发展产学研合作的科研组织模式。

美国工程研究中心计划的经费大体上来自四个方面：联邦政府（国家科学基金会和行政部门）、工业界、大学和州政府。

工业界通过对中心进行投入（工程研究中心里工业界对中心的经费投入超过美国科学基金会的投入），无偿提供科研设备和仪器，并经常派人到中心参加科研活动，带来工厂在生产中遇到的实际技术难题，带回从科研活动中学到的新思维等。

美国工程研究中心计划以科研成员的身份接受工业公司的款项（简称成员费）。科研成员分为三个等级，公司根据自己的财力和需求来决定其等级，参加美国工程研究中心计划的公司按其参加的等级享受中心的研究成果。

④大科学设施科研组织模式——美国能源部国家实验室。美国能源部国家实验室是由政府资助建立的大科学设施群，组织开展大规模科学研究。

能源部国家实验室有非常明确的科学目标和国家使命，从能源部得到大部分的经费支持。以斯坦福直线加速器中心（SLAC）为例，其经费大部分来自能源部各办公室，只有少部分经费来自外包服务。能源部对实验室的支持相对稳定，除了根据评估结果给实验室的绩效奖励经费之外，能源部各办公室还会根据实验室不同的研究需求给予其项目经费，如仪器设备研发及建设费用等。实验室要获得这些项目经费需提出项目建议，并接受能源部的评估。

此外，能源部国家实验室建设的大科学设施群具有高度开放共享性，并具有较长久的科学寿命。

大学在美国能源部国家实验室中分别扮演着管理运行者和共同运行管理者的角色。即使在大学没有作为运行管理者的国家实验室，大学也是国家实验室的重要合作者，这种合作主要体现在科研人员的合作、项目合作等多个方面。

⑤通过重点支持，在大学构建以高水平科研团队为基本单位的世界顶尖科研基地平台模式——日本"世界顶级研究基地形成促进计划"。以相对独立同时又能从事交叉研究的高水平科研团队为基本单位，为他们提供重点支持，构建顶尖科研平台，是"世界顶级研究基地形成促进计划"科研组织模式的特点。

"世界顶级研究基地形成促进计划"对中心的选择有严格的标准，包括研究领域是否在日本占据优势地位；10年后是否有望取得重大成果；研究目标是否具有可实现性；能否达到世界领先水平；能否对社会发展产生重大影响；对国民而言是否容易理解；研究实施计划是否可行；是否有研究团队组成计划；研究环境、管理体制等是否与国际接轨。①

---

① 贺德方、乌云其其格：《日本"世界顶级研究基地形成促进计划"及其启示》，《中国科技论坛》2011年第12期。

一旦中心成立，将获得 10～15 年的稳定支持（金额每年 5 亿～20 亿日元，平均每年 14 亿日元）以促进其成长为世界一流的研究基地。

⑥以竞争性任务为导向的科学研究组织模式——德国亥姆霍兹联合会科研计划。德国亥姆霍兹国家研究中心联合会（简称"亥姆霍兹联合会"）是德国乃至欧洲最大的研究机构。亥姆霍兹联合会着眼于德国中长期国家科技任务，采取以科研计划优先资助的协同开放组织模式，在 6 个研究领域（能源、地球与环境、生命科学、关键技术、物质结构、航空航天和交通）依托大型的科研设施，开展前瞻性的跨学科综合研究，解决涉及社会持续发展的重大问题。

为解决亥姆霍兹联合会科研重点不集中、缺乏竞争力的问题，2001 年，亥姆霍兹联合会打破了过去由各具法人资质的国家研究中心直接从德国联邦与州政府相关部门获得科技事业经费的方式，设置了专职的主席和职能强化的总部，将科研事业费转化为项目经费，通过战略规划和项目竞争，优胜劣汰，达到更有效地配置资源、加强机构内部以及机构与高校及国际伙伴合作的目的。

德国政府对研究机构的投入是稳步增加的。目前亥姆霍兹联合会 2/3 的经费来自政府（联邦政府和州政府承担的比例为 9:1）。各个亥姆霍兹联合会的研究中心通过其他方式解决各自剩余 1/3 的经费。亥姆霍兹联合会各研究中心从政府获得经费的 80% 是项目绑定的，另外 20% 由每个研究中心根据各自发展需要进行平衡调剂。无论是项目绑定，还是自主研究，各研究中心均采用协同合作的项目组织方式开展研究。

3.1.4　中国科研组织模式改革的政策建议

从国内外科学研究活动组织的现状来看，科研项目仍然是科研活动组织的主要模式，但是随着科学研究向综合性、应用性的方向发展，科研活动组织的模式也应该向多样化的方向发展，结合科研团队、科研基地平台构建系统、高效的科研活动组织模式。

科研组织模式的设定应该符合一个基本原则：既能加强学科积累，促进系统集成，又能够灵活跟踪学科前沿，快速响应国家需求，从而提高原始创新能力。同时，在科学研究过程中加强科技与教育相结合，通过科学研究实践培养科学人才。

结合中国科研组织模式的现状及科学技术发展的阶段特征，建议建立以科研团队为活动基本单元、科研基地平台为纵向实体组织、科研项目为横向纽带的网格式科研组织模式。

3.1.4.1　科研活动的基本单元——科研团队

科学研究发展到现在，已经很少有依靠单个科学家就能够攻克的科学难题。科学发展的前沿、交叉、综合性，使得科学研究组织团队化成为科学研究活动开展的经常状态。"科研团队"将成为当代科技创新活动中具有特定含义的组织形式，成为科技创新活动的基本组织单元。由具有良好的研究基础、完善的协调组织机制的科研团队承担科研任务，可以提高科研项目任务完成的效率和质量，同时通过完成科学任务解决科学问题。

①"科研团队"的基本特征。近年来，通过组建团队进行科技创新，已成为国内外相当普遍的科研活动形式，并得到了各级科研管理部门的大力提倡。很多重大科研成果都来自各类从事科研工作的团队，相当多的团队也都取得了丰硕成果，展现了旺盛的生命力。国际社会和中国目前广为实施的科研项目PI（Principal Investigator）制，就是以一位项目首席负责人，带领一个科研团队，对某项科学问题开展研究的科研组织形式。但是目前的科研项目PI制，更多的是针对某个具体的科学问题，由首席科学家负责组织科研队伍，科学问题解决后科研队伍就随之解散，或者从事其他科学研究。这种形式虽具有较大的灵活性，但也带来了科学研究活动可持续性较差、科学研究成果难以积累凝练的缺点。这种形式的团队型科研项目研究并不能形成真正意义上的"科研团队"，我们可以把这种形式称为"科研群体"。

相对于"科研群体"，"科研团队"应该具备以下特征。

A. 科研团队必须有特色鲜明的研究方向和明确的研究目标，其建立与建设应具有长期性、稳定性，而不是以某项科研任务为导向而建立的。① 研究方向可以是经过多年研究形成的，并具有显著的优势，也可以围绕重大目标，结合原有优势开拓出新方向。尽管研究方向和目标可以根据科学技术和社会经济的发展进行适当调整，但核心的研究方向必须保持相对稳定，至少应该呈现出阶段的稳定性，这是保证科学研究厚实积累、蓄势待发的良好状态，并始终处于同行前列或领先的一个基本条件。团队的研究目标应该紧密结合国家和行业的重大需求或学科发展前沿的重大问题，具有明确的可实现性和阶段性，这是保证团队成员旺盛的战斗力和强大的凝聚力、使团队获得支持和实现可持续发展的重要条件。

B. 科研团队应具有一定的组织层次。组织层次是指在围绕团队研究方向和研究目标，实现团队成员知识结构、能力、思维方式、研究经验、年龄、性格特征、工作风格、人文素养的层次设计，实现成员之间的优势互补。如果一个研究群体中的成员在研究基础、知识结构、能力、经验和非智力等特征上近似，或者有着共同的长处和弱点，那么这种研究群体就很难成为具有层次的科研团队。

C. 科研团队领导应同时具有杰出的科学成就和很强的组织协调能力。一个拥有杰出科学成就的科研团队领导人能够准确地把握科学发展的主流趋势，捕捉科学发展

---

① 康旭东、王前、郭东明：《科研团队建设的若干理论问题》，《中国科技论坛》2005年第4期。

的前沿方向，从而对团队的科研方向做出正确的判断，带领团队的科学研究取得事半功倍的效果。团队领导人的组织协调能力表现在促使每个成员在适合的岗位上有效发挥作用，人尽其才、优势互补，使团队合作的集成效益得到充分发挥。

D. 科研团队应能持续地产生高水平研究成果。能否产出高水平研究成果，也是评估科研团队绩效的最根本指标。只要称之为科研团队，就必须是高绩效的，这是团队的价值所在。

②科研团队的分类。大科学时代的科学研究活动类型多样。根据科学研究是否具有应用目的的标准，可以将科学研究划分为基础研究和应用研究。针对这两类科学研究活动，可以将科研团队划分为学术型科研团队和工程技术型科研团队。这两类科研团队从事的科学研究类型不同，其评价指标体系和队伍组成也有相应的区别。

A. 学术型科研团队。这种类型的科研团队主要从事的研究为前沿基础科学研究和交叉基础科学研究。对于学术型科研团队的评价应将其与世界同类研究进行对比，引进国际同行专家评审及共识性学术评价指标（如发表科研论文水平、国际会议参加情况等）作为评价标准。

B. 工程技术型科研团队。这种类型的科研团队从事与应用直接相关的科学研究与技术开发。对于工程技术型科研团队的评价应以获得发明专利并实现成果转化为主，鼓励科技人员在市场中实现其价值并取得相应回报。工程技术型科研团队的组成不能仅包括学术科研人员，还需加入从事工程技术开发的人员，甚至从事市场开拓的管理人员。

③科研团队规划。对于科研团队的规划应该坚持顶层设计和优势方向兼顾的原则。

A. 顶层设计原则：根据学科发展和社会经济发展的需求，由上级主管部门或科研院校有效整合资源，组建团队。

B. 优势方向原则：在长期合作的基础上自然形成，有相对集中的研究方向和较好的研究基础，已取得较好成果的科研群体经过整合形成科研团队。

3.1.4.2 以科研基地平台纵向实体组织为基础，开展不同类型的集约型科学研究

相对于科研团队和一般的科研项目而言，科研基地平台承担的科学研究具有的特点包括：涉及学科、单位和人员复杂、综合，需要长期协调整合；科学研究高风险；科学研究（前沿、基础科学）短期内不能见效；有稳定的物理性平台对科学研究加以支持，同时具有良好的科研设备、硬件设施共享机制。

科研基地平台在科研组织中将担任科学研究、科研成果孵化器，重大科研任务的承担者，前沿学科探索者，学术网络建立组织者的角色。

根据目前国际上科研基地平台建立的情况，可按以下几种类型建设科研基地平台。

①学科交叉科研机构。学科交叉科学研究机构具有培育新的学科、以重大需求为导向的重要特征。学科交叉研究是解决复杂性科学问题和产生重大科学发现的重要途径。促进学科交叉发展需要合适的组织形式。国际经验表明，研究中心是促进交叉学科发展的一种成功的组织形式。

②大科学设施、野外台站等公共设备、数据共享平台。近年来在生命科学、环境科学、地球科学等领域，一些传统上由科学家个人或小团队各自进行的所谓"小科学"研究逐渐被大科学的组织和运行方式所取代。这些领域的科学目标既是国际共同关注的重大科学前沿，也是国家发展的重大目标。由此产生了一系列大规模研究计划。这些计划具有统一的重大目标，需要众多科学家和科研团队协调合作，进行系统的、整体性很强的研究。对于这样的研究，传统的"小科学"的研究方法和组织形式已不适应需要，系统的、有组织的、整体协调的研究模式逐渐受到重视，与之相应形成了大规模集中布局的或网络式分布的仪器设备群。众多科学家按照统一的计划利用仪器设备群开展研究，大科学装置统一目标、协调管理的组织形式和管理模式被借鉴和引入这些领域。例如，在生命科学中，围绕研究成千上万蛋白质的结构与功能这一目标，将众多基因表达、蛋白质制备和纯化结晶、结构测定及功能分析等仪器设备有机地集成起来，形成完整配套、规模宏大的仪器设备群，整体上具有大型科技设施的形态。

相对于其他的科研基地平台，大科学设施肩负的使命重大、科学技术集成度大、需要的投资大、队伍规模也大。其特点主要表现在以下几方面。

A. 具有明确的科技目标和国家使命。国家重大科技基础设施在建设时由国家赋予明确的科学目标和使命，是其他科学设备或技术手段不可替代的，其科学技术准备和工程准备时间很长，规模和投入的财力、人力、物力巨大，远非中小型科技仪器装备可比。在组织形式上，国家将重大科技基础设施建在具有相应资质和基础的机构，或为此组建相应的专门机构。以美国能源部所属的大科学国家实验室为例，它的使命非常具体，如劳伦斯·利弗摩尔实验室的其中一项使命是"国家安全"，明确写明此项使命包括"核武器库存服务"、"核扩散防止和国土安全"、"先进国防能力"三大内容。即使是以科学研究为主要定向的大科学国家实验室，如布鲁克海文实验室、费米实验室、劳伦斯·伯克利实验室等，也都有明确的使命、研究领域和研究方向。

B. 具有深厚的科学技术基础。国家重大科技基础设施针对的科学问题意义特别重大，必须经过深入的研究和广泛的探讨才能明确其科学目标；其中的科学技术问题难度大、集成度大，必须组织一定规模的科技队伍，经过长期研究，突破大量难关，降低技术风险，才能最后确立方案；其涉及的产业链长，对工业加工能力、特殊材料生产、产业配套等工业基础和水平都有很高的要求；其涉及的科技领域广，需要国家在相应的领域中都具备一定的能力和基础,这就必然要求具有深厚的科学技术基础。

C. 设施建设应具有工程和科研双重属性。国家重大科技基础设施的建设工程是基本建设项目,但它包含许多研究试验和技术攻关的内容,因此兼具工程和科研双重属性。工程性是它的基本属性,科研性是它有别于一般基建工程的特殊性。

国家重大科技基础设施建设的工程性突出表现在两个方面。首先,立项前必须解决其基本技术可行性,即立项提出的工程方案必须能够实现,不存在颠覆性的技术问题。其次,工程建设要严格按照工程的程序和规范进行管理,必须采取一切可能的措施,努力按照工程要求完成建设任务。

国家重大科技基础设施建设的科研属性,从根本上来说,来源于其高水平科学目标的建设需求。建设中为了提高设施性能,往往需要采用新的科学原理、新技术,或者需要将已有的技术提高到一个新的水平,其中需要研制大量高性能的非标部件。这就需要在工程建设之前开展大量的预先研究,并且在工程技术设计和实施中开展大量研究实验和技术攻关。这一点明显有别于一般基本建设项目。

D. 具有较长的科学寿命。国家重大科技基础设施作为支撑重大科技活动的基础设施,建成后要通过长期稳定地运行和持续的科学技术活动才能实现预定的科学技术目标,因此一般具有较长的科学寿命。

E. 具有开放共享的特点。重大科技基础设施的开放共享是由国家目标和国家使命决定的。

重大科技基础设施由国家投巨资建设,是国家的重要科技资源,其科学目标反映了国家相关领域科技发展的需求。要解决这些领域中的重大问题,就必须向社会开放,拥有较多的用户队伍,才能取得重大研究成果。因此,应用和服务于公共平台设施和公益科技设施,以及专用实验设施,都必须服务于相关领域的广大用户,才能更好地完成使命。

重大科技基础设施的上述特点,使其与一般基本建设项目和科研项目显著不同,也与中小型科技仪器装备显著不同。因而其管理也有独立的特点,应该引起各级管理部门的重视。

③产学研结合的工程技术中心。实现科学技术成果向社会经济的成功转移,使科学技术真正服务于社会发展,是大科学时代科学研究的重要特征与任务之一。20世纪80年代以来,产学研结合已成为世界各国技术创新,特别是高新技术领域创新的主流模式,是当今经济发达国家科技与经济结合的成熟经验。支持产学研结合的科学研究目前主要有基地平台和项目支持两种类型。由于技术研究类科学研究具有研究周期长,从研究向应用转化的不确定性突出,技术型科研成果需要积累、集成的特点,产学研科学研究的长期开展更适合采用基地平台的组织方式。

3.1.4.3 推进科研项目管理改革，完善科研活动的项目组织模式

在网格型的科研组织模式中，除少部分非共识性科研项目需要重新组织科研团队，或者是通过项目完成形成新的科研团队的情况之外，大部分科研项目应该以已有的科研团队为活动基本单元，以科研基地为平台依托，使科研项目的完成具备良好的科研基础，从而实现科研项目完成的高质、高效化。

此外，科研项目的管理，也会在很大程度上影响科研项目的完成，以及科研项目对科学、社会发展的贡献。中国目前的科研项目管理存在科研项目分散、科研项目设置重复导致资源浪费等问题。本研究认为，落实全国科技创新大会精神，推进科技报告制度的实施是关键。

科技报告是科技人员为描述其从事的科研、设计、工程、试验和鉴定等活动的过程、进展和结果，按照规定的标准格式编写而成的特种文献。科技报告可包括技术进展报告、专题或专项研究报告、最终技术报告和项目管理报告等不同类型。依据科研项目的专业特性和任务目标要求，不同的科研项目需提交不同类型的报告。

科技报告涉及或覆盖科研的全过程，内容翔实、专业且深入，附有图表、数据、研究方法等，能如实、完整、及时描述科研的基本原理、方法、技术、工艺和过程等，科研工作者依据科技报告中的描述能重复实验过程或重现科研结果。

任何科研工作都是对前人研究成果的继承和创新。科技报告完整而真实地反映科研活动过程和结果的技术内容和经验教训，是科研工作承上启下的重要保障。科技报告的数量、质量不仅反映出科研项目完成的质量和创新程度，也能反映出项目承担人的科研能力和水平。对科技报告的完整保存和充分开发利用，可以提高后续研究工作的技术起点，提升科研效率和科研投入效益。科技报告持续积累所形成的国家基础性战略资源，既为科技管理部门提供真实的信息支撑，又为科研人员提供有效的信息保障，还能保证社会公众对政府科研投入产出的知情权。

中国科技报告制度是国家科技创新体系的重要支撑和基本保障条件。它能对国家财政投入产生的科技成果进行永久保存、集成管理和有效利用，有利于科技成果转化为现实生产力，发挥科学技术对经济社会发展的引领支撑作用；有利于科学精神、科学思想和科学方法的传播利用，为科技、教育和产业界及社会公众提供利用科研成果的渠道；有利于形成对科技计划项目的公示效果，增加科技计划项目资助评审的公开性和公正性。

3.2 科技资源配置

科技资源配置是各类科技资源在不同科技活动主体、过程、领域、空间、时间的

分配和作用。科技资源主要包括科技人力资源、科技活动经费、实验室、网络环境、文献和数据库等。改革科技资源配置方式的主要目的是充分发挥科技资源的使用效率和效益，避免出现分散、重复、封闭、低效等问题。本研究将重点研究中国科技经费配置的总体情况、国外经验，尤其关注高校这一科教结合点的科技经费配置方式，并提出政策建议。

3.2.1 中国科技资源配置的总体情况与改革特征

2006年初，全国科技大会召开，党中央、国务院做出了增强自主创新能力、建设创新型国家的重大战略决策，发布了《国家中长期科学和技术发展规划纲要（2006~2020年）》（以下简称《纲要》），中国的科技事业步入了一个重要的战略机遇期。

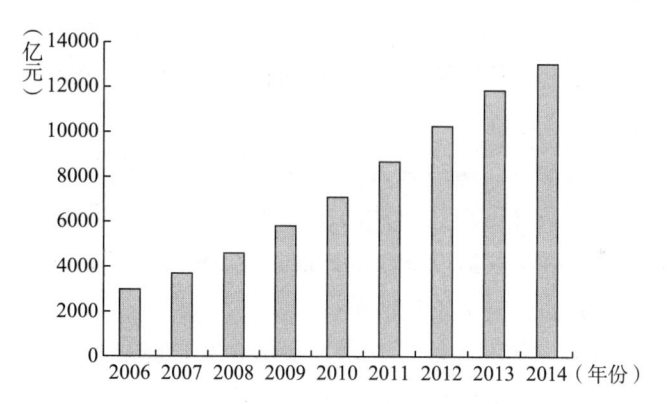

从图3-2、图3-3可以看出，中国的研发活动经费投入及强度都呈现增长趋势。

图3-2　2006~2014年中国研发经费投入（亿元）

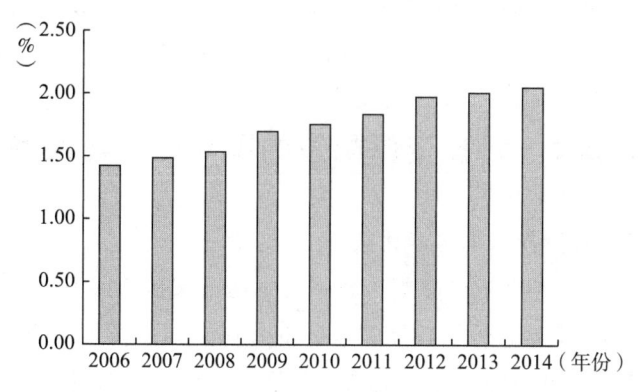

图3-3　2006~2014年中国研发投入强度增长趋势

中国科技资源投入的改革特征主要体现在以下几个方面。

（1）优化投入结构，探索构建符合科研活动规律、科技工作特点和财政预算管理要求的财政科技投入体系。在明确经费分类的基础上,合理配置,优化结构。一方面,大力增加对国家科技计划、基金的投入力度,单独安排国家科技重大专项经费,支持落实《纲要》部署的重点任务;另一方面,着力加大了对科研机构的基本条件保障和公益性行业的稳定支持力度,对于新设立科研院所基本科研业务费、国家重点实验室专项经费等,初步建立了竞争性经费和稳定支持经费相协调的机制。

(2)完善管理机制,从重投入、重分配开始转向重管理、重效益。一是通过经费管理改革推动科研项目组织管理改革。发挥财政资金的引导作用,推动建立需求导向的立项模式,解决经济社会发展中的实际问题;促进科研组织管理方式创新,加强系统设计和协同攻关,明晰权责关系。二是探索更加符合科研活动规律和特点的经费管理模式。积极探索稳定支持高水平创新团队的经费模式,营造有利于高端人才潜心研究的宽松环境。三是大力推进科技经费绩效管理。在科研项目绩效评价方面,在相关国家科技计划中选取部分项目,开展绩效评价试点。四是规范科研课题经费管理,建立健全预算评审评估制度。规范国家科技计划课题经费支出科目和相关标准、经费拨付、监督检查等,健全经费预算评审评估机制,建立公平、公正、公开的预算决策程序,提高资金安排的规范性。

(3)优化科技资源配置,努力提高资源利用效率。一是支持国家科技基础条件平台建设,对科技基础条件资源进行战略重组和系统优化,促进合作共享和高效配置。二是开展新购大型科学仪器设备联合评议,利用科技资源条件清查结果,建立科学仪器设备购置查重机制,避免重复浪费。

(4)创新经费支持方式,推动产学研有机结合和科技成果转化。改进科技计划及其经费支持方式,重点以国家科技支撑计划为突破口,通过引导和支持产业技术联盟等形式,支持企业自主创新和产学研有机结合。综合运用无偿资助、风险投资、后补助、贷款贴息等多种投入方式,引导促进科技成果向现实生产力转化。[①]

3.2.2 科技资源配置的国际比较与经验

3.2.2.1 科技经费投入的国际比较

①研发经费投入。国际上创新能力较强的发达国家和新兴工业化国家研发经费与GDP的比值大都高于2%,而创新能力较弱的发展中国家则普遍低于1%(见图3-4)。从2009年或数据可得的最近年份看,以色列、芬兰、瑞典、日本、韩国、丹麦

---

① 张少春:《创新机制 加强管理 加快建设创新型国家》,中华人民共和国财政部教科文司,http://www.mof.gov.cn/mofhome/jiaokewensi/zhengwuxinxi/lingdaojianghua/201111/t20111117_608604.html,最后访问日期:2015年10月8日。

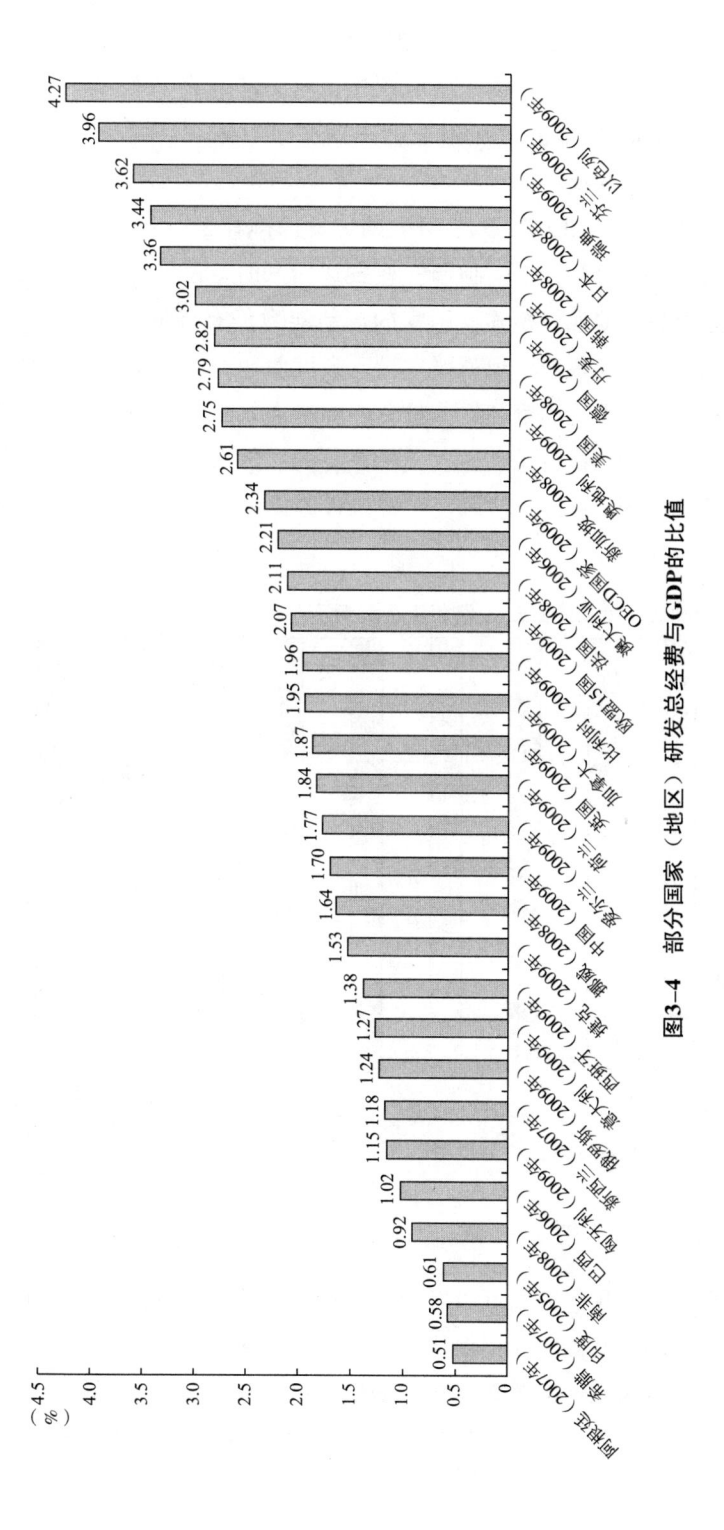

图3-4 部分国家（地区）研发总经费与GDP的比值

6个国家的研发投入强度超过3%；美国、德国、法国等国家均在2%以上。2009年中国研发投入强度在新兴发展国家中居领先位置，2007年俄罗斯为1.24%，2006年巴西为1.02%，2005年印度为0.61%，中国高于意大利、西班牙等部分发达国家，但远低于经济合作与发展组织（OECD）国家2.34%的平均水平。

2000年以来，中国研发经费占GDP的比例保持着逐年上升的趋势，从2000年的0.9%上升到2010年的1.76%，但与一些发达国家的差距仍然较大，说明目前中国经济尚未建立起内涵型的发展模式，国家的创新能力仍有待进一步提高。虽然近10年来中国研发总经费增长很快，但就研发投入强度而言，中国作为发展中大国，与已经跨入后工业化时代的发达国家相比，依然存在较大差距。

②研发经费来源与执行。从研发经费来源的比例来看，中国政府资金投入比例总体上略微偏低（见图3-5）。从研发经费执行的比例来看，中国高校获得经费的比例严重偏低（见图3-6）。

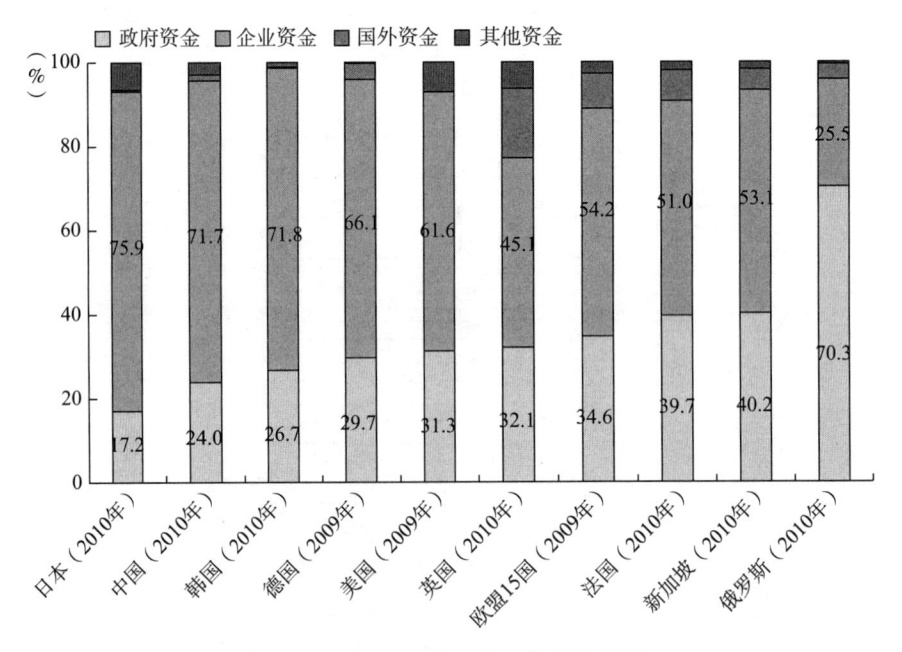

图3-5　部分国家研发经费来源比例

③基础研究、应用研究和试验发展经费比例。从基础研究、应用研究和试验发展经费比例来看，中国基础研究比例严重偏低，仅为4.7%（见图3-7）。当然这与当前中国经济发展阶段有一定关系，在市场化程度较高的国家中政府经费主要用于支持基础研究和国防技术建设等。从基础研究占GDP比例来看，中国最低，仅为0.08%（见图3-8）。

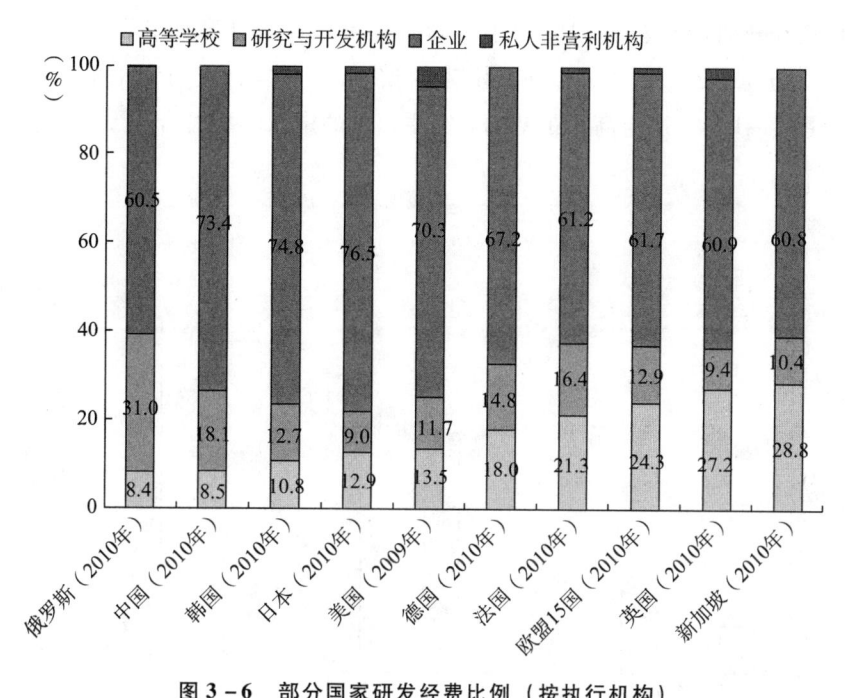

图 3-6 部分国家研发经费比例（按执行机构）

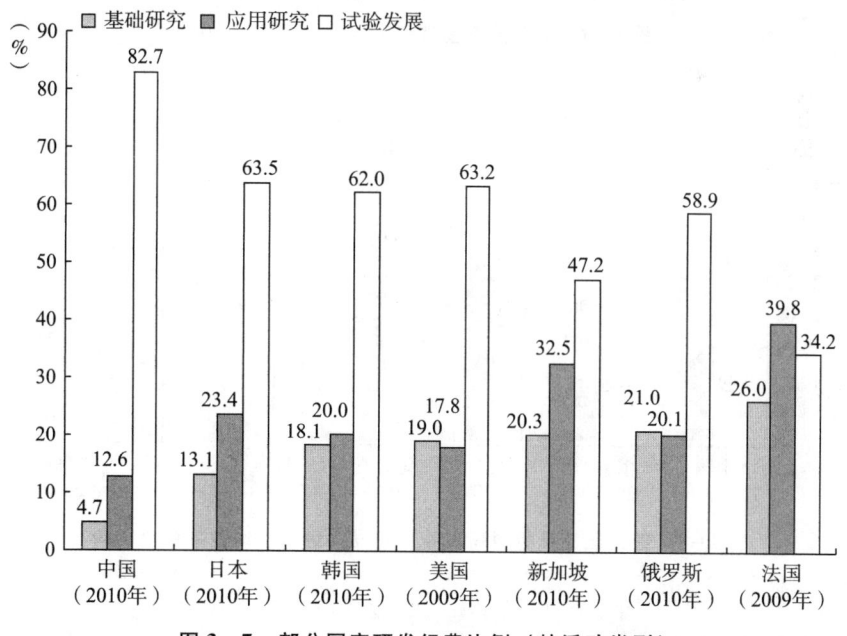

图 3-7 部分国家研发经费比例（按活动类型）

④高校研发经费情况。中国高校研发经费占全国比例为 8.46%，高校研发人员占全国比例为 19.76%，与其他国家相比，中国高校平均资助强度较低（见图 3-9）。

中国高校科研经费有 31.1% 用于基础研究、53.4% 用于应用研究、15.5% 用于试验发展。与其他国家相比，中国高校基础研究比例偏低，应用研究和试验发展比例偏高（见图 3-10），这与高校是基础研究主力军的定位不相符合。

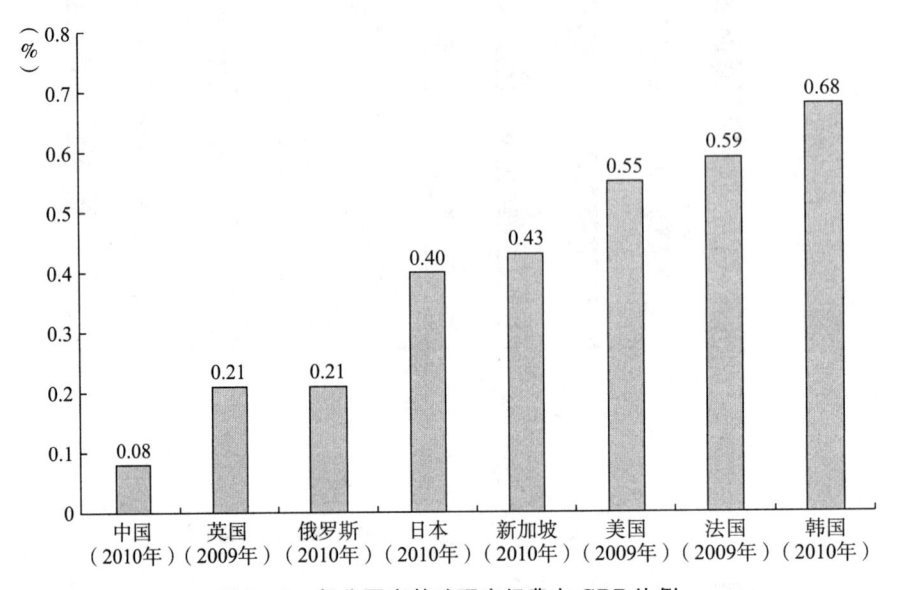

图 3-8 部分国家基础研究经费占 GDP 比例

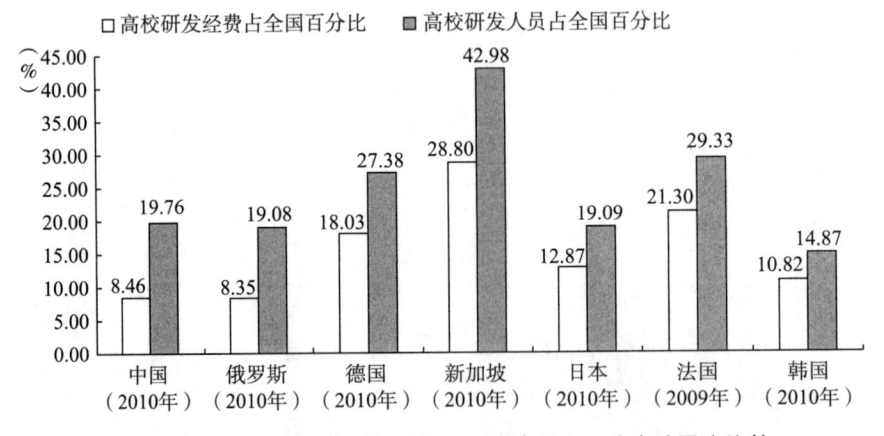

国家	比例(%)
中国（2010年）	0.08
英国（2009年）	0.21
俄罗斯（2010年）	0.21
日本（2010年）	0.40
新加坡（2010年）	0.43
美国（2009年）	0.55
法国（2009年）	0.59
韩国（2010年）	0.68

图 3-9 部分国家高校科研经费、研发人员和平均资助强度比较

国家	高校研发经费占全国百分比	高校研发人员占全国百分比
中国（2010年）	8.46	19.76
俄罗斯（2010年）	8.35	19.08
德国（2010年）	18.03	27.38
新加坡（2010年）	28.80	42.98
日本（2010年）	12.87	19.09
法国（2009年）	21.30	29.33
韩国（2010年）	10.82	14.87

从高校科研经费的来源来看，中国有 33.2% 的资金来源于企业，比例远高于发达国家（见图 3-11）。这可能说明，高等学校应加强工程科学研究，而不能仅关注与企业合作技术开发，要使高校的高水平团队成为原始创新的源头，科学研究才能取得更大的成效。

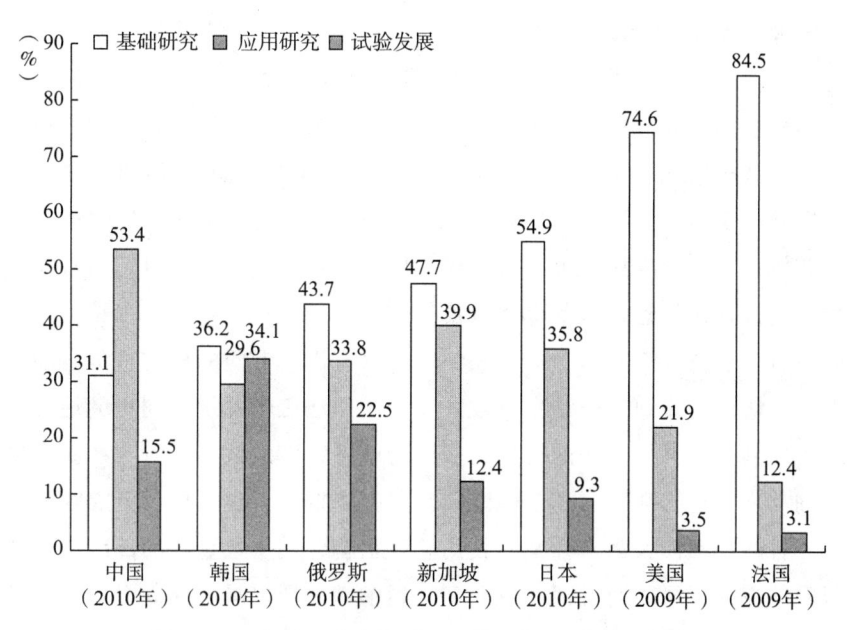

图 3-10 部分国家高校科研经费比例（按活动类型）

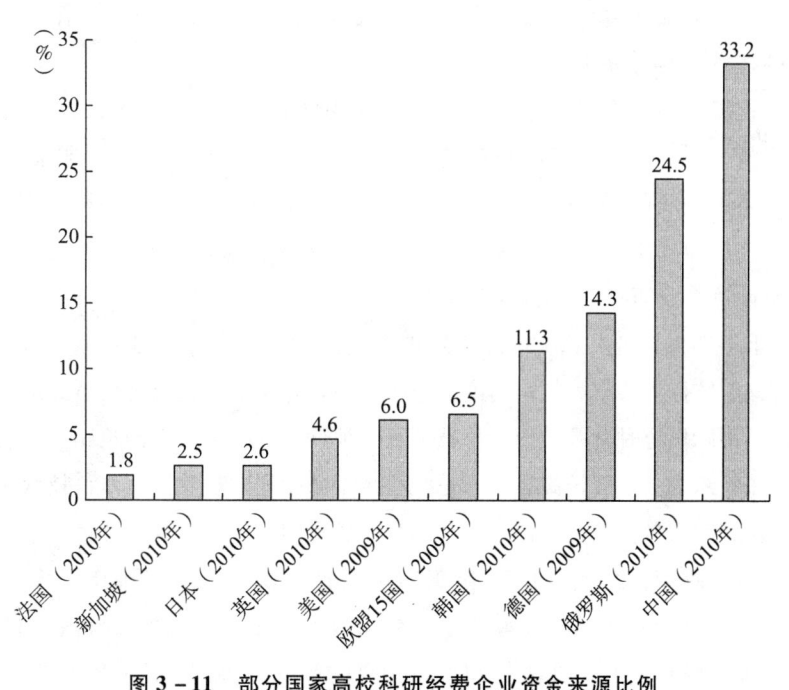

图 3-11 部分国家高校科研经费企业资金来源比例

3.2.2.2 顶层设计：科技资源配置的美国经验

美国是当今世界科技活动的中心，是世界科技实力最强的国家。由于美国拥有崇尚自由、富于冒险的精神和文化，在第二次世界大战以前的很长一段时间内对科技活动采取放任自由的政策，仅通过一些相关法律来保护知识产权，并鼓励教育和研究事业。第二次世界大战后，鉴于世界形势的变化和第二次世界大战期间科学技术所做出的巨大贡献，美国开始加强对科技活动的管理与控制。在第二次世界大战后的几十年里，美国不断根据世界形势的变化和国家利益的需求，对其科技政策和科技管理体制进行调整，使其成功地长期保持了科技第一强国的地位。进入21世纪后，受"9·11"事件影响，美国加强了对国家安全和国土安全的关注，对其科技政策进行了适当调整。但总体而言，自冷战结束以来形成的以国家综合竞争力为目标的科技政策并未发生根本改变，其科技管理体系也日益稳定。[1]

总体来看，在科技管理体制上，联邦政府没有设立专门的机构负责全国科学技术活动的组织、协调与规划，而是由行政、立法、司法三个系统不同程度地参与国家科学技术政策的制定和科技工作的管理，其中行政系统涉及最多。行政系统主要包括白宫科技咨询与管理机构和各联邦部门。白宫科技咨询与管理机构负责宏观科技政策制定和咨询；各联邦部门大都有涉及科技的管理机构，其中最重要的部门有国防部、能源部、国家航空航天局、商务部、农业部、运输部、环保局、国立卫生研究院、国家科学基金会等，这些部门为实现特定任务在制定各自的科技政策和实施管理方面拥有很大的自主权，但都在白宫科技咨询与管理机构制定的宏观科技政策指导之下。以下介绍白宫科技咨询与管理机构的组成和职责。[2]

白宫科技咨询与管理机构主要包括白宫科技政策办公室、总统科技顾问委员会和国家科技委员会。其中，白宫科技政策办公室具有较强的行政和管理职能，其他两个都是咨询、协调性质的委员会。在白宫科技咨询与管理机构中发挥核心作用的是总统科技事务助理，他通常作为白宫科技政策办公室主任，兼任总统科技顾问委员会联合主席，并帮助总统负责国家科技委员会事务。

①总统科技事务助理。总统科技事务助理直接向总统报告，负责就联邦政府的重大政策、计划等向总统提供科学和技术角度的分析、观点和建议。总统科技事务助理在高层的双边和多边的国际场合时就是美国的科技部长。他代表美国出席八国集团、经合组织、亚太经合组织等组织的科技部长高官会。总统科技事务助理同时兼任白宫科技政策办公室主任、总统科技顾问委员会联合主任，并帮助总统负责国家科学技术委员会事务。

②白宫科技政策办公室。1976年美国国会批准设立了白宫科技政策办公室，又于当年通过了《国家科学与技术政策、组织和优先法》，该法案授权白宫科技政策办公室为总统提供联邦政府科技决策和科技预算的咨询，协调科技政策和重大计划的制

---

[1] 徐峰：《美国科技管理体制的形成与发展研究》，《科技管理研究》2006年第6期。
[2] 严国萍：《科学技术的国家利益——美国的科研体系、科技政策及其影响》，《中共浙江省委党校学报》2004年第6期。

定和实施，加强联邦、州、政府与企业和大学的合作伙伴关系。

白宫科技政策办公室负责协同联邦行政管理与预算局就联邦研发预算及联邦各部门科技优先领域向总统提出建议。在国家科学技术委员会的帮助下，白宫科技政策办公室还负责协调联邦各部门之间的研究动议。白宫科技政策办公室最根本的使命是帮助制定并实施能够切实反映国家重要科技目标的政策及预算。

白宫科技政策办公室的职能反映在其机构和人员的组成上。除了主任办公室和负责预算管理的办公室，白宫科技政策办公室下设科学、技术、环境与能源、国家安全与国际事务四个分部，另外还有总统科技顾问委员会的代理执行主任、国家科学技术委员会的执行主任，及国家网络与信息技术研究发展协调办公室主任、国家纳米技术协调办公室主任、美国全球变化研究项目国家协调办公室主任。白宫科技政策办公室主任和四个副主任皆由总统任命并由参议院批准。

③国家科学技术委员会。1993年11月23日，国家科学技术委员会根据美国时任总统克林顿的12881号行政令成立。这个内阁级别的委员会由总统亲自挂帅，成员包括副总统、白宫科技政策办公室主任、负责重大科技事务的内阁大臣和各部部长，以及其他白宫官员。国家科学技术委员会与国家安全委员会、国家经济委员会并列，负责制定联邦科技投资的国家目标，协调整个联邦政府内部的研究和发展战略。按照行政令，国家科学技术委员会的会议必须由总统本人或者在他授意下由总统科技事务助理召集，并且依次由总统、副总统、总统科技事务助理主持。

国家科学技术委员会通过下设的五个基本委员会发挥职能：环境、自然资源与可持续发展委员会，本土与国家安全委员会，科学技术工程与数学教育委员会，科学委员会，技术委员会。每个委员会针对科学技术的不同领域下设若干分会，由联邦相关部门的人员负责或参与，从而达到指导和协调的目的。

④总统科技顾问委员会。总统科技顾问委员会起源于1933年由罗斯福总统建立的"科学顾问委员会"，其后虽然名称各有不同，但每一任总统都设立一个由科学家、工程师和医学专家组成的顾问委员会，其主要目的都是为总统提供科学技术建议。目前的总统科技顾问委员会是根据现任总统奥巴马的13226号行政令建立的。总统科技顾问委员会成员的任期一般为两年。

总统科技顾问委员会的成员性质与国家科学技术委员会完全不同。国家科学技术委员会的成员都是政府高级官员，而总统科技顾问委员会除了由总统科技事务助理做联合主席以外，其他成员必须来自联邦政府以外的科技和企业创新界，并由总统从这些成员中任命一到两位联合主席。可以说，总统科技顾问委员会是一个由国家顶尖的科学家和工程师组成的可直接向总统及其行政办公室提供科技咨询建议的顾问组。

总统科技顾问委员会定期召开会议。总统科技顾问委员会成员通过会议直接向总统本人，或通过总统科技事务助理提供有关科技和创新政策的建议。总统科技顾问委员会还负责向国家科学技术委员会提供联邦各部门以外的社会各界的建议。

总统科技顾问委员会与国家科学技术委员会对推动美国科技发展的作用是相辅相成的。国家科学技术委员会从政府的角度制定符合国家目标的科技发展计划，而总统科技顾问委员会则从民间、私营及非政府的角度提供关于对这些科技计划的反馈意见，并向国家科学技术委员会积极提出事关国家发展的科技问题和建议。

⑤资助概况。就基础研究支持份额而言，联邦政府机构中基础研究的最大投资者为卫生与人类服务部下属的国立卫生研究院，但其资助的领域主要为医学生物学领域。其后依次为美国国家科学基金会、能源部。就资助的学科范围而言，美国国家科学基金会是美国政府支持基础研究的主要单位。

2008年，上述3个部门的基础研究预算总额占联邦政府基础研究预算总额的95%以上。表3-3和表3-4列举了2008年美国联邦基础研究经费和研发经费配置方面的情况。

表3-3 美国3大联邦政府机构基础研究经费和研发经费情况（2008年）

单位：万美元，%

部门（机构）	基础研究经费	研发经费	基础研究经费占比
卫生与人类服务部	1547329.5	2881359.1	53.7
国家科学基金会	397741.8	435772.0	91.3
能源部	341121.4	858980.2	39.7

表3-4 联邦研发经费按不同部门的工作性质配置（2008年）

单位：%

部门	基础	应用	试验发展
所有部门	24.9	24.2	50.9
卫生与人类服务部	53.7	46.2	0.1
国立卫生研究院	55.8	44.2	0.0
国家科学基金会	91.3	8.7	0.0
能源部	39.7	35.8	24.5

3.2.2.3 集中协调：科技资源配置的德国经验

德国科技发展的基本原则是"科学自由，科研自治，国家干预为辅，联邦与各州分权管理"，属于集中协调型的科技管理体制，即政府在宏观上确定研究领域，通过资助手段协调具体的科研工作。政府资助基础研究和战略前沿研究的经费占总研究投入的2/3以上，企业占应用技术研究经费投入的2/3以上。

德国政府设立由总理和各部部长组成的指导机构——"教育、科学和技术委员会",且建立由联邦和各州教育规划与科研促进委员会整合而成的德国科学联席会——协调管理机构,负责共同商议联邦和州政府遇到的科学问题,明确科研战略目标,研讨科学体制并做出相关决定。还有由总统任命的科学家、企业家和政府官员组成的评估咨询机构——"科学顾问委员会",为德国的科学研究工作提供整体评估,向联邦和各州政府提出关于科学研究资助及高等学校基本建设和发展等问题的建议。①

①科研资助体系。在国家层面上,德国的基础研究和科研经费由联邦教育研究部管理,联邦教育研究部对基础研究的资助主要有两种方式:项目资助和机构资助。联邦经济与科技部主要资助应用技术研究和企业发展项目。

根据德国基本法,教育和研究首先是州政府的任务。因此,德国的基础研究主要是由州政府来资助和实施的,但是对于那些具有跨地区意义的基础研究中涉及的重大设备和研究计划,联邦和州将共同资助。

德国科研的公共资金,主要来自资助大学和公共研究机构的科研工作的德意志研究联合会,此外,也来自德意志学术交流机构、德国洪堡基金会,以及欧盟的欧洲研究理事会、欧洲科学基金会,还有众多的私人基金会和企业基金会。另外,德国联邦工业合作研究会,以及德民间科研资助机构——基金会,也是德国科研资助的来源。

②科研机构布局。德国的科研主要由高校、联邦和州政府科研机构、企业研究三部分组成(见表3-5)。除高校外,受国家支持的科研机构主要包括四大家:从事基础研究的马普学会,以完成国家科研任务为主、开展跨学科前瞻式研究的亥姆霍兹联合会,由原民主德国科学院体系转制形成的莱布尼茨科学联合会(有一部分研究所从事应用基础研究),以及以技术开发和应用技术为主的弗劳恩霍夫协会。②

表3-5 德国主要研究机构

主要研究机构	目标定位	联邦与州经费投入比例	机构经费占比	竞争项目占比
高校	基础研究,交叉研究	5:5	2/3	1/3
亥姆霍兹联合会	大科学装置,高技术研究	9:1	2/3	1/3
马普学会	基础研究,交叉科学	5:5	1/2	1/2
莱布尼茨科学联合会	基础研究,应用研究	5:5	1/2	1/2
弗劳恩霍夫应用研究促进协会	应用基础,技术研究	9:1	1/3	2/3

德国政府主要资助基础研究,科研经费构成:德国四大科学中心占50%(亥姆

---

① 安宁、罗珊:《德国科技资源的优化配置及其对我国的启示》,《云南师范大学学报》2008年第4期。
② 谷俊战:《德国科技管理体制及演变》,《科技与经济》2005年第6期。

霍兹联合会、马普学会、莱布尼茨联合会和弗劳恩霍夫应用研究促进协会），德国200多所高校占50%。亥姆霍兹联合会是德国规模最大的科研机构，不论是人员还是经费都大致超出另外三家德国科研机构（马普学会、弗劳恩霍夫应用研究促进协会和莱布尼茨联合会）的一倍左右。

德国的科研布局是金字塔形，得到政府资助最多的是面向国家目标的亥姆霍兹联合会，用以支持大型科研装置和复杂交叉问题研究。其次是以基础研究和应用基础研究为主的高校、马普学会和莱布尼茨科学联合会。最后是从事应用基础研究的弗劳恩霍夫应用研究促进协会，其与德国联邦工业合作研究会有密切合作。

虽然拥有许多著名高校，但相比世界一流大学而言，德国高校的科研投入强度比较有限，科研设备条件达不到一流。为此，近年来德国也在积极探讨集中力量扶持一些一流精英大学的建设。与大学相比，4家国家级科研机构，则有世界一流的水准，而且具有很高的国际化程度。比如，马普学会的研究所所长，在老所长之中有40%是外国人，而在原民主德国地区新建的研究所中，有60%的所长是外国人。在亥姆霍兹联合会，也有40%左右的科学家是非德国人，许多研究组完全使用英语作为工作语言。

③经费管理模式。德国科技投入强调"顶层设计，统一规划"，通过科研经费的最佳配置来提高科研机构的履约能力，采取按照科学家的成就来分配科研经费、加强对科研经费投入产出结果的控制、增加项目经费的比例等一系列举措，提高科研经费使用效率。

德国的科技经费管理模式分为三级：国家配置和监管、科研机构内部经费管理、项目经费执行管理。国家通过多部门协调配置资源，独立的联邦审计院负责监管。政府通过年度工作报告对科研机构进行财务监督。

德国大型研究中心的研究经费的划拨分三层：总部、研究中心、研究所（或科学家）。不同的研究机构的定位不同，经费配置和预算管理也不同。

亥姆霍兹联合会获得政府资助经费每年增长3%，政府拨款专款专用。联合会设立专项战略基金，其他资助项目中有2/3与经济有关。经费预算采取项目制模式，由研究所控制成本，研究所3年评估1次，结果与经费预算挂钩。总部保留20%的机动费用，用于招聘人才、发展创新和合作项目。

马普学会获得政府资助经费每年增长5%，为体现基础研究的特点，其采用经费配置到人的模式，经费使用相对宽松，当年结余小于10%可以转到下年使用，允许提前使用下年经费预算最多不超过10%。学会2年评估1次，领域6年评估1次，评差的研究所核减经费最多25%，多次评差可减50%。

弗劳恩霍夫应用研究促进协会内部有3类研究所，政府经费支持比例不同：民用技术30%、军用技术100%、技术推广服务75%。政府拨款主要用于购置最新的实验设备和从事长期的应用研究。其核心的经费分配方式是采取外争经费匹配模式，经费分配采取项目统一成本预算，企业委托项目允许偏离成本，总部对研究所实行目标管理，同步财务监控。

总体来讲，德国基础研究的运行和管理体系由一个联邦部、两个委员会和三个支柱组成，任务包含政策制定、宏观管理和监控、研究规划和协调、政策咨询和研究评估、研究任务承担等，是一个高效协调的完整体系。

④研究经费分布。从经费使用情况来看（见图3-12、图3-13和表3-6），德国科研经费大致可以分为3块：研究所、高校、企业，比例为1:1:4。

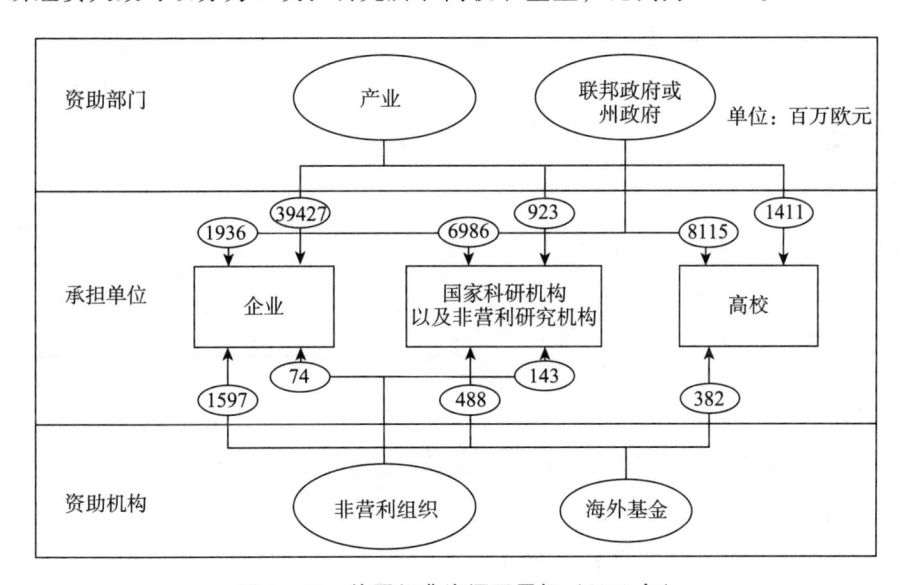

图3-12 德国经费资源配置框（2010年）

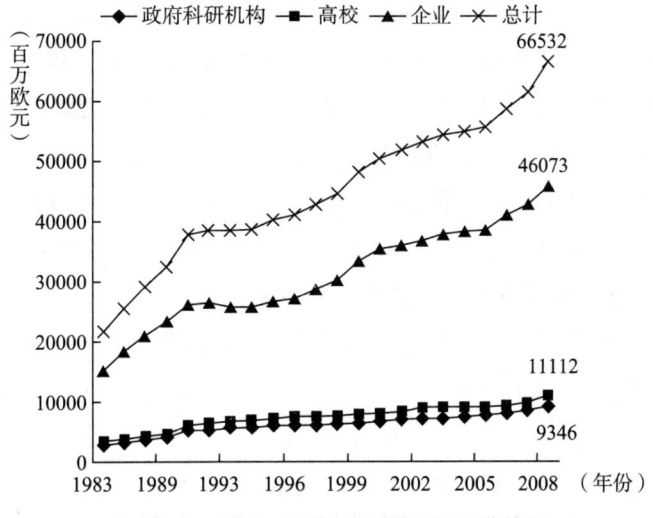

图3-13 1983~2008年德国科研经费情况

从 4 大主要研究机构来看，2010 年 75.6% 的研究经费用在自然科学（41 亿欧元）和工程科学（24 亿欧元），而人文和社会科学为 11 亿欧元（12.7%），医学为 6.0 亿欧元（6.6%），农业研究为 4.0 亿欧元（5.0%）。

表 3-6　2000~2008 年德国科研经费使用情况

单位：百万欧元

年份	国家科研机构	高校	企业	总计	马普学会	弗劳恩霍夫学会	亥姆霍兹联合会	莱布尼茨联合会
2000	6873	8146	35600	50619	—	—	—	—
2001	7146	8524	36332	52002	—	—	—	—
2002	7333	9080	36950	53363	—	—	—	—
2003	7307	9202	38029	54538	—	—	—	—
2004	7514	9090	38363	54967	—	—	—	—
2005	7867	9221	38651	55739	1201	1258	2486	773
2006	8156	9475	41148	58779	1303	1206	2578	936
2007	8540	9908	43034	61482	1290	1319	2740	966
2008	9346	11112	46073	66531	1561	1401	2993	1018

3.2.3　中国科技资源优化配置的政策建议

中国科技资源的优化配置应该遵循以下原则：要进一步发挥科教领导小组对全国科技资源的统筹协调能力，进一步加强顶层设计，并建立部门间有效的科技资源配置沟通与统筹机制；要逐步调整财政科技经费投入的结构，即处理好稳定支持经费和竞争性经费的关系，逐步加大稳定支持的力度；处理好基础研究、应用研究和成果转化经费的比例关系，逐步加大对基础研究的投入；要科学合理设立各类科学计划、基金、专项，加强宏观统筹，明确功能定位，最大限度地减少雷同、重复和交叉①；在科技资源配置中推进协同创新，促进科教结合、产学研结合，建立共享机制。

在坚持以上原则的基础上，我们对优化中国科技资源配置提出以下建议。

3.2.3.1　从国家层面完善科技财政投入体制

由于缺乏国家层面的统筹规划，中国的各个科技财政投入部门之间往往各自为政，很难对科技投入有一个全面而整体的规划和设计，这使得重复研究现象经常出

---

① 赵路：《在全国财政教科文暨事业资产管理工作会议结束时的讲话》，中华人民共和国财政部教科文司，http://www.mof.gov.cn/mofhome/jiaokewensi/zhengwuxinxi/lingdaojianghua/201112/t20111207_613510.html，最后访问日期：2015 年 11 月 8 日。

现。正是国家宏观层面科技财政投入部门之间的封闭分立，导致了中国科技财政投入不足与浪费现象并存。

为了从国家层面改善中国的科技财政投入体制，可以充分借鉴科技创新体系发达国家的经验，在国家层面建立起实质意义上的统筹协调机制。虽然中国国务院下属的国家科技教育领导小组负责领导全国范围内的科技教育统筹工作，但很难在科技项目立项以及经费预算和投入方面发挥实质性的统筹和协调功能。

虽然全球第一科技大国美国采取的也是相对分散的科技财政投入体制，但是国家层面的统筹协调机构不仅有科技政策办公室，同时还有国家科技委员会和总统科技委员会。因此，就中国特定的发展阶段而言，在国家层面建立起能够统筹协调各大科技财政投入部门的科技协调机制将是顺利实施中国科技发展战略的重要保障。

3.2.3.2　加大对基础研究领域的投入

近年来，基础研究再次受到发达国家的重视。在各国政府研发经费支出结构中，基础研究占政府研发经费的比例基本保持在10%以上的水平。美国在基础研究方面的巨大投入奠定了其在世界基础研究领域的绝对领先地位。日本、韩国等一些以技术模仿、跟踪为主的国家也及时调整科技发展战略，把加强科技基础研究作为科技发展的重要战略目标。

为此，中国应按照"有所为，有所不为"的原则，集中优势力量，重点突破，增强基础研究能力，把基础研究放在优先支持的位置，加大对基础研究的投入力度。加大对高等院校基础研究的投入，形成对研究型大学基础研究的稳定支持机制，逐步建立起对高等院校基础研究人员、基地等的稳定支持投入渠道，充分发掘高等院校的基础研究潜力，使高等院校成为基础研究的主力军。同时引导企业加大基础研究经费投入，形成以政府为主体，包括企业、研究机构、高等院校在内的基础研究投入多元化格局。

3.2.3.3　完善对竞争性经费的投入

从中国政府对大学科研的资助体系来看，以各类国家科技计划为核心的竞争性科研经费投入占据主导地位，而且竞争性科研经费的投入还受不同的政府部门主导。这就必然使得中国政府对大学的竞争性科研经费投入存在下述问题。

一是竞争性科研经费来自不同政府部门，必然会分散本来就非常有限的国家科技财力。一方面，相关的主管部门不得不在财政预算约束下采取"撒胡椒面"的资助方式；另一方面，由于缺乏统一的协调和规划，大学科研机构内的同一项目往往能得到不同部门提供的政府经费资助，因此常常出现重复研究的情况。另外，虽然同一项目很可能得到不同部门的资助，但这些资助往往只在一定程度上更多地弥补科研项目所产生的间接成本，并不一定带来高质量的研究成果。该问题的解决并不能仅仅依靠大学系统或大学行政主管部门，而必须借助于中国科技财政的预算体制和投入机制的不断完善来获得妥善的解决。

二是竞争性科研经费投入主体之间的封闭分立格局已经对大学的正常科研工作带来了一定程度的负面影响。由于缺乏统一的科研质量评估标准以及权威的科研质量评估机构，各个科研经费投入主体都会对其投入大学科研中的经费进行各种形式的检查和评审工作。为了应付不同部门的检查和评审，相关的研究人员不得不花费大量时间和精力应对纷繁复杂的检查和评审活动，其正常的科研工作受到了一定程度的负面影响。因此，建立统一而权威的大学科研质量评估机构势在必行。

三是竞争性经费在大学科研经费结构中占比过重，导致各个大学集中竞争有限的国家科技经费投入，并出现了大学之间的过度竞争、恶性竞争、不正当竞争等现象。即便这种竞争性经费投入体制对于高技术研究和试验开发领域的研究尚为可取，这种政府主导下的竞争性资助模式也会对大学的基础研究产生巨大的负面影响。为了降低大学系统对于政府战略需求的过度依赖，充分发挥大学系统在基础研究领域的潜在优势，应通过增加非竞争性经费投入以优化竞争性经费和非竞争性经费之间的结构关系。

3.2.3.4　完善对非竞争性经费的投入

从国际经验来看，非竞争性经费与竞争性经费相结合是科技经费配置的有效方式。从对美国国立卫生研究院院内研究所和洛克菲勒大学科研产出的对比分析可以得出，稳定支持并不是越多越好，会造成"养懒汉"现象。稳定支持经费与竞争性经费的比例约为2:3比较合适。当无法落实稳定支持经费时，可以通过提高竞争性经费的资助比例来做调整。

从大学科研经费的使用途径来看，非竞争性科研经费主要有三类：第一类是为专职研究人员提供工资和福利待遇等所需的经费；第二类是满足大学系统内的常设科研机构的基本运行经费；第三类是为大学科研人员提供自由探索研究所需的基本科研经费。从中国大学科研活动的潜在需求以及资源配置效率的角度来看，政府应该在不断加大对大学非竞争性科研经费投入的同时，通过引入科研质量评估机制以提高此部分科研经费的配置效率。与课题申请者（或课题组）之间的竞争机制不同，科研质量评估机制的引入使得这部分科研经费的配置必须以大学机构之间或科研平台之间的科研质量差异为基础，这就在机构或平台层面引入了竞争机制，进而提高大学系统内非竞争性科研经费的配置效率。

3.2.3.5　完善大学和科研机构之间的资源共享机制

由于科技财政的预算和投入管理部门之间存在封闭分立的现象，进而导致不同部门所属的科研机构之间也存在封闭分立现象。这种封闭分立现象不仅体现在不同部委所属的科研机构之间，同时也体现在大学与科研机构之间。受历史和体制性因素的影响，中国的大学和国家科研机构之间不仅未能有效地实现优势互补，而且还存在一定程度的职能错位。在中国，大学和国家科研机构都在非竞争性的自由探索式的基础研究和竞争性的应用研究及试验开发领域占据着非常重要的地位，这两大国家创新主体之间的关系更多地表现为竞争而不是合作，从而很难真正充分发挥这两类科研主体的潜在优势。科研主体之间的封闭分立必然导致科研资源之间的分割、封闭和浪费现象。因此，在完善中国政府对大学科研的资助体系的同时，还应该不断完善大学和国家科研机构之间的合作和资源共享机制，只有真正建立起大学和国家科研机构之间的合作机制，才能有效地实现科研资源之间的共享，进而实现政府科技财政投入的收益最大化。

3.2.3.6 引导企业加强研发投入

政府应充分发挥政策引导作用，鼓励企业积极开展研发活动。第一，完善企业内部激励机制，将经营者业绩同企业未来收益和发展空间联系起来，从而鼓励企业经营者大胆进行研发活动。第二，完善政策税收优惠以鼓励企业自主创新，可以通过设置行业专项基金，为具备行业领先的研发活动提供资金支持。第三，针对重点发展的行业项目提供税收返还和税率优惠等政策，以鼓励企业积极主动开展研发活动。第四，引导科技型中小（微）企业加大技术创新投入，提升技术创新公共服务能力，鼓励高等学校、科研院所、大型企业开放科技资源，产学研协同攻克制约中小（微）企业发展的技术瓶颈。

3.3 科教资源共享机制

3.3.1 科教资源共享机制的制度分析

3.3.1.1 科教资源共享的主体分析

根据在科教资源共享活动中不同主体在职能上的不同，我们可以将科教资源共享的主体分为四个：科教资源共享供给主体、科教资源共享需求主体、科教资源共享服务主体、科教资源共享管理主体。[①]

科教资源共享活动的各主体是多元化和动态的，对于一个特定主体，在不同的科技共享过程中可能扮演不同的角色。科教资源共享的本质是各利益主体对科教资源的

---

① 郑长江、谢富纪：《科技资源共享的成本－收益分析》，《科学管理研究》2009年第5期。

使用权进行交易，以获取更多经济利润的过程。因此，科教资源的供给主体和需求主体是共享的一对基本主体。随着科教资源共享活动向规模化和专门化方向发展，共享服务主体成为一个重要的主体。同时由于科教资源共享活动本身具有较大的外部性，单纯依靠市场机制难以发挥出共享的最大效益，对共享活动进行管理也就成为必需，科教资源共享的管理者从而成为一个不可忽视的主体。

科教资源共享供给主体是指被用于共享的科教资源的所有者（或者投入者）。科教资源共享首先得有可以用于共享的资源，否则共享就无从谈起，投入是实现科教资源共享的重要保障。[①] 由于任何一个组织能够用于科技投入的力量都是有限的，科技投入具有高风险的特点，在主观上任何一个组织承受科教资源投入风险能力也是有限的。因此，单个组织往往难以仅凭自身的投入即可满足创新活动对科教资源的需求。科教资源共享供给主体是多元化的。

科教资源共享需求主体是指在创新活动中需要借助于外部科教资源的企业、科技机构、高校等组织或单位。科教资源共享需求主体也是多元化的。根据科技部组织的多次调查，社会各界对科技基础条件平台服务具有很大的需求。以企业为例，一方面，由于技术创新具有高收益的特性，企业具有较强的寻求技术创新的动机；另一方面，技术创新具有高投入、高风险的特性，对单个或个别企业而言，需要风险规避途径。

科教资源共享服务主体在提高科教资源配置效率中发挥着催化剂作用。常见的科教资源共享服务主体有科技中介机构、专业科技创新平台、集群代理机构、行业协会等组织。随着全社会科教资源投入的日益增加，科教资源共享活动的规模不断扩大、数量不断增加，科技创新活动的分工也逐渐向着纵深方向发展，科教资源共享服务的专业化发展符合科技创新活动的内在要求。科教资源共享服务主体在不同层次的创新体系间具有纽带作用，他们将各层面创新体系联为一体，是科教资源共享供给者和需求者之间的桥梁。科教资源共享服务主体的共享服务能力和水平是影响社会科教资源配置效率的一个关键因素。

政府是科教资源共享政策的制定者和共享管理系统的组织者。科教资源共享管理主体是指政府部门中的各级科技管理机构和部门。在影响创新的诸多要素中，任何一个方面的缺失，或要素间相互作用的不协调，都会对国家或地区整体创新能力产生不可忽视的影响。共享的需求者、供给者和服务者则更加关注自身在科教资源共享过程中能够得到的收益或利润。这些主体仅仅依靠自有竞争和市场机制是难以保持创新活力的，政府在提供创新所需的公共物品、促进各种创新的最佳配置等方面，需要发挥

---

① 小庭：《投入，实现创新的重要保障——〈创新美国〉关于资金投入的政策建议》，《华东科技》2006年第8期。

重要作用。政府通过影响科教资源产权交易外部环境变量进而可以影响科教资源共享的成本和收益。所有政府都对产权发挥重大作用，拥有资产和直接参与经济活动，而且合同裁决和执行也深深依赖政府。科教资源共享管理是政府在创新管理中的重要职责，政府部门是科教资源产权的裁定者，科教资源共享政策制定者和监督者，科教资源共享管理的组织者。政府在科教资源共享中的职能具体包括：①公共科教资源投资；②消除科教资源共享的行政障碍；③科教资源产权保护；④创新平台管理工作。政府要加强对创新平台的投入和管理，有效降低共享成本。

3.3.1.2 科教资源共享的收益来源

价值分享是科教资源共享的驱动力量。追求科教资源共享效益最大化，首先要分析科教资源共享收益的产生机理是什么。在进行分析之前，要明确以下两个基本问题：第一，这里所指的"科教资源"都是稀缺的、具有价值的资源。这是科教资源作为资源的基本经济属性。不归任何主体所有的"科教资源"是不具有价值的。第二，对科教资源共享的需求，从本质上说是对科教资源某种产权的需求；科教资源共享供给，从本质上说是对科教资源某种产权的出让。

不同的科教资源产权交易或调整方式，对应着不同的科教资源共享收益产生路径。可以分为以下三种情况。

（1）公共科教资源产权向私有科教资源产权转化产生共享收益。公共科教资源产权由公共领域进入私人领域并非将公共科教资源转化为归私人部门所有，而是指公共科教资源实现为私人部门所使用而进行的产权安排，不能排除其他资源共享需求者也拥有使用资源的权利。公共科教资源应为全社会所共享，然而私有部门没有或者无法实现对公共科教资源的产权，则公共科教资源共享就没有实现。科教资源共享需求者在不需要进行资源投入的情况下就能使用所需要的科教资源，他们的创新活动自然会产生出新价值，而且由于节省了资源的投入支出，科教资源共享的效益凸显。科教资源共享首先要解决的是科技公共物品的共享，只有科技公共物品共享畅通了，才能有效地带动私人科教资源的共享。一般而言，公共科教资源的共享涉及三个不同的主体：资源所有者、资源保存者和资源共享需求者。所有者和保存者之间是委托－代理关系。经常是资源保存者在履行公共科教资源共享的很多义务。资源保存者往往也是共享需求者之一，他们与其他资源共享需求者之间很容易处于不公平的竞争状态。公共科教资源共享产生价值受到两个方面因素的影响：一是供给方科教资源产权的开放程度大小，开放程度越大，资源共享越容易实现，共享效益越大；二是从需求方实现科教资源产权的能力大小，能力越强，共享效益越大。

（2）私有科教资源产权之间进行交易产生共享收益。私有科教资源共享可以分为两种情况：一种是私有科教资源在部分主体之间实现的共享，共享是为了增进私人利益；另外一种是私有科教资源为社会公共利益而共享。这两种情况，都伴随着私有科教资源产权的变动。第一种情况是，在市场机制的作用下，私有的科教资源拥有主体将其资源产权的一部分给予其他主体，使之可以使用这些科教资源，按照达成的协议分享使用科教资源带来的收益，这就是私有科教资源的共享。私有科教资源共享具有更加明显的产权交易特征，是在市场机制下，基于自愿的基础，不同主体之间配置科教资源的主要形式。和公共科教资源的共享相比，私有科教资源共享往往不是对全社会开放的，是有限制条件的。在私有科教资源共享过程中，共享供给者和需求者都要承担为实现科教资源共享而发生的成本，这些成本的高低与市场机制在科教资源配置中起的作用大小有关。第二种情况是私有科教资源为公共利益而共享，需要政府立法、利用补偿的方式对这种行为进行激励。

（3）科教资源具有正外部性而产生共享收益。科教资源的所有者未将完全的产权都保护起来，或者保护所有的产权的成本非常高而致使部分科教资源的产权置于公共领域，在这种情况下，科教资源因具有正的外部性也可以产生共享收益。这种类型的共享收益不是在不同主体之间共同协商或努力下而产生的，收益的大小取决于社会技术扩散体系的运作效率。在知识经济时代，大规模协作已经发展成为一种新型的、高效率的创新模式，科教资源的外部性向着网络外部性演变。社会中的各个主体，尽可能主动地将自己所拥有的科教资源向社会共享，充分发挥科教资源对经济发展的促进作用，具有不可忽视的重要作用。

3.3.1.3 科教资源共享的成本来源

科教资源共享的成本包括四个部分：共享供给成本、资源获取成本、共享服务成本和共享管理成本。

科教资源共享供给成本是由资源共享供给方因使科教资源的部分产权进入公共领域或为对产权进行调整而付出的，由四个方面构成：第一是科教资源投资支出。没有投资支出，资源共享是无从谈起的。第二是对科教资源产权进行调整而发生的交易成本，如科教资源信息发布，为资源共享需求方提供技术服务、科教资源用于共享而产生的损害等。第三是将自己的科教资源用于共享而产生的机会成本。对于具有竞争性的科教资源，如果一个主体使用了科教资源，则资源的所有者无法同时使用这项资源，由此也会给资源共享供给者带来一定的损失，如影响自己组织的研究工作进展，不得不重新对自身的研究工作进行安排。第四是资源共享供给方泄露本组织在科技创新方面的秘密的风险，将自己的科教资源用于共享需要增加防范风险的支出。

在科教资源共享过程中，资源需求方也需要付出成本，这些成本用于完成科教资源产权调整，是实现资源共享价值不可缺少的。这些成本有：与供给方共同投资购入科教资源、获取信息、进行谈判等的支出，支付给科教资源供给方或者中介等服务方的费用以及监督科教资源共享合同的执行费用等。此外，需求方也会面临因采用共享而非完全拥有科教资源而产生的机会成本，例如有可能会在各级科技管理部门进行的科技评估中，由于本单位拥有科教资源数量减少而形成的损失，在评价中处于劣势。同样，科教资源共享需求方因获取资源，也面临需要付出一定的成本以防止科研秘密外泄。影响资源共享需求成本的因素有：第一，资源共享需求方的技术能力。技术能力不足时，需求方不得不支出更多的成本方可共享公共或私有科教资源。第二，有效的科教资源共享市场有利于降低共享需求方的成本支出。科教资源共享具有一定的规模，有利于降低共享需求方的成本支出。

科教资源共享服务成本包括：科教资源共享服务体系的构建、维护与运作而发生的人力、物力和财力支出，以及科教资源信息管理成本，如信息收集、整理、维护更新等的费用。科教资源共享服务成本与共享服务的专业化分工程度、共享规模的大小有关。共享服务专业化分工与科技创新复杂程度加深相伴随，共享服务分工越细化，效率就越高，共享服务的成本越低。共享服务的规模越大，共享服务的平均成本越低。随着经济的发展，资源的相对稀缺程度发生了变化，以往我们总是感觉到物质资源缺乏，而现在则感觉到人们的精力、时间等更为重要。因此，如果应用成本居高不下，也会对科教资源共享产生消极的作用。科教资源共享服务体系提供专业化的资源共享服务，有利于减少科教资源共享供给者和需求者之间信息不对称，促成各方实现资源共享。市场机制是科教资源共享服务的主要服务方式，市场化科教资源共享服务一方面需要消耗一定的社会资源，另一方面可以大大地扩大科教资源共享的社会化和市场化，对于提高科教资源配置效率具有重要意义。

随着科教资源共享的规模越来越大，涉及的主体呈现出多元化的趋势，需要政府科技管理部门对科教资源共享活动进行管理，从而会产生共享管理成本。政府对科教资源的管理成本主要有：第一，公共科教资源投入。在基础研究领域，私人部门不愿或者无力进行投资的，需要政府部门进行投资。第二，国家或地区鼓励发展的高新技术产业领域科教资源的投入。为了促进高新技术产业的发展，带动产业升级，提高国家或区域创新能力，也要进行投资。第三，对科教资源共享服务进行管理的成本。市场在科教资源共享服务中应该发挥主导作用，然而还是需要政府部门进行管理，以形成有序的市场竞争机制。尤其在中国科技管理改革进程中，很多科技机构既是科教资源的所有者，又承担着为社会各组织提供科技服务的职责，这些机构作为科教资源的保管者，与资源共享需求者相比处于有利的竞争地位，这需要政府管理部门对其进行监管，以形成有效的市场竞争机制。第四，科教资源共享环境建设的成本。要使社会各组织建立共享科教资源的理念，需要政府科技管理部门大力进行教育和推广，这也需要成本支出。第五，制度的供给和执行以及监督会产生相应的成本。正当的科教资源共享收益需要健全的法律体系给予保障,并用一定的科技政策进行激励引导。

综上所述,如果要使得科教资源共享体制的建立有利于社会整体福利的增进,必须使各个行为主体在科教资源共享过程中的总收益大于总成本,科教资源共享体制的设计必须以这个原则为准绳,这样才能使得科教资源共享真正推动科教资源的优化配置,提升科技研发产出比。

3.3.2　国内外科教资源共享机制建设的经验

3.3.2.1　国外科教资源共享机制建设的经验

①科研仪器设备共享经验——以美国国有科研设施管理体制为例。现代科学的发展对先进科研设备的依赖程度越来越高,任何创新的科研项目都离不开先进的科研仪器设备。要想拥有世界级的科研设施并使之得到有效利用,大量的投资非常必要。但是,仅靠大量的投资是不够的,还需要好的管理办法,才能提高科研设备的使用率,使其最大限度地发挥使用效益,避免科研设施重复购置,实现设施的高效共享。这里主要介绍美国科研设施的共享、管理及相关法规,及其对中国的启示。

A. 美国科研设施的总体管理思路。对于国家大量投资的科研设施,美国政府管理层次清晰,即分为国会、国家管理与预算办公室、各个部和科研设备的依托单位。①

其一,国会。首先,各机构根据其职能制定年度计划和预算法案(其中包括科研设施的资金预算),并报美国预算与管理办公室汇总成联邦下一年度预算案,国会对联邦年度预算案进行听证辩论,国会通过后经总统签署,即成为总统年度拨款授权法。各机构的预算数额和用途已在拨款授权法中进行规定。由于预算是由美国国会统一审批,这就有效避免了重复投资。

其二,国家管理与预算办公室。国家管理与预算办公室为这些经费的管理制定了一些条例,包括科研设施经费的管理,如《关于对高等教育机构、医院及非营利机构给予资助的统一管理要求》等。

其三,各个部。各个部对自己所管辖的科研设施都制定了管理法规,例如美国国家科学基金会的《设施监管指南》、美国农业部的《研究设施法》、美国航空航天局的《设备管理指南》、国家标准和技术研究院的《设施管理指南》等。

其四,科研设施的依托单位。科研设备的依托单位对于科研设施也都制定了非常详细的管理条例,各大学都制定了相关的政策和管理指南,如哈佛大学的《设备管理指南》和南加州大学的《设备政策和程序》等,其他研究机构也都有相关的科研

---

① 魏淑艳:《国外科技资源共享的有益经验及对我国的启示》,《科技进步与对策》2005 年第 9 期。

设施管理规定。

需要说明的是，美国联邦政府建立的联邦实验室的设施都具有共享的特点。据统计，联邦实验室的用户构成为：联邦实验室占18%，大学占49%，外国研究机构和美国产业界占33%。① 联邦实验室承包合同规定，在不过分影响承包人责任和任务的基础上，能源部保留将实验室设施提供给其他政府机构或其他用户使用的权利。同样，在双方协议的情况下，承包方也可以使用其他设施履行合同任务，同时在合同中明确实验室的开放对象。此外，美国还对政府投资的设施按行业或学科分类在网站上予以公布，以方便科学家和工程技术人员使用。

B. 相关的法律法规。对于科研设施的管理，美国没有一个国家层次的科研设施管理法，但美国的很多法律法规中都涉及科研设施的投资、管理和共享。

其一，为了提高科研设施的使用效率，美国的很多法律都规定了科研设施要共享和不重复购置的原则。例如，2003年3月21日通过的《生命基因组研发法》指出，应该鼓励大学、实验室和产业界对生命基因组设施的共享。《标准文献数据法》指出，在进行标准文献数据收集、编辑、出版的过程中，在征得对方同意的情况下，要尽可能利用其他机构的设施和联邦政府、各州政府和地方政府的仪器，以避免重复购置。美国农业部的《研究设施法》指出："该农业研究设施在州和地区内与各大专院校、非营利机构和研究服务机构的设施是互补而非重复的。"上述各方都强调了设施不允许重复购置的原则。

其二，在科研设施的管理方面，美国管理与预算办公室、各部委和设施依托单位都制定了相关的管理法规或指南，如美国管理与预算办公室的《A-110通告》，美国国家科学基金会的《设施监管指南》，美国农业部的《研究设施法》，美国航空航天局的《设备管理指南》，国家标准和技术研究院的《设施管理指南》等。设施依托单位如大学和研究机构对所运营的科研设施也都制定了相关的管理条例。

尽管美国没有一个国家层次的科研设施管理法规，但是美国国家科学委员会已经向白宫管理和预算办公室及白宫科技政策办公室提出建议。其主要内容有：制定跨部门计划和战略来确定跨部门的科研基础设施的优先顺序，这种安排不仅要满足科学和工程界的需求，还要反映竞争性价值评议；建议促进国际合作伙伴关系，以便能够互相支持和利用各国的科研设施；保证国家在科研基础设施方面的投资，防止滥用。

C. 美国管理与预算办公室对设备的管理规定。美国管理与预算办公室的主要使命是帮助总统审查联邦预算，并且监督指导各联邦行政部门的预算执行情况。另外，美国管理与预算办公室还要监督和协调各行政部门的资金调度、财务管理、信息以及

---

① 孙绪华：《关于促进我国大型科研仪器设备共享的思考》，《实验技术与管理》2006年第11期。

规章政策。为此，在它发出的很多通告中，都有涉及设备管理的内容，如《A－110通告》中与设备管理相关的内容。

其一，对于联邦资金购置的设备处置原则。当最初的计划或项目不再需要该资产时，设备依托者应将其用于其他的联邦资助活动，其优先顺序排列如下：由资助最初项目的联邦资助机构发起的行动，由其他联邦资助机构发起的行动。当设备用于最初购置其的计划或项目时，如果在其他计划或项目中运用该设备不会干扰它在最初计划中的应用，设备依托者可以将其用于其他的计划或项目。优先选择顺序同上。

其二，用政府资金购置的设备以及任何联邦拥有的设备的资产管理标准应该包括：

- 设备记录，其中包括品名；生产厂商的系列号、型号、物料编号，或者其他的标识编号；设备的来源；所有权是依托者的还是联邦政府的；购置日期；能够提供计算资产成本中政府参与比率的信息；设备存放的地点和设备的状况；每台设备购置时的单价；处置数据。
- 政府所有的设备要标明为联邦所有权。
- 每两年就要根据设备记录对设备的库存量至少进行一次盘存。
- 要有有效控制系统以确保完备的安全措施，避免设备的损坏或丢失。如果政府的设备损坏或丢失，则要通知联邦投资机构。
- 要采用适当的维护程序，使设备处于良好的状态。
- 当授权或要求依托者销售设备时，要有适当的销售程序以提供切实有效的竞争，获得尽可能高的收益。

D. 美国国家科学基金会对设备的管理规定。在所有联邦机构中，美国国家科学基金会是为学术界提供所需最先进仪器的机构。其职责是确保研究界和教育界能够利用这些设施，提供支持服务以达到最佳使用效果，并且及时进行设备升级。为此，美国国家科学基金会出台了《设备监管指南》，该指南主要是为大型设施项目制定一个更全面的监督评估程序。其相关的要点包括以下几点。

其一，重点管辖对象：大型科研设施。该指南对"设施"和"大型设施"的概念做了界定，设施是指"由众多研究人员、教育人员分享使用的基础设施、器械和设备。它们可以是大规模的网络或计算机基础设施，可供多用户使用的器具或可供多用户使用的器具网络，或者是其他对广泛的科学学科或工程学科能够产生重要影响的基础设施、器械和设备"。大型设施"不仅取决于设施费用，还取决于其他因素，如复杂程度、风险性和项目周期"。

其二，相关主体的权利、责任和义务。当事人（大型科研设施的建造者或购买者）对大型设施建设项目实施负有主要管理职责。当事人的管理架构中必须包括业务和财务控制，同时要有恰当的报告机制。

项目负责人（美国国家科学基金会中大型设施项目的负责人）在国家科学基金会内对项目各个方面承担主要责任，包括：计划合作，协调相关机构组织，为项目审批和评估准备所需的项目文件，对建议进行价值评估，全部资助运行费用、维护费用和相关项目活动费用，监督项目。

项目顾问团，由项目负责人和其部门主任共同召集和主持，在确定实际费用、建立程序以及确定业绩目标的过程中，为项目负责人提供建议和帮助。项目顾问团包括大型设施项目代理（或被任命人员），技术专家，以及来自预算、金融、授权和协议、购买、大律师、立法与公共事务、国际项目方面的代表。

大型设施项目代理是为美国国家科学基金会项目负责人提供有关项目管理建议的主要代理，一直监督和管理所有的大型设施项目，包括所有业务和财务方面的工作。大型设施项目代理应该就设备的所有政策问题提供咨询意见，包括对美国国家科学基金会管理层、美国国家科学基金会监察办公室、管理与预算办公室以及国会的询问做出回应。

其三，预算管理。在预算过程中，当事人有责任进行预算并提交给项目负责人，项目负责人有责任对当事人的预算进行评估，最后提出合理化建议。然后，项目负责人设计出资金图，并进行现金流分析，确定所有内外资源的合理参与。

其四，过程监督。项目负责人要依据内部管理计划通过评估和报告，不断监督工作进程。在项目的实施阶段要求进行下列操作：a. 应用项目管理原则，特别要关注成本和程序变动，以及参照计划进行的项目跟踪；b. 对季报进行评估分析，评估技术进展；c. 定期现场参观，至少半年一次，与受助项目主任和项目技术人员会面，获取第一手的进展资料；d. 每半年或一年要会同外部评估师对技术、预算和程序进展进行评估，确定项目进展，发现问题，并形成解决问题的计划；e. 每半年或一年要会同大型设备代理对项目进行一次评估，包括管理和业务操作评估；f. 与受助机构高层管理人员对业绩和管理中的重要问题进行讨论。

其五，考核评价。大约在资助授予期满前 18 个月，项目负责人要审核评估（也可召集专家会议审评）研究和培训结果、用户需求满意度以及设备的管理状况。审评结果将用于决定是否继续资助、更新或报废设备。

E. 美国国家航空航天局对设备的管理规定。美国国家航空航天局为了加强本部门设备的管理，制定了《设备管理指南》。

其一，设备管理职责。管理系统及设备的首席助理负责确定设备管理的政策，以及实施有效性的指导方针。供给和管理设备官员的职责包括：对分配给其中心的所有设备进行监管；在本中心内，以最有效和最高效率的方式分配设备资源；找出闲置设备；实施必要的设备控制步骤，确保中心的设备管理系统能够为本中心持有的设备提供保养、管理和保护；确定资产检测员和资产检测部门及其职责；指派全职的资产负责人；监督项目资产的管理等。部门主任是美国国家航空航天局设备管理项目的重要官员，主要负责把设备分配到各个组织，并对设备状态、设备使用和既定目标完成的方方面面负责。中心设备经理（或受派人）的职责是确保本中心按照联邦财产管理规范，使设备能尽量重复使用。

其二，受控设备包括购置费用超过 5000 美元的、估计可以有效使用两年或更多年的设备，那些不会在一次试验中就消耗完的设备以及敏感性的非主要设备（即购置费用在 1000~4000 美元的设备）。非受控设备包括购置费用低于 1000 美元的设备。此处的设备管理程序仅适用于受控设备。

其三，自我评估。美国国家航空航天局每个中心都应制定符合美国国家航空航天局自我评估政策的自我评估计划，该计划包含对中心的设备管理项目所做的详细评估，以确定设备管理职责是否完善。自我评估应采用由中心制定的、经过批准的方法，检查设备管理项目的整体性。

②科技信息资源共享经验——以美国国有科学数据管理机制为例。

A. 美国科学数据共享的战略部署。数字化的科学数据管理是人类社会进入信息时代以来的新生事物，科学数据发展的速度常常超出科学家们预料。因此，在很多情况下，人们尚未准备好很多事情就已经发生了。这种现象在发展中国家尤其突出，中国也遇到了类似的挑战。美国是世界上科学数据拥有量最大的国家，特别是在地球科学和生命科学领域，其数据拥有量占据世界总量的 80% 以上。美国也是世界上最早介入科学数据共享管理的国家。考察美国在科学数据共享管理方面的经验，分析美国国有科学数据共享管理机制和保障体系，对中国科学数据共享管理以及中国实施科学数据共享工程有着重要的借鉴作用。

为了保障美国在 21 世纪综合国力占据国际主导地位，并在各个主要领域占据世界领导地位，美国在 20 世纪最后十年确立了在国家层面上建设国有科学数据和信息全社会共享环境的战略部署。克林顿总统和白宫发布的对这个战略部署核心的政策表述是：第一，"让美国每一个教室都通互联网"；第二，除危及国家安全、影响政府政务和涉及个人隐私的数据和信息以外的国有（公共领域）数据和信息全部实施"完全与开放"的共享国策。白宫将"完全与开放"定义为：数据和信息向全社会开放，用户获取数据的费用不高于数据复制和邮寄所发生的费用。①

在 20 世纪 80 年代所取得的成就的基础上，经过十年的努力，美国在 20 世纪末建

---

① 刘闯：《美国国有科学数据共享管理机制及对我国的启示》，《中国基础科学》2003 年第 1 期。

成了美国科学数据和信息全社会共享环境。这个共享环境的建设，使美国成为世界科学数据与信息的中心，保障了美国 21 世纪新战略的形成和实施，实现了美国联邦政府制定的保障美国在 21 世纪继续保持其领导地位战略的第一步计划。

在国家层面，美国对科学数据是知识经济时代最核心的智力财产有深刻认识。为什么这个极度信奉自由经济意识形态的国家为当代最宝贵的科学数据选择了一条与市场根本"不同"的"完全与开放"的共享道路？为什么要将其定为国策？这样的战略选择是基于什么考虑？对于这些问题的研究需要首先回到对科学数据的经济学规律的认识上。

科学数据是信息时代一种特殊的资源，数据在经济学方面有两个基本规律：科学数据的价值度量规律和科学数据的投入产出规律。

科学数据的价值表现在三个方面：科学价值、经济价值和社会价值。[①] 当代科学数据的科学价值表现在其既是科学研究的基础又是科学研究的"牵引力"。最典型的例子就是美国实施的新一代地球观测系统计划，这个计划的核心就是获取有关地球各个圈层的数据，通过对这些数据的研究，获得对地球变化规律的认识。科学数据的经济价值表现在科学数据可以直接或间接为数据创建者和数据使用者带来经济效益。科学数据的社会价值主要体现在提高全民素质、全民的自我教育、违规行为的监督、社会稳定、政府决策的监督和政府意志的潜移默化的执行等方面。因此，在实现科学数据价值的过程中，要综合考虑科学数据价值的各个方面，不能简单用一个指标去度量，否则科学数据的价值就无法完全得到开发，造成浪费。

科学数据在经济学方面的第二个规律就是投入产出规律。科学数据在投入方面有两种费用：一是极为昂贵的开发费用，二是非常廉价的复制费用。这意味着把科学数据复制给更多的人，并不需要追加太多的投资，而要重复地开发，总投资将成倍地增长。从数据库开发投入资金来看，数据的单价与该数据库的用户数量成反比。在一般情况下，一个中等规模的科学数据库需要最少三年左右的开发时间，复制却只需要几分钟的时间。从数据库在时间方面的需求，也可以得到这样的结论：复制是一种最省钱、省时间的做法。

科学数据在产出方面的经济学规律表现在科学数据与用户的智力和质量之间有突变关系。用一种形象的比喻，科学数据就像是带有"干细胞性质的种子"掉进荒漠，很快就会干瘪死去，但把它种在沃土良田里，却能开花、结果，把它放到不同的"适合土壤"中，就会结出不同的"果实"。值得一提的是这种"适合"还是"不适合"，并不完全由研究者已经被社会所认定的成就或名望所决定。在对科学数据的利

---

① 胡景荣：《科技信息资源共享的路径选择》，《中国科技信息》2010 年第 1 期。

用中,常常出现"小人物做出大事情"的情况。只要让尚未"成名"、"成家"的研究者获得科学数据支持,他们往往能出人意料地取得富有创意的成果。因此,作为国家政府,创建一种全社会的科学数据共享环境,对知名的科学家和无数尚未知名的科研人士共享,其数据应用的效益往往超出政府的预计。

从数据经济学规律得到的结论:对于一个自认为具有高质量、高素质科技人才的大国来说,其战略选择必然是采取一切可以采用的手段促进应用。

回顾中国近十年在科学数据共享方面所走过的道路,可以看出,中国在科学数据共享方面采取的战略是科学家"各自为战",科学研究项目"各项目组为战"。因此,出现了一个单位内科学家之间共享数据比外单位难,从国外可以免费共享的同类数据,在国内却需高价购买,数据低层次重复开发、数据质量没有保证、不标准等现象。

中国是一个人口众多的大国,无论从总人口数量,还是科学家数量和学生数量来看,中国均多于美国。从科学数据经济学规律出发,中国在国家层面上实施科学数据共享是明智之举。孙枢院士认为,在国家层面上实施科学数据共享是一件"功德无量的大事"。科学数据共享是一项长期的、涉及国家科技创新体系建设的重要工作。因此,要实施中国国家层面上科学数据共享,首要的工作是对中国科学数据共享战略进行调整。调整的主要方向是将科学数据共享变科学家个人行为、项目组行为、行业行为为国家行为,在中国科技发展规划的总体布局中,变国家单纯抓项目为国家为全社会建造科技可持续创新的环境和促进科研项目开展并举。

B. 美国科学数据共享的运行机制。美国在科学数据管理过程中,严格区分三种不同的运行机制:保密性管理机制、"完全与开放"管理机制和市场管理机制。

美国将有可能危及国家安全、有可能影响政府政务、有可能涉及个人隐私的数据和信息均纳入保密性运行机制中管理,并对这些内容给予十分严格和明确的规定。同时,参与这些数据和信息开发和管理的人员需要与单位签订保密协议,联邦情报局与各个单位安全主管负责对科学数据和信息的安全性执行情况进行检查。

将国家所有和国家投资产生的,不会危及国家安全、影响政府政务,不会涉及个人隐私的全部数据和信息纳入"完全与开放"的运行机制管理。为了保障这个机制的运行畅通,国家建立了配套的强制性和鼓励性机制。

将私营企业投资产生的科学数据,纳入市场运行的管理体系。国家通过对开发证的批准、税收、反经济垄断等渠道加强管理。

这三种运行机制的优先顺序是保密性管理机制优先,此后是"完全与开放"机制和市场机制并列。

科学数据和信息是一种宝贵的资源,对于这种资源如何利用涉及很多经济学的问题。美国在这个问题上采取的基本原则是在保障国家安全、政府政务和个人隐私的基础上，谁投资谁受益。严格区分投资来源以及严格区分数据的产权性质是美国科学数据纳入哪一种机制运行的最主要的标准。由国家投资产生的数据（由纳税人的钱开发的数据）应该全民受益，由私营公司投资开发的数据，私营公司理所应当获得利益。

回顾中国近十年来科学数据共享的运行管理机制，总的来说，中国在保障国家安全的保密性管理机制方面还是成功和有效的，国家建立了有效的保障系统，国家基本上没有出现大的问题。但是，在公益性和产业化两种机制的划分上不够清楚，其中最主要的问题是对科学数据的产权划分不清楚。很多科学数据由国家投资产生，数据生产者把它当成小集团的财产，纳入市场机制获得利益，并且将这些利益通过不同的方式作为这一小部分人的劳动补贴。这是目前中国国有科学数据共享管理机制中存在的最主要问题。

借鉴美国的经验，笔者认为，中国需要在科学数据管理机制上进行调整。调整的重点是在国家保密机制基础上，根据投资者的不同，区分公益性和产业化两种不同的运行机制。对于转制单位或国家需要特殊扶持一段时间的情况，国家可以在一定阶段对特殊情况进行处理并专门拿出一部分钱支持产业化（起孵化器作用）。区分和健全保密性、公益性和产业化三种科学数据共享管理机制应该成为目前中国科学数据共享管理的重要内容。

在以上三种管理机制中，保密的数据在一定的条件下可以解密，可以纳入公益性或产业化管理机制中；在特殊的环境下，公开的数据也可以根据情况纳入保密性管理机制中。在公益性和产业化机制中，国家为了扶持产业的发展，可以拿出一部分资金资助产业数据库的开发和研制工作，产业部门也可以根据自己产业发展的需要，将产业部门开发的数据公益性共享。但是，这些都不应该成为主要部分。主要部分应该是国家投资产生的数据纳入公益性共享管理机制，企业投资产生的数据纳入市场化运行机制。

C. 美国"完全与开放"共享机制。美国联邦政府为了保障国有科学数据"完全与开放"共享机制的有效运转，采取二级法规管理体系加以控制。第一级，针对国家投资产生科学数据过程中所涉及的主体关系的不同，制定不同的法规；第二级，在国家法律原则下，针对不同行业数据的特点，由行业和部门制定具体行业数据共享政策和管理办法。

在第一级，在国家投资产生科学数据过程中所涉及的主体关系分为三种类型：一是联邦政府拥有的数据共享管理类型，二是联邦政府委托非营利性的大学、医院、科研单位所产生的数据共享管理类型，三是联邦政府委托营利性公司所产生的数据共享管理类型。美国联邦政府分别对这三种不同类型的数据共享管理制定不同的法规条文。

首先,对于联邦政府所拥有的数据和信息的共享办法,美国国会在1966年《信息自由法》的基础上,于1986年通过了进一步修改的新版《信息自由法》。1986年版的美国《信息自由法》主要针对美国政府所拥有的数据和信息的公开和共享问题。该法律文件的实质是强调"保护公民使用政府信息的权利",用法律手段确保联邦政府信息发挥最大效益。另外,美国版权法不保护联邦政府的作品,以此来保障政府信息的广泛共享。美国《版权法》强调"保护信息拥有人的利益",但是,美国《版权法》明确禁止联邦政府机构对自己的工作成果拥有版权(版权保护条款下的版权保护,不适用于美国政府的作品)。除此之外,美国联邦政府通过白宫管理与预算办公厅以通告的方式(《OMB-130通告》)发布了联邦政府所拥有的数据和信息共享管理细则。美国联邦政府通过上述两个重要法律和一个白宫通告(法规),确保了国家所拥有公共领域科学数据和信息的全社会共享。

其次,对国家委托大学、医院、非营利性研究院所科学研究项目产生的科学数据和信息的法制管理,美国政府通过白宫管理与预算办公厅通告的方式(《OMB-A110通告》)发布管理条例。该通告的重要贡献是对国家资助科学研究项目,而承担项目的单位是非营利性单位所产生的数据及信息的知识产权保护和公开共享给予了明确的规定,这些数据和信息要受到美国版权法保护。但是,在项目完成后和优先使用期结束后,这些数据必须公开,并且索取费用不得高于复制和邮寄所发生的费用。

再次,对联邦政府委托私营公司生产的数据的共享办法,同样采取白宫管理与预算办公厅通告的方式(《OMB-FAR通告》)予以明确规定。

最后,对于科学数据质量管理的政策法规的制定,根据联邦预算法案的规定,由白宫管理与预算办公厅发布数据与信息质量管理指南(《OMB-FR5365通告》)。美国政府在科学数据共享法制建设的第二个层面的工作是根据部门和行业的不同,科学数据的特点和性质的差异分别由各个部、局制定管理办法。例如,美国国家航空航天局根据联邦政府的法律和政策规定,根据美国国家航空航天局科学数据和信息的具体情况,制定了美国国家航空航天局信息安全政策、美国国家航空航天局个人隐私政策、美国国家航空航天局数据开放政策等具体执行政策。美国海洋大气局也相应制定本系统内部数据共享管理条例。根据白宫管理与预算办公厅的要求,各个部委、各有关单位均要做出本单位数据和信息共享管理政策。这些政策的具体制定,为分清责、权、利,正确落实国家政策和法律起到了桥梁作用。

美国联邦政府在科学数据共享法规建设上表现出两个特点:一是在科学数据共享管理纵向(各部、局)和横向(各接受投资单位)两个方面建立了严格的法规体系,这些法规在"完全与开放"管理机制下强制性执行，其基本精神是联邦政府投资产生的数据和信息是国有财产，以法律为强有力武器，为国有科学数据和信息全社会共享提供保障。二是在横向方面，美国联邦政府应用法律（例如《信息自由法》）和白宫管理与预算办公厅通告（例如《OMB-A130号通告》）两种不同的方式对全国科学数据共享管理予以法律约束。由于立法工作以及立法程序的要求，立法往往需要较长的时间才能够完成。然而，科学数据的发展很快，新情况、新问题很多，完全依靠立法常常会使新问题积攒成堆不能及时得到解决，结果给国家造成不必要的损失。采用白宫管理与预算办公厅通告的方式发布国家规定也是美国法制建设的一个组成部分。这样做，法规制定程序相应比较简单，所需要的时间也较短，同时可以达到规范人们行为的作用。

汇总中国有关国有科学数据共享的法律、政策条文，不难看出中国科学数据共享管理在法规方面的建设还停留在行业管理法规方面，例如测绘法、水文数据管理办法、地震数据管理办法等。目前我们所欠缺的是国家层面上的科学数据共享管理法规，最主要的是政府所拥有的科学数据的共享法规，政府委托大学、研究院等非营利性单位开展科研项目所产生数据的共享管理条例。

首先是政府所拥有的数据共享的立法问题。可喜的是，随着中国电子政务启动，国内对政府信息公开纳入法制轨道已经成为共识。目前中国正在着手起草《政府信息公开法》。这部法律将成为中国政府所拥有的信息（包括科学数据）共享的基本大法。这部法律出台后，政府所拥有的（除可能危害国家安全、影响政府政务或牵涉个人隐私的）信息和科学数据都应该依法公益性地"公之于众"。在该法出台前，中国应制定一个有关国家政府所拥有的科学数据共享管理暂行条例。

其次是国家投资科研项目所产生数据共享的法制管理问题。国家投资科研项目产生数据的共享管理问题在中国是一个历史遗留的大问题，也是中国由于在科学数据问题上长期政策不到位造成浪费最大的地方。这个问题与政府所拥有的数据不同之处在于其涉及的法律主体并不像政府那样简单，其中包括数据开发者个人、数据开发者所在单位、管理与散发数据单位以及投资者等多重关系。由科学家个人智力投入所产生的数据将要受到著作权的保护，而国家投资产生的数据要求公益性共享。因此，在国家投资下，由科学家智力投入产生的数据的共享问题就要特别规定知识产权的各种不同权利归属，目前中国科研项目产生的科学数据共享法制管理亟须在个人、单位和国家公众利益之间找到平衡点。此外，国家投资给转制科研单位以至国家投资私营公司所产生的科学数据的共享管理条例、科学数据质量的管理条例也应纳入科学数据共享管理条例制定计划。

D. 美国联邦政府对科学数据共享的投资。美国联邦政府将建设全社会科学数据和信息共享环境作为国家主要战略任务，在联邦政府预算中设立专项予以长期、稳定的资金投入。以地球科学和国家目标相结合的美国全球变化研究长期项目为例，自1993年起每年予以资助，资助的额度如表3-7所示。

表3-7 美国全球变化研究长期项目年度经费预算

单位：百万美元

年份	1993	1994	1995	1996	1997	1998	1999	2000	2001
金额	1326	1444	1721	1810	1810	1677	1682	1691	1735

美国全球变化研究项目（地球科学及其相关领域）的经费预算中，在数据方面的费用高达90%以上。以2013年的投资为例，在观测与数据获取方面的投资达到22.43亿美元，在数据处理方面的投资3.98亿美元，在数据获取和处理方面投入合计26.41亿美元，占总投资的98%，而在建立模型和预测、交流与教育方面研究的经费仅为0.43亿美元，仅占总投资的2%。（见表3-8）

表3-8 2013年美国全球变化研究项目经费分配表（百万美元）

单位：百万美元

	农业部	商务部	能源部	健康与公共事业部	内务部	运输部	环境保护署	国家航空航天局	国家科学基金	史密森学会	国际开发署	合计
总经费	122.56	363.9	230.53	6.05	67.741	1.52	20.27	1522	332.91	8	10	2685.5
观测与数据	59.2	261.8	230.3	3.9	23.2	1.5	10.9	1328	316.7	7.8	0	2243.3
数据处理	47	91.6	0	1.4	35.1	0	3.9	194	14.8	0	10	397.8
模型与预测	11.6	7.7	0	0.4	9.4	0	5.6	0	0	0	0	34.7
交流与教育	4.8	2.8	0.2	0.3	0	0	0	0	1.5	0.2	0	9.8

美国联邦政府在科学数据共享投资管理渠道方面的做法也是非常值得研究。仍以全球变化长期项目投资管理渠道为例，虽然美国农业部、环保局、国防部等部门均占据一定位置，但是，美国国家航空航天局的经费比重占据70%左右。而美国国家航空航天局的这部分经费主要用于9个国家级数据中心的建设。

美国联邦政府在科学数据共享经费管理上之所以采取这样的方式，重要目的之一是用投资—合同关系确保主要的科学数据能够汇集到国家级数据中心来管理和散发。美国联邦政府没有采取制定管理与预算管理办公室通告的方式，而是采取投资和签订合同的方式将科学数据汇集到国家级数据中心。这样处理的主要考虑是科学数据的复杂性，政府不可能拿出一个法律上可以量化、对各个项目均可行的数据汇交指标。如果仅规定科学研究产生数据建立汇交制度，但是这个制度不能具体指出什么数据、多少数据上交的话，数据上交制度就不容易在司法层面上确定法律责任，数据汇集工作难以操作。如果采用每个项目通过政府投资、同时与政府签订合同的方式，在合同中明确规定数据类型、数据量、上交方式、上交时间、上交单位、数据相关各方的产权关系等，这就用合同的方式保障了国家投资科研项目产生的各种不同类型的数据可以汇集到国家级数据中心中并实施共享。

3.3.2.2 国内科教资源共享机制建设的经验

①科研仪器设备共享经验——以中关村开放实验室为例。中关村开放实验室是中关村科技园区为充分发挥北京地区独有的高科技创新资源集聚的优势，强力推动产学研结合，积极促进科技成果向现实生产力转化的战略目标而重点推动的一项工作。中关村开放实验室挂牌成员主要来自中国科学院、中国人民解放军军事科学院、中国医学科学院等国家研究院所，清华大学、北京大学、北京科技大学等高等院校的国家级重点实验室，以及各类国家工程中心、国家工程研究中心、企业级研究中心及部分外资研发中心等。中关村开放实验室专项工作自2006年6月正式启动以来，已先后4批为50多家实验室和各领域工程中心挂牌，推动各类产学研结合项目2000余项，资助补贴各类项目300余项，受益企业近700家，补贴金额近亿元。

中关村开放实验室开展的主要工作如下：

A. 根据中关村管委会的计划安排，接受和推动各类国家级重点实验室、各类国家工程中心、各类企业研发中心的申报挂牌工作，对申请挂牌的实验室按照规定要求和程序予以调查、评审，对挂牌后的实验室进行评估、考核等工作。对评估考核合格的实验室提供一次性50万元的运行补贴。

B. 对各类挂牌开放实验室与北京地区的高新技术企业实施产学研合作的项目进行申报受理、评审、推荐等工作。目前，中关村开放实验室专项补贴项目分为检测服务类项目、技术攻关服务类项目与中关村开放实验室重大产业化项目3类进行申报。每年1~2次集中受理企业与实验室申报的中关村开放实验室专项资金支持项目申报材料，为园区企业提供的检测服务类项目以中关村开放实验室为主体进行申报，为园区企业提供的技术攻关服务类项目与中关村开放实验室重大产业化项目以园区企业为主体进行申报。

企业与实验室申报的检测类服务项目与技术攻关类项目在北京民协受理，并分领域进行专家评审与终审，通过后报中关村科技园区管委会批准（给予申报项目不超过已发生合同金额的50%，单项最高不超过10万元的资助额度）。企业和实验室联合申报的中关村开放实验室重大产业化项目在北京民协受理,在中关村管委会评审,通过后报中关村科技园区管委会批准(给予申报项目不超过项目投资总额的20%,单项最高不超过500万元的资助额度)。

C. 为更广泛地促进产学研合作,更深层次地推动重大产业化科技创新项目,中关村开放实验室工作围绕园区百家创新企业、领军企业、创新性中小企业等重点企业的需求,依托专业园、大学科技园、产业技术联盟,积极组织与相关实验室开展的各种形式的对接和交流活动,促进重大科技创新成果的产生。在此基础之上,加大集成创新、体制创新的力度,形成世界级重大产学研合作的实体项目与成果。中关村开放实验室设有专门的门户网站,外网向社会及非会员单位开放,内网向挂牌实验室及相关管理、服务单位开放。根据活动情况,编制工作简报,及时向政府各主管部门及相关主管领导报告工作情况。

截至2011年8月,中关村开放实验室工程激活了北京市上百亿元的高端科研设备,累计申请专利3095项,开放实验室数量有望突破100家。在某种程度上,中关村开放实验室成功实现了"学与用"的有效衔接,为破解中国产学研用结合的困局提供了参考。

②科学数据与信息资源共享——以地球系统科学数据共享平台为例。地球系统科学数据共享平台属于国家科技基础条件平台下的科学数据共享平台,是国家科技基础条件平台建设的重要成果之一。该平台早在2002年就作为中国科学数据共享工程的首批9个试点之一启动建设,经历了试点和建设阶段,于2004年度纳入国家科技基础条件平台。它属于科学数据共享工程规划中的"基础科学与前沿研究"领域,主要是为地球系统科学的基础研究和学科前沿创新提供科学数据支撑和数据服务,是目前科学数据共享中唯一以整合、集成科研院所、高等院校和科学家个人通过科研活动所产生的分散科学数据为重点的平台。

地球系统科学数据共享平台承担单位是中国科学院地理科学与资源研究所。中国科学院资源、环境领域的研究所,国内地学领域的知名高校共40多家单位,世界数据中心和国际山地中心,美国马里兰大学等国际组织和机构参与平台建设与运行服务。

地球系统科学数据共享平台的总体目标是整合集成分布在国内外数据中心群、高等院校、科研院所和野外监测台站以及科学家个人手中历史的、现有的和未来的科学研究产生的数据资源,接收国家重大科研项目产生的数据成果及引进国际数据资源,加工、生产满足人地系统及地球系统各圈层相互关系研究的专题数据集。建立健全运行机制,形成一个非营利的"以各运行服务中心"为构架的分布式地球系统科学前沿研究与全球变化研究数据支撑平台。通过调查与测算,近20多年来,分布在中国科学院、国内研究型重点高校以及各类重大科研项目产生的地球系统科学领域的"研究型科学数据"总量约为26.19TB（每年1个多TB）。

遵循"先服务、后集成"的理念，平台创造提出了"10种"分散科学数据资源的整合模式。近年来，平台以专题服务为牵引，突出资源的整合集成与深度挖掘。截止到2014年底，平台已经构建了"全球－全国－典型区域"3个层面的11个专题库，涵盖5大圈层，18个学科，筛选翻译了1500多个国际数据资源网站，建立了5个国际数据资源镜像站点，数据总量达到54.66TB，占应整合数据资源量的66.8%。整合集成的数据资源全部经过规范化处理，同时，开展了数据资源的深度加工和数据产品的生产，形成了多要素、长时间系列的特色数据产品。通过数据产品，引领和驱动地球系统科学的发展。

数据资源保存采用集中与适度分布相结合的方式，即分散保存在各参加单位，集中保存到总平台并进行异地备份。通过在线方式，向国家科技基础条件平台门户（以下简称"平台门户"）实时汇交元数据和运行日志，接受"平台门户"的监控和评估。

全部数据资源已经向社会公布并对外提供了91.53TB的数据服务量，数据资源利用率达到167.4%。

在共享服务方面，平台制定了《地球系统科学数据共享联盟章程》、《地球系统科学数据共享平台管理办法》、《地球系统科学数据共享条例》、《地球系统科学数据共享服务规范》等一系列共享服务制度。具体的规定是：倡导"共建"、"共享"，在保护国家安全，尊重知识产权的前提下，实行完全开放和无偿、有序的共享。要求数据使用者，在发表成果时注明数据生产者及数据的获取渠道，并反馈数据的利用情况、存在的问题，赠送相关的研究成果。

为用户提供数据汇交、数据导航、数据搜索、数据在线访问与下载、数据在线预订、数据使用咨询、委托建库、软件工具共享等方面的服务。

上述服务主要通过在线、离线和主动跟踪等方式实现。在线服务主要通过分布式的软件平台（1个总平台、8个区域子平台、6个学科子平台）提供，离线和主动跟踪服务主要通过专业的服务队伍提供。

截止到2014年底，平台实名注册用户为91944人，网站总访问量达到1700万（17798203）人次。已向科技界和社会公众提供了91.53TB的数据服务量，为2384项国家重大科研项目或课题，青藏铁路、载人航天工程等14项国家重大工程建设项目，汶川地震应急决策与灾后规划、北京奥运空间环境保障等22个民生工程提供了数据支撑服务。

向全社会无偿提供了从国外引进的陆地资源卫星影像21726景，仅此一项按当时国内的购买价计算，就为应用部门节省经费约 8256 万元。在平台的支撑下，各参加单位申请争取到各类科技项目共计 67 项，合计经费 12140.2 万元；共计发表科技论文/专著 304 篇/部；获得国家级、省部级各类科技奖励 12 项，申请软件著作权 16 项。

创造的"10 种"分散科学数据资源的整合服务模式，直接促进了"973 计划资源环境领域项目数据汇交"工作的启动，对于全面推进国家重大科技项目数据的汇交具有重要的意义。通过"本平台"的实践，改变了国际同行对中国数据共享工作的看法，提升了中国地学数据工作在国际上的地位。

培养建立了一支从事地球系统科学数据共享工作的高水平、稳定的、专业化的人才队伍。

3.3.3　中国科教资源共享机制建设的政策建议

根据以上对科教资源共享体制的分析，借鉴国外先进的科教资源共享经验，我们提出以下中国科教资源共享体制建设的政策建议。

3.3.3.1　科研仪器设备共享的政策建议

①依托科研基地建立共享服务中心。建立大型科学仪器设备共享平台的突破口在于加强科学研究基地建设，强化其承担共享服务与开放的功能。科学研究基地之所以是突破口，一是因为它们已有较好的装备条件，有能力对外服务；二是它们本来就有开放共享的义务，只是当前这一功能发挥得不好；三是它们可以通过带动所在单位的资源共享，进而推进区域共享，最终达到国家层面上的资源共享。

依托重要科研基地建立各级大型仪器设备共享服务平台既是实现大型仪器设备共享的根本途径，也是重要科研基地的基本义务。第一级共享服务平台可以直接依托国家级、省部级重点（开放）实验室、工程技术（研究）中心建立，以服务这些基地所在单位为主，兼而对外开放；第二级共享服务平台可以选择少数高校和科研单位，以它们的优势学科为基础，建立专业性较强、功能比较完善的综合服务中心（如某某地区分析测试中心、材料检测中心、质谱中心等），这些中心应该是实体的，主要是发挥中心城市的辐射作用，为所处区域服务；第三级则是在前两级中心的基础上，选择"少而精"的中心强化建设，形成优势明显、填补国内空白的国家级服务中心。

通过对上述各类基地大型仪器设备的建设与整合，辅以公共信息资源和网络建设，以各级各类研究中心（重点开放实验室、工程技术中心）建设为着眼点，通过解决人员、资金、技术、机制等方面的问题，率先实现实验室（工程中心）仪器设备的真正共享，并以此为单元推进所在单位的仪器设备共享，逐步发展到区域共享，最后融入国家层面,实现大型科学仪器设备的全国共享。

②支持建立大型仪器设备综合服务中心,促进商业化和市场化服务。在有条件的地方,可以依托少数科研单位,建立大型仪器设备综合服务中心,再通过体制改革,逐步实行企业化运行,自负盈亏,充分开展对外服务,逐步减少政府对这些中心拥有的仪器设备的财政投入,进而使部分大型仪器设备的共享服务商业化、市场化,成为各级共享服务平台(中心)的补充。这一中心的运行可以为科研单位提供强有力的支持,因为这些中心不仅能达到规模化服务而提高工作效率,缩短工作周期,而且能大大提高仪器设备的利用率,进而为国家节约大量财政资金和外汇。

除上述途径外,也可吸引民间资源和资本,直接建立以大型仪器设备为服务中心的现代高技术企业,给予其一定的优惠政策,如一定时期的免税、减税、奖励基金等,扶持其快速成长。商业化、市场化的大型仪器设备服务是科学研究工作深入发展、社会分工更加精细的必然趋势。

③树立国有资产观念,强化政府导向,共建有利于营造共享氛围的社会机制。首先,要加强宣传与舆论引导。国家财政资金投入购买的仪器设备属于国有资产,不是所在单位、更不是某个人的私有财产。既然是国有资产,那么国家境内的任何单位和个人都有权共享。在这一点上要加强宣传,做到人人皆知,切实破除小团体、小集体所有的狭隘观念。其次,要加强监管与政府引导。政府各部门在科研基地建设工作中,要把大型仪器设备共享作为重要的工作目标和考核指标。例如,在制定科研基地考核指标时,不能仅考虑一个单位的大型仪器设备拥有量,还要考虑其可资利用的大型仪器设备量(即那些"不为所有,但为所用"的仪器设备)及大型仪器设备的开放率。再如,在制订大型仪器设备采购方案时,不仅要考虑仪器本身的购置成本,还应切实落实其运行及维护费用;在审核大型仪器设备采购计划时,要科学论证,按程序严格审批,有共享条件的设备不批准购买。最后,要奖惩结合,机制引导。通过有关部门的监管,对利用率不高或考核不达标的仪器设备做出收回、转移处理;对利用率高、服务效果好的仪器设备进行适当奖励,追加建设或运行经费等;把仪器设备的共享情况作为考核研究基地工作成效的重要指标之一。通过舆论引导、政府引导和机制引导,努力调动科研单位和个人主动参与共享平台建设的积极性。

④加强大型仪器设备技术服务队伍的建设。缺乏专门的、高水平的技术服务人员是大型仪器设备不能真正走向共享和开放的根本原因,技术服务人员的态度和水平也是影响服务客体对共享仪器设备所持态度的直接原因。因此,切实加强大型仪器设备技术队伍的建设是促进大型仪器设备真正共享的根本措施。

首先,切实落实大型仪器设备使用维护人员编制。落实大型仪器设备专职技术人员是保证其正常运行和开放的基础。在中国大型仪器设备建设上,"买得起马,配不起鞍"的事情时有发生。一个实验技术人员一年的工资、津贴不过 3 万~6 万元，10 年不过 30 万~60 万元，仅是一台普通仪器设备的价值，而缺少这样一个编制，可能会造成上千万元仪器设备的闲置和重复购置，形成实质性浪费。因为没有专用编制，所以不可能对大型仪器设备实行专人管理，直接造成大型仪器设备使用与开放时间不能保证，日常维护无法进行，使用寿命缩短，以及许多功能得不到开发和充分发挥。

其次，加强大型仪器设备专门技术人员培养。力求使其对自己所管理的仪器设备做到"技术精通，应用自如"。技术人员培训应纳入各级共享平台（中心）建设的首要工作中。通过派出、小范围研讨等活动，力争培养一支业务熟练、技术精湛、具有开发和创新能力的技术骨干队伍。

最后，制定激励措施，调动技术人员的工作积极性和主动性。考核技术人员的工作成效可以通过对有效工作机时、故障率、精准度等的核定来进行。以大型仪器设备运行状态为着眼点，通过对仪器设备故障率、修复率、利用率、开放率等的考核，对技术人员的业务能力、工作态度、技能等级等做出评价，进而采取有针对性的奖惩措施。

⑤设立大型仪器设备运行基金。通过政府投入、社会集资、科研单位自筹等多种渠道，按仪器设备价值的一定比例，建立管理相对统一的各级大型仪器设备运行基金。这些基金的用途包括：大型仪器设备的日常维护和维修、共享设备的运行成本、技术人员培训、仪器设备技术革新和改造、远程服务系统研发、管理业务支出以及因共享设备产生的费用等。基金可由国家有关部门掌握，通过一定方式评估和核定后划拨到相关中心，再由仪器设备拥有者根据工作实绩事后申报，经审核后支付。

⑥加强大型仪器设备信息化资源建设。对于参与共享平台（中心）建设的单位，有义务将其资源信息在一定范围内向社会发布，既提供信息服务指南，又接受公众监督。信息发布基础软件平台可通过立项方式组织开发，建成后可依托教学科研网进行管理。各单位可在一定审核机制下自由进入，上传和发布信息。仪器设备运行状态信息发布平台可以委托大型网站（如教育科研网等）或事业单位进行维护管理。

3.3.3.2 科学数据信息资源共享的政策建议

科学信息资源主要包括：①科技新闻信息和政策法规。科技信息平台的一个重要功能就是向社会各界发布本区域的科技动态和科技新闻，以及最新的通知通告，同时也向外界提供科技政策法规的内容。②科技文献。科技文献的共享是科技信息平台的核心组成部分之一。其中包括科技期刊、学位论文、会议论文、专利、标准、科技成果的全文或摘要数据库。文献共享平台为区域内的科研人员提供了便利的资源搜集途径。同时平台也能够提供原文传递服务，以满足对特殊文献的查阅需求。③科技成果转化平台。科技成果产生后面临的最大难题就是如何与社会需求对接。科技成果转化平台可以有效地将最新成果进行展示或报道，同时也可以发布对某课题领域的科技成果的需求，这样科技成果的供需双方都有较为权威可信的信息来源。④科普平台。科学普及可以由网络平台得到更好的延伸，通过对科技领域的知识、信息、历史以及科学争论焦点问题的介绍，培育公众对科学技术的兴趣，提高公众的科技素养。⑤政务平台。政府科技部门可以通过网络平台开展办公，将某些申请和审批等办事流程通过网络平台完成，比如科技项目的申报、评估、论证和检查验收。政务平台还涉及科技成果的奖励公示、科研诚信的检测评估、科技成果登记，以及科技统计数据的公布等事务。除此之外，政务平台一般还设有接受建议的通道，比如建议信箱、公众留言板，甚至在线交流等，通过这些方式接受监督投诉。还有一些平台设有在线访谈和网上调查，缩短政府和公众之间的距离。

因此，实现科技信息资源共享机制的创新必须从以上所列的科技信息类型入手，利用相应的平台实现科技信息资源的共享。

（1）将科技信息的分类和功能进行有序化调整，形成全面而清晰的科技活动的框架结构。科技信息平台不仅能够将科技的主要任务加以突出，同时能够把未来的各项工作以条理分明的形式展现出来，为科技工作的管理和改进提供基础和依据。减少"信息孤岛"，将信息资源的关联性加以提升。平台的出现改变了以往各个机构各自拥有信息资源而不共享的局面，同时也使不同领域的信息资源得以在同一网站平台上显示，并可以同时获取。这样避免了以往因为各个网站数据库结构和检索模式的不同而造成的信息资源被分割的情况，从而以"一站式"解决的方法满足资源需求，这无论是对受众还是对信息资源的管理者来说都是最为便利的路径。

（2）扶植企业发展，为企业提供科技信息后盾。共享平台不仅将企业及其产品推向互联网世界，同时也为企业获取信息资源提供不可或缺的渠道。无论是数据库、科技成果供需信息，还是科技创业孵化，对于处于发展初期和上升期的中小企业都是强大的推力。

（3）加速科技创新，提高区域或城市的科技竞争力。科技信息平台直接反映了城市的整体科技面貌和实力。平台建设本身就是城市软实力的一个重要体现。同时，平台的便利和资源优化极大地推动了城市的科技创新，使信息的流动、共享、利用、开发和再生产变得畅通无阻，成为城市面向世界信息化浪潮的一个重要窗口。

（4）促成科技共同体的形成和融合。科技信息共享平台的使用者、参与者和协调者都是科技进步的推动力量，他们通过资源的共享和合作，以及基于平台对各项事务的广泛参与和相互交流，形成拥有共同目标和共同价值观的科技共同体。这对科技工作的开展和合作精神的培育都具有十分重要的意义。成熟的科技共同体能够引导科技创新的潮流，避免科技发展走弯路。

（5）塑造政府在公共服务领域的新形象，为政府职能的转变和电子政务的拓展提供了契机。在平台建设中，政府主要以协调者的角色出现，为企事业单位和科研机构提供科技信息服务。政府的工作重心从以往事无巨细的管理，转为提高服务水平，为科技发展创造有利的政策环境。另外，平台建设也可以有力地提高电子政务水平和公务系统办事效率，提高科技活动的公众参与度和科技决策水平，有助于政府了解公众和企业的需求，避免盲目决策，并可以让科技工作更加透明公开，树立政府的公信力。

3.3.3.3 科技人才资源共享的政策建议

随着中国改革进程的不断深入，中国人才流向的单一化倾向正在逐步改变，人才开发的整体性格局逐步形成，人才一体化建设工作正在步入良性循环轨道，对人才一体化建设提出了新的更高的要求。中国要将科技人才资源优势转化为经济社会发展优势，为提高中国自主创新能力，推动经济社会又好又快发展提供强有力的人才支撑。

（1）建立人才一体化评价机制。科学统一的人才评价机制是营造和谐人才创业环境、实现人才资源共享的重要前提和基础。建立人才一体化评价机制，必须用科学人才观指导人才工作。牢固树立"人才资源是第一资源"的观念，探索建立以能力和业绩为主要导向的社会化人才评价机制，坚持将"品德、知识、能力、业绩"作为衡量人才的标准，打破地域、身份和所有制的界限，逐步消除人才流动的体制性障碍，形成以公开、平等、竞争、择优为导向，统一的人才评价机制，促进圈内人才的有序竞争和合理流动。

（2）建立人才一体化流动机制。人才的合理流动有助于人才资源优化配置，在流动过程中，人才必须熟悉新的环境，学习积累新知识，有效促进自身全面发展。建立人才流动一体化机制，可以加快形成圈内人才自由流动、紧缺人才畅通流入、基础人才自发流动的人才良性流动格局。完善市场功能，促进圈内人才自由流动。一是加强人才市场建设。在现有人才市场的基础上，整合人事部门所属人才市场和劳动部门所属人力资源市场，形成资源共享、优势互补的人才与劳动力市场体系。加强人才市场硬件建设，定期发布人才供求信息，举办人才交流洽谈会，发挥人才市场的辐射作用；加强市、县人才市场对接，组织专门的人才供需见面会和人才集市；引进社会力量，加快各类人才中介成长壮大，组织鼓励和支持各方力量参与人才市场的建设，为圈内人才流动提供良好的外部环境。二是加强人才信息网络化建设。开发圈内统一的人才供求信息软件，统一人才信息的搜集、整理、存储和发布，共同构筑专业化和区域化的科技人才信息网络，逐步建立统一完善的圈内人才信息库。在信息使用方面，做到圈内各地之间相互开放、相互连接、互通有无，实现人才网络互联，人才信息共享，人才信息资源共建和共享。以各地现有的人事部门的信息机构为依托，本着协商、合作的精神，解决有关问题。三是完善市场服务功能。积极推进人才服务机构体制改革，实现政事分开、政企分开、管办分离，构建人才公共服务平台。进一步发挥各级人才服务机构的职能作用，完善人事和劳动代理制度，拓展服务内容，积极为各类人才提供档案寄存以及代办工资定级、社会保险、出国政审、职称评定等全方位的人事劳动业务服务。积极探索方便快捷的流动人才户口挂靠管理办法，切实解决人才入户难问题，为圈内人才自由流动提供及时、周到服务。

（3）建立人才一体化政策机制。人才一体化建设，寻求的是一种多边合作、多边共赢的人才资源开发、配置、共享模式。充分发挥政策的引导、推动作用，加快国内人事人才政策的对接，建立国内统一的人事人才政策制度框架，共同构建公平竞争、和谐发展的人才环境和统一的人才服务平台，才能有效推进圈内人才资源共享，降低圈内人才流动和开发成本，提高人才资源整体使用效率。首先要达成政策共识。建立健全国内统一高效的人才管理体制和工作机制，切实加强对区域人才合作的组织领导，积极探索建立"互利互惠、合作双赢、共同发展"的区域人才合作机制。其次要扫除政策障碍。国内各省份、各科研单位要认真清理和消除自身阻碍人才流动的地方性政策和做法，建立有利于圈内人才资源合理流动、资源共享的政策体系。在户籍管理、资格认证、人才评价、社会保障等方面，要逐步消除人才资源配置中的体制障碍、政策壁垒和区域、行业以及行政隶属关系限制，实现人才资源的合理配置和广泛交流，为人才跨地区从事智力服务、科研合作、投资创业提供宽松环境。最后要完善政策体系。逐步建立国内统一的宏观人才政策体系，在认真贯彻执行国家、省里现行政策的前提下，大力推进政策创新和制度创新，形成较为完善的具有地方特色、有利于人才共享的区域性人事人才政策体系。

参考文献

张少春：《创新机制　加强管理　加快建设创新型国家》，中国政府网，http://www.mof.gov.cn/mofhome/jiaokewensi/zhengwuxinxi/lingdaojianghua/201111/t20111117_608604.html，最后访问日期：2015年10月8日。

张少春：《坚持科学发展　推进改革创新　努力开创财政教科文和事业资产管理工作新局面》，中国政府网，http://www.mof.gov.cn/mofhome/jiaokewensi/zhengwuxinxi/lingdaojianghua/201112/t20111207_613512.html，最后访问日期：2015年11月8日。

赵路：《在全国财政教科文暨事业资产管理工作会议结束时的讲话》，中国政府网，http://www.mof.gov.cn/mofhome/jiaokewensi/zhengwuxinxi/lingdaojianghua/201112/t20111207_613510.html，最后访问日期：2015年11月8日。

徐峰：《美国科技管理体制的形成与发展研究》，《科技管理研究》2006年第6期。

严国萍：《科学技术的国家利益——美国的科研体系、科技政策及其影响》，《中共浙江省委党校学报》2004 年第 6 期。

谷俊战：《德国科技管理体制及演变》，《科技与经济》2005 年第 6 期。

吴建国：《德国国立科研机构经费配置管理模式研究》，《科研管理》2009 年第 9 期。

王来武：《德国公共科研机构的管理、资助及改革述评》，《现代情报》2005 年第 11 期。

国家统计局、科学技术部：《中国科技统计年鉴（2011）》，中国统计出版社，2011。

陶艳霞、刘宇、唐希：《我国科技资源共享研究综述》，《科技信息》（学术研究）2006 年第 5 期。

小庭：《投入，实现创新的重要保障——〈创新美国〉关于资金投入的政策建议》，《华东科技》2006 年第 8 期。

魏淑艳：《国外科技资源共享的有益经验及对我国的启示》，《科技进步与对策》2005 年第 9 期。

孙绪华：《关于促进我国大型科研仪器设备共享的思考》，《实验技术与管理》2006 年第 11 期。

刘闯：《美国国有科学数据共享管理机制及对我国的启示》，《中国基础科学》2003 年第 1 期。

胡景荣：《科技信息资源共享的路径选择》，《中国科技信息》2010 年第 1 期。

陈福集、周世举：《福建省科技信息资源共享机制与平台建设》，《福州大学学报》（哲学社会科学版）2008 年第 3 期。

刘勇：《基于网格技术的福建省科技信息资源共享》，《情报探索》2007 年第 5 期。

兰文燕：《浙江省公共科技创新服务平台的绩效评估研究》，硕士学位论文，浙江工业大学，2009。

胡永健、周琼琼、张杰军：《基于多属性决策的国家科技基础条件平台运行服务绩效评估研究》，《中国科技论坛》2009 年第 12 期。

王正兴、王亚琴、柯灵红：《基于用户满意指数的大型科技平台绩效评估案例：EOSDIS》，《中国科学基金》2011 年第 3 期。

张东海：《美国联邦科学政策与世界一流大学发展》，上海教育出版社，2010。

韩国科技创新态势分析报告课题组：《韩国科技创新态势分析报告》，科学出版社，2011。

王玲：《韩国政府科技政策变革研究》，《世界科技研究与发展》2010 年第 2 期。

王玲：《韩国李明博政府的科技政策之探究》，《全球科技经济瞭望》2009 年第 6 期。

张永涛、雷蓉：《从韩国资助机构合并看其科技政策走向及中韩科技合作》，《中国基础科学》2010 年第 2 期。

鲍悦华编著《国内外政府宏观科技管理的比较》，化学工业出版社，2011。

国际科技合作政策与战略研究课题组：《国际科技合作政策与战略》，科学出版社，2009。

龚旭：《构建经济强国的科技创新体制——日本科技体制改革的政策解析》，《中国科技论坛》2003 年第 11 期。

陈舒主编《台湾科技发展体制与机制》，厦门大学出版社，2009。

郑如青等：《北京大学国际化进程中国际科研合作探析——以理工医为例》，《北京大学教育评论》（高等教育管理专刊）2010 年第 5 期。

专题负责人：周辉、何洁（北京大学）

撰稿人：何洁、李晓强、周辉

第 4 章　科教结合背景下的高校教师评聘及科技评价制度

科技评价制度对教育、科技事业的发展和科技人才的成长具有重要导向作用，进而影响国家的整体创新能力。建设创新型国家和世界科技强国，首先需要具备良好的资源分配模式和人才选拔机制，而科技评价和聘任制度是科技资源合理分配和人才公平选拔的重要保障。本章梳理分析了世界主要创新型国家的高校教师聘任、评价考核制度及其实践，深入剖析了我国高校科研和创新能力评价机制的现状及存在的主要问题，在此基础上，提出了进一步优化我国高校科技评价制度与机制的政策建议。

4.1　高校教师考核制度

4.1.1　我国高校教师评价考核制度现状

教师评价考核是高校教师和科技工作者科研能力和科研成果获得社会认可的重要依据。职称评聘和人员考核是高校教师评价考核的关键组成部分，通过定期对高校教师、科技工作者科研工作和能力的考察评价以确定其职级职称或工资薪酬待遇水平的提升与调整。因此，教师评价考核制度对教育、科技事业的发展和科技人才的成长具有重要导向作用，进而影响国家的整体创新能力。

4.1.1.1　我国高校教师评价考核的现状及特点

我国高校教师的评价考核，通常由国家相关部门制定有关的法律和部门规章，从宏观层面提出考核评价的最基本原则要求，各高校制定教师考核评价的具体实施办法，一般由人事处等行政部门会同院系负责组织具体操作，因此，高校是教师评价的主体，教师是评价客体。评价体系一般是基于高校组织目标的实现和组织管理的要求来制定的，通常被称为考核，而甚少用评价这个概念。

国家涉及教师评价的有关法律法规主要有《教师法》、《高等教育法》和《关于高等学校岗位设置管理的指导意见》等。《教师法》第十条规定：国家实行教师资格制度。中国公民凡遵守宪法和法律，热爱教育事业，具有良好的思想品德，具备本法规定的学历或者经国家教师资格考试合格，有教育教学能力，经认定合格的，可以取得教师资格。《高等教育法》第四十六条明确规定：高校实行教师资格制度。中国公民凡遵守宪法和法律，热爱教育事业，具有良好的思想品德，具备研究生或者大学本科毕业学历，有相应的教育教学能力，经认定合格，可以取得高等学校教师资格。高校教师取得前款规定的职务应当具备下列基本条件：第一，取得高等学校教师资格；第二，系统地掌握本学科的基础理论；第三，具备相应职务的教育教学能力和科学研究能力；第四，承担相应职务的课程和规定课时的教学任务。教授、副教授除应当具备以上基本任职条件外，还应当对本学科具有系统而坚实的基础理论和比较丰富的教学、科学研究经验，教学成绩显著，论文或者著作达到较高水平或者有突出的教学、科学研究成果等。《关于高等学校岗位设置管理的指导意见》规定："聘用合同期满前，高等学校应按国家有关规定和受聘人员的履职情况认真考核，及时做出续聘、岗位调整或解聘的决定。"

教师绩效评价考核指标一般分为数量指标和质量指标两个维度。除师德指标外，教学指标、科研指标、社会服务指标均在数量和质量层面包含具体的指标内容，每个指标都可以通过量化分析的过程，体现不同教师的工作业绩特点，使得组织能掌握每位教师的真实情况，教师也可以通过评价过程了解自己的长处与不足。

考核评价的形式具有多样性。我国国情和高等教育发展的历史，决定了不同类型大学的学术和技术水平有明显的差别，并各具特点。尽管目前我国大学分类研究尚没有一个清晰的界定，但分类分层的思想在高等教育领域已受到广泛关注。由此，各大学从本地本校的实际出发，采取不同于其他大学的形式开展教师绩效评价工作。这有两点重要原因，一是国家至今尚没有一部系统完整的、专门针对大学教师绩效评价的法律、专项法规，即便是作为国务院教育主管部门的教育部，也没有一个关于大学教师绩效评价的专门文件，各校只能在最基本的法律规定和部门政策要求下，自主确定评价形式；二是作为在高校产生绩效评价管理的最初原因之一的大学岗位绩效津贴的标准，在中国大学之间区别明显。这就决定了大学所采取的评价形式就应该是不同的，是呈现多样性的。①

4.1.1.2 我国高校教师评价考核存在的问题

我国当前的高校教师评价特别是职称评聘和人员考核制度及其运行存在种种乱象，已经严重地抑制了创新能力的发展，亟须进一步深化改革。其中，以职称评聘和

---

① 王光彦：《大学教师绩效评价研究——基于教师自主发展的探索》，教育科学出版社，2009。

人员考核制度为代表的教师评价考核制度主要存在的问题表现为如下几个方面。

一是评价重数量，轻质量，过度量化的绩效考核制度使教师评价考核流于形式，与科学研究精神严重相悖。教师评价考核缺乏对学术成果内在价值和实际科研贡献的评估。

二是评价形式过于简单、评价标准过于统一，对高等学校、科研机构、学科和科技人员的差异性和特殊性考虑不够，也忽略了基础研究、应用开发等不同特点以及不同的人员所从事的不同工作任务性质的差别。

三是完全量化的年度考核直接与年度绩效奖励挂钩，将项目、论文和获奖的数量和质量作为科技人员个人最重要的成果业绩标准，其考核结果又直接和科技人员的职称评定以及表彰奖励等挂钩，用作科技评审、科技资源分配的重要依据。在这种利益导向的教师评价考核体系下，科研人员为了保证"成果"不断出现，往往回避风险，选择一些容易做的题目进行跟风研究，不敢轻易去尝试风险大、探索性强、在短期内不会有突破的研究，致使科学研究片面追求数量和速度、低水平重复、缺乏原始创新。

四是评价的工作干预较重，比较权威的教师评价考核基本上都是由政府行政部门或与行政部门有紧密联系的官方评估中心来组织实施，由于缺乏信任基础，学科同行、科学共同体和专业协会在教师评价考核中的作用被严重忽视。由不从事科研工作的人事部门进行职称评聘和岗位考核，不可避免地会出现单一化、短期化、功利化的评价方式，明显违背科学精神。

五是目前我国教师评价考核体系更注重对个体的评价，缺少对团队作用的重视。这种违背科学发展规律、忽视科研活动特点的教师评价考核抑制了学术创新，妨碍了学术创新的健康发展。教师评价考核的目标在于追求卓越、推崇创新，不当的教师评价考核会挫伤教师创新的积极性。目前科研动机功利化、行为短期化、成果泡沫化、资源配置寻租的现象，不仅抑制了高校原始创新能力的提升，还导致我国大学科学研究学风浮躁，学术不端行为频频出现，已成为制约中国科技发展的"瓶颈"。

4.1.1.3 我国高校教师评价考核存在问题的原因

我国高校教师评价考核制度和机制存在种种弊端的根源在于对高校教师学术职业的角色定位和发展脉络认识不清，尚未形成有利于创新的教师评价考核制度和文化。学术职业是一种特殊的职业，高校教师是"学术人"和"社会人"的统一体，这从根本上决定了其劳动兼具一般劳动和学术劳动的双重特点。随着经济社会条件的发展，学术职业的学术性与社会性特征处在不断变化之中。当人力资源管理应用于教师考核制度的过程中时，如何协调大学教师作为"学术人"和"社会人"的双重特征，协调学术职业的学术性和功利性的劳动，将大学的效率目标与教师本人的事业发展以及教师的人性发展结合起来，将短期的绩效追求与长期的意义追求等联系起来，是建立高校教师评价考核制度需要首先思考的问题。我国的教师评价考核历史较短，开展教师评价考核工作的目的不够清晰、明确，从而导致了"为评价而评价"的现象，出现了在评价指标设计上做简单化处理，过于注重定量指标，评估周期过短等问题，直接造成了教师评价考核的短视性，不利于创新文化的形成。

随着综合实力的不断提升，我国提出了"提高自主创新能力，建设创新型国家"的口号。中央财政的科技投入保持年均20%的增长。2013年，中国已经超越日本，成为世界第二大研发经费支出国。党的十八大以来，我国自主创新能力显著增强，创新创业环境明显改善，创新型国家建设迈上新台阶。然而，我国科技创新能力特别是原始创新能力还不强，科技对经济的贡献率远低于发达国家水平。造成这种状况的原因之一是我国在人才成长环境方面仍然不够宽松。严格的评价机制，与职称等过多学术利益挂钩的评价结果，以及整个环境中对于失败的评价，让青年科技人员害怕失败，因此在选择科研方向以及项目上宁愿舍弃自己真正的科研想法，倾向于选择保守的容易成功的项目。这样就在很大程度上阻碍了创新型研究的发展。

目前主要创新型国家已经形成了较为成熟的大学教师聘任考核制度和较为完善的教师评价考核制度，其做法和经验值得我们认真研究和借鉴。20世纪90年代以来，市场因素介入高等教育领域，营利型院校的出现以及问责制的要求，使学术职业也面临着新的挑战。为了应对高等教育所处的外部社会经济政治环境和高等教育自身的困境所带来的挑战，各创新型国家积极进行高校教师聘任制度改革，在教师评聘制度中适度引入竞争机制，并通过建立评估制度加强聘后管理等措施，力图实现学术职业的学术性和社会性特征的共生互动。

4.1.2　美国、加拿大高校教师评价制度

美国、加拿大没有统一的教师评价制度，但各高校都极为重视教师评价，建立了包括评价标准、评价方法、评价指标、评价结果的使用等方面系统、科学、严格的教师考核评价体系。

4.1.2.1　美国、加拿大教师评价制度概述

①评价标准。在美国、加拿大，高校教师的评价标准包括教学、研究和社会服务三个方面，其比例一般分别为40%、40%和20%。不同类型高校的具体评价标准也各不相同：研究型大学首先看重教师的学术成就，其次是教学，第三是社会服务；文理学院则将教学视为比科研更重要的任务；社区学院则把教学效果和教学质量当作教师评价的唯一标准。

教学主要考察教师教学和学生辅导工作等方面所做出的工作，主要包括课程、项目的发展与改进。科研主要考察教师的研究、学术成就和其他创造性的成果，主要包括学术方面创造性的著作、论文、代表作品、发表评论和技术报告等，以及科研获得资助和拨款的情况、学术方面取得的其他成就。社会服务指标，主要考察教师对系、学院、学校及校外提供的服务等。

②评价方法。美国、加拿大高校教师评价方法主要包括教师自我评价、同行或同事评价以及学生评价。三个方面力量在教师评价中所占的比重基本上是均等的，校长、院系主任综合三个方面意见确定教师的最终考核等次。

教师自我评价需要提供一份简短的个人陈述，包括学术目标、成就和对未来工作的想法以及个人简历、各项评价指标要求的材料等。同行评价的专家由系主任负责邀请，一般不能不少于3个，例如，普林斯顿大学和麻省理工学院发出的评审信都在10封以上，外界评审员必须达到一定的级别（教授）并在国内有一定的知名度，不能是被评价教师的合作者、导师或朋友，评价的重点是科研。同事评价十分苛刻，有利于全面了解被评价者的情况，特别是被评价教师的优缺点。学生评价的重点是教学评价，这种评价方法在美国、加拿大很普遍，已上升为一种制度，要求学生对评价的课程进行整体衡量，评价的标准十分细致，从"十分同意"到"课程不合适"分为七个等级。

③评价结果的使用。美国、加拿大高校教师评价的结果是教师聘任、晋升、加薪的重要依据。在各级教师职务聘任和晋升时，都要对教师进行综合评价，评价结果不合格不能聘任或晋升。教师评价结果也是加薪和加薪幅度的依据。如休斯敦大学规定，评价合格者的工资可以加2%～4%，少数优秀者工资增幅可高达10%。除此之外，评价结果还是提供经费、提供助理和服务等的参考依据。教师评价结果更为深远的意义在于，通过教师评价促使教师提高自身素质，促进教师队伍建设，从而达到提高高校教学、科研和社会服务水平的目的。[①]

4.1.2.2 美国、加拿大对终身教职任职后的评价

终身教职制度是美、加高校管理体制的重要特征。20世纪70年代以来，针对终身教职的弊端，美、加各高校纷纷实施了终身教职任职后评价，使其成为高校教师评价制度的重要内容。终身聘任后的评审制是一个定期评估系统，在形式和内容上都与传统的评估模式有很大不同。下面以美国夏威夷大学和加拿大的西安大略大学为例，介绍美、加高校终身聘任后的评审程序。

夏威夷大学对获终身教职教师的评估，设计了8个步骤：第一，教师根据所任的

---

① 王光彦：《美、加高校教师评价制度研究》，《教育发展研究》2007年第20期。

终身教职等级陈述自己的预期目标，预期目标不能低于学校确定的最低标准；第二，教师向系办公室提交年度课程、简历或其他学术材料；第三，系办公室对学术材料进行核对后提交评审委员会；第四，评审委员会依据个人预期目标综合评审教师的表现；第五，当评审委员会认为教师已达到预期目标，告知教师和系主任评审结束；第六，如果评审委员会认为终身教师在教学、科研和服务存在不足，评审委员会主席即与该教师一起制定合适的发展方案以弥补不足，如果所在院系财力充足，可经系主任批准资助方案，院系发展委员会将给予该教师具体的指导，以帮助他实施发展方案并完成所确定的目标；第七，当评审委员会主席和教师无法在方案的内容、期限和进度等方面达成一致意见时，系主任将出面调解，并确定一个三方认可的方案；第八，如果分歧仍存在，则提交学校教师评估委员会裁决。如果学校教师委员会认为教师未达到预期目标，则该教师就必须与评审委员会一起重新制定的专业发展计划或面临行政制裁；如果学校教师委员会认为教师已达到预期目标，则评审结束。[①]

加拿大西安大略大学的做法是，每年进行一次终身教授任职后评价。评价标准包括教学、科研和社会服务三个方面，其中教学方面，设立了七分制标准，教授三年内的平均分要达到五分；科研方面，三年内要发表一篇高水平论文，一年主持或参加一次高水平的学术会议。如果终身教授达不到标准，院长和系主任会采取积极的办法促使他改进，但并不一定解雇。[②]

从两所大学的终身教职任职评价可以看出其具有以下特点：第一，以发展为目标，即使评审不合格、不达标的终身教授，一般也不会解雇，而会与其共同制定一个可行的专业发展计划方案，甚至给予相应的资助和指导，以帮助其完成发展计划，达到预期目标。第二，运用多样化的评审模式，如赖斯大学采取定期评审方式，"系主任、教授至少每五年进行一次评估，获终身教职的副教授至少每三年评估一次"。明尼苏达大学的终身聘任后评审制实施年度评审和特别评审相结合的模式。第三，采取同行评议方式，多数大学在实施终身聘任后评审制时，均声明要坚持"同行评议"。[③]

4.1.2.3 美国、加拿大教师评价制度的主要特点

第一，评价标准注重分层分类。一般包括教师自我评价、院系评价和学校评价三个层次，评价指标则包括教学、科研和社会服务三个方面。不同的学校对不同层面、不同方面的权重要求往往不同。例如，研究型大学比较看重科研指标，在研究型大学，发表的著作和论文是衡量教师水平的最重要指标，存在"不发表就玩完"的现象。

第二，多方参与的评价方式。在评价过程中，教师自己、同行、同事和学生都参

---

① 屈琼斐：《美国大学终身聘任后评审制》，《比较教育研究》2006年第2期。
② 王光彦：《大学教师绩效评价研究——基于教师自主发展的探索》，教育科学出版社，2009。
③ 屈琼斐：《美国大学终身聘任后评审制》，《比较教育研究》2006年第2期。

与，且所占比重相差不大。教师主观上对自己的综合评价、同行在科研方面的评价、同事比较挑剔的评价、学生在教学方面的评价，体现了主观评价与客观评价的结合以及教学、科研和社会服务评价指标的统筹结合。

第三，评价程序严格规范。评审程序十分详尽，每一阶段的程序都有严格的规定，只有通过了前一个程序，才能进入到下一个程序。周密、严格的评审程序与专业性的评审委员会，保证了评审结果的合法性和公正性。

第四，教师评价成为高校的行业自律规范。美国、加拿大高校教师评价制度虽然没有上升为国家或教育主管部门的统一制度，但得到了高校的普遍认可，是美国、加拿大高校行业的自律规范，任何一所高校的教师都必须按照这种规则接受考核和评价。

4.1.3 日本高校教师评价制度

2004年（平成16年）日本颁布实施《国立大学法人法》，随着国立大学的独立行政法人化，大学开始引入教师评价制度。1991年，当时的日本文部省修改了大学设置基准，要求各大学实施"自我检查与评价"，这标志着日本高校正式引入评价机制。1999年文部省设立大学评价与学位授予机构，第三方评价机构机制被引入高校科技评价体系。2002年，日本政府修改了《学校教育法》，规定高校有义务接受外部认证机构的评估，从而确立了大学的第三方评价制度。2004年开始，日本高校相继开展了由大学评价与学位授予机构、大学基准协会、日本高等教育评价机构等第三方评价机构实施的认证评价。由此，日本高校的教师及科技评价制度逐步成型。

4.1.3.1 日本高校教师评价制度概述

①评价指标。日本高校对教师的评价指标主要包括四大类：一是教学，包括教师授课类型的课时、学生的评价结果、编著相关专业的教科书、指导学生课外学习活动和研究活动、指导学生课外学习活动的人数和次数等；二是学术研究，包括研究成果的学术价值、研究成果带来的社会与经济效益、发表论文的数量以及被引用的情况、出版专著、参加学会情况、各种专利以及科研成果应用情况、大学以外获得的科研经费以及外部的奖励情况等；三是社会贡献，包括公开讲座情况、对终身学习活动的支持、国际贡献、在大学以外机构组织的任职情况、医院开展的诊疗活动等；四是管理运营，包括在大学担当行政职务、完成教学与科研以外的校内工作、信息公开等指标内容。

②评价方法。包括综合分数计算法、业绩等级判断法和目标管理考核法等，其中综合分数计算法，就是将教师授课情况和科研情况按一定方式计算得到一个总的分数，以此来判断教师业绩的好坏。业绩等级判断法，就是把教师的定量、定性的业绩分为优秀、良好、合格及不合格4个等级。目标管理考核法就是根据教师年初制定的

个人目标，在年末对其目标的实现情况进行综合评价考核。

③评价结果的应用。评价结果是教师收入、加薪及是否续聘的重要参考依据。还有的学校，如冈山大学，基于评价结果对教师给予指导，从组织目标和对组织贡献的角度，把评价作为改善现有教师活动、提高教学水平和学术水平的一种手段。①

4.1.3.2 日本高校教师评价的案例分析

①冈山大学的教师评估制度。冈山大学成立于1870年，属于国立综合大学，其教师评估内容分为教育活动评估、科研活动评估、社会活动评估、校内管理活动评估四大领域（见表4-1），采用量化评估和定性评估两种基本方法。评价周期为每年一次，评价内容方面：一是教育活动（前一年度②的活动）；二是研究活动（文科为过去五年的活动，理科为过去三年的活动）；三是社会贡献（前一年度的活动）；四是管理运营（前一年度的活动）。

表4-1 冈山高等院校教师评估内容

教育活动评估	自我评估	教育目标及其合理性说明	教育目标是否符合该领域教育理念，是否符合学生、社会需求；应该改进的地方（200字）
		实际达成情况	对实际教学中的目标达成情况进行自我评述（400字）
		教育内容上的评估	为完成教育任务设计了什么样的教学内容，这些内容是不是完成教育任务的充分必要条件（200字）
		教育方法评估	为完成教育目标使用了何种教学方法、教材、设备，是否有效；特点及应改进的地方（400字）
		成绩评估方面	为考察教育目标完成度，使用了什么样的评估方法？是否有效？应改进的地方（200字）
		对学生的指导	对学生的学习及改善学习环境做了哪些努力？效果及应改进的地方（200字）
		教学所用时间	教学时数所用时间、个别指导时间、研究指导时间以及为进行这些指导的准备时间等。（该项内容属于定量评估）
		其他	其他对自己教学活动的补充说明（200字）
	数据提示		课程：课程讲义、学生人数、试题、演示材料、学生作业、成绩表； 本科生论文指导：个别指导资料、指导效果、学生评价； 研究生研究指导：研究生指导的相关资料、指导效果、学生评价； 临床指导、课外活动、社会服务等学生活动指导提供相关资料
	学生评估		对学生进行问卷调查，教师对问卷进行分析（200字）； 教学改进计划（200字）
	实践记录		为改善教育活动所进行的努力、教学时数、个别指导的学生人数、为改进教育所争取的课题及辅助经费、教育活动相关奖励、参与教学改革程度

---

① 苏君业、尹贞姬：《日本大学教师评价制度及借鉴》，《大连大学学报》2010年第5期。
② 在此指的是财政年度。

续表

科研活动评估	发表文献	论文、系列丛书、专著、译著等发表文献的书名、论文名、出版社、出版日期、本人负责部分； 学术杂志编辑、论文查阅等相关工作
	口头发表	各类学会的口头发表，包括题目、学会名称、召开地点、时间等； 大型学术会议、特别讲演、邀请演讲等的时间、地点、名称、题目等； 其他讲演会、小型研究会； 各类学术会议的组织工作，包括具体负责的内容等
	艺术、体育建筑	展览会、演奏会、体育比赛、艺术展览的时间、地点、规模、获奖情况； 建筑设计、文物修复等的相关资料
	其他	广播电视节目的出演情况、专利获得情况、学会获奖情况等
	科研经费	各类纵向、横向、产学联合课题经费的获得情况； 委托研究、共同研究、委托科研经费管理等
	其他	对自己的研究活动的补充说明（200字）
社会活动评估		终身学习等相关社会活动的支援
		校外审议会、委员会的工作承担情况
		校外各类调查、研究会等活动的工作承担情况
		医院等机构的临床指导、医疗实验等工作
		留学生指导、国际互访、邀请国外学者、参与国际活动等
		对企业的技术支持、新技术开发等产业支援活动
		其他对自己社会活动的说明（200字）
校内管理活动评估		研究科长、学部主任、中心主任、图书馆长、评议员、校长助理等
		校委员会、专门委员会等、其他校内管理的贡献
		其他所属机构的管理活动
		其他所属机构的管理活动

资料来源：葛新斌、姜英敏：《日本高等院校教师评估制度改革动向分析》，《比较教育研究》2004年第9期。

②北九州市立大学的教师评价。北九州市立大学属于公立大学，其教师评价体系由三个方面组成。一是教学活动，由学生通过专门设计的问卷调查，对教师授课情况进行评价。二是科研活动，主要考核科研项目、著作和论文的完成情况；三是参与大学管理与运营工作，一般由系主任根据教师对全校和所在院系运营管理上所做出的贡献大小做出评价，分为上中下三档，各占3、2、1分。

③茨城大学的教师评价。茨城大学的教师评价体系主要包括教学（40%）、科研（40%）、社会合作（10%）和校务活动（10%）（参与大学经营管理以及对大学的贡献等）四个领域。每个领域分别设定不同的指标体系，评价结果只对教师个人公开。

4.2 高校教师聘任制度

4.2.1 我国高校教师聘任制度现状

4.2.1.1 我国高校教师的聘任制度改革的现状

20世纪50年代以来,我国高等教育从精英教育阶段进入大众化教育阶段,高等学校数量增加、学生数量增加,相应的高校教师及其他工作人员也大量增加,
目前,我国已成为世界上包括高等教育在内的教育规模最大的国家。

表4-2 我国普通高校专任教师与学生变化情况

单位:个,人

年份	高校数量	专任教师数量	在校大学生数量
1950	193	17319	137470
1977	404	186960	625319
1999	1071	425682	4085874
2006	1867	1075989	17388441
2012	2442	1440292	23913155

资料来源:杨毅:《新中国高校教师聘任制度变迁研究》,博士学位论文,西南大学,2013。

随着我国经济、社会的发展,在高等教育事业发展的过程中,高校教师的聘任也经历了两种制度形态的变化,即由高校教师的任命制向教师聘任制转变。

1950~1977年实行的教师任命制,它是在我国计划经济时期行政、人事制度下形成的。任命制是指由立法机关或其他任免机关经过考察而直接任命教师和管理人员的制度。在任命制下,学校的运作和管理、实质上是在接受国家教育机关授权下进行的,没有用人自主权。高等学校实行与国家机关相同的分配制度,造成了就业的终身制,能上不能下,能进不能出,人才积压浪费,人浮于事等弊端。

从1978年至今,我国在高校逐步实行教师聘任制。聘任制与任命制有着明显的不同,教师聘任制的特点是按需设岗、评聘结合、以聘为主、考核择优。它适应了市场经济对人力资源开放性的要求,通过竞争,用人单位根据岗位需要择优录用最佳人选,教师则根据个人特点和需要寻找、选择理想岗位,这有助于实现资源优化配置,有利于调整教师队伍结构,以满足学校的教育事业和社会教育发展的需要。

高校教师的聘用制是一项系统工程,它包括教师的考核评审、招聘任用、聘后管理等的完整体系。在我国高校教师聘用制改革的前期,1977~1998年重点是推行教

师职务聘任，在恢复技术职称后强化考核评审，1993年和1995年相继发布了《教师法》和《教师资格条例》，明确了管理权限并实行教师职务聘任制；1998年至今进一步推进教师岗位聘任制，2000年中央组织部、人事部、教育部发布《关于深化高等学校人事制度改革的实施意见》，明确提出要全面推行岗位聘用制，提出"按需设岗、公开招聘、平等竞争、择优聘用"的原则。教师岗位聘任在一些高校试点的同时，随着对高校教师终身制和任期制的利弊、高校教学和科研人员的关系、高校的去行政化以及高校教师、职工的薪酬改革等高校内部及社会十分关注的问题探讨的不断深入，我国高校教师聘任制度的改革也在不断深化。它将在广泛讨论、试点总结、逐渐成熟的过程中向前发展。[①]

4.2.1.2 我国高校教师聘任存在的问题

在聘用制实施期间，国内高校教师的业务、创新意识方面较发达国家仍存在一定差距。目前，我国高校教师聘用制度仍存在一些问题，如定岗定编政策未完全配套，岗位划分难，分类管理未完全实现，缺乏有效的条件引导，聘后管理机制不到位，考核机制和激励机制有待进一步完善等。

①定岗定编政策未完全配套和落实。部分高校在工作中缺乏科学、合理的定岗定编标准，无法真正实现按需设岗，这是由于部分高校尚未制定科学的、符合学校发展实际的教学、科研发展规划，从而使学校难以根据学校的学科建设、学科发展和科研任务等的需求，科学合理设置教师、科研及管理岗位。

②未按高校的不同类型设置不同的考核聘任的标准。通常高等学校分为"学术型"和"应用型"两类，在考核聘任教师时未按不同类型高校确定不同的考核聘任标准和要求，不利于不同类型高校学科和专业的发展，影响不同类型高校教师的发展方向及教师业务水平和能力的提高。

③评价和考核机制有待进一步完善。目前，高校教师的考核和评价体系仍不够完善，我国大学要实现跨越式发展，需要建立严格而合理的教师职称评聘制度。我国高校重"身份评审"轻"岗位聘任"的现象比较突出，导致了教师职称结构不够合理。另一方面，职称评审时，普遍更重视对教师教学任务和科研业绩等情况的考核，对于教学质量的提高、教学方法和实践能力培养的改进、师德情况的考核机制相对缺乏。在职称评聘过程中还存在论资排辈等现象，许多规章制度还不够健全、合理。

④缺乏激励机制。在我国高校教师聘用制度改革的进程中，学校对教师激励机制相对缺乏，教师社会保障机制也不够健全。教师行业与其他行业间的工资差距成为高

---

① 杨毅：《新中国高校教师聘任制度变迁研究》，博士学位论文，西南大学，2013。

校人才流失的原因之一。激励机制的欠缺，教师的工作积极性减弱，不利于高校学术氛围的营造和发展。我们应该参考国外高校的激励制度，建立符合我国高校实际情况的自主灵活的激励机制。

⑤教师流动和退出机制不够完善。为了改变教师终身制的传统观念，在"教师流动和退出"机制上，一些学校已探索多年，但目前仍然有较大争议。应该在考虑探索教师年薪制，保护学术自由和学术自治，增加教师岗位的吸引力的基础上，完善高校教师的流动和退出机制，构建有关教师发展的体系。

⑥我国部分高校教师业务提高方向不明、动力不足、教师的职业素养亟待提高，与发达国家高校教师比较尚有较大差距。我国由于高等教育近十余年发展很快，近期进入教师队伍的人员较多，在教师选拔、考核、聘任、培养等方面面临诸多困难和问题，特别是针对我国教师的特点及当前的状况，许多有关教师职业素养、学术技术水平和能力提高以及教师教学工作的态度和创新发展等方面的政策、制度及措施亟待加快研究步伐，建立相应的体机、机制，以便较快地改进和提高，以适应我国高等教育事业发展的需要。

4.2.1.3 完善我国高校教师聘用制度的对策建议

高等学校教师聘用制度改革关系到高校师资队伍建设，它有利于提高教师队伍的整体素质，是高校健康发展的根本保证。高等学校应从根本上解决聘用制度存在的问题，建立公开、公平竞争、择优用人的环境，使学校教师处于心情舒畅、有良好的学术、技术及业务发展前景，具有正常、合理的流动、退出机制和管理体制的大环境中，从而提高人力资源效率，推动师资队伍建设和专业、学科的发展。

①优化和规范高等学校的岗位设置。设置科学、合理的高校教师任职岗位是高校实现人才资源优化配置的关键，更是教师岗位聘用制实施的前提。根据学校的中期和近期发展方向和规划，科学设置岗位，规范岗位职责，把优秀人才配置到适合的岗位上去，实现任务与岗位相适应，不仅关系到学校的发展，也关系到每个教职工的切身利益。高等学校应该根据教育主管部门的事业发展规划和要求，以及本校学科、专业平衡发展的规划和计划，根据不同的岗位设置合理的岗位数，以本校重点学科、专业建设和教育事业可持续发展为目标，合理分配专业技术岗位中正副高级职称人员的比例，实现人才资源和人员结构比例的优化。同时，充分调动本校各类人员工作的积极性和主动性，推动高校教育事业的发展。

②建立严格、规范的高等学校教师聘任制度。高校教师聘用制的关键是真正实现按需设岗聘任的机制，确保高校教师聘用工作的公平和有效，才能为高校教育教学质量的提升提供强有力的人力资源支持。高等学校应该强调聘用工作的严格、规范，保证聘任的公平及合理，拓宽招聘工作的视野，面向国内及国外公开招聘，广纳贤才，

以优化学校的人才队伍。另外，高等学校内部应该建立严格、规范的教师聘用制度，执行中应公平和公开，扩大学术权力的聘用自主权，减少行政干预，遵守"公平竞争、双向选择、择优上岗"的基本准则，全面考核教师的学术水平、教学任务、科研工作及职业道德，不断完善高等学校教师聘任工作，提高学校人才聘任工作的质量。

③按不同类型的高等学校分别设立不同的教师考核评价的标准。目前，国内外事实上有两种不同类型的高等学校，即学术型和应用型，它们分别培养国家急需的人才，两类高校在人才培养上、对学生应有不同的要求，当然对教师也应有不同的要求。因此在对教师考核评价时也应制定不同的考核评价标准，对教师的发展提出明确的方向和要求。一段时期以来，由于对这一问题处理不当，造成学校发展、人才成长等方面的一些问题和困难，对国家的建设和发展带来不利的影响。

④完善考核评价机制，加强高等学校职称评审工作的制度化建设。完善考核评价机制是高校教师聘用制的重要组成部分，高校应该结合自身特点，逐步形成奖惩性考核和发展性评价相结合，应建立以业绩贡献和能力水平为导向的考核评价机制，以建立健全教师聘用制度。强化转岗分流，建立完善的"能上能下""能进能出"的用人机制。

⑤建立公平合理的激励机制。激励机制能够使人员激励手段规范化，调动人员工作的积极性。目前，我国高校的激励机制相对欠缺，建立合理的激励机制是提高教师工作积极性的重要因素，进而保持高校师资队伍的健康发展。目前，高校的激励机制主要是精神激励，应该建立一套更为合理的激励机制，从工资薪酬、晋升、奖惩制度等多方面激发教师的工作热情，在促进和激励教师自身专业技术水平提升的同时也提升高校教育教学水平和学术发展的外部动力。

⑤建立制度化的高校教师继续教育的培养训练体系。根据当前我国高校教师的现实状况，中、青年教师数量大，学术、理论水平和技术、实践能力均尚不能满足不同类型高校教学、科研工作的要求。除在聘任教师时应扩大招聘范围、严格选拔要求之外，对现职教师应采取多种形式，加强教师在职培训工作，不断提高教师的政治素质、业务水平和学历水平，应贯彻思想品德和业务水平并重、理论与实践统一的原则，鼓励广大中青年教师在职攻读硕士、博士学位，尽快优化师资队伍的学历层次，逐步提高其学术或技术职称，并且制定各种优惠政策，使他们安心学习，稳定一批骨干教师在学校工作。在教学过程中还应选派教师参加各种骨干教师的教学、科研研讨活动，以提高其教学、科研水平。

高校教师聘用制度是深化学校体制、机制和制度改革的一项重要内容，高校教师聘任制度改革，经历了漫长的过程，是一项系统、具体、复杂的政策性很强的工作，规范和完善高校岗位设置、教师选聘机制,强化考核和评价制度,建立科学有效的人才激励机制,不断激发人才的创造性和全体教职员工的积极性,为高校教育事业的发展奠定坚实的基础。[①]

4.2.2 国外高校教师聘任制度模式及其发展趋势

本部分将从横向比较的角度描述分析、比较国外创新型国家大学教师聘任制度的特点和要求。主要围绕如何体现教师职业的社会性,又如何保障教师职业的学术性来展开。

从聘任周期来看,国外高校教师聘任模式主要包括三种:一是专业技术人员的定期合同制,在独联体国家比较普遍;二是公务人员的职务终身制,目前法国、德国和日本多采用这种模式;三是任期制与终身制并行,主要在美国、加拿大等国家。[②] 从市场力量的介入程度、国家或政府在制度中的作用程度两方面来划分,世界各国大学教师聘任制度的类型可大致划分为市场主导型、国家主导型和市场、国家混合型三种模式。按照这种划分方式,美国、加拿大、英国等国家的教师聘任制度属于市场主导型;法国、德国、比利时等国家属于国家主导型;而在日本,由于公立大学和私立大学的显著区别,其聘任制度兼具市场和国家主导的双重特征。

4.2.2.1 以学术为主的自由职业者:教师聘任的市场主导模式

在高校教师聘任的市场主导模式中,如美国、加拿大等,无论是在公立大学还是在私立大学,教师都是市场中的自由职业者,可以在劳动力市场上自由流动,是和大学平等的民事实体。教师通过与学校签订集体协议的方式建立劳动关系,与政府没有直接的聘任关系。例如,加拿大高校教师完全由学校自主聘任,政府不统一规定高等学校教师聘任的程序、条件和办法,不过问学校的招聘事务。从美国、加拿大教师聘任制度及其实践来看,以市场为主导的教师聘任模式主要有以下典型特点。

①聘任程序:公开透明、公平竞争。在美国和加拿大,高校教师的招聘程序一般包括:明确教师职位空缺;发布招聘广告、公布职位空缺;初选和面试;决定聘任人选;签订聘任合同等。在此过程中,教师职位数额一般由院、系自定,出现职位空缺时,由系、所自主决定是否需要招聘教师,学校不过多干预。空缺职位发布后,对提交应聘申请的候选人,一般由全系教师或本系招聘委员会根据应聘者的工作经验和教育背景等条件选出五名左右的候选人参加面试,根据面试结果将招聘对象排序并提交给校(院)长,由校(院)长决定聘任名单并签订聘任合同。在制度安排上,校

---

① 孙诚、王占军:《我国普通高等学校师资队伍结构现状分析》,《大学》(学术版) 2010 年第 8 期。
② 吴鹏:《大学教师聘任制度:基于"角色"概念的研究》,博士学位论文,华中科技大学,2003。

（院）长拥有是否聘任某教师的决定权，他们可以推翻招聘委员会的选择结果，但一般情况下都尊重招聘委员会的意见。聘任合同期限根据不同的岗位而不同，一般而言，讲师合同聘期为一年、助理教授为三年、副教授或教授一般为终身聘任。

②聘期管理：平等对话、集体协议。在市场主导的聘任模式中，教师工作方面的权利和义务、教师的工资、福利、补充社会保险等所有制度都是通过教授与学校双方平等对话、集体谈判来决定的。集体协议就是一整套教师工资、福利、补充社会保险的制度。加拿大赋予集体协议很强的法律效力。一旦订立，政府、学区董事会、教育局、工会、教师个人在合同期限内都必须按照集体协议执行。集体协议的期限一般为三年。在当期集体协议失效前一年左右，教师工会代表就开始与学校进行下一期集体协议的谈判，谈判内容主要包括教师的劳动权益、条件保障、工作量和职责、工资福利、富余教师如何分流等。

③聘后升职：契约管理，定期考核。建立聘任关系后，教师在职期间实行职务晋升制度。晋升程序与聘任类似，要通过院或系和学校两级评审委员会的评审，校（院）长最终决定是否聘任教师为高一级的职务。一般而言，如果副教授申请晋升为教授，则学校评审委员会成员全部由教授组成；如果助理教授申请晋升为教授，学校评审委员会则由教授和副教授组成。晋升高一级职务的资格条件包括：第一，任职年限，一般而言，讲师晋升助理教授需一年；助理教授晋升副教授需五年；副教授晋升教授需五到六年。第二，工作业绩，即在前一职务上教师在教学、科研、参与学校行政工作和社会服务四个方面的表现，教学成绩和科研成果是职位晋升的必要条件，行政工作和社会服务主要是从鼓励和提倡的角度提出的，并不是晋升的必要条件。

在市场主导的模式中，终身制是对学术自由的有力保障。终身教授是高校教师追求的最高聘职阶段，对一般教师来说，要获得终身教职和学术自由，需要攀登三个学术职业的阶梯：入校阶梯、非终身轨阶梯、晋升及终身制阶梯。

4.2.2.2 以学术为主的公务员：政府主导的教师聘任制度

与北美普遍采取的市场模式有所不同，法、德等国在高校教师聘任制度中体现出更多政府参与的特点，这一模式的主要特点及运行机制如下。

①教师身份：国家公务员。法国的高校教师属于A级国家公务员，地位较高、待遇丰厚、职业吸引力强、竞争度高。在德国，一般公务员只是实行劳动合同制的普通雇员，高校教师则是终身合同制的公务员。

②招聘过程：专家选择、国家任命。法国政府和高校对教师的聘任非常慎重，程序也比较复杂，教师聘任主要由全国大学理事会负责，其对教师资格、聘任教授、副教授拥有唯一的决定权。全国大学理事会的各学科组由委员会和各专业小组

构成,其成员的三分之一为教授代表、三分之一为副教授代表,剩余的三分之一代表由国民教育部部长任命,任期为四年。其程序为:教师职位申请者提交个人应聘材料;全国大学理事会专家小组对应聘材料进行审查,并就应聘者是否符合招聘条件签署书面意见;高校招聘委员会对应聘者的资格和有关条件进行审议,对每个岗位提出1~5位拟聘的候选人名单,招聘委员会对候选人进行面试、试讲,根据试讲效果确定拟聘人员名单;高校行政管理委员会根据招聘委员会评审结果,向国民教育部部长推荐拟聘人选或按顺序推荐若干名应聘者,经国民教育部部长批准聘任,由总统任命。德国的大学教授没有任期规定,经过一定的使用期后,通常会作为终身官吏被聘任。

③聘期管理:教授治校。在欧洲,教授行会组织治校的传统比较完整地保存了下来。与市场主导的北美模式相比,在教师聘任方面,欧洲大陆模式的院校层面,即行政管理人员的权力微乎其微,与教授行会的力量相比,几乎不起什么作用。在大学系统的微观层次上,教授行会权力占主导地位,其主要特征是:主持讲座的教授一直是教学、科研的主宰,对学院和大学进行集体统治,教师聘任和职务晋升的决策权事实上都账务在教授或教授行会组织手中。这种模式充分发挥了教授治校的作用,体现了高校教师职业的学术性要求。①

4.2.2.3 市场与政府相协调:国外高校教师聘任制度的当代走向

在高校教师的聘任和职务晋升中,无论是北美的市场主导模式,还是欧洲大陆的政府主导模式,事实上都受到了很多诟病。北美模式的诟病主要体现为,随着外部要求的提高,终身制所代表的学术取向受到质疑,甚至其赖以存在的理论基础——"学术自由"也受到校园外人士的责难。政府主导的欧洲模式则由于政府官僚决策的滞后性和教授行会的保守性,导致其在应对市场方面的效率较差,对不同高校的具体特点考虑不够,对青年教师的成长不利,难以适应高等教育大众化发展的需求。

因此,改革教师聘任制度成为全球性的趋势,其主要去向包括:一是改革教授晋升体制,例如,德国通过设立"青年教授席位"、改善教授的经济待遇等市场措施吸引有才华的人从事教授职业,目的是从僵化的体制中撕开一道缺口,为学术制度注入市场活力。二是改革高校工资制度,建立直接与教授教学和科研成果挂钩的新型人事工资制度,对教授以下教学科研人员实行雇佣合同制。三是加强评估考核,例如,改革终身教授制是近年来美国高校加强教师管理的最显著特征,改革措施中最核心的是进行终身后评审。20世纪90年代中期以来,美国许多高校实行了终身后评审制度,对获得终身聘任的教师进行定期评审,旨在帮助教师改善工作绩效。②

---

① 吴鹏:《大学教师聘任制度:基于"角色"概念的研究》,博士学位论文,华中科技大学,2003。
② 吴鹏:《大学教师聘任制度:基于"角色"概念的研究》,博士学位论文,华中科技大学,2003。

4.3　高校科技评价制度

建设科学合理的高等学校科技评价体系，需要深入分析当前科技评价体系的种种弊端，探讨如何根据不同的创新主体设置科学合理的评价指标。本节在对国内32个不同类型高校的实地调研和文献整理的基础上，梳理了高校科技创新能力评价的相关理论，分析了我国高校科技评价体系的现状及问题，借鉴国外高校科技评价经验，提出了优化我国高校科技评价制度的思路及对策。

4.3.1　科技评价的方法及指标

2003年，国家科技部颁布了《科学技术评价办法》，明确提出科技评价应当遵循"目标导向、分类实施、客观公正、注重实效"的要求，规定科学技术评价必须有利于鼓励原始性创新，有利于促进科学技术成果转化和产业化，有利于发现和培育优秀人才，有利于营造宽松的创新环境，有利于防止和惩治学术不端行为。与此同时，我国还对科技奖励制度进行过系统改革，曾在1999年对国家科技奖励制度进行过一次全面的改革，调整奖项设置、奖励力度、奖励结构、评价标准和评审办法，并在2003年、2004年、2008年分别对国务院发布的《国家科学技术奖励条例》和《国家科学技术奖励条例实施细则》进行修订。但是，科技评价过程中存在的问题不仅没有解决，反而出现愈演愈烈的趋势。学术腐败和学术不端行为仍然频频出现，学风浮躁、科研活动急功近利的态势未有改观。因此需要深入地探讨我国高校科研创新评价指标体系现状及存在问题的根源。

4.3.1.1　科技评价的基本方法

科技评价方法主要包括定性评价、单指标评价、指标体系综合评价三大类。目前，采用指标体系进行评价已成为主流。指标体系评价又可分为两大类：一类是线性评价方法，如熵权法、层次分析法、专家会议法等，其基本原理是根据一定的方法得到权重，然后将各指标标准化后进行加权汇总得到评价结果，评价结果与评价指标之间是线性关系。评价值全部为正，具有相对意义，各评价对象根据自己的得分可以知道自己和其他评价对象的差距。第二类是非线性评价方法，其特点是采取运筹学、模糊数学、多元统计等系统方法进行评价，评价结果与评价指标之间是非线性关系。

最初使用的科技评价方法是同行评议，由共同体或学科内的权威和专家群体对被评价对象做出评价结果。但是，这种方法有一定的局限性，例如评价时间偏长，评结果与评价主体的水平直接相关，难以组织专家，公众难以理解，容易受主观因素的影响等。于是，文献计量学逐渐发展出简明、客观、易于计算的定量评价方法。其中应用较广、为多数科研人员认同的评价指标主要包括论文数、引证数和影响因子。论文数指标是指个人或单位在一定时间内发表的论文总数，它主要以一些大型数据库收录的期刊论文为统计源，最常用的有 SCI（科学引文索引）、EI（工程索引）和 ISTP（会议论文）。论文数是对科研生产力的直接反映。由于 SCI 论文绝大部分属于基础科学研究成果，多数国家将其作为评判基础研究的重要内容。但是，论文数无法测度论文的重要性和影响力。而且，SCI 收录的数千种学术期刊良莠不齐，片面强调 SCI 论文数容易被钻空子。

为弥补这个缺陷，论文引证数指标逐渐受到重视，这个指标是指已发表论文在发表后的一段时间内被引用的次数之和。引证数直接反映了论文产生的影响力，能够在很大程度上测度研究成果对科学发展所做的贡献，因此比论文数指标更为客观和准确。但是，这个指标的一个明显缺陷是，除论文本身的重要性外，论文引证数严重依赖于论文的发表时间，同样质量的论文，发表时间越长，引证数越多；另外论文被引率高未必能严格反映论文的学术贡献，例如有的论文还可能是作为反例被大量引用。

为了克服前两个指标的缺陷，文献计量学又发展出期刊的"影响因子"指标。起初，影响因子是作为管理论文集合的一个工具而产生的，但是其一经出现，就立刻被用于对科学研究成果或作者进行定量评价。这一指标自 20 世纪 60 年代产生后，就一直主宰着文献计量学的评价指标体系。通常是先统计出期刊在连续两年内发表的论文在随后一年中被引用的总次数，再用这个总引证数除以该期刊在这两年内发表的论文总数，所得结果即为影响因子。一个期刊的影响因子高，表明它发表的论文被引用的平均次数多，也就表明该期刊的影响力大，在科学界的地位和受关注程度也就高。但是，对于影响因子是否能够完全反映期刊的档次，科学界存在一些争议。即使能够反映，也不能把期刊的影响力和具体一篇论文的影响力等同起来。例如，一篇发表在影响因子高的期刊上的论文可能很少被人引用，而一篇发表在影响因子低的期刊上的论文则有可能被高频引用。

为避免影响因子评价的弊端，2005 年美国加州大学圣迭哥分校物理学家乔治·赫什提出了一种旨在衡量科学家个人科研成就的指标——h 指数。h 指数被定义为"引文数大于等于 h 的 h 篇论文数量。"即"一个科学家拥有 h 指数，当且仅当其发表的 Np 篇论文中有 h 篇论文分别至少被引用了 h 次，剩下的 Np－h 篇论文分别至多被引用 h 次"。h 指数可以测出科学家个人工作的影响力范围，而且能避免传统文献计量学指标的缺陷。h 指数越高，他的论文影响力越大。h 指数更能科学地反映学者的学术贡献，因而逐渐受到重视；但其计量更为复杂，目前，我国高校较少采用。

由于定量评价特别是线性定量评价方法具有客观、直接、便于横向和纵向比较等特点，得到了我国大部分高校的采用，如北京大学图书馆2008年编写的《中文核心期刊要目总览》，就是采取该方法进行核心期刊的遴选。非线性的评价方法多用于研究论文中评价地区或研究机构科技创新能力高低，相对比较复杂，高校一般不将其用于对教师或机构的考核评价。[①]

4.3.1.2 我国科技评价指标体系综述

目前国内权威机构的评价指标体系研究具有代表性的是科技部建立的科技评价指标体系。科技部每两年发布一次《中国科学技术指标》系列报告，为研究我国的科学技术状况、科技实力和水平及其发展变化提供了翔实的资料和数据。另外，国家统计局也构建了用来统计国家科技发展的科技评价指标体系。

除了国内外典型机构构建的科技评价指标体系外，国内外学者也对科技评价指标体系有所研究。从定性的角度，王志新认为现有科技评价体系相对忽视定性评价指标。[②] 俞立平等以《泰晤士报》世界大学排名为例，研究了同行评议与指标体系评价结果之间的关系。[③] 李阳成认为，科技评价中要引入"第三方立场"，逐步在更大的范围内发展委托评价机制。[④] 谈毅以国外围绕转基因技术所进行的公众讨论为例，分析了公众参与科技评价的目的与过程。[⑤] 饶苹等对科技评价人员的职能、构成、素质和培养等进行分析，指出在我国重建科学技术评价体系的过程中有必要对评价人员进行评价和培养，以保证有合适的人从事科技评价工作。[⑥] 孙丽娜和黄宝晟分析了经济体制、国家目标、法制化进程、创新文化、知识产权文化以及科技自身发展状况等诸多社会环境因素对科技评价的影响机制。[⑦]

从定量方面，顾雪松等从科技投入、科技产出、科技对经济与社会的影响三个方面海选科学技术评价指标，利用聚类与因子分析相结合的方法定量筛选指标，构建了一个科学技术综合评价指标体系。[⑧] 章穗等通过对科技指标的筛选和理性分析，用熵权法对评价指标进行赋权，建立了基于熵权法的中国"十五"期间的科学技术发展状

---

① 俞立平等：《科技评价结果标准化方法及对组合评价的影响》，《情报杂志》2012年第1期；刘辉锋：《h指数与科研评价的新视野》，《中国科技论坛》2008年第5期。
② 王志新：《从科技查新角度看科技评价体系存在的问题及建议》，《科技导报》2008年第26期。
③ 俞立平等：《科技评价中同行评议与指标体系关系的研究——以〈泰晤士报〉世界大学排名为例》，《科学学研究》2008年第26期。
④ 李阳成：《改进政府科技评价管理工作的几点思路》，《中国科技论坛》2007年第2期。
⑤ 谈毅：《公众参与科技评价的目标与过程——以转基因技术争论为例》，《科学学研究》2006年第24期。
⑥ 饶苹等：《试析科技评价人员的职能、构成、素质和培养》，《研究与发展管理》2006年第18期。
⑦ 孙丽娜、黄宝晟：《社会环境因素对科技评价的影响》，《科技管理研究》2006年第4期。
⑧ 顾雪松等：《基于聚类-因子分析的科技评价指标体系构建》，《科学学研究》2010年第28期。

况评价模型。① 魏小娅和余红讨论了对于工程技术项目的事前评价定量指标体系。② 楚广兴和李帮义分析了蕴含在整个评价过程中的评价质量影响因素，建立了科技评价过程中的质量控制体系模型，并提出了相关控制策略。③ 徐春杰和李强在归纳和总结传统科技评价方法的基础上，建立了基于内生增长理论的模型框架和指标体系。④ 方衍和田德录提出了我国科技评价体系建设中宏观层面的制度化保障体系、中观层面的多元化组织体系和微观层面的规范化操作体系三层体系架构，进而对多元化组织体系中政府、科学共同体和社会三大主体参与评价的功能定位进行了论述。⑤

各种定量与定性方法在科技评价实务中都得到了不同程度的应用，一些新方法还处于探索阶段，往往对同一对象采用不同的方法进行评价时会得到差异很大的结果，如何建立公平科学的评价体系仍是没有解决的核心问题。

4.3.2 我国高校科技评价的主要类型

学校的科技评价指标选择一般从投入和产出两个方面进行综合。投入方面的指标最主要的是科研项目类别和经费，在单位和个人的科技评价中基本上都涉及对科研项目类别和进校经费的考核。其他投入指标包括人力资源、科技创新平台、科研仪器设备的投入等。产出指标目前使用包括论文及发表期刊的影响因子、专著、专利数、获奖数。在项目评价时，还会考察其他社会经济效益指标，比如项目的直接经济效益、用户评价等。综合来看，能够量化的指标在科技评价体系中使用的频率较大。根据评价对象的差异，当前我国高校科技评价体系的组成可以分为院系评价、重点学科评价、研究基地评价、教学科研人员评价、科技项目评价等几个层次。这几类评价既互相独立，又相互交叉，对院系和研究基地的评价通常建立在对科研人员和科研项目评价的基础上。

4.3.2.1 院系评估

这是以院系科研发展状态为对象的评价。主要以院系目标考核的形式开展，作为院系评优评先的直接依据。院系的考核主要是依据院系成员的科研成果、承担科研项目、研究基地建设等情况赋予相应的分值，根据评分确定院系的科研创新能力（见

---

① 章穗等：《基于熵权法的科学技术评价模型及其实证研究》，《管理学报》2010年第7期。
② 魏小娅、余红：《科技评价定量指标体系——工程技术项目的事前评价》，《技术与创新管理》2009年第30期。
③ 楚广兴、李帮义：《科技评价过程的质量控制机制及控制策略研究》，《科学学与科学技术管理》2006年第3期。
④ 徐春杰、李强：《科技投入产出绩效评价的内生增长模型研究》，《中国软科学》2006年第8期。
⑤ 方衍、田德录：《中国特色科技评价体系建设研究》，《中国科技论坛》2010年第7期。

表4-3）。由于学科间性质差异巨大，高校对院系的考评也仅仅只能作为参考。

表4-3 某高校科研创新团队检查考核答辩评审

评审指标		参考分值（共100分）
承担科研项目情况（25分）	承担项目情况（团队承担项目，在研重大项目）	15
	经费进款情况（团队科技经费进款，纵、横向进款）	5
	谋划重大重点项目的情况	5
成果及特色方向情况（30分）	获得成果：鉴定、奖励	15
	发表论文、专利情况	5
	人才培养（数量与质量，如教学成果、优秀博士硕士论文）	5
	谋划和建设的方向在本领域国内外的地位及影响	5
队伍、基地建设情况（25分）	团队建设（带头人和青年教师的培养、整体实力及在国内外的影响）	10
	对国家、省部重点实验室及学科建设的支撑作用和贡献	5
	团队各成员的实力与作用	5
	谋划基地和团队建设的情况	5
团队管理情况（10分）	团队人员管理（团队的紧密程度）	5
	团队项目及经费管理（团队经费的统筹性及基地建设的投入）	5
团队的未来发展（10分）	活力及发展潜力	10

资料来源：2011年调研材料。

4.3.2.2 学科评估

这是对重点学科的评价。通常是教育部等上级主管机构对学校学科的评价。教育部委托有关单位对相关学科组的国家重点学科进行考评。考评对象是现有国家重点学科。受委托单位需要根据委托考评的学科组，分别成立每组人数不少于5人的同行专家评议组。专家评议组对国家重点学科的学科水平和建设成效进行集体评议。其中学科水平主要通过对各重点学科的对比分析，从学科方向、学术团队、人才培养、科学研究、学术交流、学科环境6个方面对学科目前水平进行评议。学科建设成效主要从学科方向、师资队伍建设、人才培养能力提高、科研能力提高、学术交流、条件改善等多个方面对学科目标实现程度和任务完成情况进行评议。然后在集体评议的基础上，根据专家组的评议意见，逐一对送评国家重点学科的12个方面分别按百分制进行打分，考核评估结果充分反映了专家组的意见。

4.3.2.3 基地评估

这是以研究基地（如国家重点实验室、国家工程研究中心、省部重点实验室等）为对象的评价。目前对研究基地的考核评价主要是由上级主管部门组织进行。这种类型的评价涉及定性和定量两个方面，定性评价一般主要是通过专家打分的形式进行，而定量评价主要依据学术队伍、科学研究、人才培养、学术声誉等方面分成具体的评价指标。例如，在科学研究方面，分为科研基础、获奖专利、论文专著、科研项目等方面，要求对每个方面打分，并进行加总。

学校对研究中心或工程中心的评估具有较大的灵活性，但基本围绕科研成果、科研项目、基地建设、团队建设等几个大的方面。例如某理工科高校创新团队的评审，主要依据承担项目情况、成果及特色方向情况、队伍及基地建设、团队管理情况、团队未来发展几个大类分成若干二级指标，然后评审人员根据这些项赋予相应的分值加总而成。

某工程技术研究中心的考核则偏重工程化能力和在行业的运行与应用成效。某高校对该校工程技术研究中心的评价指标分成工程化能力、行业作用、运行管理三个大类（见表4-4），然后再分成若干二级指标，如工程化能力分成工程化研发方向、工程化研发成果、工程化研发条件三项；行业作用分成行业影响力、推广应用效益、开放服务三项；运行管理分成管理机制与效果，发展规划两项，然后再分别将二级指标分解成若干三级指标，专家根据具体情况赋予被评价单位相应的分值。

表4-4 某高校工程技术研究中心运行评价指标体系

一级指标	二级指标	三级指标
工程化能力	工程化研发方向	研发方向及总体定位
		研发方向与行业（领域）技术、经济发展需求的结合程度及应用前景
	工程化研发成果	成果技术水平、创新性
		成果技术集成、系统化、配套化程度
		成果行业（领域）与国际竞争力
	工程化研发条件	研发队伍结构，人才培养和团队建设
		中心主任、技术带头人水平及影响力
		工程化开发、验证用设备、装备、中试生产线建设运转情况
行业作用	行业影响力	中心主体技术性质
		解决行业（领域）重大技术问题能力
		行业（领域）技术聚集、攻关组织作用
	推广应用效益	对行业技术进步的带动作用
		成果推广应用的经济、社会效益
	开放服务	开放交流机制与产学研合作
		设施开放、吸引优秀人才进行研发和试验情况
		为行业培训工程技术人员，开展分析、测试与咨询等技术服务

续表

一级指标	二级指标	三级指标
运行管理	管理机制与效果	中心运行管理效率
		经济良性循环能力
		依托单位对中心支持、保障情况
	发展规划	发展规划的可行性及发展保障条件的完备性、有效性

资料来源：2011 年调研材料。

4.3.2.4 教师考核评价

这种评价是以教学科研人员个人为对象的评价，通常分成两类，一类是结合评价对象的教学、科研等方面的表现在一起进行综合性的评价，主要涉及业绩考核、职称晋升和岗位聘任。业绩考核是对科研人员的综合评价，结果通常与年度绩效津贴挂钩；职称晋升是对科研人员某一阶段的研究工作绩效的一种综合评价，对科研人员的发展意义非常重要，是对其学术水平较为权威的判断；岗位分级聘用是在职称评聘基础上进行的岗位分级聘用，通常以科研人员主持的科研项目级别、数量和经费、获得的科技荣誉称号、科技成果、科研项目完成的质量、同行影响力、教学质量等几个方面的一部分作为岗位任职条件，以此来评价教师的科研工作能力和水平。另一类是优秀科研拔尖人才的选拔性评价。其中包括国家层面和省部级层面的长江学者、国家杰出青年、百千万人才、教育部新世纪人才支持计划等。所有的优秀人才选拔均需通过严格的审核，而评审表虽未明确规定量化考核指标，但科研项目都要求依次以"973""863"等不同级别的项目为序填写，科研成果则以国外论文、国内论文、外国专利、中国专利等为序填写。

对个人的评价通常与个人晋升、津贴、科研经费直接挂钩，是对团队评价的基础，也是对项目评价的前提条件。当前的个人评价仍然着重于论文或项目经费数量，忽视科研质量。在个人评价方面，一些学校采用科研道德、科研项目和科研成果三方面的指标（见表 4-5）。科研项目包括纵向、横向和涉密科研项目，科研成果包括论文、专著、专利等成果，其中具体分数则以论文发表的刊物级别、影响因子等划定。这虽然较以往的简单的数论文篇数前进了一步，但仍然避免不了量化评价的弊端。

表 4-5　某校对个体评价的科研项目指标体系分解

一级指标	二级指标	三级指标
科研道德	科研道德	科研道德
科研项目 A	纵向科研项目 A1	项目来源 A11
		计划经费 A12
	横向科研项目 A2	到校经费 A21

续表

一级指标	二级指标	三级指标
科研道德	科研道德	科研道德
科研项目 A	涉密科研项目 A3	项目来源 A31
		计划或到校经费 A32
科研成果 B	论文 B1	刊物级别 B11
		引用次数 B12
	专著 B2	出版社级别 B21
		发行量 B22
	专利 B3	授权状态 B31
		转让状态与取得的经济效益 B32
	科技奖励 B4	授奖级别 B41
	技术开发与转让推广 B5	经济效益 B51
		社会效益 B52
	其他，如软件著作权、新药证书、产品型号等 B6	证书类别等 B61
	其他，如科技报告等 B7	合同完成情况 B71
		特殊认定的指标等 B72
		其他

资料来源：2011 年调研材料。

在个人的岗位晋升方面，考察指标仍然是以项目、经费、论文、获奖等为主。尽管各个高校都认识到量化评价的弊端，但在职称晋升方面，几乎所有的高校都规定了晋升到相应职称所需的最低相应级别项目数，最低经费额度，最低相应级别的论文篇数，以及获取科研奖励的情况。在调研中，有73%的高校在评审教授岗位时要求必须主持国家级科研项目。"7+2"和"985"高校把主持国家级项目作为教授评价的必要条件，行业特色高校和地方"211"高校同样要求教授必须主持过省部级以上项目（见表4-6）。高校依然存在把科研项目数量和经费等作为科研内在价值的判断标准，以科研项目的立项级别和获奖级别代替项目的价值，将"立项"本身当作实际成果，不以成果产出而是以投入作为科技能力的评价指标等问题。某高校甚至在科技评价体系中规定：一项国家级项目的立项相当于发表3篇SCI论文。在教授晋升评价中，对发表SCI论文数量的要求，地方院校为2.7篇，行业特色高校为4.2篇，"985"高校为4.7篇（见图4-1）。这种简单追求数量，而忽视质量的评价准则与科学研究的精神完全相悖，导致科技界出现了"应试科研"和"SCI专栏作家"等现象，造成学校和个人往往把注意力更多地集中到如何争取项目和发表论文上，而对科学研究本身投入的精力不够，更不用说取得大的原创性成果。

表4-6 调研高校理科教授、副教授晋升的科研项目要求

高校类型	理科教授	理科副教授
"7+2"高校	主持国家级项目1项以上	主持省部级项目1项以上
"985"高校	主持国家级课题或省部重点课题	主持过省部级课题,或参与过国家级课题
行业特色高校	主持国家级或省部级项目	主持过省部级课题
地方"211"高校	主持国家级或省部级项目	主持过省部级课题或地厅级课题2项

资料来源:2011年调研材料。

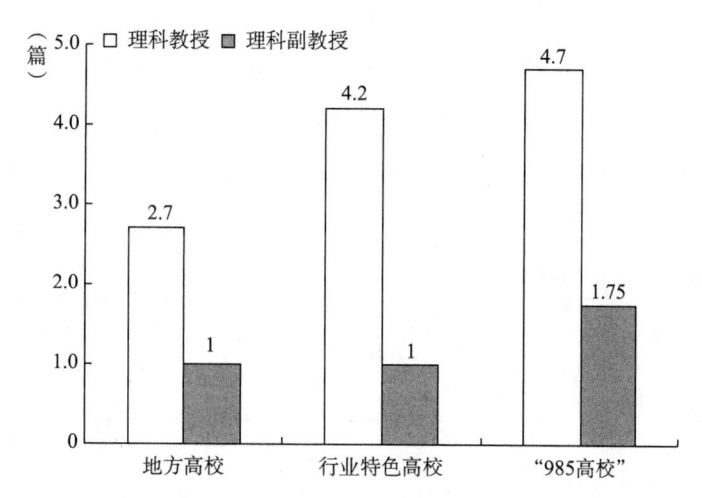

图4-1 国内不同类型高校对晋升理科教授、副教授要求的SCI论文数量

高校类型	理科教授	理科副教授
地方高校	2.7	1
行业特色高校	4.2	1
"985"高校	4.7	1.75

资料来源:2011年调研材料。

为了鼓励科研人员的产出,几乎所有高校都对科研产出给出了相应的奖励措施(见表4-7、表4-8)。例如,发表一篇SCI或SSCI索引的论文,给予2000元到数万元的奖励,为了显示公平性,通常将按论文的影响因子分区,级别越高,奖励越多,最多的对发表在最高影响力的杂志《自然》或《科学》上的文章奖励高达每篇100万元。高校层次越高,对于论文质量要求越高,篇数的要求也越多。

表4-7 不同类型高校的科技奖励

单位:万元

高校类型	《自然》或《科学》单篇奖励	国家科学技术奖一等奖	单篇SCI论文奖励
"7+2"高校	10	20	0.4(一定影响因子以上)
"985"高校	50	50	0.3~0.8
行业特色高校	100	60	0.3~2
地方"211"高校	60	60	0.2~0.6

资料来源:2011年调研材料。

4.3.2.5 科研项目评估

这是以科研项目进展为对象的评价。其中包括项目的立项评审、中期考核、结题验收和项目的评奖。在这类考核中,不同的项目来源和不同的立项部门有不同的评价体系,一般都采用同行专家评议和定量评价相结合的方式。

在以上几个层次的评价中,对单位的科技评价和个人年度业绩考核这些面上的、常规性的评价建立了详尽的指标体系,采用指标体系量化的赋权综合分值方法进行。

表 4-8　某高校 A2 教授岗位的晋升条件

学科类型	项目	经费	论文	获奖
理工类,学科(基地)建设型	负责不少于 2 项国家级项目	到校科研经费不少于 600 万元	以第一作者发表 SCI 论文不少于 10 篇	获得国家"三大奖";教学奖一等奖(个人排名前五)或二等奖(个人排名前三);省部级科技奖一等奖(个人排名第一)
人文社科类,学科(基地)建设型	负责不少于 1 项国家自然科学基金/国家社科基金/国家软科学研究计划或省部级社会科学基金项目	到校科研经费不少于 80 万元	以第一作者发表 SCI/CSSCI 论文不少于 10 篇	获得中国高校人文社会科学成果奖或教学奖一等奖(个人排名前五)或二等奖(个人排名前三);省部级哲学社会科学优秀成果奖一等奖(个人排名第一)

资料来源:2011 年调研材料。

4.3.3　我国高校科技评价制度的改革探索

调研发现,尽管量化指标考核仍然是我国高校科技评价指标的主流,但一些高水平大学开始注重以质量为主的考核,并在指标设计和评价机制上做出较多改进;在一定程度上提高了科研创新的水平。

4.3.3.1　评价指标体系更加重视质量

为建立质量导向的评价体系。某名牌高校以院系为单位,仅对当年发表并被 SCI 收录论文中的前 50% 高水平论文给予科研经费的资助;为鼓励科研团队创造高水平的成果,学校对获得国家奖的科研团队给象征性的奖励。此外,学校还设立效益奖,对成果转化突出的科研项目给予奖励。一些学校逐渐改进了 SCI 奖励规则,从单纯的根据论文数据奖励转变成将学术期刊根据学术影响力分成不同级别,并根据所发表论文期刊的级别给予相应的奖励,从而间接提高发表论文的质量。随着对科研产出的进一步重视,逐渐废除按影响因子奖励的规则,并将奖励自主权下放到学院,着重学科的内涵式发展(见表 4-9)。

表4-9 某"985"高校以SCI论文质量为依据进行奖励的指标改进及影响

文件年份	主要评价指标改进	说明	推动作用
2003前	论文数量	所有SCI一视同仁	SCI数量不断攀升
2003	考量论文质量的初级阶段	仅以IF3为界	数量继续攀升，从2001年的第5位上升到2003年的第2位
2005	影响因子分5档，并新增高被引论文奖励	尚未考虑不同学科特点	2006 SCI论文数居高校第1位，2007年引文篇数居高校第1位，2009年引文篇数及次数均居高校第1位
2008	增加了学科顶级期刊论文奖励	以引导不同学科健康发展	分学科评判的"不俗论文"从2008年开始连续多年居高校第1位
2010	废除了影响因子大排序、按学科进行分层奖励、给予学科自主奖励权限	分为顶级、本校前100、顶级论文、学科平均影响因子以上及以下5类	贯彻学校"着眼内涵发展，注重品质提升"的发展思路

资料来源：2011年调研材料。

4.3.3.2 部分学校引入学术代表作制度

极少数重点高校不再单纯依靠SCI论文数目进行科技评价的方式，而是推行学术评价"代表作"制度，注重学术著作在学术评价中的作用，鼓励科研人员加强原创性研究，产生具有自主创新的科研成果。丰富参与评价的成果形式，将期刊论文、会议论文、学术专著、译著、编著、工具书、古籍整理、教材、软件音像、数据库等研究成果以及作曲、美术设计、表演等创作作品纳入成果评价体系。降低评价量化的要求，给予学科和教师更多的自由发展空间，引导学术质量的提升。

4.3.3.3 探索分类分级评价

引导不同学科合理发展。评估指标及其权重的确定兼顾学科间的差异性，一些综合性重点高校按"理、工、农、医"4大类学科确定相应的权重，引导学科科学发展。为兼顾不同学科领域科研工作的特点，学校科技评价工作由院系自行制定标准，自行组织开展。在人事晋升和人才引进方面，学校仅设立最低标准，由各院系组织教授会投票推荐候选人；在科技成果方面，由各院系根据学科特点设立评价高质量研究论文的标准，并制定相应的奖励方案。

4.3.3.4 开始引入国际同行评议

某名校先后在力学、生命科学等12个学科领域引入国际评估，聘请各学科国际著名学者到学校开展全方位的调查，以国际视野来诊断该校各学科的发展状况，并提出未来学科发展建议。在国际评估中，专家更多的是从学科发展战略布局、资源投入是否紧密围绕战略发展总体目标进行配置、科研产出是否具有系统性和连续性等定性的方面进行评价。

4.3.3.5 职称评定引入教授会制度

在学校人事晋升和人才引进工作中，除了参考教师发表的论文、奖励、项目经费等可量化指标外，高级职称的评定都需要通过教授会投票等方式进行，在评价时兼顾到教师在人才培养、社会服务、承担国家重大项目等多方面的表现。同时，对于正高级职称的人员晋升或引进，学校还会组织校外专家匿名评审，对引进人员进行综合评价。

4.3.4　我国高校科技评价的弊端及不足

4.3.4.1　科技评价重数量轻质量，不利于原始创新

目前高校在职称评定、科技评价指标体系中，通常将承担"国家自然科学基金""863 计划""973 计划"等国家级项目数及其获得资助经费数、论文和著作数量作为衡量教师科研水平的重要依据，但所承担的项目完成质量以及成果应用情况往往被忽视。"数量是硬指标、质量是软指标"是某高校对其现有评价体系的总结。现行评价体系中偏定量指标，难以有效体现科技创新实际水平和对社会经济发展的贡献度。

过于追求数量指标首先体现在对科研项目的崇拜。把科研项目数量和经费数看作科研内在价值的判断标准，以科研项目的立项级别和获奖级别代替项目的价值，将"立项"本身当作实际成果，不以成果产出而是以投入作为科技能力的评价指标。例如，国内著名高校均以承担国家级项目作为人才引进考察的必要条件。

过分强调数量化指标也反映在对 SCI 论文的崇拜。SCI 论文数量目前已成为衡量大学、科研机构和科学工作者学术水平的最重要的甚至是唯一的标准。调研结果表明，几乎所有高校都出台了相应的奖励政策，明文规定每发表 1 篇 SCI 论文可拿多少奖金。在职称评定方面，发表的论文篇数也是最重要的考核指标。这种制度使得许多科研人员沦为论文机器。为增加论文数量，教师和研究生往往会以阶段性的成果发表文章或者将一篇文章拆分成多篇文章发表。SCI 论文指标还使科技工作者把目光盯在那些容易出文章的领域，而在这些领域进行的研究往往是跟踪模仿工作，产生了一些"SCI 专栏作家"，造成了低水平论文泛滥，项目科技水平不高的局面。

这种简单追求数量，而忽视质量的评价体系与科学研究的精神相悖。科技评价缺乏对学术成果内在价值和实际科研贡献的评估。我国著名数学家陈景润在 10 年内没有发表过 1 篇论文，而且其最重要的论文也只是发表在国内学术刊物《中国科学》的英文版上。按照目前高校的评价标准，陈景润甚至难以当上教授。

4.3.4.2　科技评价指标"一刀切"，忽视学科差异性

科技人才评价体系虽然体现了标准统一的公平性，却对差异性和特殊性考虑不足，科技评价形式简单化。据某大学排行榜，北大文科（包括人文及社科）的分数不及理科的 1/3，全国顶尖文科（北大）的分数只有最好的理工科（清华）的 1/5。这样的结果足见其荒唐之处。即使是同一个一级学科，其内部的二级学科之间也存在较大差异。以论文被引率为例,在化学领域,1965~1978年被引用最多的1000名科学家中,理论化学的作者人均被引5227次,分析化学的作者人均被引2822次,物理化学、有机金属化学、无机化学和有机化学的作者人均被引次数在3600~3800次。由此可见,忽视学科差异的评估指标体系不具有科学性。

对于学校的评价往往会忽视各个学校的专业特点,一些专业性强的大学为了提高在排行榜上的名次,也开始像综合型大学一样,开设门类齐全的专业。这种做法不仅丧失学校本身的特性,还影响特色专业的发挥。应该区分文科和理工科的特点,破除不顾各学科的特点实行"大一统""一刀切"的硬性考评指标。科技评价需用多把尺子,对"仰望星空者"和脚踏实地者应有不同的考核指标。

评价指标体系还忽略了基础研究、应用开发领域的不同特点以及不同的人员所从事的不同工作任务性质的差别。在调研的31所高校中,超过1/3的高校认为目前的科技评价体系忽视了学科之间的差异性。各学科呈现出专业性、多样性、层次性的特征,不同学科之间,其学科发展特点和水平完全不同,评价标准也需要力求做到多元化。

学校对教师的业绩考核和职称晋升尚未完全采取分类评价的制度。在目前已建立的分类分层科技评价中,尽管相关组织机构已经针对不同评价对象设计了不同指标体系,但仍然没有充分考虑学科发展和科技活动特征的差异。多数学校考虑到学科差异,将学科划分为几大类进行评估。例如,一些高校为了引导不同学科合理发展,评估指标及其权重的确定兼顾学科间的差异性,按理、工、农、医4大类学科确定相应的权重,引导学科科学发展,但各类学科内部仍然存在较大的差异。仅以量化的评估体系难以区分不同学科学术创新能力的强弱。

4.3.4.3 科技评价指标重个人轻团队,不利于协同创新

据调研,超过20%的高校认为目前我国高校的科技评价指标体系更注重对个体的评价,对团队的作用重视不够。在职称评聘、岗位津贴发放的考核中,现行的科技评价体系过分强调个人获得科研成果的数量及在取得成果中的排名位次,科技评价过分注重论文第一作者和第一单位,在科技评价体系中,排名第二以后的作者的权重大幅下降,如某大学对发表在某国内顶尖学术期刊的文章,以该学校为第一单位的奖励2万元,以该学校第二单位的奖励仅2000元。这种做法不利于个体与个体、单位与单位间的合作,也不利于科研人员的跨院系自由流动和科研合作创新。

科研项目评价也忽视了对团队工作的认可,科研项目业绩只归属项目主持人,项目团队成员的积极性难以充分发挥。科研项目只注重本校作为第一单位取得的成果和荣誉,忽视校校合作、校企合作,不利于科技联合攻关、资源共享。由于团队组织与合作对重要科技创新活动的开展至关重要,现行评价方法对团队合作成效的评价不够,导致高水平、跨学科团队的科研合作较少,难以实现协同创新。

4.3.4.4 现行评价和晋升指标体系对知识服务社会成果的认可度不够

现行评价和考核指标体系主要看重是否承担了国家或省部级科研项目，发表了多少 SCI 或 EI 论文，对那些承接企业项目、实施专利、攻克技术难题并取得良好社会影响及经济效益的科研人员，缺乏足够的认同，以致愿意从事实际技术攻关的人员相对较少、服务社会意识淡薄，核心技术创新和服务社会能力呈相对下降趋势。

目前的科技评价指标体系还存在重成果轻转化的导向。尽管一些高校提出了加大对科研专利转化的奖励力度，但科研成果转化指标仅以获得专利数来体现，严重忽视成果的产业化程度、获得的直接和间接经济效益、市场占有率等方面的评价。这种缺乏科技成果转化指标的评价导向，往往导致科研人员特别是高校中的科研人员为科研而科研，更多地关注承担国家科技计划项目，出版学术专著和发表学术论文，申请政府各级科技奖励，而忽视科学研究本身的创新水平。

4.3.5 导致我国高校科技评价问题的原因分析

4.3.5.1 科技评价受主管部门自上而下评价体系的影响

当前高校的评价体系与教育部的学科评估指标体系（见表 4 – 10）严重雷同。尽管 2003 年科技部等五部委颁发了《关于改进科学技术评价工作的决定》，明确提出要解决当前科技评价重数量不重质量的问题，但我国现有的高校科技评价体系在主管部门学科排名、"211"工程、"985"工程等评价体制下，当前的诸多问题仍难以从根本上得到解决。

"985"高校和"211"高校的科技评价体系与上级主管部分的工程验收指标非常雷同。教育部对"211"工程、"985"工程高校的验收，在科研能力方面，也主要考虑论文数目，高水平期刊的论文数量。例如，教育部 2008 年开始的"985"高校的二期工程验收，要求学校在十年总结报告中进行大量数据分析，并要求高校提供的数据中包括获国家级奖项、SCI 论文等指标。教育部对高校科研水平的考核也促使高校被动地用教育部的指标考核院系和教师。高校为了在学科排名中取得领先，获取国家对高校的经费投入和政策支持，往往争相提高这些指标的数量，以引导国家对高校科研的经费投入和政策支持。

表 4 – 10　教育部学位与研究生教育发展中心学科评估指标体系

一级指标	二级指标	三级指标
学术队伍	教师情况	专职教师及研究人员总数
		具有博士学位人员占专职教师及研究人员比例

续表

一级指标	二级指标	三级指标
学术队伍	专家情况	专职教师及研究人员总数
		具有博士学位人员占专职教师及研究人员比例
		中国科学院、工程院院士数（仅对设立院士的学科门类）
		长江学者、国家杰出青年基金获得者数
		百千万人才工程一二层次入选者、教育部跨世纪人才、新世纪人才数
科学研究	科研基础	国家重点学科、国家重点实验室、国防科技重点实验室、国家工程技术研究中心、国家工程研究中心、教育部人文社科基地数
		省部级重点学科、省部级重点实验室、省级人文社科基地数
	获奖专利	获国家三大奖、教育部高校人文社科优秀成果奖数
		获省级三大奖及"最高奖"、省级哲学（人文）社科成果奖数、获中华医学科技奖、中华中医药科技奖数
		获发明专利数（仅对"工学、农学、医学"门类）
	论文专著	CSCD 或 CSSCI 收录论文数
		人均 CSCD 或 CSSCI 收录论文数
		SCI、SSCI、AHCI、EI 及 MEDLINE 收录论文数
		人均 SCI、SSCI、AHCI、EI 及 MEDLINE 收录论文数
		出版学术专著数
	科研项目	境内国家级科研项目经费
		境外合作科研项目经费
		境内国家级及境外合作科研项目数
		人均科研经费
人才培养	奖励情况	获国家优秀教学成果奖
		获全国优秀博士学位论文及提名论文数
	学生情况	授予博士学位数
		授予硕士学位数
		目前在校攻读博士、硕士学位的留学生数
学术声誉	学术声誉	学术声誉

资料来源：教育部学位与研究生教育发展中心。

4.3.5.2 以量化指标为主导的大学排行榜等社会评价的压力

大学排名对高等学校科技评价影响较大，几个有影响力的大学排名指标，多数也将论文数量、科研经费数量作为评价大学科研实力的标准，在一定程度上加大了高校对论文数量指标的重视。各种大学排行榜指标体系大同小异，都过分强调论文数量等量化指标，将全国不同类型的 2000 多所高校用统一的指标来排出名次。例如，在广东管理科学研究院"中国大学评价"指标体系中，SCI 论文数占到了评价指标近 10%

的比重，与 EI，中文核心期刊共同占到了 20% 的比重。

大学排行榜是影响社会对高校评价的重要参考因素。为了提高学校的声誉，在社会的压力下，高校的科技评价工作也受到了各种大学排名评价指标体系的影响。武汉某大学的副校长认为，按照现行考核办法，可能会因为低层次的重复研究造成科研经费浪费，但他同时认为，坚持目前这一量化的科技评价体系，并不是学校领导认识不到位，而是确实面临各方面的压力。这当中最让高校在乎的是以论文、奖励和科研经费为重要参数的高校排名。

4.3.5.3 对学术活动的行政干预过重

在科研资助和项目管理、人才评价和职称评定、科技奖励等方面，行政部门在科技奖励和评价中有着决定性的作用，科技团体的作用没有得到充分发挥。行政思维方式与学术研究的思维方式很不相同，行政强调的是简单、可操控、可计算，排斥复杂、混沌、不确定性，因此，其更多追求的是容易直接比较的指标。

4.4　优化中国高校教师考核聘任与评价制度的对策建议

建设创新型国家和世界科技强国，首先需要具备良好的资源分配模式和人才选拔机制，而教师评价考核制度是科技资源合理分配和人才公平选拔的重要保障，建设创新型国家首先需要建立良好的教师评价考核制度与运行机制。

4.4.1　尊重社会历史文化传统推进教师评聘考核制度改革

高等院校教师的聘任制度和长期的历史文化传统及在这一过程中形成的价值理念有着密切关系。例如，日本、德国公立高等院校教师的公务员身份和终身雇员制，美国、加拿大高等院校教师的任期制和终身教职制度，都深刻地打上了国家传统的烙印。因此，在高等院校教师聘任制度改革的过程中，切忌操之过急，不顾国家传统和文化背景，仓促进行。以日本为例，长期以来日本的国立高等院校一直实行终身雇员制，终身雇员制被日本企业界广泛采用，与年功序列制一起成为"二战"后日本企业人事管理的主要制度，它对日本的经济发展和社会稳定起到了相当大的作用。这一制度也因符合日本人求稳求安的心理而有广泛的思想基础。日本的年功序列型的工资体系和持续工作到退休表彰型的退职金制度是以终身雇用为前提而形成的。然而，大学任期制在本质上是西方以能力主义为价值判断的竞争制度，虽然它的导入会促进大学组织与社会之间、大学组织内部的流动与活化，但是由于它与终身雇员制的价值基础有很大不同，因此，任期制的实施必然造成人们心理上的"不适"和"震荡"，其推广的缓慢程度也是预料之中的。欲速则不达，如日本早稻田大学的改革方案因为遭到教职员工的强烈反对而不得不中止。所以，如果不考虑社会的历史文化传统和人们的心理承受能力，仓促实施任期制改革，必然会引起高等院校教师的反感情绪，并给大学教育的正常秩序造成混乱。

4.4.2 政府部门应在教师评聘考核制度改革中扮演适当角色

由于资源短缺是所有现代高校必须面对的问题，使有限的资源产生更高的效益，就成为高校管理变革的首要任务。日益增强的问责要求，也迫使高校改革其传统的灵活性不足、对教师的激励不够的教师聘任制度。现实的制度的确存在问题，尤其是效能低下、激励不足的问题，对其进行变革，或者说，对其进行完善，势在必行。

在改革教师聘任制度的过程中，政府应该找准定位。吉尔伯特指出，发展中国家高等教育史是政府监督和控制的历史。在日本，虽然该国的高校教师任期制和国立大学法人化改革也是在政府的主导下自上而下进行的，但在此过程中政府给大学以充分的自主权。《关于高等院校教师等的任期的法律》规定，高等院校教师任期制的基本性质是所谓的"选择性任期制"，法律并不要求所有大学自某月某日起开始统一实行教师任期制，而是将实行教师任期制的决定权授予各大学。各大学自主决定是否实行教师任期制，哪些部门、哪些岗位实行任期制以及任期的长短。为了保障大学实施教师任期制的自主权和高等院校教师的学术自由，在通过该法律时，还专门有一项"附带决议"。该决议第一项就规定："在导入任期制时，必须充分注意不损害保障教师身份的精神，这种精神是学术自由及大学自治得以尊重的基本保证。同时，不能以导入任期制作为对大学的教育、研究提供支持的条件，也不能以导入任期制为由干涉大学的自主办学。"从这一规定中可以清楚地看出，日本通过立法手段对政府在实施教师任期制方面的权限做了必要的限制，以体现学术自由及大学自治的精神。可以说日本高等院校教师任期制实施的选择性很大。政府只是决定了改革的方向，大学可以自己决定何时实施、如何实施，这也就避免了新制度与大学本身的传统理念之间发生直接冲突。这种决策，有利于实现大学经营管理灵活化的改革目标。

4.4.3 建立科学完善的评价指标体系

高校教师评价的指标体系是教师聘任、晋升和绩效评价的前提。借鉴国外创新型国家高校教师评价指标体系的经验，高校教师评价指标体系应把握好以下两个层面的问题：一是将教师评价指标与教师个人、院系和学校的发展目标相结合，根据教师个人职业的发展需求、院系和学科的特色要求和学校的主要发展目标，设计教师评价指标。只有符合以上三个方面要求的教师才能聘任或晋升。二是根据第一层面的评价指标，对教师进行教学、科研和社会服务等方面的综合评价。教学、科研和社会服务的评价指标体系应反映教师的真实水平和发展潜力，例如，科研指标重点应考察其著作和论文的质量，实行代表作评价。同时，院系和学校的职能和发展需求不同，对教师评价的指标侧重也不同。例如，与社会发展联系较紧密的院系和学科，除考察基本的教学、科研和社会服务情况外，还应重点考察其研发能力。因此，应根据教师的工作特点，在统一的评估指标下建立分类、灵活的评价标准。

4.4.4 坚持质量导向，由重视数量的评价转向重视成果的评价

我国在大学科技评价方面存在过分强调量化的倾向，比如过分强调论文的数量。国家每到年末都在媒体上公布各大学在 SCI、EI 等科技论文索引上发表的文章数量及排名。这在一定程度上促进了中国大学科研与国际的接轨，但也造成了盲目追求论文数量，而不重视科研实际效益的现象。2002 年出台的《意见》指出，要合理利用 SCI 在科技评价方面的作用，从重视科研论文的数量向重视论文的质量转变，从只重视论文向论文与专利并重转变，取消政府导向的 SCI 排名。这对于我国大学科技评价中片面"重数量"的问题有所警示。但是，要改变这种状况，还需要从完善和优化科技评价制度方面做工作。英国 RAE 评价通过明确界定"研究"的含义来实现鼓励创新和合作，强调研究成果的质量而不是数量的作用。RAE 把研究定义为"原创性的探究"，不仅使研究的类型不再局限于传统的学术工作，而且还丰富了研究成果的形式。研究成果的表现形式可以是多样的，不拘泥于论文等书面形式，可以是一种产品、知识产权，也可以是展出、表演，还可以采用电子媒体和网络的形式。这些都有助于从根本上改变过分倚重"四大索引"科学论文、将它们视为科学研究的目标的畸形观念。目前，由于定量评价指标便于计算测量，我国科技评价多采用量化评价，这使得我国在科技评价方面具有过分强调量化的倾向。为此建议，要创新评估方法，

由过多地注重定量评估向定性和定量并重转变。引导和鼓励高校，针对不同的评估对象、评估项目，综合运用实地考察、专家咨询、信息查询、社会调查等评估方法，积极采用国际通行的同行评议和专家推荐制，积极倡导"质量第一"的评价理念，建立定性与定量、过程与结果、短期效益与长期效益、直接效益与综合效益相结合的、以科研质量和创新能力为导向高校科技评价体系，改变重数量、轻质量，重形式、轻绩效的单纯量化考核评价方法，扭转当前高校和科研院所"论文导向式"考核评价机制。在科技评价工作中，明确定义"研究"的含义，宽泛研究的范围及表现形式，关注研究工作的质量，对研究工作的研究目标、创新之处、相关学科领域的影响等进行评价，对克服片面追求论文数量等学术浮躁的弊病有一定作用。

4.4.5 完善同行评价制度，不断提高教师评价的专业化水平

我国许多高校越来越重视同行评价，采取同行评价和教授会议评价的方式，淡化行政评价的色彩，尊重学术评价的权威性。在教师评价制度的建立和改革工作中，需要进一步借鉴国外同行评价制度的经验，不断提高教师评价的专业化水平。

科学评价应加大采用同行评议制度的力度。同行评议的实质是依靠同行专家对申请者所从事的科研活动以及研究者的素质和潜能进行学术评价，把真正有研究能力的科学家和同行进行的评议作为评价的指标，他们的根据是各学科都有自己的特点，即使在同一领域，不同的研究方向也可能存在很大的差异，研究工作只有同行最清楚，才能进行评价，而不应该由外行来评价。同行评议则适合于微观评价，也就是对每位科研人员的科研水平、实力的评价。对于基础性研究来说，由于研究人员的科学贡献和学术影响主要是通过论文的交流来实现的，因此，完善的同行评议过程可以体现出文献计量分析中积极的方面。我们认为，我国高校最终应建立起同行评议和科学引文计量相结合的制度，尤其是以同行专家评议为主，科学引文计量为辅助参考的制度。

实行同行评价和教授会议制度，关键在于选择专业、公正、高效的评审专家。一般而言，评审专家要具有较高的专业知识水平、敏锐的洞察力和较强的判断力，熟悉被评价内容；同时，要求其具有良好的资信和科学道德，认真严谨，秉公办事，客观公正，敢于承担责任。遴选评审专家应遵循随机原则、回避原则，并实行任期制。实际操作过程中在邀请校外评审专家的数量和人选、教授会议的组成和会议主席的选择等方面，应该很好地把握。

同时，建议完善专家库信息，并在完善现有专家库信息的基础上，增加国外专家的数量，可采用招标的方式向海内外征集各学科优秀学者、专家、教授及社会知名人

士，对于我国科研项目成果中提及的"国内先进""国内首例""国际领先""国际先进""填补空白"等内容进行评估，较为客观地对项目成果进行同行评价。

4.4.6 充分重视学生评价

美国、加拿大高校非常重视学生对教师的评价意见，学生评价在教师评价体系中占有独特的地位。在我国，大部分高校对学生评价不够重视或评价方法不太合理。部分教师轻视教学，教学态度不认真，课堂教学流于形式，引起了学生的强烈不满，教学质量便无从谈起，培养学生的目标也无法实现。在重视学生评价意见的同时，要改进学生评价方法，更多地切合不同课程的实际，对公选课、专业基础课、研究生指导课应该有不同的评价方法，如在学生填写的课程调查问卷设计上应该有所体现。

4.4.7 探索分类评价

立足学校特色、学科特点和人才特质，坚持分类管理和评价的原则，针对计划、项目、机构、人员等不同对象，根据国家、部门、地方等不同层次，基础研究、战略高技术研究、社会公益性研究、技术服务与转化应用等不同类型科技活动的特点，确定不同的评价目标、内容和标准，采用不同的评价方法和指标，加快建立健全分类管理的高校科技评价体系。

一要建立针对不同类型高校的分类评价体系，引导"985"高校以世界一流大学为目标，建立以质量为核心的、有利于形成重大原创性成果的科技评价指标体系；鼓励"211"高校和特色行业高校聚焦特定技术领域、学科和行业，探索构建符合领域特点、体现学科特色和行业优势的差异化科技评价体系，实现评价机制由重数量向重质量、由单一向多元、由重成果向重应用的转变。

二要建立面向不同评估对象的分类评价指标体系，针对个体、团队、机构等不同的评价对象，建立不同的评价标准和方法。对科研机构和创新团队的评价要注重其发展战略、学科优势与特色、国际地位与竞争力、创新能力与水平、队伍建设、人才培养等内容，要探索构建跨学科交叉研究平台，建立学科评价特区，加强对交叉学科团队的评价。对创新团队的学术带头人，要重点考察其创新能力和潜力、学术水平、实际贡献及其在研究群体中的作用发挥等。对团队成员的评价，则应主要由学术带头人进行考核，重点评价其具有代表性的突出成绩、典型事件、创新潜力和职业道德等。

三要建立面对不同项目类型的分类评价体系。例如，基础研究项目、应用研究项目和开发研究项目各自应采用不同的评估模式。基础研究项目应该遵循学术影响的评价原则,以被同行学者研究引用的次数、是否被国际权威文摘所摘录为评价依据。应用研究和开发研究项目应该遵循市场的价值规律,向专利管理靠拢。以著作、计算机软件为表现形式的项目,应以发行量的大小为评价依据,向版权管理靠拢,以版权费为智力劳动的报酬。软科学由采纳项目的收益部门,根据社会效益的大小给予评价。这样就可以照顾到不同形式的科技评估问题,采取分门别类的评估办法还可以使不同部门之间的评估相互借鉴和启发,共同营造良好的社会评估氛围。

4.4.8 强化协同创新

现行的科技评价主要针对教师个体开展(如岗位考核、津贴奖励、职称评定、职称晋升、岗位续聘等),科技评价的结果对教师个体发展产生直接作用。缺乏对团队工作和协同合作的评价。同时,对学术论文、奖励成果等科研产出排名顺序的过度强调和关注,在一定程度上阻碍了交叉学科的发展和合作研究的开展。为加强科研团队建设,促进协同创新,科技评价指标要适度淡化论文署名先后和奖励排名。

需要建立有利于合作研究、交叉学科发展的创新环境和评价体系,但又要能有效减少浑水摸鱼的挂名现象。在人事考评方面,高校要在充分论证的基础上,逐步完善以学科发展、团队建设评价为主要特征的人才考评机制,人事考评重心要由个体评价向整体目标管理转移,必须下大力气研究科研团队的评价指标体系,以推动科学研究的大发展。此外,在科研领域的奖励申报制度中,应该明确各个单位在科研中的作用,避免只允许第一单位申报的情况发生。同时,要研究在科研合作条件下的成果署名问题及知识产权归属问题。

4.4.9 重视评价结果的合理应用

教师评价结果不应局限于了解现状的程度,而应该积极地对现状进行批判性的分析,并在分析的基础上提出解决大学内部问题和矛盾的方案。评价的终极目的是提高大学质量。教师评价结果的应用可以根据大学的需要或者作为对教师进行考核和督促改进的一个手段,也可以把评价结果与教师聘用、薪酬分配、培养培训环节有效衔接起来,实现教师人才资源的合理配置,从而在保障大学组织目标实现的同时,促进高等院校教师的专业发展、自主发展、全面发展。

参考文献

欧阳进良等:《英国双重科研资助体系下的科技评估及其经验借鉴》,《科学学研究》2009年第

7 期。

刘莉：《欧洲大学科研评价与拨款的相关度》，《复旦教育论坛》2004 年第 3 期。

耿益群：《美国高校终身教授制度的困境与出路》，《比较教育研究》2006 年第 2 期。

李晓轩：《德国科研机构的评价实践与启示》，《中国科学院院刊》2004 年第 4 期。

解瑞红、周春燕：《美国高校教师绩效评价中的问题及启示》，《高校教育管理》2008 年第 6 期。

刘莹等：《美国联邦科研机构的绩效评估制度及其启示》，《中国科技论坛》2007 年第 9 期。

李祖超：《美英高校评估指标体系的比较分析及启示》，《评价与管理》2010 年第 3 期。

李强等：《美国科技评估的构建与实施》，《科学管理研究》2007 年第 3 期。

周家伦：《德国科研体制与科技队伍的建设》，《德国研究》2001 年第 1 期。

葛新斌、姜英敏：《日本大学教师评估制度改革动向分析》，《比较教育研究》2004 年第 9 期。

贾永堂：《坚守还是弱化终身教职制度》，《高等教育研究》2008 年第 12 期。

陈强、鲍悦华：《德国重大科技项目管理及其对我国的启示》，《德国研究》2008 年第 2 期。

张凌云：《主动与渐进：德国高校教师聘任制度的特点与改革动向》，《高等教育研究》2009 年第 5 期。

杨国梁等：《美国 STAR METRICS 项目及其对我国科技评价的启示》，《科学学与科学技术管理》2011 年第 12 期。

顾海兵、齐心：《美国科技评估制度的研究与借鉴》，《科学中国人》2004 年第 6 期。

曹晟、田大山：《美国科技评估立法实践及其对中国的借鉴意义》，《自然辩证法通讯》2004 年第 6 期。

顾海兵、李讯：《日本科技成果评价制度及借鉴》，《上饶师范学院学报》2006 年第 1 期。

刘作仪：《英国科研评价模式：由专业评价人员进行评价》，《科研管理》2003 年第 2 期。

顾建民：《自由与责任：西方大学终身教职制度研究》，浙江教育出版社，2007。

王笛：《学术环境与学术发展——再谈中国问题与西方经验》，《开放时代》2002 年第 2 期。

郭丽君：《大学教师聘任制》，经济管理出版社，2007。

周俊：《美国大学终身聘任制的发展趋势及其对我国的启示》，《世界教育信息》2007 年第 9 期。

谢安邦：《比较高等教育》，广西师范大学出版社，2002。

陈永明：《大学教师任期制的国际比较》，《比较教育研究》1999 年第 1 期。

张怡真：《美国研究型大学的教师聘任及启示》，《世界教育信息》2008 年第 4 期。

胡建华：《日本大学教师任期制改革述评》，《比较教育研究》2001 年第 7 期。

吴光辉、赵叶珠：《试论日本大学教师任期制》，《复旦教育评论》2004 年第 6 期。

赵叶珠：《日本的大学教师聘任制》，《集美大学学报》2003 年第 3 期。

葛新斌、姜英敏：《日本大学教师评估制度改革动向分析》，《比较教育研究》2004 年第 9 期。

张俊超：《从教授会自治到大学法人化》，《高等教育研究》2009 年第 2 期。

〔美〕大卫·古斯顿：《在政治与科学之间：确保科学研究的诚信和产出率》，龚旭译，科学出版社，2010。

肖小溪、杨国梁、李晓轩：《美国科技政策方法学的发展及对我国的启示》，《科学学研究》2011 年第 7 期。

韩建国、陈乐生：《中德科学中心评估》，《中国基础科学》2008 年第 1 期。

喻明：《英国基础研究方面的重大政策调整和优先发展领域》，《中国基础科学》2002 年第 2 期。

李朝晨：《英国科学技术概况》，科学技术文献出版社，2002。

刘迟：《英国国家基础研究发展动向——英国研究理事会中期战略发展规划透视》，《中国基础科学》2000 年第 10 期。

余晓：《英国基础研究活动评价的基本做法》，《全球科技经济瞭望》2001 年第 7 期。

查勇、梁樑：《基于 DEA 模型的高等院校院系投入产出效率评估》，《科技进步与对策》2004 年第 2 期。

陆根书、刘蕾、孙静春、顾丽娜：《教育部直属高校科研效率评价研究》，《西安交通大学学报》（社会科学版）2005 年第 2 期。

孟溦等：《基于 SSM 分析的科研评价系统探讨》，《科研管理》2007 年第 2 期。

翟立新、韩伯棠、李晓轩：《基于知识生产函数的公共科研机构绩效评价模型研究》，《中国软科学》2005 年第 8 期。

胡书凯：《浅谈科技评估》，《中国铁路》2001 年第 10 期。

鲍玉昆：《国外科技评估实践及对我国的借鉴》，《软科学》2003 年第 2 期。

肖利：《发达国家科技评估的方法及启示》，《科学对社会的影响》2001 年第 4 期。

王平：《同行评议制度的固有缺点与局限性》，《科技管理研究》1994 年第 4 期。

〔美〕菲力普·阿特巴赫主编《变革中的学术职业：比较的视角》，别顿荣主译，中国海洋大学出版社，2006。

〔美〕亨利·罗索夫斯基：《美国校园文化——学生·教授·管理》，谢宗仙译，山东人民出版社，1996。

〔美〕布鲁贝克：《高等教育哲学》，郑继伟等译，浙江教育出版社，1987。

杨毅：《新中国高校教师聘任制度变迁研究》，博士学位论文，西南大学，2013。

孙诚、王占军：《我国普通高等学校师资队伍结构现状分析》，《大学》（学术版）2010 年第 8 期。

Richard, Chait. 2002. *The Questions of Tenure.* Cambridge: Harvard University Press.

P. Seldin. 1984. *Changing Practices in Faculty Evaluation: A Critical Assessment and Recommendations for Improvement.* San Francisco: Jossey-Bass Publisher.

William Gtierney. 1998. *The Responsive University: Restructuring for High Performance.* Baltimore: The Johns Hopkins University Press.

Ehrenberg R. and Smith R. 2005. *Modern Labor Economics Theory and Public Policy.* Boston: Pearson Addison-Welsley.

Mervis J. 2009. "U.S. Budget. Amid the Gloom, Researchers Prepare for a Boom in Funding," *Science* 323.

Lane J. 2009. "Assessing the Impact of Science Funding," *Science* 324.

Lane J. 2010. "Let's Make Science Metrics More Scientific," *Nature* 464.

Lane J. and Bertuzzi S. 2011. "Measuring the Results of Science Investments," *Science* 331.

Geisler E. 2000. *The Metrics of Science and Technology*. Westport: Quorum Books.

Keeney R. L. and Gregory R. S. 2005. "Selecting Attributes to Measure the Achievement of Objectives," *Operations Research* 1.

Roper S., Hewitt-Dundas N. and Love J. H. 2004. "An Ex Ante Evaluation Framework for the Regional Benefits of Publicly Supported R&D Projects," *Research Policy* 33.

Bruce Bimber. 1996. *The Politics of Expertise in Congress: The Rise and Fall of the Office of Technology Assessment*. State University of New York Press.

专题负责人：杜德斌（华东师范大学）

撰稿人：杜德斌、楚天骄、王俊松

第5章 国家创新体系建设的国际趋势与战略

本章通过对美国、德国、英国、日本等发达国家和俄罗斯、韩国、巴西、印度等新兴经济体国家的创新体系构成和运行的国别特点和共同规律进行研究,为建设中国特色国家创新体系提供可资借鉴的经验与建议。

5.1 世界科技发展态势与创新力量分布格局

5.1.1 当前世界科技发展态势

在好奇心、市场需求和国家安全的驱动下,世界科技发展异常迅猛,学科交叉融合不断加快,重大创新不断涌现。科技发展的新态势表现在以下几个方面。①

第一,科学交叉与技术融合不断催生新的学科和技术领域,前沿科技领域呈现群体突破态势。以生命科学和生物技术、信息科技、纳米科技、新材料与先进制造技术等为核心的高科技群体,成为当今前沿科技领域的代表,这些领域的进展直接反映了科技发展的新态势。纳米材料技术、纳米电子技术、纳米生物技术、纳米机器人、纳米测量学等都是近些年发展起来的新兴交叉学科,生物材料、生物芯片、信息材料等融合技术,也已经向人们展示出其巨大的应用潜力。未来的重大科技创新将更多地出现在学科交叉领域,各类技术之间的相互融合将更加频繁,并将催生新的技术系统变革、重大学科突破以及新一轮的科技革命和产业革命。

第二,"低碳经济"成为科技创新的新热点,民生科技得到快速发展。近年来,随着气候变化问题的日益凸显,以低能耗、低污染为基本特征的低碳经济概念开始风行,并带动相关领域科技创新日趋活跃。发达国家大力推进向低碳经济转型的战略行

---

① 万钢:《世界科技发展趋势与中国的自主创新》,《时事报告》2008年第12期。

动,并已经开始从产业政策、能源政策、技术政策及贸易政策等方面,做出一系列重大调整。人们对环境、健康和文化需求的提高,促使各国将科技发展目标与改善人民生活紧密结合起来。在欧盟研究开发的第七框架计划确定的十大优先主题中,直接与提高人民健康和生活质量有关的主题有三个:一是健康,二是食品、农业和生物技术,三是环境。

第三,科技在应对非传统安全中的作用日益凸显。恐怖袭击、信息犯罪、能源短缺、环境恶化及突发性大面积自然灾害等一系列非军事性灾难,对世界和平与稳定构成了新挑战。公共安全事件接踵而至,传统的国家安全概念已经从一般意义上的国防军事安全,上升为更广泛的"总体安全",对科技提出了重大战略需求。

第四,"深空"、"深海"、"深蓝"战略,成为世界主要国家的战略选择。美国、俄罗斯、欧盟、日本和印度等国家和地区,都在实施一系列探测月球、火星等天体的深空探测计划;在历时近10年的国际深海大洋钻探计划中,科学家在3000米深的海底发现了生存的生物,它们的存在为现有的生物基础理论提出了新的课题,也为海洋能源的应用提供了更多的预见;高性能计算机已经从军事领域进入天文计算、建立大气模型、基因科学、油气勘察、智能制造等领域,带动了空间技术、空气动力学、大范围气象预报及石油地质勘探等产业技术领域的变革。

新的科技突破往往催生新的产业变革。当前世界主要发达国家纷纷加大对以新材料、新能源、节能环保、生物技术、信息网络等为代表的新兴产业的战略布局,抢占新一轮国际竞争制高点。一种建立在互联网和新材料、新能源相结合基础上的新工业革命即将来临,它以"制造业数字化"为核心,将使全球技术要素和市场要素配置方式发生革命性变化。①

5.1.2 世界科学中心转移与当前
创新力量分布格局

1962年,日本学者汤浅在运用统计学方法对近代科学成果进行定量分析时发现,16世纪以来,世界科学中心先后从意大利、英国、法国向德国、美国迁移,转移周期大约为80年(见表5-1),科学史界称之为"汤浅现象"。②世界科技中心的转移与大国势力的兴衰有着一定的联系,伴随着世界科学中心的转移,国家实力的消长也清晰可见。科技实力对国家竞争力的重要地位不言而喻。

---

① 张梦然:《站在新科技革命的十字路口》,《科技日报》2012年7月9日,第1版。
② 孙伟林、孟玮:《追寻世界科学中心转移的轨迹》,《民主与科学》2006年第3期。

表 5-1　世界科技中心转移概况

国别	时间	哲学思想基础及口号	代表人物及标志性成果	世界地位	转移原因
意大利	1540~1610年	人文主义，思想解放，人性反神学、赞美人、人生和自然，崇尚理性和科学	伽利略的《关于力学与地上运动的两门新学科的对话及数学证明》	近代科学的旗帜	政治分裂、经济衰落、文化僵化
英国	1660~1730年	资本主义制度的确立，依靠科学发展生产改进工艺、积累财富，科学家自发组织的"无形学会"举行科学研讨交流推动发展，自由研究、个人奋斗，无神论的唯物主义。	牛顿的《自然哲学的数学原理》	36%的世界杰出科学家；40%的世界杰出成果	斯图亚特王朝复辟使皇家学会官僚机构化、不学无术，压制新生事物
法国	1770~1830年	启蒙运动、高扬理性、批判神权，提倡科学和民主，大兴科学实验，科学理性主义	化学家拉瓦锡的燃烧理论	40%的世界重大研究成果	拿破仑侵略战争和波旁王朝的复辟
德国	1810~1920年	理性批判主义，不是各种观点的罗列，也不是科学诸科规律的汇编，而是对已经取得的成果和即将取得的成果所做的批判性的考察	迈耶能量守恒定律、爱因斯坦相对论、普朗克量子论	19世纪领军科技，尤其在电磁学领域，做出惊人的发明成果。	希特勒政权对教育控制、二战对犹太人迫害导致人才大量流失
美国	1920年至今	拿来主义（移民政策），大科学主义（多元化自由研究）	冯·诺依曼的计算机、互联网技术	领军当今自然科学和高科技	官僚主义、权威主义科学功利主义蔓延

资料来源：中国科学院：《科技革命与中国的现代化（关于中国面向2050年科技发展战略的思考）》，科学出版社，2010，第10~20页；孙伟林、孟玮：《追寻世界科学中心转移的轨迹》，《民主与科学》2006年第3期。

科学中心的形成取决于多种因素[①]，往往与其文化、经济、社会环境以及科学建制的发展变化相关联，随着全球化和知识经济的发展，世界科学的格局有可能从一国独占科学中心向多中心转变。

基本科学指标（Essential Science Indicators，简称ESI），是汤姆森科技信息集团在汇集和分析ISI Web of Science（SCIE/SSCI）所收录的10年滚动统计数据基础上建立起来的分析型数据库，文献按照22个学科进行了分类标引，数据定期更新。本研究建立在2002年1月至2012年6月30日10年零6个月ISI Web of Science收录的文献数据的基础上。论文发表阈值是指在这十年半的时间里，一个国家或者机构所发表

[①] 中国科学院：《科技革命与中国现代化（关于中国面向2050年科技发展战略的思考）》，科学出版社，2010，第31页。

的论文总数的最小值,由于交叉学科发表数量太少而未达到本研究的所设阈值,因而对此适当做了调整以满足研究要求。从 ESI 数据库收录的科学论文的科学计量学分析看,在 22 个学科中,当前优势研究领域的国别与地区分布前 20 名国家,如表 5-2 所示。从表 5-2 中可以明显看出,22 个学科领域中均处于领先位置的国家和地区,分布在北欧、北美等发达地区,澳大利亚和新西兰也表现不俗,中国大陆、新加坡和中国台湾地区零星出现,亚洲只有日本整体表现良好。

表 5-2 22 个学科的篇均引用次数排名前 20 的国家或地区一览

学科名次	农业	生物化学	化学	临床医学	计算机	工程	环境生态	地球科学	免疫学	空间科学
1	芬兰	瑞士	美国	冰岛	瑞典	瑞士	瑞士	瑞士	美国	葡萄牙
2	瑞典	美国	荷兰	比利时	美国	丹麦	瑞典	丹麦	瑞士	加拿大
3	英国	丹麦	瑞士	丹麦	瑞士	比利时	英国	英国	英国	瑞士
4	比利时	荷兰	丹麦	荷兰	爱尔兰	美国	荷兰	美国	日本	以色列
5	荷兰	瑞典	英国	芬兰	以色列	荷兰	丹麦	荷兰	法国	英国
6	丹麦	德国	以色列	瑞士	丹麦	新加坡	芬兰	德国	奥地利	美国
7	以色列	以色列	瑞典	瑞典	英国	瑞典	比利时	芬兰	澳大利亚	德国
8	挪威	英国	德国	美国	德国	芬兰	美国	瑞典	德国	智利
9	美国	比利时	新加坡	挪威	加拿大	以色列	新西兰	澳大利亚	荷兰	荷兰
10	加拿大	加拿大	加拿大	加拿大	比利时	法国	挪威	爱尔兰	加拿大	丹麦
11	希腊	澳大利亚	爱尔兰	英国	挪威	英国	澳大利亚	法国	南非	澳大利亚
12	爱尔兰	芬兰	法国	奥地利	澳大利亚	德国	法国	比利时	意大利	瑞典
13	瑞士	新西兰	比利时	意大利	新西兰	澳大利亚	德国	以色列	比利时	法国
14	法国	挪威	西班牙	菲律宾	奥地利	挪威	加拿大	挪威	以色列	意大利
15	意大利	法国	意大利	澳大利亚	法国	加拿大	奥地利	新西兰	丹麦	日本
16	西班牙	爱尔兰	澳大利亚	秘鲁	新加坡	土耳其	以色列	加拿大	芬兰	波兰
17	葡萄牙	奥地利	奥地利	匈牙利	芬兰	意大利	西班牙	奥地利	挪威	西班牙
18	新西兰	新加坡	希腊	新西兰	匈牙利	奥地利	南非	意大利	瑞典	爱尔兰
19	中国台湾	意大利	日本	肯尼亚	意大利	匈牙利	意大利	日本	西班牙	匈牙利
20	奥地利	日本	芬兰	法国	日本	新西兰	智利	希腊	巴西	韩国

续表

学科名次	材料科学	数学	微生物学	分子遗传	交叉学科	神经行为	药理学	物理	动植物学
1	荷兰	丹麦	英国	瑞士	瑞士	英国	英国	瑞士	英国
2	丹麦	美国	丹麦	丹麦	比利时	美国	瑞士	荷兰	荷兰
3	瑞士	瑞士	美国	英国	奥地利	瑞士	美国	奥地利	瑞士
4	美国	澳大利亚	瑞士	美国	德国	德国	瑞典	美国	瑞典
5	新加坡	挪威	荷兰	奥地利	美国	瑞典	新加坡	丹麦	以色列
6	以色列	英国	瑞典	瑞典	荷兰	加拿大	荷兰	英国	丹麦
7	爱尔兰	新加坡	比利时	芬兰	瑞典	奥地利	加拿大	克罗地亚	法国
8	英国	荷兰	爱尔兰	以色列	日本	爱尔兰	比利时	芬兰	德国
9	比利时	奥地利	德国	荷兰	法国	挪威	以色列	德国	菲律宾
10	奥地利	瑞典	澳大利亚	德国	加拿大	荷兰	法国	以色列	美国
11	德国	比利时	奥地利	法国	以色列	法国	德国	瑞典	爱沙尼亚
12	瑞典	新西兰	法国	比利时	丹麦	比利时	芬兰	加拿大	比利时
13	法国	塞尔维亚	挪威	加拿大	西班牙	以色列	澳大利亚	西班牙	挪威
14	加拿大	法国	以色列	爱尔兰	韩国	芬兰	匈牙利	挪威	澳大利亚
15	澳大利亚	芬兰	加拿大	澳大利亚	澳大利亚	丹麦	奥地利	斯洛文尼亚	芬兰
16	意大利	加拿大	芬兰	挪威	英国	意大利	丹麦	比利时	加拿大
17	挪威	德国	南非	新加坡	意大利	澳大利亚	新西兰	法国	新加坡
18	西班牙	智利	新西兰	日本	俄罗斯	葡萄牙	意大利	匈牙利	奥地利
19	日本	以色列	意大利	意大利	中国台湾	新西兰	葡萄牙	意大利	西班牙
20	芬兰	意大利	西班牙	西班牙	巴西	匈牙利	西班牙	智利	新西兰

注：社会科学没有统计。
资料来源：基础科学指标数据库（ESI）。

如果将 ESI 优势研究领域的区域分布作为观察科学中心未来转移方向的指标，那么对于未来科学中心向亚洲转移、向中国转移的判断还为时过早。北欧一些创新型国家、传统的发达国家在科学研究产出上依然占据着主导地位。

5.1.3 主要发达国家或地区面向新科技革命的战略举措

主要发达国家和地区在战胜重大经济危机的过程中，依靠科技革新的力量，实现传统产业的转型并带动一批又一批新兴产业的兴起与成长，成为摆脱经济危机的根本力量。以发达国家或地区为主导的战略新兴产业布局，成为全球产业与技术转移、产业结构升级的主要力量(见表5-3)。

表5-3 主要发达国家或地区发展战略举措

国家或地区	发展举措	重点产业
美国	能源新政,《美国复兴与再投资法案》7870亿美元经济刺激计划,走能源独立、清洁、安全之路;回归实体经济,走再工业化的可持续发展道路;加大基础设施、生物技术和重点产业发展的支持力度	新能源、清洁能源、健康技术、生物工程、航空航天、新能源汽车、纳米技术、智能电网、房屋节能改造
欧盟	发展绿色技术、走低碳经济、规划投资1050亿欧元,另加640亿欧元发展无能力成员国的环保产业,大力推进信息网络和文化创意产业建设	低碳经济、生物、生命科学、数字经济、先进制造业、金融服务业
日本	高度重视新能源技术开发、实施"资源生产力战略"、大力发展新兴业务领域、用技术创新推动新兴产业发展	新能源汽车、医疗护理、文化旅游、太阳能

资料来源:国家发展和改革委员会产业经济与技术经济研究所协编《中国产业发展报告2010》,经济管理出版社,2011,第129页;《2010年世界新兴产业发展战略报告》,中国行业研究网,http://www.chinairn.com/doc/40140/647312.html,最后访问日期:2016年5月9日。

美国奥巴马政府通过多种措施,大力发展新能源、节能环保、新一代信息与网络技术、生物技术、航天航空及海洋等新兴产业。首先,签署《2009年美国复兴与再投资法》,重点支持基建和科研、教育、可再生能源及节能项目、医疗信息化、环境保护、新能源和提升能源使用效率、生物医学、航天领域的发展。其次,在《重整美国制造业框架》中提出,将大力提升研发投入和技术创新力度,加快"再工业化"步伐,升级传统产业,重塑美国竞争优势。

欧盟发起了"欧洲经济复苏计划",采取了强有力的措施推进低碳产业发展。欧盟委员会制定了一项发展"环保型经济"的中期规划,全力打造具有国际水平和全球竞争力的"绿色产业"。法国投入200亿欧元"战略投资基金",重点支持能源、汽车、航空和防务等战略企业的发展。英国投入5000万英镑开发海洋能源,启动"绿色振兴计划",希望经济尽快以"低碳经济模式"从衰退中复苏。德国政府投入5亿欧元,用于电动车锂电池研发,推动电动汽车产业发展,并希望借助工业4.0,引领世界经济。日本政府环境省2008年公布了《建设低碳社会的行动计划》草案,2009年公布了《绿色经济与社会变革》草案,加快新能源研发和利用。[①]

[①] 国家发展和改革委员会产业经济与技术经济研究所协编《中国产业发展报告2010》,经济管理出版社,2011,第165~168页;章勇:《战略新兴产业的中国"豹变"可能》,《中国科技财富》2010年第7期。

5.2 主要发达国家创新体系的共同特征与基本经验

5.2.1 主要发达国家科技与教育宏观管理体制

从主要发达国家（美国、日本、德国和英国）的教育与科技管理体制看，这些国家起初都设有独立的教育部门来负责制定本国的教育政策及管理各级学校。在政府更替中，教育部与其他部门出现多次合并或拆分的情况。教育与科技两个领域之间的协作最为紧密。日本和英国的教育、科技管理工作，由同一个部门承担，其他国家则由单独的教育部、科技部分别管理教育和科技工作。

①美国的科技与教育宏观管理体制。美国教育部最初成立于1867年，当时并不属于内阁部门，其主要职能是收集学校和教学的相关信息，以帮助国家建立有效的学校体制。1969年，教育部更名为教育办公室，被归入内政部，1年后又更名为教育局。1979年，卡特总统签署《教育部组织法》，把原卫生、教育和福利部分为了教育部和健康与卫生及公共服务部。美国教育部的职责是，落实公民权利的教育政策，并为有关教育项目拨款；通过提高教育的卓越性和保障平等入学，促进学生取得成就和提高国际竞争性。尽管美国教育部获得的弹性预算仅次于国防部和卫生及公共服务部，却是美国内阁15个机构中员工数最少的一个。

美国没有专设科技部，而是由行政、立法和司法系统以不同的方式参与国家科技政策的制定和科研工作的管理。[①] 白宫的科技管理机构，主要包括总统科技顾问委员会、白宫科技政策办公室和国家科技委员会。联邦政府各部门大都拥有相关的科技管理机构。较重要的联邦科技管理机构，有国家航空航天局、能源部、国家科学基金会、国防部、卫生部、农业部等。美国政府研究活动和研究型大学的大规模兴起并迅速发展则是在第二次世界大战之后，开始尝试用各种政策、法律等措施推进国家的科技发展。[②]

大学是美国从事基础研究的重要力量，它和非营利性独立科研机构均可以享受免税待遇。此外，美国制定了涵盖范围广泛的知识产权制度，有效地保护科技专利成果，并促进其转移和使用，对美国工商业的发展起着巨大的推动作用。

②日本的科技与教育宏观管理体制。日本从技术引进立国到加强自主创新，政府

[①] 王作跃：《为什么美国没有设立科技部？》，《科学文化评论》2005年第5期。
[②] 孙昭钺：《美国政府引导建立科技创新体系的主要举措》，《当代世界》2010年第5期。

在构筑国家创新体系中发挥了主导作用。① 20世纪50年代以来，日本从钢铁产业转向汽车和石化产业，又转向信息技术等知识密集型产业，政府的及时引导，起到了重要的促进作用。

日本1956年设立的科学技术厅，是负责科学技术决策的机构。2001年，日本将文部省和科学技术厅合并为文部科学省，负责统筹日本教育、科技、文化及体育等事务。科学技术厅并入文部省的一个原因是，原科技厅有部分职能与其他省厅重复。例如，科技的行政管理与文部省的学术行政管理重复，因而被列为机构调整中的重点研究项目，归口合并。②

日本政府通过制定科技发展战略和方针政策，对民间企业和研究开发活动给予资助和支援，组织和协调重大科技项目的研发活动，加强教育、培养人才等积极引导和重点扶植的强干预政策，为缩小日本与欧美发达国家在生产技术上的差距起到了重要的推动作用。

③德国的科技与教育宏观管理体制。德国1955年成立联邦原子部，负责研究核能源的和平使用。该部门于1957年和1961年分别改名为联邦核能和水利部、联邦核能部，1969年更名为联邦科学部，1994年更名为联邦教育和科学部，1998年联邦教育和科学部中的技术政策归入经济部，名称改为联邦教育与研究部。德国的科技工作由联邦经济与科技部分管。2002年，经济与科技部和劳动与社会制度部合并，成立经济与劳动部。2005年，联邦议会选举后，经济与科技部又重新成为独立部门。

德国创新体系的管理和调控，分为联邦政府和州政府两个系统。联邦教育与研究部是国家层面的宏观管理部门，掌管联邦政府约60%的科研经费。地方各级政府在国家的政策范围内，对企业的技术创新提供支持。其中包括：国家通过制定专利保护、知识产权制度以及环保等标准，为企业的创新提供激励和必要的约束；通过提供研发资助，对企业的技术创新提供支持。德国对企业研发的支持包括两个方面：一是直接项目支持，国家选择特定的产业或技术并对其研发进行直接补贴；二是间接研发支持，政府让企业自行决定其研发活动的目标。国家支持主要集中于对企业研发活动实行税负减免、对企业聘用研发人员的资助以及技术创新转让和技术咨询的支持。在促进知识向产业转化方面，德国政府实行了一些很有益的制度和政策。德国政府大力促进大学与企业的合作，积极支持建立产学研结合的科技园和技术孵化中心。德国政府还通过支持发展地方企业网络来促进知识和技术的转化和扩散。③

---

① 卢娜：《日本国家创新系统评析》，《现代日本经济》2002年第2期。
② 林仲海：《日本科技厅机构改革进入重要阶段》，《全球科技经济瞭望》1999年第5期。
③ 史世伟：《德国国家创新体系与德国制造业的竞争优势》，《德国研究》2009年第1期。

④英国的科技与教育宏观管理体制。英国《1944年教育法令》将教育委员会更名为教育部。1964年,教育部与科学部合并,成立教育与科学部。1992年,科学领域的管理被移至内阁办公室所属的公共服务办公室和贸易工业部,原部门被重新命名为教育部。1995年教育部被归入就业部,重组为教育和就业部。2001年,该部的就业功能转移到新建的就业及退休保障(金)部,教育和就业部合并为教育与技能部。2007年教育与技能部被分为儿童、学校与家庭部和创新、大学与技能部,2009年后者又被归入新组建的商务、创新和技术部,主管成人教育、部分继续教育、高等教育、技能和科学创新。2010年,卡梅伦政府上台后成立教育部,接替原儿童、学校和家庭部管理19岁以下少年、儿童的教育。

英国一直被看作一个科研实力较强的发达国家,但其技术创新能力较弱,专利应用率低于美国和其他欧洲国家,常被学术界认为"精于科学、却不擅于创新"。因此,英国政府以高新技术为突破口,通过实施新的高新技术政策,从企业外部环境和内部机制同时入手,以发展高新技术产业为重点,带动整个工业技术水平提高,从而促进了经济的有效增长。英国政府一方面大幅度提高研发经费投入,另一方面制定并实施了一系列推动创新的计划、政策与措施,促进学术界与产业界合作,逐步形成"产、学、研"紧密结合协同创新的机制。①

在税收方面,英国还加强了长期以来实行的研发税收减免政策。自2008年中期开始,英国各区域发展机构推出了面向中小企业的"创新券计划"。"创新券计划"的目的是鼓励和帮助中小企业获得并使用高等教育机构和研究部门的知识。2011年3月,启动"创业英国"计划,努力消除企业在创办和发展过程中遇到的障碍。②

5.2.2 主要发达国家创新体系的研发投入

研发投入强度是国家创新体系规模的重要体现,也是国家创新体系持续创新的重要保障。从联合国教科文组织提供的各国研发投入数据看,近10多年来,日本、英国、美国等发达国家增长了约50%,德国甚至增长了91%。从研发投入的总规模来看,在过去10多年中,美国的研发投入比英国、德国、日本研发投入的总额还要高。在发达国家中,日本的投入规模仅次于美国。中国的研发投入从2009年起连续3年超过日本(见表5-4)。

---

① 陈闯:《英国国家创新体系演变的历史脉络》,《中国青年科技》2007年第10期。
② 黄军英:《后危机时代英国政府的科技与创新政策》,《中国科技论坛》2012年第4期。

表 5-4 主要发达国家与中国的研发投入规模

单位：万美元

国别 年份	日本	德国	英国	美国	中国
2000	9874976.5	5241104.7	2789175.5	26951300.0	2706707.0
2001	10382946.8	5447369.0	2920466.3	28023800.0	3157737.7
2002	10816622.5	5665703.4	3063569.1	27989100.0	3937153.7
2003	11220485.9	5945678.0	3105670.0	29385200.0	4679665.8
2004	11760137.1	6127991.1	3199778.3	30564000.0	5743410.8
2005	12869456.1	6429878.8	3408066.1	32812800.0	7106335.8
2006	13857668.3	7026251.8	3706342.5	35332800.0	8651003.5
2007	14760411.5	7395662.6	3870015.8	38031600.0	10196580.9
2008	14871923.5	8197065.6	3939692.5	40723800.0	11998090.7
2009	13701684.5	8313367.5	3958117.3	40600000.0	15287780.4
2010	14065690.6	8783183.2	3814354.0	40959900.0	17654182.5
2011	14838922.9	9697146.5	3921744.8	42914300.0	20538284.4
2012	—	10024763.0	3910978.7	45354400.0	24329304.1

注：联合国教科文组织统计研究所是按购买力平价对各国研发投入进行计算，该研究所暂未公布2011年后日本的数据。

资料来源：联合国教科文组织统计研究所。

从研发投入占 GDP 的比例看，日本在发达国家中排名靠前，近 10 多年来始终超过 3%。2008 年国际金融危机后，除日本外，其他国家研究投入占 GDP 的比例均有明显提高，显示主要发达国家在应对危机过程中对创新的期待（见表 5-5）。

表 5-5 主要发达国家与中国研发投入占 GDP 的比例

单位：%

国别 年份	日本	德国	英国	美国	中国
2000	3.00	2.47	1.79	2.62	0.90
2001	3.07	2.47	1.77	2.64	0.95
2002	3.12	2.50	1.78	2.55	1.07
2003	3.14	2.54	1.73	2.55	1.13
2004	3.13	2.50	1.67	2.49	1.23
2005	3.31	2.51	1.70	2.51	1.32
2006	3.41	2.54	1.72	2.55	1.39
2007	3.46	2.53	1.75	2.63	1.40
2008	3.47	2.69	1.75	2.77	1.47

续表

国别\年份	日本	德国	英国	美国	中国
2009	3.36	2.82	1.82	2.82	1.70
2010	3.25	2.8	1.77	2.74	1.76
2011	3.39	2.89	1.78	2.76	1.84
2012	—	2.92	1.72	2.79	1.98

注：联合国教科文组织统计研究所暂未公布2011年后日本的数据。
资料来源：联合国教科文组织统计研究所。

从研发投入在不同类型研究活动中的分布看，美国对基础研究的投入力度最大，排在主要发达国家之首，在2009年超过19%。日本对基础研究的研发投入2009~2011年连续3年保持在12%以上。英国对基础研究的研发投入在2011年为14.9%。中国对基础研究的投入比例在2011年不到5%，并且在过去10年中，有明显下降（见表5-6）。

表5-6 主要发达国家与中国基础研究投入占研发投入比例

单位：%

国别\年份	2000	2001	2002	2003	2004	2005	2006	2007	2008	2009	2010	2011
日本	12.4	12.2	12.6	12.6	12.0	12.0	11.6	11.6	11.1	12.5	12.1	12.3
英国	—	—	—	—	—	—	—	15.7	15.8	16.8	16.0	14.9
美国	16.0	17.2	18.6	19.0	18.7	18.4	17.5	17.6	17.4	19.0	—	—
中国	5.2	5.3	5.7	5.7	6.0	5.4	5.2	4.7	4.8	4.7	4.6	4.7

注：原数据来源缺少德国信息，该研究所暂未公布2011年后的数据。
资料来源：联合国教科文组织统计研究所。

从应用研究投入占研发投入比例的变化趋势看，英国的应用研究投入比例最高，在2011年超过48%。美国、日本在应用研究上的投入比例大都处于17%~23%之间。从变化趋势上看，近10年来，美国在应用研究上的投入比例下降了3.5个百分点。中国应用研究投入占研发投入比例在各国中处于最低水平，2011年仅为11.8%，并且从2004年以来，呈现显著下降的趋势（见表5-7）。

表5-7 主要发达国家与中国应用研究投入占研发投入比例

单位：%

国别\年份	2000	2001	2002	2003	2004	2005	2006	2007	2008	2009	2010	2011
日本	22.0	21.2	21.0	21.2	21.2	21.0	20.5	21.5	21.7	22.3	21.2	21.0
英国	—	—	—	—	—	—	—	44.0	44.1	45.6	48.0	48.2

续表

年份 国别	2000	2001	2002	2003	2004	2005	2006	2007	2008	2009	2010	2011
美国	21.3	23.3	18.5	21.3	23.4	21.4	21.8	22.0	18.4	17.8	—	—
中国	17.0	17.7	19.2	20.2	20.4	17.7	16.8	13.3	12.5	12.6	12.7	11.8

注：原数据来源缺少德国信息，该研究所暂未公布2011年后的数据。
资料来源：联合国教科文组织统计研究所。

从试验发展投入占研发投入的比例看，除英国和中国外，各国大都在60%~65%之间。英国2011年在37%左右。中国2011年则达到83.4%，为各国最高，10年中提升了约5.6个百分点（见表5-8）。

表5-8 主要发达国家与中国试验发展投入占研发投入比例

单位：%

年份 国别	2000	2001	2002	2003	2004	2005	2006	2007	2008	2009	2010	2011
日本	59.8	59.9	61.0	60.9	61.6	61.8	62.9	62.0	62.6	60.5	61.9	62.1
英国	—	—	—	—	—	—	—	40.3	40.1	37.6	36.0	37.0
美国	62.7	59.5	63.0	59.7	57.9	60.2	60.7	60.4	64.1	63.2	—	—
中国	77.8	76.9	75.1	74.1	73.7	76.9	78.0	82.0	82.8	82.7	82.8	83.4

注：原数据来源缺少德国信息，该研究所暂未公布2011年后的数据。
资料来源：联合国教科文组织统计研究所。

从主要发达国家研发投入规模及占GDP的比例来看，各国对创新的投入均在快速增长，特别是2008年国际金融危机以来，各国对研发的投入总量及占GDP的比例均有显著提升。美国依然保持绝对领先。从研发投入在不同类型研究活动中的分布变化趋势看，日本、美国等发达国家对基础研究的投入比例均在12%~18%之间，对应用研究的投入占比在20%左右，两者合计占比约为29%~39%。然而，中国基础研究投入占比仅为4.7%，对应用研究的投入占比为11.8%，合计约为16.5%。与发达国家相比，中国支持国家创新体系运行的研发投入结构不够合理。

5.2.3 主要发达国家创新体系的构成和运行

创新的推动力量主要的三大来源是：好奇心驱使、国家安全需要和市场需求。主要发达国家在发展的不同阶段，能否及时将好奇心驱使、国家安全需要和市场需求导向的三股创新力量进行成功组合和切换，决定了国家创新体系建设的效果。不同国家创新体系的发展基础、文化环境和发展历程各不相同，各国创新实力也有差距。有些国家，比如美国，在第二次世界大战后一直保持着领先地位；有些国家，比如日本，通过正确的创新战略和产业战略迅速崛起，进入创新领先地位；有些国家，比如英国和德国，在创新能力上始终处于较高的水平，但也面临新的改革和挑战。

大卫·莫厄里和内森·罗森伯格，曾将美国的国家创新体系分为三个发展阶段，即第二次世界大战前、第二次世界大战后以及20世纪80年代以来的政策挑战和结构变迁。从总体上看，美国创新体系有以下显著特征：首先，规模庞大。作为"二战"后时期的真实写照，美国国家研发总投入比经济合作与发展组织所有其他国家和地区的总和还要多。美国国家创新体系中的三个关键组成部分，即企业、大学和联邦政府研发机构，作为研发的执行者和投资者，其重要性也和其他国家的同类机构有差异。其次，新兴企业对美国经济起到了重要的作用。再次，政府有两项公共政策，对创新体系的发展发挥了特别的作用：一个是反托拉斯法，另一个是军用研发和政府采购。① 冷战时期，美国的创新体系一度以国家安全为主导方向。冷战结束后，联邦政府更加积极制定科技战略和产业政策，企业更多采取兼并、合并等战略联盟方式进行，并得到国立研究机构和大学的有效补充和支持。科研机构、企业、大学等原来互不联系的三类机构开始相互交织，在创新进程的各个阶段，形成了"三线螺旋体"。贝赫-多尔法案促进了大学以前所未有的热情投入技术转移工作。②

日本国家创新体系的发展演变经历了四个时期：德川时代是孕育期，明治时代至第二次世界大战前是构建期，"二战"后至20世纪70年代末是重建与发展期，80年代是调整与完善期。从日本国家创新体系发展历程看，其追赶技术先进国家的历史，在明治维新之前已经发生，包括7~9世纪向中国的学习，以及16世纪葡萄牙人将枪械引入日本。在经历了1868~1911年、两次世界大战之间，以及"二战"后到20世纪60年代这三个不同阶段的追赶和积累，伴随着日本成为国际市场上的重要竞争者，日本工业技术水平达到了世界级先进水平，可引进的技术存量减少，技术引进的形式变得不再可行；从60年代开始，增加自主技术研发的需求变得更加紧迫，旨在促进国内自主创新的政策得到重视。日本国家创新体系的创新主体主要由三个部分组成，即企业、各类研究机构和大学。这三个部分的研究开发活动和技术创新具有各自的特点和变化特征。

德国的创新体系由三个部分组成：一是高校（综合性大学和应用科技大学）；二是高校以外的公立研究机构（包括马普学会、弗劳恩霍夫协会、亥姆霍兹联合会和

---

① 〔美〕理查德·尼尔森编著《国家（地区）创新体系比较分析》，曾国屏等译，知识产权出版社，2012，第30~73页。
② 李宏、张薇：《世界主要国家与地区国家创新系统比较研究》，《中国科技论坛》2003年第5期。

莱布尼茨协会）；三是企业的研发部门。三者既各司其职，又各具特色。各个科研机构、协会的经费来源略有差异，在基础和应用研究领域也各有侧重。例如，马普学会和亥姆霍兹联合会的研究经费主要来自公共经费，其研究倾向于基础领域；而弗劳恩霍夫协会以及企业研发部门则侧重于从事应用研究（见图5-1）。根据最新的统计数据，2012年，企业研发部门获得德国研发经费中的67.8%，高校获得18.0%，余下14.3%由校外公立研究机构获得。

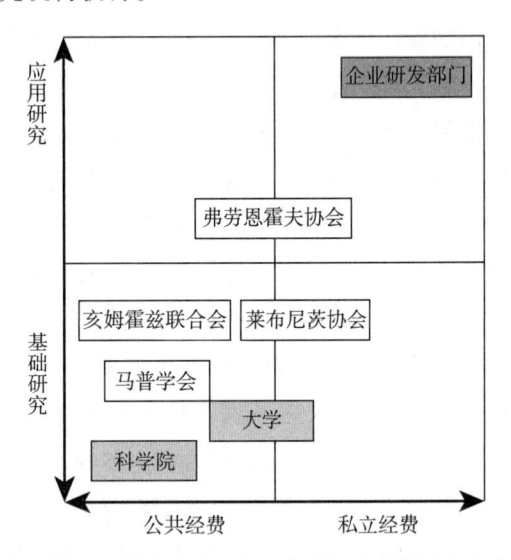

图5-1 德国创新体系中各创新主体的研究侧重与经费来源

英国是世界老牌的工业化国家。尽管工业革命最先发生在英国，但其工业领导地位自19世纪末却逐渐丧失。在第二次世界大战后的20年里，由于组织惯性的作用，英国政府在技术创新活动中占有主导地位。这种主导地位不仅体现在研发资金投入上，政府占有更大比例，更体现在技术发展方向选择上，政府也有着更大的影响力。随后，政府逐步认识到，在技术发展中，应该将技术创新的主导权交给企业。企业才逐渐重新确定了自己在技术创新活动中的主导地位。大企业开始承担技术创新的职责，小企业通过与大企业合作实施技术创新，跨国企业则将其研发活动国际化。英国大学在培养科技人才、承担基础性研发方面发挥了重要作用，但英国整个高等教育界对技术开发并不重视，存在"重科学轻技术、重理论轻应用"的现象。近年来，英国高校开始走出经院式，成为国家创新体系中重要的因素，一是在基础研究中的传统角色，二是开始通过工业界联络办公室等方式，加强与工业界合作。

从国家创新体系的构成看，在主要发达国家，总体上均由企业、大学、政府研究机构三个主要部分构成，三个部分在国家创新体系中的地位演变及相互连接的方式，在一定程度上决定了各国的创新能力和科技竞争力。以联合国教科文组织收集的各国研究投入数据及分布结构为依据看，可以从另外一个角度，深化对主要发达国家创新体系的认识。

从主要发达国家最新的研发投入的来源构成看，2011年，日本的76.5%、德国的65.6%、英国的45.9%和美国的58.6%来自企业投入；日本的16.4%、德国的29.8%、英国的30.5%和美国的31.2%来自政府部门的研发投入。中国的企业研发投入占研发投入总数的71.74%，占来自政府的研发投入的24.0%。[①]

确立企业在创新中的主导地位，是当前主要发达国家创新体系建设的共同举措。2000年以来，各国研发经费支出由企业执行的比例看，主要发达国家和中国都超过60%，日本和中国有时更是超过70%，企业在研发中的核心地位明确无疑（见表5－9）。各国均在推动企业成为研发的核心，但是各国的创新能力却依然差异巨大，这与不同国家对企业的创新核心地位认识早晚有一定关系。第二次世界大战后，美国、德国、日本的企业在研发中的先发位置非常明确，优势明显。英国在第二次世界大战后并没有及时将创新的主导力量由政府推动及时转为企业主导，成为英国创新体系建设滞后的原因之一。企业在国家创新体系中的地位，在不同国家也有一定的差异，在美国，众多科技型中小企业，在创新中发挥着重要作用，但是在德国、日本、英国，大企业在研发中处于垄断地位。

表5－9 主要发达国家研发经费支出由企业执行的比例

单位：%

年份 国别	2000	2001	2002	2003	2004	2005	2006	2007	2008	2009	2010	2011	2012
日本	71.0	73.7	74.4	75.0	75.2	76.4	77.2	77.9	78.5	75.8	76.5	77.0	—
德国	70.3	69.9	69.2	69.7	69.8	69.3	70.0	70.0	69.2	67.6	67.1	67.7	66.9
英国	65.0	65.5	64.8	63.7	62.6	61.4	61.7	62.5	62.0	60.4	60.9	63.6	63.4
美国	74.2	72.1	69.3	68.3	68.2	68.9	70.1	70.8	71.4	69.6	68.1	68.5	69.8
中国	60.0	60.4	61.2	62.4	66.8	68.3	71.1	72.3	73.3	73.2	73.4	75.7	76.2

注：联合国教科文组织统计研究所暂未公布2011年后日本的数据。
资料来源：联合国教科文组织统计研究所。

大学在各国国家创新体系中居于不可替代的重要地位，大学创新能力及其与工业界的结合程度，决定了其对国家创新能力的贡献。在主要发达国家中，大学一方面担负着人才培养的任务，负责为创新体系源源不断地输送人才，另一方面，大学均被定位于基础研究的主要承担者。大学是国家创新体系的核心之一，可以从主要发达国家和新兴经济体的大学在研发经费执行中的比例得到体现（见表5－10）。

---

① 资料来源：联合国教科文组织统计研究所。

主要发达国家大学执行的研发经费比例均超过10%，其中最高的是英国（2012年达到26.5%）。

但是，各国大学在国家创新体系中的实际贡献却各有不同，其贡献大小不仅取决于大学本身创新能力高低，还取决于大学与工业界的结合程度。大学创新能力高低，是其能否成为国家创新体系核心的前提。之前的研究显示，目前，世界公认的创新型国家均拥有至少1所世界一流大学。大学与工业界的结合，一是围绕产业需求培养创新人才，二是推动科技成果产业化的效率提高及与企业合作组织科技创新活动。美国和日本的大学在产学研合作上形成了良好机制，大学在国家创新体系中发挥了重要作用。相反，英国大学固守学院派特点，"重科学轻技术、重理论轻应用"，成为制约其参与国家创新体系建设的重要因素。

表5-10 主要发达国家研发经费支出由高校执行的比例

单位：%

年份 国别	2000	2001	2002	2003	2004	2005	2006	2007	2008	2009	2010	2011	2012
日本	14.5	14.5	13.9	13.7	13.4	13.4	12.7	12.6	11.6	13.4	12.9	13.2	—
德国	16.1	16.4	17.0	16.9	16.5	16.5	16.1	16.1	16.7	17.6	18.1	17.8	18.3
英国	20.6	22.7	24.0	24.0	24.7	25.7	26.1	26.1	26.5	27.9	27.0	26.9	26.5
美国	11.4	12.1	13.4	14.0	14.4	13.9	13.9	13.5	13.3	14.1	14.7	14.6	13.8
中国	8.6	9.8	10.1	10.5	10.2	9.9	9.2	8.5	8.5	8.1	8.5	7.9	7.6

注：联合国教科文组织统计研究所暂未公布2011年后日本的数据。
资料来源：联合国教科文组织统计研究所。

基于上述认识，出台专门政策，建设本国的世界一流大学，提升大学创新能力，成为日本、德国等发达国家近年来的新动向。同时，打通大学与工业界的合作渠道，也是各国体制机制改革的主要方向。

主要发达国家均设有政府研究机构，在国家创新体系中的作用与其传统及与产业界的联系相关。从政府研究机构占国家研发经费支出比例看，德国和美国的政府研究机构执行的研发经费超过10%（见表5-11），但是低于大学研发经费执行的比例。在主要发达国家中，国家研究机构的运行方式也各不相同。德国建立了庞大的校外研究机构，承担着基础研究和应用研究的重任。日本和英国则进行了政府研究机构改革，加强与企业和产业的联系，以应用研究为主要方向。美国国家实验室是政府研究机构的主要形式，多数依托大学建设或直接由大学代管，与大学的协同效应非常明显。

表 5-11 主要发达国家研发经费支出由政府研究机构执行的比例

单位：%

年份 国别	2000	2001	2002	2003	2004	2005	2006	2007	2008	2009	2010	2011	2012
日本	9.9	9.5	9.5	9.3	9.5	8.3	8.3	7.8	8.3	9.2	9.0	8.4	—
德国	13.6	13.7	13.7	13.4	13.7	14.1	13.9	13.9	14.0	14.8	14.8	14.5	14.8
英国	12.6	10.0	9.2	10.4	10.7	10.6	10.0	9.2	9.2	9.2	9.5	8.6	8.2
美国	10.8	11.9	12.8	13.0	12.6	12.3	12	11.8	11.3	11.9	12.6	12.7	12.3
中国	31.5	29.7	28.7	27.1	23	21.8	19.7	19.2	18.3	18.7	18.1	16.3	16.3

注：联合国教科文组织统计研究所暂未公布 2011 年后日本的数据。
资料来源：联合国教科文组织统计研究所。

主要发达国家创新体系中的三个关键组成部分，即企业、大学和政府科研机构，作为研发的执行者和投资者，其本身的创新能力高低、在各自国家的相对重要性、相互合作程度决定了这些机构在国家创新体系中的作用。在创新能力成为影响国家国际竞争力的主要因素的背景下，各国在建设和完善国家创新体系的过程中，打破创新主体之间的界限成为主要的趋势。原来互不联系的三类创新主体，正逐步建立协同合作机制，适应共同工作，三者相互分工，交织作用，在创新过程的各个阶段建立相互支撑关系。

5.2.4 国家实验室与美国创新体系典型案例

国家（重点）实验室是一个国家创新体系的重要组成部分。美国能源部国家实验室是美国国家实验室体系中的典型代表。能源部科学办公室下辖的 10 个国家实验室，于 2012 年 7 月发布了《未来十年（2012~2021）的发展规划》，全面系统地展现了 10 所著名国家实验室的特征和面向未来的战略举措。这对加快中国国家（重点）实验室建设具有借鉴意义。

①美国能源部国家实验室的基本特征。美国能源部科学办公室下辖的 10 个国家实验室的特征，可以从依托单位、实验室科研场地面积、研究人员构成、大科学装备、科研经费规模与来源等方面，得到充分体现。

第一，依托大学建设，科研场地大。美国能源部 10 所著名实验室均直接或间接依托于某一所高水平大学或大学集群。虽然实验室具有独立法人地位，但其管理和运行，与大学有着不同程度的天然联系。有些实验室直接建在大学校园内，如阿莫斯国家实验室；有些实验室与大学相邻，由学校成立的管理运行机构直接管理，如劳伦斯伯克利国家实验室；有些实验室虽由独立机构承包运行，但成立了专门的"大学关系部门",与大学群体建立了稳定的合作管理关系。尽管依托或直接由大学管理,国家实验室仍然拥有独立且宽阔的科研场所。表5-12显示了实验室占地面积、建筑物数量和建筑面积。

表5-12 美国能源部国家实验室依托高校及建筑规模

实验室	依托单位	占地面积（英亩）	建筑物数量（幢）	建筑面积（平方英尺）
阿莫斯国家实验室	爱荷华州立大学	8	12	327664
阿贡国家实验室	芝加哥大学	1500	99	4700000
布鲁克海文国家实验室	纽约州立大学石溪分校	5320	306	4000000
费米国家加速器实验室	芝加哥大学和大学研究协会（包括86所成员校）	6800	356	2300000
劳伦斯伯克利实验室	加州大学	202	97	1628000
橡树岭国家实验室	田纳西大学	21093	198	3600000
西北太平洋国家实验室	马里兰大学/俄勒冈州立大学/华盛顿州立大学/加州大学圣迭戈分校	614	115	830803
普林斯顿等离子物理实验室	普林斯顿大学	88.5	34	754000
国家加速器实验室	斯坦福大学	426	151	1652000
托马斯杰斐逊国家加速器实验室	东南部大学研究协会（包括60多所成员校）	169	83	748888

注：数据统计的截止年份是2011年。
资料来源：美国能源部科学办公室：《能源部科学办公室所属国家实验室十年（2012~2021）规划》,2012。

第二,配置有大科学装备,科研手段先进。国家实验室科研场地宽阔,与其科学装置配备有一定的关系。高水平科学研究依托于先进的实验设施,并且依托于大科学装备的开放共享,成为汇聚所从事研究领域的科技创新力量的平台,发挥了重要的协同效果（见表5-13）。

表5-13 美国能源部国家实验室的大科学装备情况

实验室	大科学装置
阿莫斯国家实验室	材料制备中心
阿贡国家实验室	先进光子源、串联直线加速器装置、纳米尺度材料中心、Mira超级计算机、大气辐射测量气候研究装置、电子显微术中心等
布鲁克海文国家实验室	重离子对撞机、同步辐射光源、交互梯度同步加速器、美国宇航局太空辐射研究实验室、电子束离子源、正电子断层照相设备等
费米国家加速器实验室	万亿电子伏特加速器、超大型强子对撞机、μ子对撞机；开创性加速器试验装置等

续表

实验室	大科学装置
劳伦斯伯克利实验室	先进光源、国家电子显微术中心、分子铸造厂、国家能源研究科学计算中心、伽马射线探测器、冰立方中微子望远镜等
橡树岭国家实验室	等时性回旋加速器、直线加速器脉冲中子源、散裂中子源、高通量同位素反应堆、放射性离子束装置、大尺度气候模拟器等
西北太平洋国家实验室	环境分子科学实验室、放射化学过程实验室等
普林斯顿等离子物理实验室	NSTX球形环装置、托卡马克聚变试验装置
国家加速器实验室	直线高能电子加速器、正负电子加速环、同步辐射光源、正负电子对撞机与直线对撞机、β粒子工厂、直线加速器相干光源等
托马斯杰斐逊国家加速器实验室	连续电子束加速装置、自由电子激光等

注：数据统计的截止年份是2011年。
资料来源：美国能源部科学办公室：《能源部科学办公室所属国家实验室十年（2012~2021）规划》，2012。

第三，国家实验室人员数量庞大，人员构成多样，并向本科生开放。除了全职员工，还有为数众多的博士后、访问学者、研究生等流动人员。特别引人关注的是，国家实验室均具有一定数量的联聘人员，其中8个国家实验室向本科生开放，研究人员中本科生人数最多的是橡树岭国家实验室，2011年本科生人数为676人（见表5-14）。

表5-14　美国能源部国家实验室人员构成

单位：人

实验室	全职员工	联聘员工	博士后	本科生	研究生	访问学者	设施使用者
阿莫斯国家实验室	315	103	53	57	100	0	0
阿贡国家实验室	3375	149	305	80	148	492	5204
布鲁克海文国家实验室	2990	20	174	264	155	1570	4253
费米国家加速器实验室	1914	10	62	4	13	47	2317
劳伦斯伯克利实验室	3400	259	540	202	342	1504	8579
橡树岭国家实验室	4533	122	370	676	707	2283	3116
西北太平洋国家实验室	4180	3	191	205	171	40	2414
普林斯顿等离子物理实验室	428	3	24	—	42	230	160
国家加速器实验室	1681	22	121	0	179	28	3384
托马斯杰斐逊国家加速器实验室	769	22	27	14	33	1191	1376

注：数据统计的截止年份是2011年。
资料来源：美国能源部科学办公室：《能源部科学办公室所属国家实验室十年（2012~2021）规划》，2012。

第四，年度运行经费数额庞大，结构稳定。从 2011 财年看，只有 2 个实验室的运行经费在 1 亿美元以下，其他 8 个国家实验室年度经费均超过 1 亿美元，最高的是橡树岭国家实验室，为 14.36 亿美元。从经费来源构成看，美国能源部和核安全局、美国复苏和再投资法案的年度拨款是主要组成部分。来自国家安全部以及能源部、国土安全部以外的其他服务收入也占据了一定比例（见表 5-15）。

表 5-15 美国能源部国家实验室经费来源

单位：百万美元，%

实验室	运行总经费	能源部/核安全局	非能源部	非能源部占总经费比例	国土安全部	美国复苏和再投资法案
阿莫斯国家实验室	34.4	29.6	4.7	14.0	0.2	0.0
阿贡国家实验室	680.7	561.2	92.2	13.5	27.3	72.0
布鲁克海文国家实验室	652.4	604.7	46.9	7.2	0.8	97.1
费米国家加速器实验室	397.2	0.003	1.9	0.5	0.1	39.7
劳伦斯伯克利实验室	734.4	606.8	122.6	17.0	5.0	89.8
橡树岭国家实验室	1436.0	1163.5	228.0	15.9	44.3	106.7
西北太平洋国家实验室	876.3	617.2	174.3	20.0	84.9	68.6
普林斯顿等离子物理实验室	79.2	77.6	1.6	2.0	0	7.7
国家加速器实验室	328.1	320.3	7.8	2.0	0	46.5
托马斯杰斐逊国家加速器实验室	185.3	172	13.3	7.2	0	29.1

注：数据统计的截止年份是 2011 年。

资料来源：美国能源部科学办公室：《能源部科学办公室所属国家实验室十年（2012~2021）规划》，2012。

②美国能源部国家实验室 2012~2021 年战略要点。第一，将服务美国的国家战略目标放在首要位置。能源部科学办公室下辖的 10 个国家实验室未来 10 年发展战略的首要目标为立足实验室的优势和基础，强化服务美国国家战略目标。科学办公室发布的战略规划中专门列出了美国能源部、国家核安全局、美国国土安全部未来 10 年的愿景和目标，包括在科学发现和创新方面 36 项、能源安全方面 16 项、环境管理方面 3 项、国家安全方面 3 项、国土安全方面 16 项。国家实验室规划从不同方面指向上述国家目标，为实现国家目标服务。这也是其获得持续稳定的庞大经费支持的原因。同时，规划中也展现了实验室继续保持所在领域世界领先的清晰目标和路线。

第二，聚焦核心能力，体现未来发展趋势。10 个实验室未来发展的核心能力，主要聚集在粒子物理学、核物理学、加速器科学、凝聚态物理与材料科学等 17 个方面。每个实验室在核心能力大的领域分布上既有差异，也有重叠。在核心能力分布上,部分实验室坚持单一领域的特点,如阿莫斯国家实验室、费米国家加速器实验室、普林斯顿等离子物理实验室、斯坦福国家加速器实验室和托马斯杰斐逊国家加速器实验室。这几个实验室的特点都是依托加速器实验室等少数大科学装备。部分实验室核心能力分布的领域较宽,具有多领域综合的特点,如布鲁克海文国家实验室、劳伦斯伯克利实验室、橡树岭国家实验室等(见表5-16)。

表 5-16 美国能源部国家实验室核心能力聚焦

聚焦领域	阿莫斯国家实验室	阿贡国家实验室	布鲁克海文国家实验室	费米国家加速器实验室	劳伦斯伯克利实验室	橡树岭国家实验室	西北太平洋国家实验室	普林斯顿等离子物理实验室	国家加速器实验室	托马斯杰斐逊国家加速器实验室
粒子物理学	0	1	1	1	1	0	0	0	1	0
核物理学	0	1	1	0	1	1	0	0	0	1
加速器科学	0	1	1	1	1	1	0	0	1	1
等离子与聚变能	0	0	0	0	0	1	0	1	0	0
凝聚态物理与材料	1	1	1	0	1	1	0	0	1	0
化学与分子科学	1	1	1	0	1	1	1	0	1	0
大气变化科学	0	0	1	0	1	1	1	0	0	0
生物系统科学	0	0	1	0	1	1	1	0	0	0
环境科学	0	0	0	0	1	1	1	0	0	0
应用数学	0	1	0	0	0	1	0	0	0	0
高速计算机/可视化	0	1	0	0	1	1	0	0	0	0
计算科学	0	0	0	0	0	1	0	0	0	0
应用核科学	0	1	1	0	1	1	1	0	0	1
应用材料与工程	1	1	1	0	1	1	1	0	0	0
化学工程	0	1	1	0	1	1	0	0	0	0
系统工程与集成	0	1	1	0	1	1	1	0	0	0
大装置与先进仪器	0	1	1	1	1	1	1	1	1	1

注:数据统计的截止年份是2011年;"0"代表无,"1"代表有。

资料来源:美国能源部科学办公室能:《能源部科学办公室所属国家实验室十年(2012~2021)规划》,2012。

第三，将大科学装备和先进仪器建设维护作为核心竞争力之一。在 10 个国家实验室中，有 9 个将大科学装备和先进仪器作为其核心能力的组成部分，在所有 17 项核心能力中最高。这体现了大科学装备对国家实验室的重要作用。在规划文本中，10 个能源部国家实验室均对其大科学装备的现状、使用情况进行了较为详细的梳理，对未来 10 年仪器设备开发、大装置维护更新等列出了计划要点。

第四，制定了详细的设备和基础设施投资计划，为科学研究提供了稳定可预期的环境。10 个国家实验室都详细计划了 2012~2021 年的设备和基础设施年度直接投资预算和实验室间接成本支出等。详细的设备和基础设施投资计划和预算安排，是获得主管部门预算拨款的前提，也为实验室的科研活动提供了稳定的可预期的环境。

③美国能源部国家实验室建设对中国创新平台建设的启示。通过对美国能源部科学办公室下辖的 10 个国家实验室 2012~2021 年规划及其共同特征的研究，我们拟对中国国家（重点）实验室创新能力建设提出以下建议。

第一，以服务国家战略为目标，加强国家（重点）实验室中长期发展的顶层设计。建设创新型国家，实现创新驱动发展是未来 10 年中国科技发展的重要目标。国家（重点）实验室是承担和实现上述目标的重要组成部分。为此，应进一步提高国家（重点）实验室服务国家战略目标的指向性，根据国家（重点）实验室的领域分布、现有基础和发展需要，分解出短、中、长期具体可实现的目标，并制订切实可行的规划方案，为全面提升创新能力，为实现创新驱动发展的使命提供强大支撑。

第二，将国家（重点）实验室建设与世界一流大学建设更紧密地结合起来。美国能源部国家实验室通过依托一批顶尖一流大学迅速崛起，并长期保持着旺盛的竞争力，这充分说明，将国家实验室建在高水平大学，是实现协同创新、互利共赢的重要举措。为此，在中国研究型大学要组建一批能够瞄准国家战略目标和世界科技前沿、致力于战略科技领域重大攻关和前沿基础研究、代表国家最高水平的国家实验室；通过组建国家实验室，整合国家科技资源，将重大科技攻关和前沿基础研究项目投向国家实验室，充分利用国家实验室的资源；新组建的国家实验室实行国家委托大学管理；对国家实验室采用国际通行的评估指标体系和程序。

第三，依托高水平研究型大学或大学集群新建若干重大科技基础设施，推进高校国家（重点）实验室协同创新。大科学装备和先进仪器是美国能源部国家实验室的核心竞争力之一，也是其保持科研核心竞争力的重要保障，并且在发展规划中受到高度重视。为此，我们应当依托高水平研究型大学或大学集群，并考虑国家大学科技园区的分布特点，新建若干重大科技基础设施和先进仪器，显著改善高水平大学及周边创新型企业科研手段和条件，并以大科学装备为载体，汇聚高水平大学及其临近研究机构、企业的科技资源，重组或新建若干国家（重点）实验室，推进协同创新。

第四，提升国家（重点）实验室固定人员水平，适度提高流动人员规模和比例。提升科研队伍的水平和活力，保持科研队伍合理结构是提升创新能力的重要保证。美国能源部实验室已经形成了一个核心研究人员与流动人员搭配合理、人员有序流动的机制。开放流动机制成为保持实验室竞争力的重要原因。为此，要建议适度加大中国国家（重点）实验室的流动人员规模和比例，设立吸引海外高层次人才从事访问研究的稳定支持机制。加强政策引导，在国家（重点）实验室评估中，将开放流动及人才培养和吸引海外高层次人才作为重要指标。

第五，加大国家（重点）实验室投入力度，为提升核心竞争力提供稳定持续支持。美国能源部国家实验室的年度运行经费数以亿计，来源稳定，规划长远，这是保证其科研竞争力的重要因素。中国国家（重点）实验室的经费状况近年来逐年改善，为科研活动提供了有效支持。但是，实验室的规模依然偏小，小而全的状况没有根本改变。基于这一情况，要依托若干所高水平研究型大学或大学集群，新建若干大科学装备，组建若干大体量的国家（重点）实验室，并给予经费上的持续重点投入。通过高水平大学、实验室、大科学装备的全面整合，通过运行机制创新和持续稳定的经费支持，显著提升国家（重点）实验室水平。

5.2.5 启示与借鉴

第一，调整中国研发投入结构，谨防国家创新体系成为无源之水。随着 GDP 的快速增长，中国研发投入总量从 2000 至 2011 年增长了 6.7 倍，研发投入规模在 2009 年已经超过日本，位居世界第二。然而，中国研发投入的结构与主要发达国家相比，严重失衡，突出表现在以下三个方面：首先，中国基础研究投入占研发投入的比例仅为 4.6%，远低于主要发达国家的水平。2000~2009 年，基础研究投入占研发投入的比例下降了 0.6 个百分点，是近 10 年来唯一一个对基础研究投入比例明显下降的国家。相较于日本基础研究投入占研发投入比例的持续提升和美国始终稳定在 18% 的高水平，中国基础研究投入比例明显失衡。其次，中国应用研究投入占研发投入比例，也远低于主要发达国家的水平，仅为 12.6%，并且从 2000 年至今下降了 4.6 个百分点。美国、日本在应用研究上的投入比例大致处于 18%~20%。与主要发达国家相比，中国应用研究投入占研发投入比例偏低。最后，中国试验发展投入占研发投入比例，远高于主要发达国家。美国、日本等国均位于 60%~65%，英国为 50% 左右。中国则达到 82.8%，为各国最高，并且 10 年间提升了约 5 个百分点。联合国教科文组织把研发分为基础研究、应用研究和试验发展三类。基础研究是以获得本质现象和可观察的事实为目的，且并不以任何特定或具体的应用为目的而开展的实证性工作或理论性工作。应用研究主要是为了达到某一具体的实用目的或目标而获取新知识所进行的原创性研究。试验研究是利用研究和/或实践经验而获取的现有知识的一项系统工作。试验研究不仅指向制造新材料、产品或装置，也指向推进新进程、系统和服务，或大大改善已有的生产或安装。试验发展并不增加科学技术知识，而是利用或综合已有知识创造新的应用。基础研究是原始创新的源头，对基础研究进行投资就是投资未来。应用研究则架起未来通向现在的桥梁。基础研究和应用研究的结合是国家创新体系的源头活水。中国对基础研究和应用研究投入比例的严重失衡，有可能使国家创新体系成为无源之水。

第二，国家创新体系建设应立足本国传统，聚焦创新驱动发展目标，随发展阶段调整政策重点。从主要发达国家创新体系发展的历程看，在好奇心驱使、市场需求驱使和国家安全驱使三大主要创新推动力量的主导地位变换看，市场需求驱使是当前主要发达国家推动创新共同的有效的选择。德国和英国在创新的早期动力中，特别是高校等创新主体在早期的创新实践中，好奇心驱使占据主导地位。美国和俄罗斯（从苏联继承的创新体系）创新能力崛起过程中，国防安全的需求占据了重要角色。在冷战结束后的世界格局里，市场需求驱使成为国家创新体系中各类创新主体的动力来源。有特色的国家创新体系和组织形式，是推动国家创新发展的关键。建立适合本国国情的国家创新体系，既需要强大的政府执行力保障，又需要符合本国的文化特征。美国、德国、日本和英国的国家创新体系建设起步、发展和成熟的历程各不相同，国家创新体系中创新主体的构成、地位和角色也有差异。国家创新体系建设都是立足本国的历史和传统，致力于提高科学技术转化为现实生产力的能力，不断提高创新驱动发展的能力。政府运作方式需随着发展阶段的不同，适时进行调整。

第三，将企业在国家创新体系中的地位与支柱产业发展紧密结合起来。主要发达国家创新体系效率表明，企业能否成为科技创新的主体，是创新系统成败的关键，这也是创新能否成功切换到市场需求主导模式的关键所在。美国、德国、日本和英国创新体系中的共同特点，都是确立了企业在创新中的主导地位。确立企业的主导地位，是科技创新尽快转化为生产力、实现产业化的必然要求。但是，在确立企业的核心地位的同时，主要发达国家也规划确立科技创新的核心领域和核心产业，这是确立企业核心地位的载体。在国家创新体系中作为创新主体的企业，其技术水平、创新能力具有路径依赖特点，需要多年的累积与投资。为此，需要根据企业创新能力发展所处阶段，发挥大学和政府研究机构的独特作用。

第四，发挥大学在国家创新体系中的关键作用，以需求导向激发大学与产业的合作。一流大学是主要发达国家创新体系的核心要素。建设世界一流大学，是新兴经济体完善国家创新体系的重要举措。高水平大学是好奇心驱使下的原始创新研究的沃土，也是以企业需求为导向,以产学研合作形式进行应用技术研究的重要伙伴,在国家创新体系中发挥着关键作用。主要发达国家中的大学,无论美国的大学、日本的大学,还是"经院传统"根深蒂固的英国的大学,以及基础研究传统深厚的德国的大学,在国家创新体系中的角色和功能都在随着时代的发展变化而不断调整,加强与产业界的合作,更多地关注创新成果的社会应用和转移转化是共同的趋势。政府在大学的角色定位和功能发挥上,也给予政策的引导和支持,例如英国实施的"创新券"计划。在中国实施创新驱动发展的战略过程中,可以借鉴主要发达国家经验,加强大学面向市场需求的创新支持力度。比如,转变政府对中小企业创新的支持方式,充分发挥高校创新资源分布广、领域宽的优势,针对中小企业创新能力薄弱,对市场创新需求敏感的现实,实施"创新券"计划,由政府按照一定标准每年赋予中小企业一定的"创新券",由企业自主选择创新合作学校,加强大学与中小企业之间的产学研合作,激发创新活力。

5.3 新兴经济体创新体系建设的共同趋势与借鉴

为了提升综合国力和国际竞争力以确立发展优势,新兴经济体近年来都积极致力于创新型国家建设,但是,各国在历史文化和现实国情等方面存在的差异使各自的道路也各有不同。

5.3.1 新兴经济体科技与教育宏观管理体制

从韩国、俄罗斯、巴西和印度等新兴经济体的教育与科技管理体制看,俄罗斯和韩国的教育、科技管理工作由同一个部门承担,巴西、印度设有单独的教育部、科技部,分别管理教育和科技工作。

①俄罗斯的科技与教育宏观管理体制。俄罗斯在继承苏联诸多科技和军事领域遗产的同时,也继承了原有的科技体制。自苏联解体以来,俄罗斯一直在进行科技体制改革,但收效甚微。2004年,俄罗斯建立联邦教育与科学部。联邦教育与科学部共设18个分部门,分管普通教育、国际教育、科学和技术优先方向等,联邦教育与科学部的使命,是实现和发展本国知识的潜能。

从组织措施上看,俄罗斯建立了完整的国家管理系统来协调科学、科技和创新活动,创造一种崭新的适应市场经济的科技组织形式,将科学研究、技术开发、教育、人才培养集于一体,力图解决科学院、高校和各部门之间科研工作长期分离的难题。[1]

---

[1] 戚文海:《基于转轨视角的俄罗斯国家创新战略的演进与趋势》,《俄罗斯研究》2007年第5期。

2006年，俄罗斯教育科学部颁布了本年度的1号文件《2015年前俄罗斯联邦科学和创新发展战略》，该文件是自苏联解体以来，俄罗斯颁布的第一个关于科学和创新发展的10年规划政策文件，标志着俄罗斯的科技发展已经摆脱因"休克疗法"而陷入的困境，进入了一个新的历史发展时期。①

②韩国的科技与教育宏观管理体制。韩国是政府主导型科技创新发展的典型。1948年韩国成立教育部，2001年更名为教育与人力资源部，1967年韩国颁布实施《国家科学技术促进法》，着手构建国家宏观科学技术管理体系。为了确保科技创新发展符合国家的整体战略目标，韩国建立了一套由国家科学技术委员会、科技部、国家科学技术咨询会议和科学技术部长会议等机构组成的宏观科技管理体系。2003年，韩国明确提出"第二次科技立国"的口号，强力推进科技振兴政策。2004年，根据《政府组织法》，韩国把科技部部长提升为副总理级，进一步强化了科技部作为科技主管部门的宏观决策和计划协调职能。② 2008年，韩国政府将教育与人力资源部与科学技术部合并为教育科学技术部。

韩国政府根据国家发展状况适时进行科技发展战略转型，推进从跟踪模仿到自主创新的转变，具有重要意义。在推进本国技术创新能力建设的过程中，韩国通过选择若干对经济社会发展和科技进步具有重要战略支撑作用的领域进行重点投入，支持重点攻关，在局部形成创新突破，带动相关产业技术的发展和国家整体科技实力提升。1982年，韩国实施"核心技术开发事业"，将半导体、计算机、机械和化工等领域作为重点产业技术进行扶植。1991年，提出了"先导技术开发事业"，将17项高新科技研究项目作为优先发展的关键技术。1997年，韩国制定并实施《科技革新五年计划》，将信息技术、生命科学、环境技术、能源技术、机电一体化与系统工程、新材料等六大领域作为国家战略产业。2000年制定的《2050年构想：韩国科技发展长远规划》，将信息技术、材料科学、生命科学、机械电子学、能源与环境科学等列为韩国未来的主要科技发展方向。③

③巴西的科技与教育宏观管理体制。巴西于1930年成立教育与公共卫生部；1953年，公共卫生和文化分别迁出和迁入了该部门，新的部门称为教育与文化部；1985年，巴西成立专门的文化部；1995年，教育部成为独立的部门。目前，巴西教育部主管教育政策、学前教育、初等教育、中等教育、高等教育和成人教育等。巴西科技部成立于1985年，主管国家科技研究及创新政策的制定，并规划、协调、监控和掌管巴西的科技活动。1989年，巴西政府将科技部与工商部合并，组成工商科技

---

① 邓华：《新时期俄罗斯科技和创新发展战略》，《全球科技经济瞭望》2009年第12期。
② 李安方：《建设创新型国家的韩国经验与中国借鉴》，《世界经济研究》2006年第10期。
③ 李安方：《建设创新型国家的韩国经验与中国借鉴》，《世界经济研究》2006年第10期。

发展部。20世纪90年代，巴西政府对科技体制和科技政策进行了重大改革和调整，新建了国家科技局，成立跨部门的国家科技发展理事会，强化宏观管理和政策指导。巴西的州政府有权制定与本州科技发展有关的法律、法规和政策，还负有向州属研究机构和高校提供研发经费的责任。

④印度的科技与教育宏观管理体制。1947年，印度在独立两周后即成立了自己的教育部门（隶属于人力资源发展部），其命名、职能在这几十年中不断变化。目前，印度负责教育的部门为人力资源发展部，下设两个部门，分管高等教育和基础教育等。1997年，中央政府设立内阁科技委员会、科技顾问委员会、科技秘书委员会等3个科技委员会。内阁科技委员会是决策机构，科技顾问委员会是咨询机构，科技秘书委员会是指导、管理和实施机构。这是印度政府为适应国家科技发展需要采取的新措施。印度科学技术部负责科技事务，设有生物技术、科学技术以及科技和工业研究等部门。在印度整个国家科技活动中，中央政府负责科技发展政策和计划，支持研究与开发活动以及技术转让等各个领域和环节的工作。邦政府的研究机构和大学研究机构，则侧重于结合本地资源现状，支持和协调以解决本地实际问题为主的科技活动。①

5.3.2 新兴经济体国家创新体系的研发投入

加大研发投入强度是新兴经济体创新体系建设的重要支撑，也是持续提升国家创新能力的重要保障。从经济合作与发展组织提供的数据看，近10多年来，新兴经济体研发投入快速增长，印度、巴西接近翻1番，俄罗斯（2012年）和韩国（2011年）比2000年各增加了2倍左右（见表5-17）。

表5-17 新兴经济体研发投入规模

单位：万美元

国别 年份	巴西	印度	俄罗斯	韩国	中国
2000	1250521.1	1204640.4	1050363.0	1857418.5	2706707.0
2001	1327365.1	1255712.2	1265837.1	2128170.2	3157737.7
2002	1306371.0	1305090.0	1455808.9	2250677.6	3937153.7
2003	1311074.5	1423178.1	1721567.7	2401593.0	4679665.8
2004	1337165.7	1660547.3	1697130.3	2786191.5	5743410.8
2005	1537255.0	2040596.9	1812051.0	3061832.6	7106335.8
2006	1709401.8	2260696.5	2289582.6	3535393.7	8651003.5

---

① 吴晓波、范志刚、杜健：《国家创新系统视角下的中印比较》，《科学学研究》2007年S2期。

续表

国别 年份	巴西	印度	俄罗斯	韩国	中国
2007	2022651.7	2527614.0	2653600.0	4069540.6	10196580.9
2008	2206738.6	2847495.1	3005838.5	4390641.3	11998090.7
2009	2319513.9	3030321.9	3461890.4	4612990.7	15287780.4
2010	2512063.7	3292335.5	3305586.8	5210035.0	17654182.5
2011	2743003.5	3619551.3	3519207.7	5837965.4	20538284.4
2012	—	—	3785440.7	—	24329304.1

注：联合国教科文组织统计研究所暂未公布2011年后巴西、印度、韩国的数据，该研究所按照购买力平价对各国研发投入进行计算。

资料来源：联合国教科文组织统计研究所。

从研发投入占GDP的比例看，韩国在各国中排名靠前，占GDP比例从2000年的2.3%提高到2011年的4.04%；巴西、俄罗斯、印度一直低于1.3%。2008年国际金融危机后，新兴经济体的研究投入占GDP的比例均有明显提高，显示各国在应对危机过程中对创新的重视（见表5-18）。

表5-18 新兴经济体研发投入占GDP比例

单位：%

年份 国别	2000	2001	2002	2003	2004	2005	2006	2007	2008	2009	2010	2011	2012
巴西	1.02	1.04	0.98	0.96	0.90	0.97	1.01	1.10	1.11	1.17	1.16	1.21	—
印度	0.74	0.72	0.71	0.71	0.74	0.81	0.80	0.79	0.84	0.82	0.80	0.81	—
俄罗斯	1.05	1.18	1.25	1.29	1.15	1.07	1.07	1.12	1.04	1.25	1.13	1.09	1.12
韩国	2.30	2.47	2.40	2.49	2.68	2.79	3.01	3.21	3.36	3.56	3.74	4.04	—
中国	0.90	0.95	1.07	1.13	1.23	1.32	1.39	1.40	1.47	1.70	1.76	1.84	1.98

注：联合国教科文组织统计研究所暂未公布2011年后巴西、印度、韩国的数据。

资料来源：联合国教科文组织统计研究所。

从研发投入的来源构成看，2011年，韩国的73.7%、巴西的45.2%、俄罗斯的27.7%来自企业投入。中国企业研发投入占研发投入总数的73.9%。来自政府部门的研发投入，巴西占52.6%、俄罗斯占67.1%、韩国占24.6%。中国来自政府的研发投入占研发总投入的21.7%。[1]

巴西各级政府一直是全国研究与开发经费的提供者。近年来，由于企业对研究与开发经费的投入增长幅度更为显著，政府的作用有所下降。在政府的研发经费中，联

---

[1] 资料来源：经济发展与合作组织。

邦政府拨款约占70%，州和市政府的拨款约占30%。政府的研究与开发经费，既拨给政府所属科研机构，也拨给高校和私人企业。巴西政府对研究与开发活动的拨款75%~80%用于基础研究，而且基础研究主要集中在联邦政府所属的研究中心和高等院校，以及圣保罗州、里约热内卢州和米纳斯吉拉斯州的州立大学和研究中心。[①]

从研发投入在不同类型研究活动中的分布看，俄罗斯、韩国对基础研究的投入力度最大。俄罗斯对基础研究的投入比例从2000年以来有显著的提升，在2010年达到19.6%，排在各国之首。韩国也超过18%。印度2005年对基础研究的投入比例达到17.4%，2009年又下降至16.0%。中国对基础研究的投入比例，与其他新兴经济体比较，是最低的（2010年为4.6%），同时也是所有国家中有明显下降的一个国家（见表5-19）。

表5-19 新兴经济体基础研究投入占研发投入比例

单位：%

年份 国别	2000	2001	2002	2003	2004	2005	2006	2007	2008	2009	2010	2011
印度	—	—	—	—	—	17.4	—	14.9	15.7	16.0	—	—
俄罗斯	13.4	13.9	14.6	15.1	14.2	14.0	15.4	18.0	18.8	21.0	19.6	—
韩国	12.6	12.6	13.7	14.5	15.3	15.4	15.2	15.7	16.1	18.1	18.2	—
中国	5.2	5.3	5.7	5.7	6.0	5.4	5.2	4.7	4.8	4.7	4.6	4.7

注：原数据来源缺少巴西信息；联合国教科文组织统计研究所暂未公布2011年后俄罗斯、韩国等国的数据。
资料来源：联合国教科文组织统计研究所。

从应用研究投入占研发投入比例的变化趋势看，韩国、俄罗斯在应用研究上的投入比例处于18%~21%之间；印度投入比例为22.3%（2009年）。从变化趋势上看，近10年来，韩国在应用研究上的投入比例下降了4个百分点，俄罗斯提高了2.4个百分点。与其他新兴经济体比较，中国应用研究投入占研发投入比例在各国中处于最低水平，仅为11.8%（2011年），并且从近10年来的发展趋势上看，也是显著下降的（见表5-20）。

表5-20 新兴经济体应用研究投入占研发投入比例

单位：%

年份 国别	2000	2001	2002	2003	2004	2005	2006	2007	2008	2009	2010	2011
印度	—	—	—	—	—	24.2	—	20.9	22.0	22.3	—	—
俄罗斯	16.4	16.4	16.0	15.6	16.5	16.4	15.3	15.4	19.4	20.1	18.8	—

---

① 卢立峰、李兆友：《巴西技术创新政策演化及启示》，《技术与创新管理》2010年第3期。

续表

年份 国别	2000	2001	2002	2003	2004	2005	2006	2007	2008	2009	2010	2011
韩国	24.3	25.3	21.7	20.8	21.2	20.8	19.9	19.8	19.6	20.0	19.9	20.3
中国	17.0	17.7	19.2	20.2	20.4	17.7	16.8	13.3	12.5	12.6	12.7	11.8

注：原数据来源缺少巴西信息；联合国教科文组织统计研究所暂未公布2011年后俄罗斯等国的数据。

资料来源：联合国教科文组织统计研究所。

从试验发展投入占研发投入的比例看，俄罗斯和韩国除去个别年份外均超过60%。从变化趋势看，俄罗斯在试验发展上的研发投入近10年下降了约10个百分点，韩国则基本保持稳定。中国2011年试验发展的研发投入占研发投入总量的83.4%，为各国最高，并且10年来明显提升了约5个百分点（见表5-21）。

表5-21 新兴经济体试验发展投入占研发投入比例

单位：%

年份 国别	2000	2001	2002	2003	2004	2005	2006	2007	2008	2009	2010	2011
印度	—	—	—	—	—	21.2	—	22.5	22.7	23.5	—	—
俄罗斯	70.2	69.7	69.4	69.4	69.4	69.5	69.3	66.5	61.8	58.9	61.6	—
韩国	63.1	62.1	64.6	64.7	63.4	63.8	65.0	64.4	64.3	62.0	61.8	31.7
中国	77.8	76.9	75.1	74.1	73.7	76.9	78.0	82.0	82.8	82.7	82.8	83.4

注：原数据来源缺少巴西信息；联合国教科文组织统计研究所暂未公布2011年后俄罗斯等国的数据。

资料来源：联合国教科文组织统计研究所。

从新兴经济体研发投入规模及占GDP比例看，各国对创新的投入均在快速增长，与发达国家相似，自2008年国际金融危机以来，各国对研发的投入总量及占GDP的比例均有显著提升，而且新兴经济体的增长速度快于发达国家，其中韩国和俄罗斯最为明显。从研发投入在不同类型研究活动中的分布变化趋势看，韩国、俄罗斯、印度等新兴经济体对基础研究的投入比例均在16%以上，对应用研究的投入占比在20%左右，两者合计占比约36%。但是中国基础研究投入占比仅为4.7%，对应用研究的投入占比11.8%，合计约17%。与其他新兴经济体比较，中国的研发投入结构也不尽合理。

5.3.3 新兴经济体创新体系的构成和运行

新兴经济体在国家创新体系和创新型国家建设上，比发达国家起步晚，但是与发达国家一样，其国家创新体系建设的既有基础、文化环境和发展历程各不相同，各国创新实力也有差距。有些国家，如韩国，通过正确的创新战略和产业战略迅速崛起，进入创新领先地位；有些国家在创新能力上经历过较大的起伏，如俄罗斯，正寻求创新体系的改革和转型；有些国家，如巴西和印度，依然在寻求构建有效的国家创新体系。

韩国自20世纪60年代以来，通过制定一系列促进科技创新的宏观政策，积极引导本国科技发展战略转型，在短短几十年的时间内，由一个经济非常落后的农业国成长为亚太地区重要的科技创新中心。90年代，韩国进一步强化核心领域的技术创新与突破，提升本国科学技术的国际竞争力。

巴西的研发活动由政府所属科研机构、高等院校、企业和非营利机构等4大主体组成。[①] 20世纪50年代以前，政府并未将大力发展科技提上议事日程。到了80年代，巴西政府为了摆脱科技对外依赖的状况，开始实施自主创新、以科技振兴经济的战略。1985年，巴西成立科学技术部。巴西政府于1988年颁布了《新工业政策法》，力图发挥科技对经济发展的主导作用，促使私人企业加大对研发的投入。新工业政策的制定和实施是巴西迈向科技强国的新起点。

俄罗斯继承了苏联的绝大多数科技遗产和科研力量，在继承苏联诸多科技和军事领域遗产的同时，也继承了原有的科技体制。自苏联解体以来，俄罗斯一直在进行科技体制改革。[②] 在经济转轨和科技管理体制的转变中，原来从事产业导向、在独立研究开发机构进行并由国家支持的研究开发活动被另一个系统所取代，即由政府、产业和高校部门共同来完成。同时，俄罗斯的研究开发体系越来越强调市场导向的研究开发活动。科学院、高校、工业研究开发和企业部门4个部门在重组中发生了重大变化。[③] 改革的最终目的是建立完善、具有创新机制的科学研究体系，这一改革最终于2005年启动。[④] 2005年8月，俄罗斯政府批准了《至2010年俄罗斯联邦发展创新体系政策基本方向》，它既是指导俄罗斯国家创新体系建设的基本文件，也是俄罗斯国家创新体系建设的中期规划。这一文件确定了俄罗斯国家创新体系的构成：由俄罗斯科学院、其他国家级科学院和高等院校进行基础研究和探索，以获取具有市场需求前景的知识；由俄罗斯国家科学中心和工业科研机构进行应用研发与成果推广。[⑤]

印度国家创新体系的主体主要由企业、高校、政府研究机构构成。中央政府所属研究机构主要从事国防建设和高新技术领域内的研究开发；邦政府所属研究机构则侧重于解决以当地实际问题为主的科技活动；企业研发注重满足企业自身需求；高校以

---

① 李明德：《巴西科技体制的发展和研发体系》，《拉丁美洲研究》2004年第3期。
② 程如烟：《推进制度和政策改革提高俄罗斯创新绩效》，《全球科技经济瞭望》2007年第8期。
③ 柳卸林、段小华：《转型中的俄罗斯国家创新体系》，《科学学研究》2003年第3期。
④ 戚文海：《基于转轨视角的俄罗斯国家创新战略的演进与趋势》，《俄罗斯研究》2007年第5期。
⑤ 龚惠平：《俄罗斯国家创新体系的新发展》，《全球科技经济瞭望》2006年第12期。

基础研究开发和培养科技型人才为主。企业内部研究活动与高等院校及国家科研院所之间的研发活动几乎脱节。① 印度国家创新体系目前仍面临研发投入不足、企业研究力量比较薄弱、人才流失严重等问题。②

新兴经济体的国家创新体系总体上也是由企业、大学、政府研究机构三个主要部分构成。但是，这三个部分在国家创新体系中的地位演变及相互连接的方式，与发达国家有一定差异，相互之间也有不同，这在一定程度上决定了各国的创新能力和科技竞争力。

从不同创新主体在国家创新体系中承担的研发经费比例看，也可以进一步了解新兴经济体的创新体系的构成和运行。

确立企业在创新中的主导地位是当前新兴经济体国家创新体系建设的共同目标。2000~2011年各国研发经费支出由企业执行的比例看，除印度、巴西外，韩国、俄罗斯和中国的企业执行研发经费的比例都超过60%。2011年，韩国和中国的研发经费均有超过75%由企业执行，与主要发达国家情况一样，企业在研发中的核心地位已经确立（见表5-22）。

表5-22 新兴经济体研发经费支出由企业执行的比例

单位：%

年份 国别	2000	2001	2002	2003	2004	2005	2006	2007	2008	2009	2010	2011	2012
巴西	40.1	39.2	40.4	39.6	40.2	—	—	—	—	—	—	—	—
印度	18.0	19.3	19.3	22.3	25.0	29.2	30.9	37.5	35.5	34.2	34.8	35.5	—
俄罗斯	70.8	70.3	69.9	68.4	69.1	68.0	66.6	64.2	62.9	62.4	60.5	61.0	58.3
韩国	74.0	76.2	74.9	76.1	76.7	76.9	77.3	76.2	75.4	74.3	74.8	76.5	
中国	60.0	60.4	61.2	62.4	66.8	68.3	71.1	72.3	73.3	73.2	73.4	75.7	76.2

注：联合国教科文组织统计研究所暂未公布2011年后印度等国的数据。
资料来源：联合国教科文组织统计研究所。

新兴经济体和发达国家一样，也在推动企业成为研发的核心，但是相关国家的创新能力却依然差异巨大，这与不同国家对企业的创新核心地位认识早晚有一定关系。从新兴经济体内部的比较看，韩国企业在研发中的先发位置非常明确，优势明显。俄罗斯、印度、巴西和中国，在创新体系中均没有及时将市场需求作为创新的主要动力，没有及时确立企业在创新中的主导地位，这成为影响国家创新体系国际竞争力的主要原因。

---

① 张俊芳：《印度国家创新系统的历史演进（上篇）》，《中国青年科技》2007年第6期。
② 邓艳：《印度国家创新系统的历史演进（下篇）》，《中国青年科技》2007年第7期。

高校在新兴经济体创新体系中也居于不可替代的重要地位，大学创新能力及其与工业界的结合程度，决定了其对国家创新能力的贡献。在新兴经济体中，一方面，大学担负着人才培养的任务，负责为创新体系源源不断地输送人才；另一方面，大学在各国科学研究，特别是基础研究中承担重要职责。大学是国家创新体系的重要组成部分之一，可以从新兴经济体的大学在研发经费执行中的比例得到体现。巴西大学执行的研发经费比例最高。韩国大学执行的研发经费比例也超过10%。印度大学执行的研发经费比例，在5个国家中最低（见表5-23）。

表5-23 新兴经济体研发经费支出由高校执行的比例

单位：%

年份 国别	2000	2001	2002	2003	2004	2005	2006	2007	2008	2009	2010	2011	2012
巴西	24.8	37.2	38.9	38.8	38.4	—	—	—	—	—	—	—	—
印度	4.0	4.2	4.1	4.4	4.4	4.2	4.2	4.2	4.0	4.1	4.1	4.1	—
俄罗斯	4.5	5.2	5.4	6.1	5.5	5.8	6.1	6.3	6.7	7.1	8.4	9.0	9.3
韩国	11.3	10.4	10.4	10.1	10.1	9.9	10.0	10.7	11.1	11.1	10.8	10.1	—
中国	8.6	9.8	10.1	10.5	10.2	9.9	9.2	8.5	8.5	8.1	8.5	7.9	7.6

注：联合国教科文组织统计研究所暂未公布2011年后印度等国的数据。
资料来源：联合国教科文组织统计研究所。

新兴经济体国家的大学在国家创新体系中的实际贡献，不仅取决于其承担的研发经费比例高低，还取决于大学本身创新能力和大学与工业界的结合程度。大学创新能力高，是其成为国家创新体系核心重要前提之一。之前的研究显示，目前世界公认的创新型国家至少拥有1所世界一流大学。大学与工业界的结合程度，是决定其在国家创新体系中贡献的第二个因素。与工业界的结合，一是围绕产业需求培养创新人才，二是推动科技成果产业化的效率提高及与企业合作组织科技创新活动。与发达国家中的美国和日本类似，韩国的大学在产学研合作上形成的良好机制，对发挥大学在国家创新体系中的作用至关重要。巴西的大学一直是巴西科学研究的主体，更是巴西基础研究的中心。但是，其文化更多强调研究的纯粹性和独立性，轻视知识在商业和经济中的应用，形成了巴西的大学独立于经济发展的科研模式，也制约了大学在国家创新体系中的作用。俄罗斯、印度和中国，也是近年来才开始强调大学的研究活动与工业界的结合。

基于上述认识，出台专门政策，建设本国的世界一流大学，提升大学创新能力，成为韩国、俄罗斯等国近年来的共同举措。同时，打通大学与工业界的合作渠道，也是各国体制和机制改革的主要方向。

新兴经济体的政府研究机构在国家创新体系中的作用，与其传统和与产业界的联系相关。从政府研究机构占研发经费支出比例看,印度的政府研究机构最大,2000年达到了77.9%,近年来虽然逐年下降,但依然超过60%。俄罗斯次之,其政府研究机构占比近年来逐年提升,2012年超过32%。2004年,巴西的政府研究机构执行的研发经费所占比例为21.3%,低于大学研发经费执行的比例(见表5-24)。在新兴经济体中,俄罗斯、印度和巴西都建立了庞大的政府研究机构,大多承担着基础研究的责任。韩国则进行了政府研究机构改革,加强与企业和产业的联系,以应用研究为主要方向。

表5-24 新兴经济体研发经费支出由政府研究机构执行的比例

单位:%

年份 国别	2000	2001	2002	2003	2004	2005	2006	2007	2008	2009	2010	2011	2012
巴西	35.1	23.5	20.6	21.6	21.3	—	—	—	—	—	—	—	—
印度	77.9	76.5	76.5	73.3	70.6	62.7	61.1	58.3	60.4	61.7	61.1	60.5	—
俄罗斯	24.4	24.3	24.5	25.3	25.3	26.1	27.0	29.1	30.1	30.3	31.0	29.8	32.2
韩国	13.3	12.4	13.4	12.6	12.1	11.9	11.6	11.7	12.1	13.0	12.7	11.7	—
中国	31.5	29.7	28.7	27.1	23.0	21.8	19.7	19.2	18.3	18.7	18.1	16.3	16.3

注:联合国教科文组织统计研究所暂未公布2011年后印度等国的数据。
资料来源:联合国教科文组织统计研究所。

与发达国家相似,新兴经济体国家创新体系中的三个关键组成部分,企业、大学和公共研究机构,作为研发的执行者和投资者,其本身的创新能力高低、在各自国家的相对重要性、相互合作程度,决定了这些机构在国家创新体系中的作用。在创新能力成为影响国家国际竞争力的主要因素的背景下,各国在建设和完善国家创新体系的过程中,打破创新主体之间的界限成为主要的趋势。原来互不联系的三类创新主体,正逐步建立协同合作机制,三者相互分工,交织作用,在创新过程的各个阶段形成相互支撑的关系。

5.3.4 启示与借鉴

第一,政府的顶层设计和战略规划是新兴经济体创新体系建设的重要推动力量。无论是主要发达国家还是新兴经济体,政府对国家创新体系和创新能力建设均高度重视,并通过不同方式予以支持。除了政府购买,各国政府在不同发展阶段,基于对国际竞争力态势的分析判断,通过创新体系研发经费投入、制定中长期发展战略规划、制定和改革政策法规体系,推动创新体系和创新能力建设。首先,加大国家对科技开发的投入,合理配置研发投入结构。结合主要发达国家和新兴经济体的共同经验,一方面,各国研发投入占GDP比例保持在较高水平;另一方面,对基础研究和应用研究的投入比例合计达到40%左右的标准，而试验发展研究的比例控制在60%左右。其次，建立和不断完善有利于创新的政策环境。一方面，通过知识产权的保护和确认，激励创新主体的创新动机和产业化动力；另一方面，通过政策支持和鼓励不同创新主体协同合作。最后，根据世界科技发展趋势和竞争态势，调整和优化产业政策，鼓励高新技术产业和新兴服务业发展，推动产业升级。与主要发达国家比较，作为后发的新兴经济体，政府对创新体系建设的直接干预力度更加明显。

第二，国家创新体系的集成效果，是影响新兴经济体创新能力高低的关键因素；推进大学与企业的创新合作，是提升创新体系整体效能的关键环节。国家创新体系对创新型国家建设的重要作用不言而喻。对比发达国家和新兴经济体内部的不同国家创新体系构成与运行，国家创新体系都是由企业、大学、政府支持的公共研究机构三个主要创新主体构成，但是创新能力千差万别。不同国家和经济体的创新能力和竞争力，不仅取决于创新体系的研发投入支持力度，单个创新主体创新能力的发育程度和创新水平高低，还取决于创新体系内不同主体的功能是否合理定位及相互间的协同合作深度和机制。也就是说，创新绩效不仅取决于企业、大学、公共研究机构各自的表现，而且取决于它们之间的相互作用。政府要从推进创新体系整体效能的角度，扫除协同合作的体制和机制障碍，促进大学、公共研究机构和企业之间的合作。在新兴经济体中，巴西的大学在国家创新体系中，承担着基础研究的重要角色，执行了国家创新体系研发投入中的约40%。但是，其大学对知识和创新成果转化为应用成果的忽视和歧视，割裂了创新主体之间的有效联系。印度的大学在国家创新体系中处于一个较为次要的地位，政府主导的公共研究机构对研发具有重要决定作用，企业、大学、公共研究机构的失衡和不协同，也是创新体系落后的重要原因。韩国的成功，不仅取决于其企业创新主体的功能有效发挥，也得益于不同主体之间的有效合作。俄罗斯近年来对创新体系的重建，也是立足于加强创新主体间的合力和整体效能。

第三，面对跨国公司市场垄断与技术先发的双重优势，新兴经济体确立企业创新主体地位的重点，是牢固树立以企业市场需求作为创新的主要驱动力。主要发达国家和新兴经济体的经验均表明，企业能否成为创新的主体，是创新系统成败的关键。透过企业在国家创新体系中主体地位的表象，更深层次的规律则是推动创新的主导力量差异。确立企业的创新主体地位，实际上是确立企业市场需求作为创新的主导力量。从主要发达国家和新兴经济体的创新体系、创新能力发展与该国主要产业和跨国公司发展的关系看，与市场需求相吻合的创新政策、产业政策，是创新能力提升的推进器，也是跨国公司能够顺利发展的主要影响因素。面对主要发达国家跨国公司市场垄断和技术先发的双重优势，新兴经济体的企业，要成为该国创新体系的主体，就必须进一步强化以市场需求为导向的创新能力，一旦抓住了某一发展阶段国际市场需求的主要趋势，某一产业的企业就可能一跃成为该国创新体系的核心；而与市场需求相违背的创新，或者在传统产业领域的市场创新，新兴经济体的企业并无优势。

第四，强化大学以市场需求为导向的创新。在新兴经济体国家创新体系中，大学在基础研究和应用研究中均承担着重要职责。但是，与发达国家创新体系中的大学比较，新兴经济体国家大学的重要性不足，除了创新能力与水平的差距以外，还体现在创新的驱动力上。巴西、俄罗斯和印度的大学，对以市场需求为导向的创新均重视不够，大学与产业和企业的结合不够紧密，大学创新活动与市场是割裂的，这是对大学创新能力的一种浪费。无论是支撑高质量人才培养，还是支撑创新体系的整体创新效能，都要增大大学以市场需求为导向的创新比重。

5.4 主要发达国家和新兴经济体创新人才培养战略

人口老龄化、劳动力短缺、专业技术人员匮乏的现实，正威胁着德国、日本等主要发达国家未来的发展。除了积极鼓励生育以外，唯有大量引进具备一技之长的外国移民，才能缓和这一矛盾。麦肯锡咨询公司早在1997年就首次提出了"人才争夺战"这个词。2006年，联合国秘书长报告也指出，全世界大约有30个国家制定了便利高技能人才入境的政策，其中超过一半是发达国家。相对于大多数发展中国家来说，美国、德国等传统发达国家的人才战略与制度已经相对成熟。近几年，中国、印度等新兴经济体，也纷纷制定创新人才战略，以吸引人才或减缓人才流失。[①] 本章节以主要发达国家（美国、德国和日本）和新兴经济体国家（韩国、中国、印度和俄罗斯）作为案例，通过借鉴它们在创新人才培养方面的经验，为中国创新人才的培养和聚集提供思路。

5.4.1 主要发达国家和新兴经济体人才培养规模发展状况

第一，从高等教育人数上来看，2004年以前，美国拥有世界上最庞大的高等教育规模，且保持逐年递增。联合国教科文组织统计机构发布的数据显示，2013年，美国接受高等教育的人数达到了1997万人。中国高校1999年实行扩招政策以来，其在校生

---

① 王辉耀：《国家战略——人才改变世界》，人民出版社，2010，第3页。

人数飞速增长，2004年起超过了美国，位居世界第一，2013年，在校人数超过3409万人，居世界首位（见图5-2）。

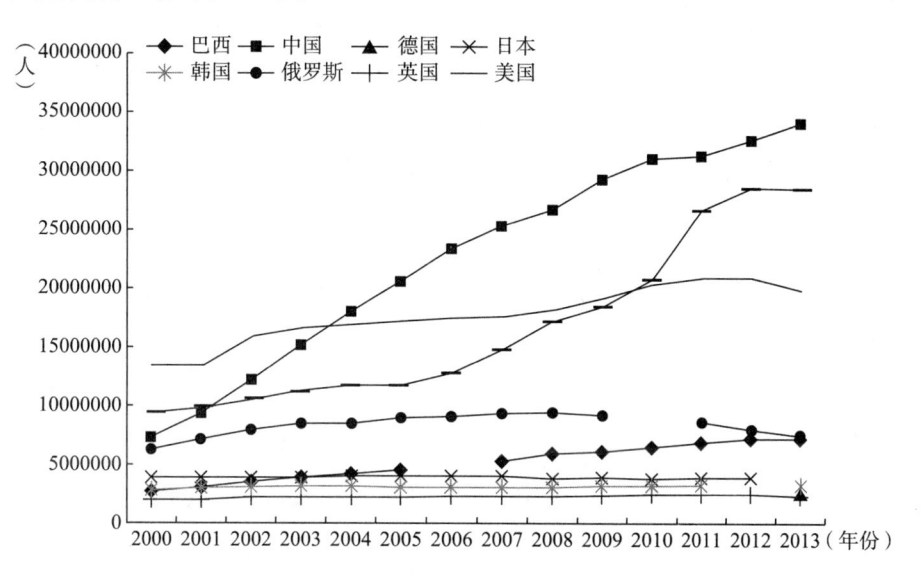

图5-2 主要发达国家和新兴经济体国家高等教育在校学生数（2000~2013年）
注：联合国教科文组织统计研究所暂未公布2013年后的数据；巴西、德国和俄罗斯的部分数据缺失。
资料来源：联合国教科文组织统计研究所。

与中国高等教育发展规模相似，印度高等教育规模发展也十分迅速。印度将第十一个五年计划（2007~2012年）确立为《国家教育计划》，政府教育预算比例大幅提升至19%，计划到2012年新建30所重点大学、5所科学与研究学院、8所技术学院、7所管理学院和20所信息技术学院，并加强职业教育。[①] 同时，印度启动"追求研究科学创新"计划，每年资助1万名理工类本科和硕士研究生，以提高印度青年人才攻读科技类专业的积极性。这些举措都直接促进了印度高等教育人数的增长。

日本、韩国和德国的高校人数，在1999~2010年保持稳定。韩国的高等教育起步较晚，第二次世界大战结束时，具有高等教育水平的机构只有19所，学生有7891名，其中，综合性大学只有首尔帝国大学一所，在校生有800余人。韩国独立后，用了15年时间就实现了高等教育的普及化，成为世界上第一个进入高等教育大众化阶段的发展中国家，也是世界上高等教育较发达的国家之一。[②]

第二，从高等教育毛入学率来看，中国2000年仅为7.8%，在选取的国家中处于最低的位置，2002年超过了印度，2003年达到了15%。按照美国著名的教育社会学家、加利福尼亚大学伯克利分校公共政策研究生院教授马丁·特罗（Martin Trow）

---

① 王辉耀：《国家战略——人才改变世界》，人民出版社，2010，第30页。
② 吴慧：《韩国高校人才培养模式的主要特征及其启示》，《教学研究》2008年第6期。

关于高等教育大众化的定义①，中国高等教育比《教育事业发展第十个五年计划》的要求提前两年实现了大众化，毛入学率在2013年达到了29.7%（见表5-25）。在本研究选取的发达国家和新兴经济体国家中，尽管中国高等教育在校学生数已经位居第一，其高等教育毛入学率也提高最快，但高等教育毛入学率依然仅高于印度，人口基数庞大显然是中国高等教育毛入学率仍然较低的原因。与韩国、美国、俄罗斯等国家比较，出于人口规模原因，中国高等教育现有规模依然面临着较大的高等教育入学需求不能满足的压力。

表5-25 主要发达国家和新兴经济体国家毛入学率（2000～2013年）

单位：%

年份 国别	2000	2001	2002	2003	2004	2005	2006	2007	2008	2009	2010	2011	2012	2013
美国	67.8	68.6	78.8	80.7	80.7	81.3	81.3	82.3	84.2	87.7	93.3	95.3	94.3	89.1
日本	48.7	49.9	50.7	51.8	53.6	55.0	57.1	57.8	57.6	57.7	58.1	59.9	61.5	—
德国	—	—	—	—	—	—	—	—	—	—	56.5	—	—	60.0
英国	58.1	58.9	62.2	61.7	59.0	58.7	58.9	58.7	57.2	59.0	60.5	61.2	61.9	59.8
韩国	78.8	82.7	85.8	87.8	90.3	93.5	97.5	100.8	101.8	101.6	101.0	100.8	—	98.4
中国	7.8	9.8	12.4	15.0	17.0	18.3	19.5	20.0	20.2	21.8	23.3	24.3	26.7	29.7
俄罗斯	55.4	61.3	66.7	66.5	70.5	72.6	72.9	74.1	75.0	75.5	—	76.5	76.1	—
印度	9.5	9.8	10.4	10.9	11.2	11.0	11.8	13.5	15.4	16.4	18.2	23.3	24.80	24.7
巴西	16.1	17.8	20.1	22.3	23.8	25.6	—	—	—	—	—	—	—	—

注：联合国教科文组织统计研究所暂未公布2013年后的数据。
资料来源：联合国教科文组织统计研究所。

5.4.2 主要发达国家和新兴经济体科教结合培养创新人才的政策举措

科研与教学结合，可以将知识的产生、传播与传承创新有机统一起来，充分体现高等教育的内在逻辑，充分发挥科学研究的育人功能，而大学生积极参与科研实践活动，也有利于培养其自主学习能力及学术创新意识。因此，发达国家在创新人才的培养过程中非常重视科教结合。

第一，将大学作为学位授予唯一机构。作为现代高等教育发源地的德国，其高层次创新人才是硕士和博士。德国只有综合性大学能够授予博士学位。应用科技大学

---

① 谢作栩：《马丁·特罗高等教育大众化理论述评》，《现代大学教育》2001年第3期。

(FH) 培养的人才所获得的证书一般会标注"FH",而仅拥有此类证书是没有资格申请攻读博士学位的。凡是想获得博士学位的人,必须从高中毕业后就选择上综合性大学,或进入应用科技大学,毕业后继续进入综合性大学深造(见表 5-26)。近年来,为提升办学水平,加强高等职业教育,Fachhochschule 统一改称为 Hochschule,允许颁发硕士学位。

表 5-26 主要发达国家和新兴经济体关于学位授予的主要政策

国别	政策名称	颁布时间	政策要点	干预对象
美国	各州法令	现行	没有独立的科学院体系,研究型大学承担科学研究和研究生培养的责任;大学具有独立的颁授学位的权利	大学
日本	《大学令》《学位令》《学校教育法》	1918年 1947年 1976年	只有在综合大学才设置研究生院;学位的授予权在大学;设置研究生院的大学,可根据监督官厅规定,授予博士和其他学位	大学及其他教育机构
德国	各州高等教育法	现行	仅综合大学具有授予博士学位的权利	大学
韩国	《韩国教育法实行令》	现行	韩国的学位授予由综合大学或单科大学的校长实施,但名誉博士学位的授予,必须填写名誉博士学位授予审查提要书,送教育部长批准后方可实施。凡获得博士学位和名誉博士学位者在公共场合使用其名称时,必须表明所授学位的大学名称	综合性大学或单科大学

资料来源:刘念才、赵文华:《面向创新型国家的高校创新能力建设研究》,中国人民大学出版社,2006。

历史悠久的法国高等教育,其结构复杂,学位种类独特,与其他国家的高等教育体制相比有很多不同,只有大学才拥有学位授予权。法国大学生有90%在国立大学学习,每阶段结束之后达到要求,可以获得对应的文凭和学位(通科学习文凭、学士学位或硕士学位、博士学位)。如果想获得博士学位,则必须到国立大学进行第三阶段的学习。在美国,其他机构要与大学保持密切的合作,由大学培养高学位的人才,提供给科研机构和企业。在英国,有些非大学机构需要达到资格后被升格为大学,才允许授予学位。日本的企业会投入财力和物力,创办企业的高等教育机构,由大学派出教师进行培养,合格后由大学颁发学位。

第二,发挥创新平台与重大科技设施的人才培养功能。美国在培养创新人才的过程中,非常重视科教结合,不仅设立了本科生科研计划,还向本科生开放国家实验室。首先,许多研究型高校设立了形式多样的本科生科研计划,鼓励本科生参与到科研过程中。例如,麻省理工学院从1969年起开始实施"本科生科研计划",该校也是美国最早开展本科生科研的大学之一。这一计划旨在促进本科生和各系青年研究人员之间建立研究合作,并找到自己感兴趣的研究领域进行探索。参与"本科生科研计划"的学生,既可以选择加入已有的研究课题,也可以从事自己感兴趣的研究。本科生参与到研究或活动的所有环节,设计研究计划、撰写申请、实施研究、分析数据和陈述研究结果，可以在任何一个学科或跨学科实验室从事一个学期（可以根据需要延长）的研究。① 参与这一计划的本科生，不仅能获得学分，更重要的是，许多本科生通过这一段科研经历，找到了自己的研究兴趣所在，而选择继续攻读研究生。

其次，美国许多本科生、研究生有机会参与国家实验室的项目和重大科研项目。以美国能源部科学办公室下属的 10 个国家实验室为例，橡树岭国家实验室的本科生和研究生人数较多。该实验室的全职员工数为 4533 人，同时有 1383 名本科生和研究生在该实验室从事科学研究，本科生和研究的人数占全职员工的三成。劳伦斯伯克利实验室的本科生和研究数量占到了全职员工的 16%（见图 5-3）。在具体承担的工作方面，各国家实验室也相应为本科生的参与，做了详尽的规划。美国能源部在阿贡国家实验室设立"自然科学本科生实验室实习项目"或"学生科研参与项目"，以吸引高校本科生在学期中或寒暑期参与国家实验室前沿的科学研究。这些项目一般为期 10 周，并由阿贡国家实验室中的研究人员进行一对一专业、个性化的指导。② 美国许多著名的国家实验室被委托给大学进行具体管理，双方共同承担国家最前沿的科学研究。这一做法通过国家实验室与大学强强联手的形式，有利于实现科研的互利互惠。

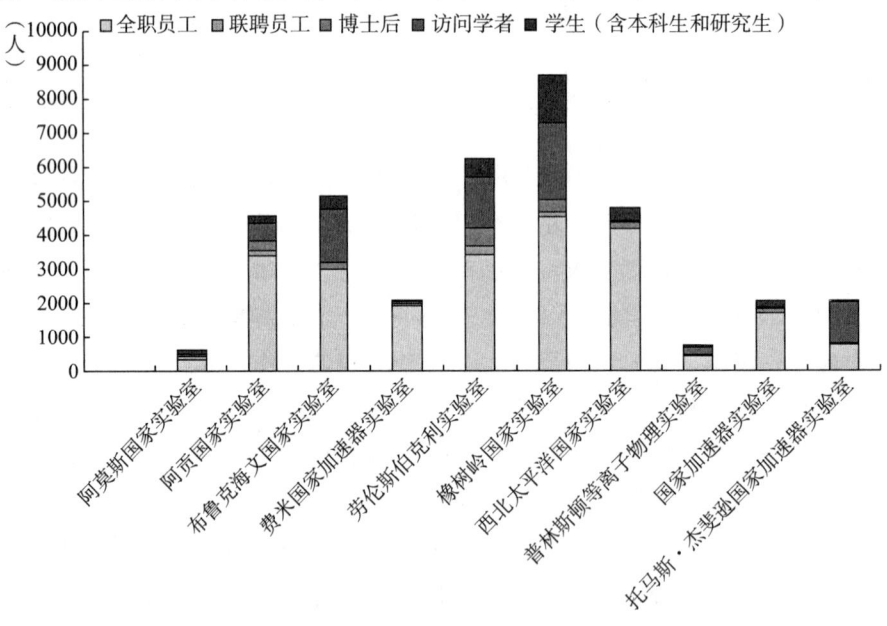

图 5-3 美国能源部科学办公室下辖的 10 个国家实验室的人员构成情况

资料来源：美国能源部科学办公室：《能源部科学办公室所属国家实验室十年（2012~2021）规划》，2012。

---

① MIT. 2009. "Basic Information." Last modified October 10. http://web.mit.edu/urop/.
② U.S. 2012. Department of Energy Office of Science / UChicago Argonne LLC. Undergraduate Summer Programs. Last modified October 2. http://www.dep.anl.gov/p_undergrad/summer.htm.

第三，美国的大学与国家实验室联合培养研究生。加州大学圣地亚哥分校与劳伦斯利弗莫尔实验室合作建立了"学生雇员研究生科研资助项目"。该项目主要资助加州大学各分校的博士生在劳伦斯利弗莫尔实验室开展研究。这些博士生除了有本校自己的导师外，在实验室还有一位导师。在两位导师的双重指导下，学生不但可以学习理论知识，还可以进行实验操作，更为重要的是他们有机会跟随一流的科学家，参与最前沿的科研项目，操作最先进的仪器设备。这不但提高了研究生教育的质量，而且也是国家实验室选拔青年科学家最有效的方法之一。[①]

日本国立大学和政府研究机构，将其先进的研发设施对外开放，共同利用。综合性研究所和大学实验室都给予研究生和本科生从事研究与实习的机会。例如，创立于1917年的日本理化学研究所（RIKEN），是日本最大的综合性研究所[②]，有920名实习学生和142名青年研究助理（见图5-4）。该所的"青年研究助理"计划始于1996年，旨在促进日本大学的博士研究生与日本理化学研究所建立科研合作。[③] "青年研究助理"计划的主要做法是，通过提供兼职岗位的形式，让博士研究生与日本理化学研究所的科研人员一起开展研究，从而提高日本理化学研究所创新和基础研究的水平。除了日本理化学研究所以外，日本工业大学工程学院计算机系实验室的研究员也会在每年1月，向

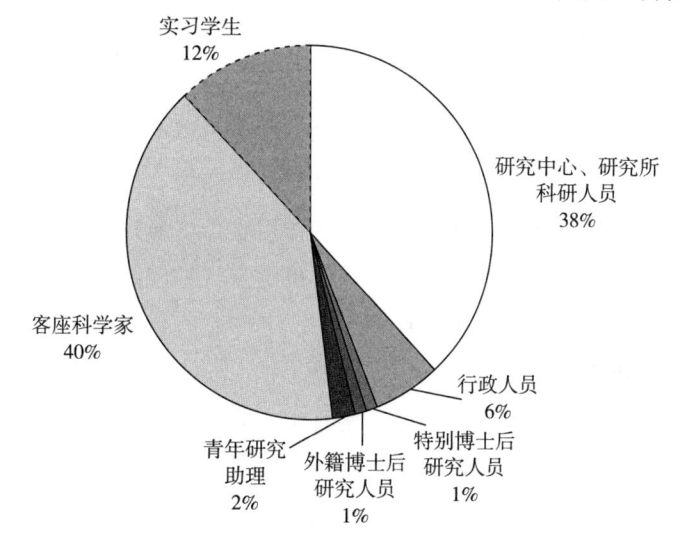

图5-4 日本理化学研究所人员组成

资料来源：日本理化学研究所。

---

① 熊耕：《浅析美国大学中国家实验室的管理特点》，《高等工程教育研究》2001年第1期。
② RIKEN. 2012. "About RIKEN." Last modified October 11. http://www.riken.go.jp/engn/r-world/riken/personnel/index.html.
③ RIKEN. 2012. "About RIKEN." Last modified October 12. http://www.riken.go.jp/engn/r-world/research/research/jra.html.

本科生详细介绍实验室的任务，到了 2 月和 3 月，实验室的研究员又会组织学生进行参观，并认真审核本科生的申请，4 月向成功申请者布置研究任务。①

德国在创新人才培养中的一个重要特色，是发挥高校外科研机构的独特优势，其中，以马普学会、弗劳恩霍夫协会、亥姆霍兹联合会和莱布尼茨联合会 4 个机构最具代表性。高校外科研机构除了培养自己的科研团队以外，还积极向大学生提供参与科研与实践的机会（见表 5-27）。

表 5-27 德国高校外科研机构

机构名称	研究所/中心	研究人员数量
马普学会	82 个	16918 人 （另有 4487 名获奖学金资助的学生和访问学者）
弗劳恩霍夫协会	66 个	22000 人（绝大多数为研究员）
亥姆霍兹联合会	18 个	36000 人 （含 9700 名研究员和 4500 名访问学者）
莱布尼茨联合会	86 个	17000 人（含 7900 名研究员）

资料来源：德国相关校外研究机构网站主页统计数据。

以马普学会为例，截至 2013 年 1 月，该中心有员工 16918 人（其中 5470 名为研究员），此外，有 4487 名获奖学金资助的学生和访问学者在此从事科学研究。② 而弗劳恩霍夫协会中的研究生和本科生人数由 2007 年的 4087 人增至 2011 年的 5765 人，2011 年研究生和本科生占 28.4%（见图 5-5）。③

第四，发挥产学研合作对人才培养的独特作用。英国通过建立科技园和产学研结合来培养人才。英国非常注重联合大学或科研机构与科技园的优势——通过科学研究结果的产业化，以此实现强强联手、优势互补。其中，有代表的是赫利奥特-瓦特大学的科学研究院④和剑桥科学园。

赫利奥特-瓦特大学建立了欧洲第一座科学研究园，并帮助企业在校园中从事创造研发活动。对研究园中的企业而言，这样不仅可以使用大学的大型科学实验室、计算机和科学装备，同时，还能利用近水楼台的优势，发掘出优秀的本科生，并促进企

---

① 东京工业大学，http://www.ai.cs.titech.ac.jp/join-us.html，最后访问日期：2012 年 10 月 11 日。
② "Max-Planck-Gesellschaft, Zahlen & Fakten." Last modified September 8, 2013. http://www.mpg.de/zahlen_fakten.
③ Fraunhofer-Gesellschaft, Annual Report 2011, Making the World a Better Place to Live, Last modified October 2, 2012. http://www.fraunhofer.de/content/dam/zv/en/Publications/Annual-Report/Annual%20Report-2011.pdf.
④ Heriot-Watt University Research Park. "About the Research Park." Last modified November 10, 2012. http://www.hw.ac.uk/research-park/history.htm.

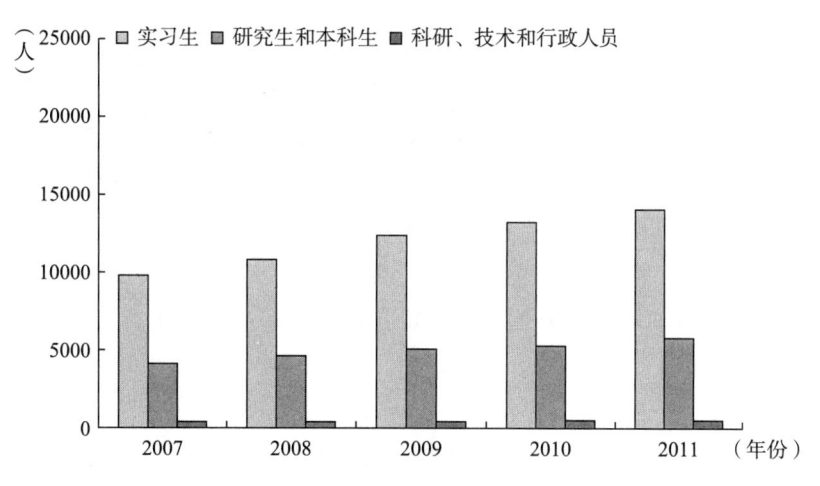

图 5-5 弗劳恩霍夫协会成员组成（2007~2011年）

资料来源：德国弗劳恩霍夫协会网站主页统计数据。

业和大学教师及科研人员之间经常性的沟通与交流。对于大学而言，也借助科学研究园的存在，及时了解企业的需求，并适当调整本科生的课程设置。同时，各院系与企业签订协议，教师和学生均能获得企业给予的研究资助。

剑桥科学园由剑桥大学三一学院于 1970 年创建。科学园中有 100 多家企业，共计 5000 多名员工。它不仅是英国历史悠久、最知名的科学园，同时也是欧洲领先的高新技术产业研发中心。剑桥科学园通过独特的剑桥产学研模式，不断创造新技术和新产业，在欧洲发挥着产业创新的引领作用。

韩国在人才培养中重视产学研合作。建立大德科技园区是韩国政府加快技术创新体系建设的重要措施之一。大德科技园区重视基础研究等创新研发活动，其主导产业处于价值链的上游，企业以创新和研发活动为主，形成大学、研究机构、政府机构、政府投资的研究所、企业研究所和投资企业组成的"创新集群"。[1] 大德科技园区毗邻具有"亚洲MIT"之称的韩国科学技术院、忠南大学、韩国情报通信大院等5所高等院校。2001 年，在大德科技园区 16000 余名科研人员中，有 12800 余名毕业于韩国科学技术院。[2]

5.4.3 主要发达国家和新兴经济体高等教育重点建设与人才培养

德国通过推出"卓越计划"，创造良好的科研环境，为除大学和高校之外的机构

---

[1] INNOPOLIS Foundation. "Overview." Last modified Sepmber 7, 2012. http://www.ddi.or.kr/eng/01_introducing/01_bird.jsp.

[2] 华山、王蓓：《大学如何接轨"科教兴市"战略》，《解放日报》2003年4月22日，第17版。

培养创新人才提供广阔的平台。自20世纪60年代以来,德国高等教育始终坚持平等、公正的原则,所有大学都遵循教育质量同等的原则。因而,德国的大学之间历来仅有建校历史或规模大小的差异,不存在重点与非重点之分。尽管德国拥有众多历史悠久的大学(例如建于1386年的海德堡大学和建于1409年的莱比锡大学),但是,近年来德国高校在国际性大学排名中表现并不突出,甚至没有一所大学跻身前50名。[①] 针对这一情况,德国迫切需要通过一番革新,向世界再次证明自身的创新实力,而大学作为科学研究的主要阵地,无疑在这一改革中受到了首要关注。2005年,德国推出"卓越计划"——分为卓越集群、研究生院(博士生培养)和未来构想(高校的发展战略)3个部分,旨在增强德国高校和科研机构的科研实力,提升德国高校的国际竞争力。2013年,"卓越计划"已评选了三轮,第一轮和第二轮的经费支持分别为19亿欧元和27亿欧元。这一强大的科研经费为培养、提高德国青年人才的研究能力和博士生的培养提供了广阔而坚实的平台,具体体现在用于支持"卓越集群"(43个)、"研究生院"(45个)和"未来构想"(11所大学)3个层面的研究。

日本文部省(现更名为教育、文体与科技省)于2001年6月提出"国立大学重建方针"(又称"远山计划"),其内容包括机构的合并与联合、向法人团体的转型、30所一流大学计划。[②] 通过引入第三方评估,在国立、私立和公立大学中形成竞争,以此奠定日本大学在国际上卓越的教育、研究地位。在此背景下,日本于2002年和2007年分别提出了"21世纪卓越研究基地计划"和"全球卓越研究基地计划"。

"21世纪卓越研究基地计划"对若干优势学科领域进行重点资助,在日本的大学中建立若干以学科方向为单位的世界最高水平的研究教育基地,并由国家提供重点财政资助,旨在通过若干世界最高水平的教育和研究基地的建设,推动相关大学成为具有国际竞争力的世界最高水平大学。与中国"985工程"有所不同的是,日本"卓越研究基地计划"是以学科领域为单位进行资助,各大学以学科为单位组织申请,通过评审的卓越研究基地设在大学内。申请的研究生院必须具有博士学位授予权,资助期限为5年,各个专业和学科都可以提出申请,申请成功的机构每年可获得1000万到5亿日元的资助(见表5-28)。[③]

"全球卓越研究基地计划"是"21世纪卓越研究基地计划"的后续计划,通过向具有尖端潜力的教育、研究中心提供经费支持,提高日本大学的国际竞争力。每个项目获得每年5000万到3亿日元的资助,持续5年;每年向10个项目提供经费支

[①] 根据"2012年世界大学学术排名",德国排名最高的大学为慕尼黑大学,位列第52位。
[②] 姜尔林:《趋同与趋异:全球化背景下高等教育重点建设政策比较——以中国、韩国、日本三国为例》,《清华大学教育研究》2007年第6期。
[③] 21st Century COE Program. "Application Recruitment." Last modified Octomber 4, 2012. http://www.jsps.go.jp/english/e-21coe/01.html.

持。该计划旨在加强、提高研究生院的教育及研究功能，通过国际卓越的研究实践，使富有创造性的年轻学者在各自领域成为全球的佼佼者。提出申请机构须为设立博士研究项目的大学研究生院或大学附属的研究中心（博士）。[1]

韩国是世界高等教育大国，但近年来，也面临研发的产出低、对他国的强依赖性等问题。[2] 在此背景下，韩国政府于1999年4月实施以"面向21世纪的智力韩国计划"（简称"BK21计划"）为核心的大学发展计划，通过奖助学金、海外研习奖助金、研究基础设备的建设，积极改善21世纪韩国的研究人力，旨在为研究生创造良好的环境，使他们专注于学习和研究。"BK21"计划共分为两轮，第一轮时间为1999～2005年，投入1.34万亿韩元（约12亿美元）；第二轮时间为2006～2012年，投入2.03万亿韩元（约21亿美元）（见表5-28）。[3]

表5-28　日本、德国和韩国的高校重点建设

国别	建设周期	重点建设名称	重点建设目标	经费投入
日本	●2002年起 ●2007年起	●21世纪日本卓越研究基地计划 ●全球卓越研究基地计划	●建立世界一流研究与教育基地（卓越中心） ●通过向具有顶尖教育、研究中心提供经费支持，提高日本大学的国际竞争力	●每个项目每年1000万至5亿日元；持续5年 ●每个项目每年5000万至3亿日元；持续5年
德国	●2006～2011年（第1、2轮） ●2012～2017年（第3轮）	卓越大学计划	通过建立世界一流的专家小组，增强德国高校和科研机构的科研实力，提升德国高校的国际竞争力。具体体现在用于支持"卓越集群"（43个）、"研究生院"（45个）和"未来构想"（11所大学）三个层面的研究	●第1、2轮评选（2006～2011年）共投入19亿欧元 ●第3轮评选（2012～2017年）投入27亿欧元
韩国	●1999～2005年（第1轮） ●2006～2012年（第2轮）	BK21计划	积极发展高质量的人力资源，在某一学科领域塑造世界一流的研究型大学。通过建立世界一流的专家小组，提升大学教育和研究硬件，发展区域型研究院，提高该区域的创新实力	●第1轮1.34万亿韩元 ●第2轮2.03万亿韩元

资料来源：笔者根据相关网页信息总结。

5.4.4　主要发达国家和新兴经济体吸引国际学生的政策举措

除了培养本土创新人才以外，主要发达国家还十分注重储备国际人才。通过大力

---

[1] Japan Society for the Promotion of Science. "Background." Last modified October 4, 2012. http://www.jsps.go.jp/english/e-globalcoe/01_outline.html.
[2] 徐小洲、郑英蓓：《韩国的世界一流大学发展计划：BK21工程》，《高等工程教育研究》2006年第6期。
[3] BK21·NURI Committee. "About BrainKorea 21." Last modified October 3, 2012. http://bnc.krf.or.kr/home/eng/bk21/aboutbk21.jsp.

招收国际学生,尤其是工程科技类的学生,实现发达国家创新人才的储备。相比引进人才的形式,通过吸引国际学生储备人才的形式更有意义——国际学生经过几年的学习和生活,通晓留学国的语言,熟悉其人文和社会情况,完成学业后留下来工作,能更快地适应工作要求。有鉴于此,各国都非常重视招揽国际学生。

众所周知,美国是全球最大的国际学生输入国。据最新统计,2012~2013年,在美国际学生数量为近82万人。[①] 以哈佛大学为例,2010~2011学年注册的国际学生数达到4321名(占全校在校生的20%),其中,注册国际研究生占全校研究生的接近30%。以哈佛大学化学与化学生物系为例,在25名教职人员中,至少有6名曾为国际学生或技术移民(亚洲3人、欧洲2人、拉美1人)。美国之所以能吸引到国际学生,其重要原因在于美国高等教育享有良好的教学和科研的声誉。根据上海交通大学最新的《2012年世界大学学术排名》,在排名前100所的世界顶尖大学中,美国占领了半壁江山。除此之外,美国还通过提供优厚的奖学金、助学金和优惠贷款的形式,吸引国际学生。美国在储备国际学生时有以下特点。

第一,积极招收工程技术类国际学生。由于美国本土出生的学生选择工程技术类专业的人数不断减少,美国面临本土技术人员匮乏的问题,因而美国大学在招收国际学生时,非常重视工程技术和自然科学专业的国际人才储备。根据美国科学基金会提供的数据,2008年,在工程技术类专业,持有短期签证的国际学生人数,已超过了美国本土学生或持有永久居留权的学生人数。[②] 就读工程技术类专业的国际学生人数逐渐上升,统计数据表明,2010~2011年,美国有36.4%的国际学生就读于工程技术及自然科学类学科,其中,工程技术类学科占18.7%、物理和生命科学学科占8.8%,数学和计算机学科占8.9%(见图5-6)。[③]

此外,美国的国际学生主要来自中国和印度。这两国在美留学生占到了美国国际学生总数的36.1%,且这些学生多数就读于工程技术类专业。例如,中国学生和印度学生就读于工程技术、数学与计算机、物理与生命科学这三类专业的比例分别为42%和68%(见图5-7)。[④]

---

① Institute of International Education (IIE). "Open Doors 2013: International Students in the United States and Study Abroad by American Students are at All-Time High," Last modified May 24, 2014. http://www.iie.org/Who-We-Are/News-and-Events/Press-Center/Press-Releases/2013/2013-11-11-Open-Doors-Data.

② FOX News. "Obama Administration Lets More Foreign Students Stay in U.S. for Jobs, Raising Competition Concerns," Last modified October 9, 2012. http://www.foxnews.com/politics/2011/05/17/dhs-allows-foreign-students-extended-stay/.

③ Institute of International Education. "Field of Study of International Students, 2000/01-2010/11." Open Doors Report on International Educational Exchange, Last modified September 29, 2012, http://www.iie.org/open-doors.

④ Institute of International Education, Last modified October 9, 2012, http://www.iie.org/Research-and-Publications/Open-Doors/Data/International-Students/Fields-of-Study-Place-of-Origin/2010-11.

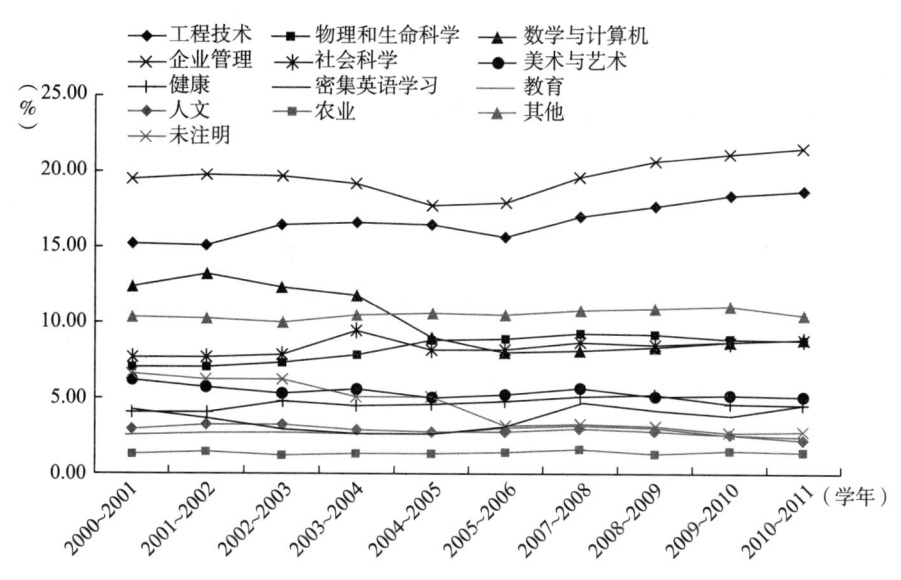

图 5-6 在美求学国际学生的专业分布情况

资料来源：Institute of International Education. (2006), "Field of Study of International Students, 2000/01-2010/11," Open Doors Report on International Educational Exchange, Last modified September, 2012. http://www.iie.org/opendoors。

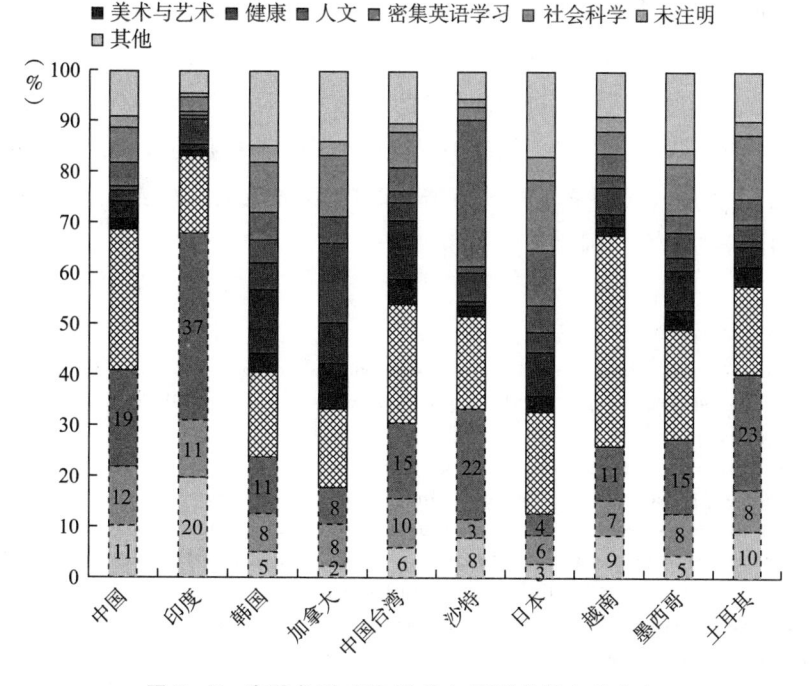

图 5-7 在美各国（前 10 位）留学生的专业分布

资料来源：Institute of International Education, http://www.iie.org/Research-and-Publications/Open-Doors/Data/International-Students/Fields-of-Study-Place-of-Origin/2010-2011。

第二，延长工程技术类国际学生毕业后的居留许可。在积极储备工程技术类国际人才的同时，美国也积极争取把这类人才留在美国。奥巴马在针对移民问题的讲话中也指出，"我们（美国）一方面向国际学生发放签证，让他们在我们顶尖的大学接受工程技术类的教育；然而我们的法律却同时在阻挠这些人毕业后运用其所学之长留在美国就业"[1]，并呼吁留住外国高技能人才，以丰富美国的科技工作。有鉴于此，美国在发放签证或居留许可时，对工程技术类的国际学生也放宽了要求。原先美国对于持有 F-1 签证的国际学生在短期实习期限内发放 12 个月的签证，用于参加与本专业相关的短期实习或工作[2]；而新的政策对于工程技术类（即计算机应用、生物和生物医学、精算学、数学和统计、工程、军用技术、工程技术、物理、科学技术和医学）的国际学生，在完成实习工作期（OPT）后，若受雇于 E 类（E-Verify）企业，则可以申请延长居留许可 17 个月。[3] 美国这一留住国际人才的做法卓有成效。在根据《科学与工程指标 2012》获得科学、技术类博士学位者中，非美国本土出生的博士由 1973 年的 12% 上升至 2008 年的 25%，科学、技术类博士后近一半（46%）出生在国外（见图 5-8）。[4]

虽然日本素有排外倾向，但自 20 世纪 80 年代末期开始，日本每年接纳的国际学生幅度却迅速提高。1988 年，日本"教育白皮书"还特别强调要健全官民一体的接纳国际学生的体制。前首相福田康夫 2008 年曾提出"留学生 30 万人计划"[5]，力争在 2020 年将在日国际学生人数提高到 30 万人。为实现这一计划，日本政府不但简化了国际学生入境程序，还计划协助国际学生毕业后在日本找工作。目前，在日本的中国留学生就有 9 万人，且在日本就读工程及自然科学类专业的人数，占国际学生学科分布比例的 15.6%（见图 5-9）。根据《2013 教育概览》的数据，2011 年，日本 62.3% 的国际学生来自中国。[6]

---

[1] FOX News. "Obama Administration Lets More Foreign Students Stay in U. S. for Jobs, Raising Competition Concerns." Last modified October 9, 2012, http://www.foxnews.com/politics/2011/05/17/dhs-allows-foreign-students-extended-stay/.

[2] Optional Practical Training (OPT)，可选择实习培训。

[3] U. S. Citizenship and Immigration Services. "Questions and Answers: Extension of Optional Practical Training Program for Qualified Students." Last modified September 5, 2012, http://www.uscis.gov/portal/site/uscis/menuitem.5af9bb95919f35e66f614176543f6d1a/?vgnextoid=9a3d3dd87aa19110VgnVCM1000004718190aRCRD&vgnextchannel=68439c7755cb9010VgnVCM10000045f3d6a1RCRD.

[4] National Science Foudation, Science and Engineering Indicators 2012, Last modified October 9, 2012, http://www.nsf.gov/statistics/seind12/c5/c5h.htm#s4.

[5] Study in Japan, The "300000 Foreign Students Plan Campaign," Last modified September 26, 2012, http://www.studyjapan.go.jp/en/toj/toj09e.html.

[6] MEXT, Statistics, Last modified September 10, 2012. http://www.mext.go.jp/component/english/icsFiles/afieldfile/2011/03/04/1302965_089.pdf.

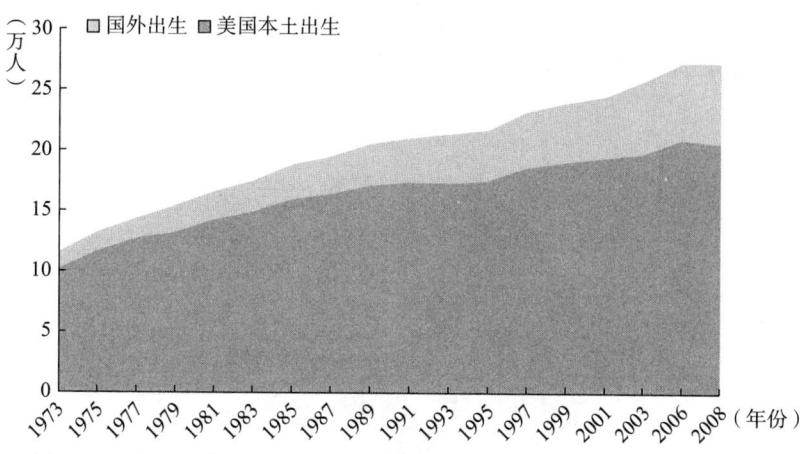

图 5-8 美国科学、工程博士学位获得者出生地情况（1973~2008年）①

资料来源：National Science Foudation, Science and Engineering Indicators 2012, http://www.nsf.gov/statistics/seind12/figures.htm#c5。

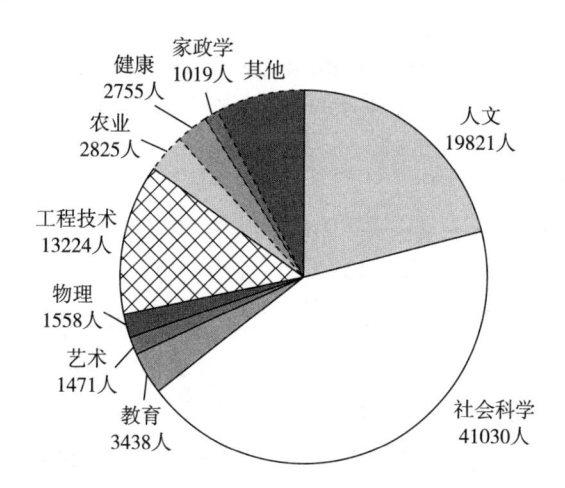

图 5-9 2005 年在日国际学生的学科分布

资料来源：日本文部科学省。

德国高等教育历史悠久，其汽车制造、机械工程、生物制药学等领域，在国际上享有很高的学术和科研声誉，这也直接吸引了一大批外国学生、学者来德国学习或从事相关的研究工作。2011 年，德国际学生人数达到了 252032 人。② 根据经济合作与发展组织最新一期出版的《教育概览 2013》数据，在德国际学生人数位列世界第三（比例达 6.3%），仅次于美国（16.5%）和英国（13.0%）。德国的情况与美国相仿，其国际学生主要就读于工程技术（占 18%）、自然科学和计算机专业（占

---

① 美国国家科学基金会含健康（Health）专业。
② Deutscher Akademischer Austauschdienst (DAAD) & HIS-Institut für Hochschulforschung (HIS-HF). "Wissenschaft weltoffen 2012." Last modified September 10, 2012, http://www.wissensch-aftweltoffen.de/daten/1/1/1.

18.7%）的人数比例达到 36.7%（见图 5-10）。鉴于英国、美国对于优秀国际学生的激烈竞争，德国亦积极推出各项举措，吸引国际学生来德国留学。①

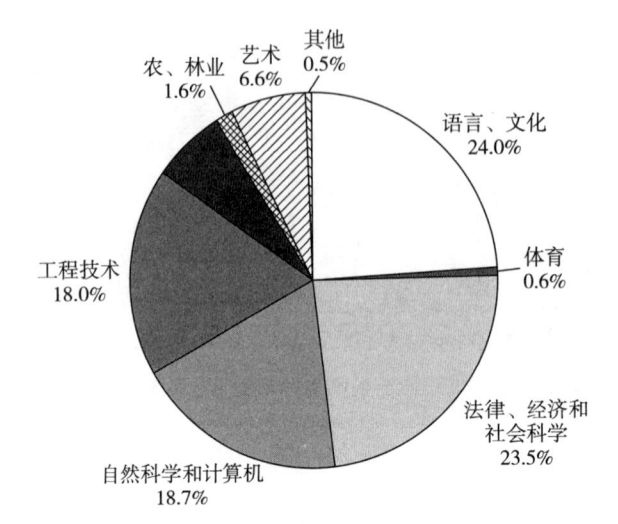

图 5-10　在德国求学的国际学生的专业分布情况（2012 年）

资料来源：2012（Wissenschaft Weltoffen 2012），Deutscher Akademischer Austauschdienst（DAAD）& HIS-Institut für Hochschulforschung（HIS-HF），"Wissenschaft Weltoffen 2012," Last modified September 29, 2012, http://www.wissenschaftweltoffen.de/daten/1/5/1。

首先，与美国、英国、澳大利亚等国向国际学生额外征收学费的做法不同，德国高校在收费上对外国留学生采取了与本国学生一视同仁的态度。目前，德国各州高校一律免收学费。在德国的大学中，国际学生享有与德国学生一样的待遇，例如，在申请奖学金时也可以和德国本土学生公平竞争。其次，通过改革学位制度，增加国际学生的流动。随着"博洛尼亚进程"的不断推进，德国大学绝大部分学科由传统的"本硕连读-博士"的二级学位转变为"学士-硕士-博士"三级学位制度，这有利于德国与其他国家的学位衔接，吸引更多的国际学生来德国留学。② 最后，作为一个非英语国家，德国众多的大学纷纷开设了英语授课的硕士课程，从而可与美国、英国、澳大利亚、新西兰、加拿大等英语国家竞争国际生源。此外，德国还设立奖学金，积极吸引外国学生。在国家层面，有德国奖学金和德国学术交流奖学金。在民间层面，又分为具有一定政党、企业和宗教背景的基金会。

经济合作与发展组织《教育概览 2013》显示，2011 年英国的留学生人数为

---

① Deutscher Akademischer Austauschdienst（DAAD）& HIS-Institut für Hochschulforschung（HIS-HF），Wissenschaft weltoffen 2012, Last modified September 29, 2012, http://www.wissenschaftweltoffen.de/daten/1/5/1.
② 例如，由于德国传统的二级学位把学士和硕士阶段的学习捆绑在一起，国际学生在自己国家取得学士学位到德国后，通常需要从大学的基础课程重新读起，而无法直接进入上一层的博士阶段的学习。而改革学制后，国际学生在本国取得学士学位后，可以直接进入硕士阶段的学习。

559948人，规模仅次于美国。原因在于，一方面，英国名校云集，尤其像剑桥、牛津等世界顶尖大学吸引了全球优秀的学生赴英深造；另一方面，英国的学制相对短，一些授课型的硕士课程学制仅为1年，在英国求学的学生能在相对短的时间里取得学位。此外，在英国求学的国际学生，主要集中在研究生阶段的学习。在英国大学中，硕士研究生中接近半数为国际学生，70%的全职授课型研究生和48%的研究型研究生由国际学生组成，而本科生中全职留学生的比例仅为14%。[①] 博士阶段的国际学生比例为15%，仅次于美国。[②] 其中，就读于工程技术、计算机专业的国际学生人数占总数的20.8%，数学及相关自然科学的国际学生占9.1%（见图5-11）。[③]

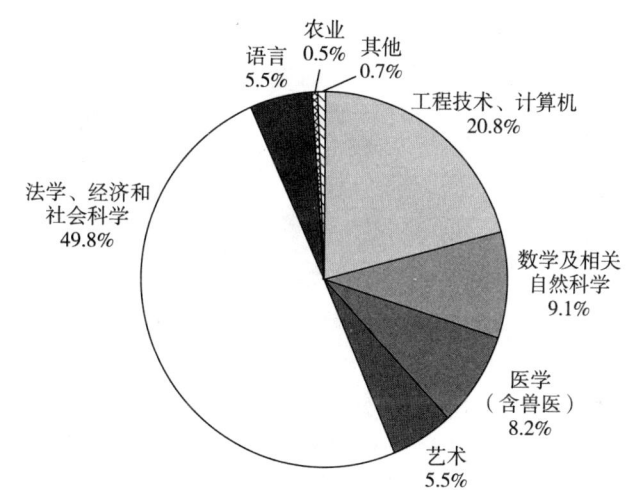

图5-11 在英国求学的国际学生的专业分布情况（2010~2011年）
资料来源：英国国际学生事务委员会。

5.4.5 主要发达国家和新兴经济体创新人才培养新战略

美国十分重视科技人才的培养，历届政府都非常重视教育，视其为立国之本。然而，美国的中、小学生在数学与科学科目方面始终表现不佳。根据经济合作与发展组织

[①] UKCISA, *International Student Statistics：UK Higher Education*, Last modified September 12, 2013, http://www.ukcisa.org.uk/Info-for-universities-colleges-schools/Policy-research-statistics/Research-statistics/International-students-in-UK-HE/.
[②] The Royal Society, *The Scientific Century：Securing Our Future Prosperity*, 2010, p.35.
[③] UKCISA. "International Student Statistics：UK Higher Education." Last modified September 12, 2013, http://www.ukcisa.org.uk/Info-for-universities-colleges-schools/Policy-research-statistics/Research-statistics/International-students-in-UK-HE/.

最新的《国际学生评估项目》（简称 PISA）① 结果，美国学生"数学"科目的成绩低于经济合作与发展组织国家的平均水平（仅列第 25 名），而"科学"科目也仅位列第 17 名。同时，科技类职业对美国本土大学生吸引力不大。美国国家教育统计中心公布的《2012 年教育概况》数据显示，2009～2010 年，仅有 5.2% 的大学生毕业于工程技术类专业（见图 5-12）。②

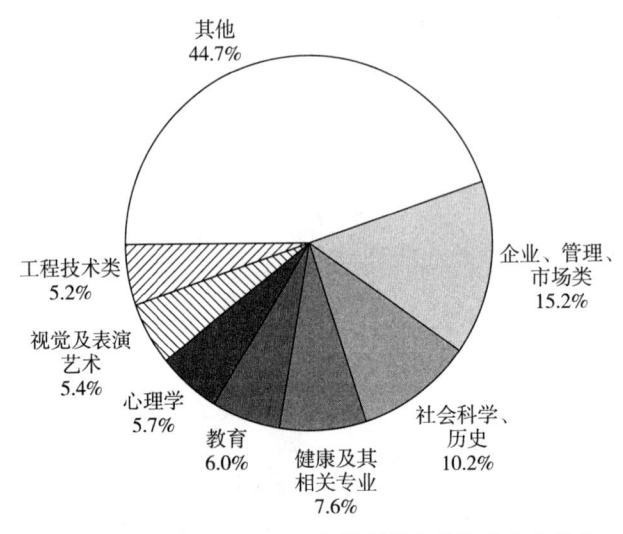

图 5-12 美国 2009～2010 年授予学士学位的专业分布

资料来源：National Center for Education. Statistics（NCES）. "Digest of Educational Statistics 2012." Last modified September 12, 2013, http://nces.ed.gov/pubs2012/2012001.pdf。

美国在 21 世纪初先后推出了《实现美国潜能的科技人才》（2003 年）、《崛起与风云之上：为美好未来激励并推动美国进步》（2006 年）、《美国竞争力法案》（2007 年）和《加强自然科学、技术、工程学技术学教育方案》（2009 年）等计划、法案或报告，旨在强化自然科学及工程技术领域的大学前教育人才的培养和储备，增强美国在基础研究领域的人才培养的力度，提升技术、教育及科研实力。注重培养学生关键的思考能力、创造能力及创新能力（见表 5-29）。

表 5-29 21 世纪初美国主要人才培养战略及计划

发布时间	人才战略或计划名称	战略或计划要点
2003 年	实现美国潜能的科技人才	强化美国大学及以上高层次教育以及数学、自然科学及技术领域的大学前教育人才的培养；巩固美国的科技人才知识基础；强化研究型大学的能力建设；维持美国吸引国际竞争性科技人才的实力

---

① PISA 的全称是 "The Programme for International Student Assessment"。
② National Center for Education, Statistics（NCES）. "Digest of Educational Statistics 2012." Last modified September 12, 2013, http://nces.ed.gov/pubs2012/2012001.pdf.

续表

发布时间	人才战略或计划名称	战略或计划要点
2006年	崛起与风云之上：为美好未来激励并推动美国进步	大力提升基础教育和数学教育以增加美国人才储备；继续加大美国在基础研究领域的人才培养的力度；将美国打造为全球最具研究吸引力及创新的国家
2007年	美国竞争力法案	全面提升美国技术、教育及科研实力；专门针对美国联邦政府研究机构自然科学、工程学技术学等基础学科教育与人才培养等问题，提出明确合理的科学及化学领域发展方案
2009年	加强自然科学、技术、工程学技术学教育方案	进一步提高美国自然科学与工程学领域大学毕业生的比例；注重培养学生关键的思考能力、创造能力及创新能力；培养高素质的教师队伍，在高等教育机构推行教师储备项目；提高自然科学、技术、工程学及数学领域高等教育及事业女性和少数民族的比例

注：《美国竞争力法案》全称为《为有意义地促进一流的技术、教育与科学创造机会法》。
资料来源：白春礼主编《人才与发展：国立科研机构比较研究》，科学出版社，2011。

日本通过确立"科学技术创造立国"的战略目标，来培养优秀科技人才。1995年，日本出台"科学技术基本计划"；自1996年起，每四年推出一期，迄今一共出台四期。第一期（1996~2000年）指明了科学技术发展的基本方向，即根据经济社会发展的需要，大力推进研究开发，振兴基础研究，促进知识产权的发明创造。第二、第三、第四期都格外重视科技类年轻研究人员的培养，通过提供专项经费或奖励的形式，为他们营造良好的科研环境（见表5-30）。

表5-30 21世纪初日本主要人才培养战略及计划

发布时间	人才战略或计划名称	战略或计划要点
2000年	第二期科学技术基本计划（2001~2005年）	目标：在50年内产生30名左右诺贝尔奖获得者；改革研究助手、助理教授的体制，充分发挥年轻人才的独立研究能力；竞争性资金的申请向年轻科研人员倾斜，对做出卓越贡献的年轻人才给予奖励；实施博士后1万人志愿计划，为博士后提供专心科研的环境；设立青年研究人才培养专项经费
2002年	240万科技人才开发综合推进计划	目标：到2006年，培养精通信息技术、环境、生物、纳米、材料等尖端技术人才240万人。为满足产业结构升级和技术革新需要，政府将研究生院作为培养人才的重点基地，并调整专业设置，增设40多个理工科研究生专业，加大工科人才的培养力度，培养具有独创性的高级技术人才，创造新的产业领域，提高产业的国际竞争力
	21世纪卓越研究基地计划	建立世界一流研究与教育基地（卓越中心）
	科学技术人才培养综合计划	• 培养富有创造性的世界顶尖级研究人员； • 培养社会产业所需人才； • 创造能吸引人才，并使他们发挥才能的环境； • 建设有利于科技人才培养的社会

续表

发布时间	人才战略或计划名称	战略或计划要点
2006年	第三期 科学技术基本计划 （2006~2010年）	• 创建良好的科研环境：支持年轻研究者的独立性——给予那些研究资历不足、但具有发展潜力的优秀年轻研究人员以崭露头角的机会；促进人员流动——提供更多的机会使年轻研究人员尽早赴海外从事研究；抑制"近亲繁殖"；鼓励外籍研究者、女性研究者的科研积极性； • 提高大学的人力资源发展功能：大幅度提高研究生教育，制订研究生院教育的改革执行方案；提高授课型研究生博士的经济资助； • 开发人力资源，以满足社会需求：促进企业-大学合作的人力资源发展；提高博士生在工业界的参与；将知识运用于社会、反馈给社会
2007年	国际卓越研究 基地计划	通过向具有顶尖的教育、研究中心提供经费支持，提高日本大学的国际竞争力，进一步充实和强化研究生院的教育研究机能，并在世界最高水准的研究基础上培养引领世界潮流的具有创造力的青年研究人员，重点资助创建卓越的国际性教育研究基地，并以此推动日本具有国际竞争力的大学建设
2008年	留学生30万人计划	预计将国际学生数由2008年的14万人提高至2020年的30万人
2011年	第四期 科学技术基本计划 （2011~2015年）	• 培养能够在多个领域胜任研究工作的研究人员：大幅度提高研究生院教育（寻找工业界与学术界的对话空间和建立"促进研究生院教育的指导方针"等）；支持授课型研究生博士，及其职业途径的多样性；发展工程职业教育训练； • 培养富有创造力的杰出研究人员：形成公平、高透明的评估机制；拓展研究人员的职业路径；提高女性研究人员的参与度； • 培养未来科技活动的新生力量

资料来源：Bureau of Science and Technology Policy, Cabinet Office, Government of Japan, The 2nd Science and Technology Basic Plan (FY2001 - FY2005), Last modified September 26, 2012, http://www8.cao.go.jp/cstp/english/basic/2nd - BasicPlan_01 - 05.html；《日本实施人才国家战略计划培养技术人才240万》，新华网，http://news.xinhuanet.com/newscenter/2002 - 05/29/content_414483.htm，最后访问日期：2015年9月26日；Japan Society for the Promotion of science. Targeted Support for Creating World-standard Research and Education Bases (Centers of Excellence). Last modified September 26, 2012. http://www.jsps.go.jp/english/e - 21coe/index.html；胡雪梅：《坚持"科学立国"的日本人才战略》，《中国人才》2012年第11期；国际人才动向（组稿）：《日本科技立国靠人才》，新华网，http://news.xinhuanet.com/world/2003 - 12/17/content_1236498.htm，最后访问日期：2015年9月26日；Government of Japan. "Science And Technology Basic Plan (Provisional translation)." Last modified October 3, 2012, http://www8.cao.go.jp/cstp/english/basic/3rd - Basic - Plan - rev.pdf；Japan Society for the Promotion of Science. "Global COE Program." Last modified October 3, 2012, http://www.jsps.go.jp/english/e - globalcoe/index.html；MEXT. "The 4th Science and Technology Basic Plan of Japan." Last modified October 3, 2012, http://www.mext.go.jp/component/english/icsFiles/afieldfile/2012/02/22/1316511_01.pdf。

同时，日本重视派遣本科生和研究生到国内大型企业研修。针对高科技人才储备方面存在严重缺口的情况，日本推出"240万科技人才开发综合推进计划"。按照该计划，大学生、研究生和科研人员，将被定期派遣到佳能、索尼等国内大型企业进行研修。[①] 此外，日本还着力加速建设国际化的高等教育基地。从20世纪末起，日本政府扶植了

---

① 《日本实施培养科技人才的国家战略》，新华网，http://news.xinhuanet.com/fortune/2002 - 05/29/content_414609.htm，最后访问日期：2015年10月5日。

一批具有冲击世界前沿水平研究成果潜力的"教育研究基地",例如物质材料研究所、产业技术综合研究所、东京大学尖端科学技术研究中心、大阪大学工学研究科等。[①]

德国重视培养青年研究人员,增强高校和科研机构的科研实力。2001年,德国联邦政府投资1.8亿欧元,设立青年科研岗位和青年教授席位。获得青年教授席位的研究者,在期满后通过评估即可申请终身教授(见表5-31)。目前,共有786名青年教授在德国65所高校任职。据调查,有91%的人对设置青年教授席位表示满意或非常满意。

表5-31 21世纪初德国主要人才培养战略及计划

发布时间	人才战略或计划名称	战略或计划要点
2001年	青年科研岗位	每年选拔10名拥有博士学位的青年学者,每人每年可获得25.6万欧元的研究资金,用于独立开展项目研究
2001年	青年教授席位	替代原有教授资格考试、申请终身教授的传统,目的在于让优秀的青年学者能够尽早开始独立教学、科研和指导博士生。获得"青年教授"职位的研究者,在期满后通过评估即可申请终身教授

资料来源:白春礼主编《人才与发展:国立科研机构比较研究》,科学出版社,2011,第19~20页。

德国着力为青年研究人员提供研究机会和研究经费。例如,德意志研究联合会(Deutsche Forschungsgemeinschaft)非常重视对青年研究人员的培养。作为德国全国性的科学促进机构,德意志研究联合会是大学高校科研中最大的"第三方资助者",已经建立了各个阶段对于青年研究人员的支持体系。首先,从时间上来看,对青年研究人员的培养具有很强的连贯性,从本科、研究生阶段的学习一直延续到专业研究(教授或相关职位),都提供相关的研究机会和研究经费(见图5-13);其次,从内容上而言,对于青年研究人员的支持涉及研究机会和研究经费两个方面。

英国的人才培养战略及计划,主要表现在以下两个方面。第一,重视科学与创新人才的培养。2000年,英国确立"卓越与机遇——面向21世纪的科学与创新政策"主要战略目标,旨在打造世界一流的科研力量;鼓励企业参与创新,加速科技成果转化;营造创新环境,培养和吸引创新人才,通过提高竞争力和科学水平使现代经济保持可持续增长并提高生产力。2004年,推出"科学与创新投资框架",搭建了英国未来10年科学与创新投资框架,这也是英国政府首次发布中长期科技规划,以寻求在科技管理理念和科技管理模式上的突破。英国皇家科学院出版的《科学世纪:保障未来繁荣》建议:要为数学和理科的教学注入新的活力,主张通过激励手段,雇用、保留和吸引教师从事科学类教学工作,提高小学师资队伍中有科技类专业背景的人数,建立

[①] 马培:《日本科技人才开发战略研究分析》,《经营管理者》2011年第23期。

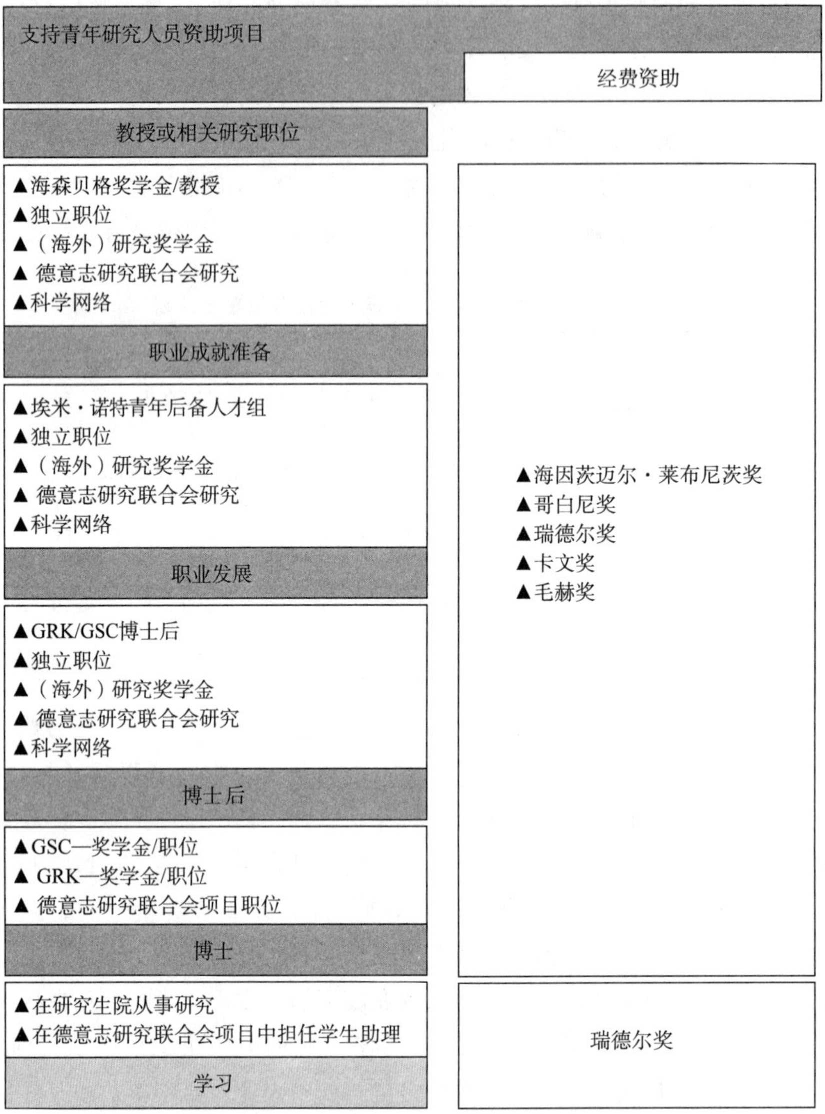

支持青年研究人员资助项目	
	经费资助
教授或相关研究职位	
▲海森贝格奖学金/教授 ▲独立职位 ▲（海外）研究奖学金 ▲德意志研究联合会研究 ▲科学网络	
职业成就准备	
▲埃米·诺特青年后备人才组 ▲独立职位 ▲（海外）研究奖学金 ▲德意志研究联合会研究 ▲科学网络	▲海因茨迈尔·莱布尼茨奖 ▲哥白尼奖 ▲瑞德尔奖 ▲卡文奖 ▲毛赫奖
职业发展	
▲GRK/GSC博士后 ▲独立职位 ▲（海外）研究奖学金 ▲德意志研究联合会研究 ▲科学网络	
博士后	
▲GSC—奖学金/职位 ▲GRK—奖学金/职位 ▲德意志研究联合会项目职位	
博士	
▲在研究生院从事研究 ▲在德意志研究联合会项目中担任学生助理	瑞德尔奖
学习	

图 5-13　德意志研究联合会对于青年研究人员的资助

资料来源：DFG. "Wissenschaftliche Karriere. Nachwuchsförderung：Individualförderung und Exzellenzprogramme." Last modified May 17, 2014. http://www.dfg.de/foerderung/wissenschaftliche_karriere/index.jsp.

专家组开发数学和科学类的课程（见表 5-32）。[①] 第二，英国以创业教育作为提高学生创新能力的一个途径。政府拨款建立了英国科学创业中心来管理和实施创业教育。

---

① The Royal Society. "The Scientific Century：Securing Our Future Prosperity." Last modified May 17, 2014, https://royalsociety.org/~/media/Royal_Society_Content/policy/publications/2010/4294970126.pdf.

表 5-32 21 世纪初英国主要人才培养战略及计划

发布时间	人才战略或计划名称	战略或计划要点
2000 年	卓越与机遇——面向 21 世纪的科学与创新政策	• 在未来 3 年中,额外向研究型研究生提供经费支持,每年支持力度为 9000 英镑; • 将"国际技术推动者"数量由原先的 8 个增至 16 个,以此促进它们与海外英国贸易国际机构的联系,以帮助英国大学和企业在全世界开展密切的联系与合作; • 向 21 世纪具有重要意义的研究领域(基因组学、电子科学)注入 2.5 亿英镑
2001 年	在瞬息万变的世界中为所有人创造机会:企业、技能和创新白皮书	在高等教育领域,通过实施"科学创业挑战基金",加强设在企业的卓越研究中心;同时提高学生企业和商业的意识
2004 年	科学与创新投资框架 2004~2014	• 在英国顶尖的卓越研究中心中开展世界一流的研究,建立并稳固世界级的创新研究中心和卓越的大学;同时提高研究中心和大学在研发和杰出人才培养方面的重要性; • 提高企业在研发中的投入,同时鼓励企业参与英国人才的培育; • 储备更多的科学家、工程师、和技术人员提高各级学校理科教师的质量、提高 GCSE 阶段学生的理科成绩、提高 16 岁及高等教育阶段中选择理工科学生的人数、提高今后将研发作为工作的优秀学生的比例; • 确保大学和公共实验室研究经费持续性支持

注:在英国,研究生类型一般可分为授课型和研究型两大类。科学创业挑战基金(Science Enterprise Challenge)通过在英国大学建立联系中心的形式,指导和培训科技领域的商业化、创业精神。

资料来源:Department of Trade and Industry, "Excellence and Opportunity — A Science and Innovation Policy for the 21st Century," Last modified September 12, 2013, http://www.berr.gov.uk/files/file12002.pdf; Engaging the Public in Science and Engineering, Last modified September 12, 2013, http://webarchive.nationalarchives.gov.uk/+/http://www.dti.gov.uk/opportunityforall/pdf/ofaea.pdf; HM Treasury, Department for Education and Skills & Department for Trade and Industry, "Science & Innovation Investment Framework 2004 – 2014." Last modified September 12, 2013, http://news.bbc.co.uk/nol/shared/bsp/hi/pdfs/science_innovation_120704.pdf。

韩国通过重点关注研发领域的人才培养,完善人才培养体制。第一,实施"科技立国"战略。2004 年颁布的《至 2030 年的国家前瞻计划》,重视联系科技与社会需求;《面向先进一流国家的李明博政府的科技基本计划(2008~2012 年)》通过培育 7 大技术研发领域(重要支柱产业技术、新产业创造、知识基础服务、国家主导技术、悬而未决的特定领域、全球化应对课题、基础和融合技术)[①] 和实施 7 大系统改革,使韩国跻身于世界 7 大科技强国之列(见表 5-33)。为了实现这一目标,韩国扩大科技人才教育规模,推进世界级研究型大学的建设,加强产学合作。第二,注重科学和工程学科学生的培养。韩国学习科学和工程技术学科的学生比例极高,达到 39.9%,是美国的 3 倍。在韩国大学排名中,有权授予科学学位的大学,往往居于榜首。[②] 超过

[①] 王玲:《韩国李明博政府的科技政策之探究》,《全球科技经济瞭望》2009 年第 6 期。
[②] 武福源、黄军英:《浅析韩国科技创新优劣势》,《海峡科技与产业》2007 年第 5 期。

80%的韩国人能够接受高等教育。此外,韩国的教育机构的教学模式,迎合出口导向型工业的需要,企业与职业中学之间关系密切,从而培养出忠诚于企业的熟练劳动力。以守纪、勤劳和坚定为特征的工作文化,推动了该国的工业化进程。韩国教育部制定了个性化和普及教育的目标,针对个人需要提供不同的学习方案。

表5-33 21世纪初韩国主要人才培养战略及计划

发布时间	人才战略或计划名称	战略或计划要点
2004年	至2030年的国家前瞻计划	联系科技与社会需求和全球性挑战
2005年	《大力培养科技人才,实现创新人才强国战略(2005~2010)》	调整分散在产学研各部门的人才培养计划,系统培养具有创新精神的科技人才,共设5大领域,14个重点项目;针对企业需求,制定产业技术人才培养措施
2006年	21世纪的智力韩国计划(第二期)	21世纪的智力韩国计划为核心的大学发展计划,通过奖助学金、海外研习奖助金、研究基础设备之建设,积极改善21世纪韩国的研究人力,旨在为研究生创造良好的环境使他们专注于学习和研究
2007年	留学韩国计划	到2010年,招收国际学生50000人,占在读学生比例达到1%
2008年	面向先进一流国家的李明博政府的科技基本计划(2008~2012年)	到2012年,将韩国的研发强度提高到5%,通过集中培育7大技术研发领域和实施7大系统改革,跻身科技强国之列;扩大科技人才教育规模,推进世界级研究型大学的建设,加强产学合作
2010年	大韩民国的梦想与挑战:科学技术未来愿景与战略	使韩国在2040年跻身全球5大科技强国的科技发展长期愿景,目标主要包括:将国家研发投入占GDP的比重从2010年的3.37%提高到2040年的5%;将全球大学排名前100位的韩国大学数量从2010年的2所提高到2040年的10所以上;将韩国的支柱产业,从目前的半导体、汽车、造船与信息通信业转型为2040年的生物制药、新材料、清洁能源和机器人产业

资料来源:白春礼主编《人才与发展:国立科研机构比较研究》,科学出版社,2011,第28~29页;《综述》编写组编《2005年世界科学技术发展综述》,《科技与法律》2006年第4期;汪凌勇等:《2011科学发展报告》,中国科学院网站,http://www.bps.cas.cn/xlbg/kxfzbg/,最后访问日期:2015年10月8日;Ministry of Education, Science and Technology. "Introduction on the Study Korea Project." Last modified October 8, 2012, http://english.mest.go.kr/web/1713/en/board/enview.do?bbsId=262&boardSeq=1292&mode=view. 部分信息由笔者根据相关资料总结。

俄罗斯通过培养创新人才,重建科研体系,提高科技竞争力。第一,出台人才培养纲要。1996年,正式发布《科学和国家科技政策法》,标志着俄罗斯政府全面重新设计国家未来科技发展蓝图,建立推动科学发展新机制新环境的决心。[①] 以此为基点,俄罗斯先后出台《俄罗斯联邦2015年科学和创新发展战略》《2020年俄罗斯联邦长期社会经济发展纲要》《科技人才资助计划》《"我们的新学校"国家教育倡议》《创新俄罗斯2020》等一系列指导性文件,旨在加大对教育、科学、健康等领域的研

---

① 白春礼主编《人才与发展:国立科研机构比较研究》,科学出版社,2011。

发投入，提高年轻学者的科研工作地位，为俄罗斯未来科技发展及创新体系提供政策支持。这些人才战略凸显了 21 世纪俄罗斯对于教育与人才培养的决心（见表 5-34）。第二，重视科技工程类高校的比例。俄罗斯高等学校的类型及其所占比重为：技术类院校占 46.6%、自然科学和人文科学类院校占 23.6%、师范类院校占 22.8%、财经类院校占 5.6%、文化和艺术类院校占 1.4%。[①]

表 5-34　21 世纪初俄罗斯主要人才培养战略及计划

发布时间	人才战略或计划名称	战略或计划要点
2006 年	俄罗斯联邦 2015 年科学和创新发展战略	● 2010 年的研发投资要占当年国内生产总值的 2%，到 2015 年要达到 2.5%； ● 吸引年轻人才加入创新队伍，提高科研工作者地位，吸引更多年轻干部进入科学领域，2016 年前 39 岁以下的中青年干部要占全部科研人员的 36%； ● 扩大创新产品的出口，计划在 2011 年前将创新产品在国内生产总值中的份额提高到 15%，2016 年前提高到 18%，创新产品在出口总额中的比例分别提高到 12% 和 15%
2007 年	2020 年俄罗斯联邦长期社会经济发展纲要	● 旨在增加俄罗斯对教育、科学、健康、文化和社会投入； ● 到 2020 年，政府对于教育和科学方面投资分别达到 GDP 的 5.5%~6% 和 2.5%~3%，实现教育和科学领域的现代化和重组
2010 年	科技人才资助计划	计划自 2010 年起，用 3 年的时间重点资助 80 位优秀科学人才，每人资助的金额多达 1.5 亿卢布（超过 500 万美元），为其创造优厚的工作和生活条件
2010 年	"我们的新学校"国家教育倡议	● 向新教育标准过渡； ● 发展天才儿童支持体系； ● 提高教师队伍素质； ● 更新学校的基础设施； ● 保持和加强学生身体健康； ● 扩大学校自治
2011 年	创新俄罗斯 2020	● 加强创新的国际合作，完善教育体系，激励工程和自然科学的学生，增强商业企业部门的技术创新活动，增加研发资金的投入，在关键技术领域实施技术平台、规划发展路线图等； ● 提高制造业技术创新； ● 提高出口至全球的高技术产品的比例； ● 提高创新产品在工业产品中的比重； ● 提高俄罗斯科学家在国际科学期刊的论文发表数量

资料来源：邹秀婷：《俄罗斯创新经济对中俄经贸科技合作的影响》，《西伯利亚研究》2007 年第 1 期；European Commission. "Concept of Long-term Socio-Economic Development of the Russian Federation for the Period up to the year 2020." Last modified October 16, 2012. http://erawatch.jrc.ec.europa.eu/erawatch/opencms/information/country_pages/ru/policydocument/policydoc_mig_0005；《俄罗斯总理普京重申为吸引科学家回国创造条件》，中华人民共和国驻俄罗斯联邦大使馆，http://ru.china-embassy.org/chn/kjhz/elskjtx/t872368.htm，最后访问日期：2015 年 10 月 14 日；赵伟：《"我们的新学校"——俄罗斯国家教育倡议解析》，《外国中小学教育》2011 年第 4 期；European Commission. Strategy "Innovative Russia 2020" Approved. Last modified September 19, 2012. http://erawatch.jrc.ec.europa.eu/erawatch/opencms/information/country_pages/ru/highlights/highlight_0003。

---

① 李芳华、赛音托娅：《俄罗斯科研人才发展状况》，《俄罗斯中亚东欧市场》2009 年第 9 期。

印度通过重视工程、科技教育，着力激发本土青年人才的研究兴趣。印度本土，尤其是在偏远地区，有许多优秀的人才，因而印度政府强调应该尽可能激发这些优秀人才对科学的兴趣。印度非常重视本土资源的利用和本土人员的培养，尽可能降低因为社会阶层或经济原因而导致不能接受高等教育的学生人数。2008年，印度启动"追求研究科学创新"计划，每年资助1万名17~22岁年龄段的理工科类本科生和硕士研究生80000卢比（约9496元人民币），最多资助5年。该计划旨在提高印度青年人才攻读科技类学科的积极性，在专职研究人员的指导下接触研究工作，为未来从事研究工作打下坚实的基础。2003年，印度制定了《科学技术政策》，提出应该最大限度地运用好本土的专业知识，从而培养高素质人才，积累实验科学与工程方面的知识；同时通过实施创新计划，以吸引、培养青年人才的研究兴趣，并提供在学术、工业、政府或其他行业的就业机会，持续加快各个层面培养出高质量的人力资源的速度。为了提高科技的质量和数量，需增强学术界、工业界和研究实验室的科学家和技术人员的流动。《使印度成为全球科学领袖》（2010年）强调，应该重视工程与技术教育，尤其是技术类大学在科学和企业之间建立密切联系的重要意义，指出科学研究应该成为农业、医药、制药、教育中的重要组成部分（见表5-35）。

表5-35 21世纪初印度主要人才培养战略及计划

发布时间	人才战略或计划名称	战略或计划要点
2003年	科学技术政策	● 精心挑选印度具有优势的领域，并提供条件创建世界一流的设施，以提升印度的国际竞争力，应该最大限度地运用好本土的专业知识，从而培养高素质人才和积累实验科学与工程方面的知识； ● 通过实施创新计划，以吸引、培养青年人才的研究兴趣，同时提供在学术、工业、政府或其他行业的就业机会； ● 持续加快各个层面产出高质量的人力资源的速度，为了提高科技的质量和产量，需增强学术界、工业界和研究实验室的科学家和技术人员的流动； ● 在人力资源发展方面，尽可能消除社会或经济的障碍，增加有创造力的学生接受高等教育的机会； ● 对高校教师进行继续教育与培训，帮助他们掌握当代研究技术和新兴科学领域
2008年	追求研究科学创新计划	每年资助1万名17~22岁年龄段的理工科类本科和硕士研究生80000卢比（约9496元人民币），最多资助5年。该计划旨在提高印度青年人才攻读科技类的积极性，在专职研究人员的指导下接触研究工作，将来从事研究工作
2010年	使印度成为全球科学领袖	● 重视工程、技术教育，尤其是在科学和企业之间建立密切联系的技术类大学的意义，科学应该成为农业、医药、制药、教育的重要组成部分 ● 印度本土，尤其是在偏远地区，有许多优秀的人才，应该尽力激发这部分优秀人才对科学的兴趣

资料来源：Department of Science and Technology. Science and Technology Policy. 2003. Last modified October 15, 2012. http://www.dst.gov.in/stsysindia/stp2003.htm#c5；Scientific Advisory Council to the Prime Minister. India As A Global Leader in Science 2010. Lat modified October 15, 2012. http://dst.gov.in/Vision_Document.pdf。

巴西关于人才培养的战略及计划，主要体现在以下两个方面。第一，增加工程技术类学生的培养数量。在巴西，就读工程、技术类专业的大学生人数少。2010年，巴西高校工程技术类毕业生人数，占当年各专业毕业生人数的6.1%（见图5-14）。相比于德国、英国和美国等国家，巴西在工程技术领域的人才储备并不充分。巴西科技部部长梅卡但特（Aloizio Mercadante）也明确指出，巴西工程专业的毕业生人数在2001~2009年仅增长了1%，而艺术类的毕业生则增加了66%。[1] 巴西分别在2014年和2016年主办世界杯和奥运会，一方面，这两大赛事无疑为巴西带来经济快速增长的契机；另一方面，也对巴西的体育场馆、交通枢纽、高铁和高速公路、机场和港口、电力网络以及通信网络都提出了很高的要求，这些基础设施的建设急需一大批工程技术类人才。面对这一严峻的局势，巴西于2011年提出"科学无疆界"计划，通过输送10万名科学、技术类专业的学生和研究者到国际一流的大学和研究机构学习，从而促进巴西科学、技术和创新的稳固及扩大。2014年，巴西科技部和教育部共同投入20亿美元，作为科技类专业学生的奖学金。这一计划明确提出通过提高工程、生命科学和技术领域的投入，减少自身在科技领域的劣势。第二，大力推动高层次人才的培养。巴西在《2007~2010年科学、技术和创新行动计划》中提出，将每年博士研究生培养名额提高到16万个，并大幅度提高对高校研究生的奖学金的资助规模。同时，通过设立高额奖学金与津贴，鼓励高级科研人才参加国内研发活动。巴西政府

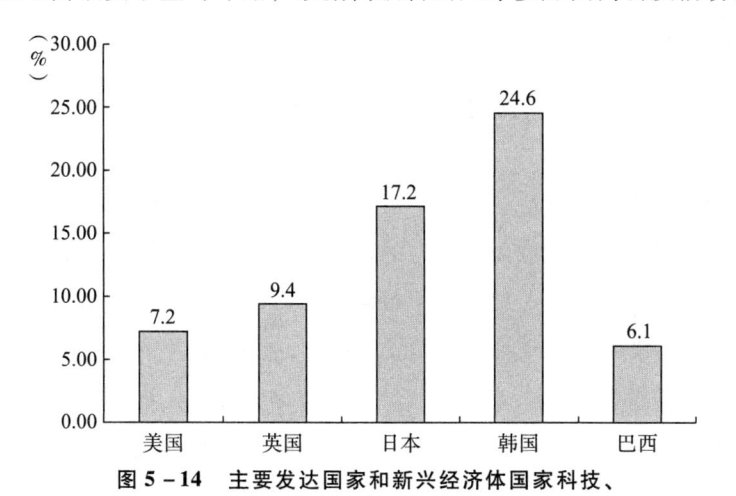

图5-14 主要发达国家和新兴经济体国家科技、工程类毕业生比例（2011年）

注：中国、韩国、俄罗斯、印度数据缺失。
资料来源：联合国教科文组织统计研究所。

---

[1] GARDNER E. Brazil Promises 75000 Scholarships in Science and Technology. *Nature*. Published online 4 August 2011, Last modified October 30, 2012. http://www.nature.com/news/2011/110804/full/news.2011.458.html.

在2004年的《创新法》中也明确指出，通过设立科研项目基金和制定优惠财政政策，支持科研人员的项目研究（特别是在应用科学领域）（见表5-36）。

表5-36　21世纪初巴西主要人才培养战略及计划

发布时间	人才战略或计划名称	战略或计划要点
2004年	创新法	鼓励科研单位、学校和企业双向联合，使科研机构和高校参与创新的全过程，缩短科研成果转化的周期，以培育和提高企业的竞争力，增强自主创新能力，改变技术成果转化滞后的被动局面，促进社会经济可持续发展。政府通过设立科研项目基金和制定优惠财政政策，支持科研人员的项目研究（特别是在应用科学领域）
2007年	2007~2010年科学、技术和创新行动计划	将每年博士研究生培养名额提高到16万个，并大幅度提高对高校研究生的奖学金资助规模。面向高级科研人员，改革职称体系及薪酬福利制度，通过设立高额奖学金与津贴，鼓励高级科研人才参加国内研发
2011年	"科学无疆界"计划	●提高博士人数在总人口中的比例； ●加大学术界和商业界、社会的联系； ●加大在学术方面的国际合作； ●提高专利在国际和国内的应用

资料来源：邓国庆：《它山之石：不断发展的巴西科技创新政策》，《科技日报》2013年5月9日，第2版；白春礼主编《人才与发展：国立科研机构比较研究》，科学出版社，2011，第32页。

5.4.6　启示与借鉴

创新是国家竞争力的核心，在当今经济全球化飞速发展的宏观背景下，国家之间的竞争，集中体现在以自主创新为核心的科技能力上，而创新人才的竞争，则是这场创新之战的关键。前沿知识、创新人才与创新文化，是国家创新系统建设必不可少的"三要素"。[①] 人才战略把人才看作一种战略资源，其核心是培养人、吸引人、使用人和发掘人。培养和聚集创新人才，不仅是中国的迫切需要，也是世界各国面临的共同课题。发达国家和新兴经济体国家在人才培养和聚集方面的经验，对中国的启示作用主要体现在以下几个方面。

第一，发挥研究型大学科研资源优势，科教结合推进拔尖创新人才培养。有数据显示，中国重大科技成果中有70%诞生于高校。《国家中长期教育改革和发展规划纲要（2010~2020年）》（以下简称《教育规划纲要》）强调："牢固确立人才培养在高

[①] 刘川生：《教育创新助推创新型国家建设》，全国哲学社会科学规划办公室，http：//www.npopss-cn.gov.cn/n/2012/0717/c230113-18536755.html，最后访问日期：2015年9月10日。

校工作中的中心地位，着力培养信念执着、品德优良、知识丰富、本领过硬的高素质专门人才和拔尖创新人才。"研究型大学拥有很高的学科能力、高水平的师资力量、丰富的科研资源、雄厚的科研经费和优越的研究条件，理应在培养创新性人才中担当重任，通过科教结合，将优质科研资源转化为教书育人资源。作为国家知识创新体系中的核心力量，研究型大学应建立科研与教学协调发展、科研促进教学的机制与体制，充分利用科研优势，提高创新性人才培养质量，成为长期以来需要解决的关键问题。① 近年来，中国许多大学尤其是研究型大学，努力创造大学生参与科研的机会，例如，通过为大学生科研立项、开放实验室计划、提供创新性实验，不断增加本科生科研实践经费，推动本科生参与科研活动的人数不断攀升，取得了一定的成果。在此基础上，我们可以借鉴发达国家的经验，通过科教结合，进一步推进本科生阶段和研究生阶段拔尖创新人才的培养。

对于本科生的培养应从两个方面入手。一方面，研究型大学应以"科教结合"为核心，设计高校创新人才培养方案，重视理论研究和应用实践的充分结合。美国研究型大学把本科生科研作为培养创新人才的重要手段。本科阶段的主要目标是，打好扎实的专业基础（德国的经验认为，"打好专业基础"应在高中阶段完成，在大学期间，应"学习研究未知事物、学科"），同时拓宽知识面，使学生拥有应用知识和获取知识的能力。本科生培养阶段的科教结合，应体现在分层次、分阶段、递进式培养强化科研训练。例如，本科生一年级重在通过课程学习，了解所在科学研究领域的前沿发展；二、三年级进实验室，开展基本训练；四年级在导师引领下，进入科研团队开展系统科学研究。② 另一方面，重视本科阶段的实践教学。实践教学是提升大学生实践创新能力，培养创新人才不可或缺的重要载体。《教育规划纲要》也指出，应"促进科研与教学互动、与创新人才培养相结合"。然而，实践教学目前却是中国本科教育中相对薄弱的环节。发达国家对于本科生创新实践能力的重视，值得我们借鉴和学习。美国国家实验室吸引高校本科生在学期或寒暑期中参与国家实验室前沿的科学研究，鼓励本科生参与"本科生科研计划"，寻求自己的科研兴趣；在德国的马普学会，也活跃着众多本科生参与科研的身影。研究型大学应该依托国家大学生创新性实验计划，积极引导学生进入前沿研究领域，并通过一定的制度和政策予以保证，推进本科生参与科研活动。在条件允许的情况下，尽可能向本科生多开放科研实验室、工程训练中心等科研平台，提升创新人才的实践能力。例如，教育部 2012 年"本科教学工程"国家级大学生创新创业训练计划，审核通过了 14557 项学生项目，其中创

---

① 张文军：《科教结合，为创新人才培养提供强有力支撑》，中华人民共和国教育部，http://www.moe.gov.cn/publicfiles/business/htmlfiles/moe/s6197/201207/140023.html，最后访问日期：2015 年 9 月 10 日。
② 李忠云：《科教融合协同育人提升人才培养质量》，《中国高校科技》2012 年第 9 期。

新训练项目 12869 项，创业训练项目 1481 项，创业实践项目 207 项。①

对于研究生的培养，应重视搭建科研创新能力培养平台和加强国际交流与合作。一方面，随着中国研究生教育规模的快速扩大，原有的研究生培养机制已不能完全适应教育发展的需要，最突出的薄弱环节，就是研究生创新能力差，创新成果水平不高。例如，研究生教育没有以科研为主导，在培养过程中，对研究生的科研能力训练不够，对研究生的创新能力培养不足。有鉴于此，应搭建坚实的学科研究平台，激发研究生的创新潜力和创造活力。与本科生相比，研究生已经具备一定的专业基础知识，应鼓励他们勇敢提出研究设想与见解，开展创造性活动，导师应耐心地给予他们充分的时间，在其碰到困难时，适当提供必要的指导和帮助。此外，高校通过组织"研究生学习小组"活动，促进研究生的团队合作精神，提高科研合作能力，相互启发，引导研究生变被动性学习为主动性探究，启迪研究生的发散性思维，提高研究生的创新能力。另一方面，加强国际交流与合作，借力国际先进教育资源，培养具有国际视野的创新人才。派遣优秀的研究生或研究人员去世界一流大学或研究机构学习、从事研究工作，能帮助我们获取国外相关领域的知识与经验，并更好地了解国外科技领域的前沿发展。同时，通过引进和吸纳海外优质教育资源的方式，能丰富和完善中国研究生的国际化培养环境。近年来，国家留学基金管理委员会设立的"国家建设高水平大学公派研究生项目"已派遣了一大批优秀的博士研究生到世界一流的大学攻读博士学位，学习和从事科研工作。这些学生完成学业回国后，不仅带回了国外相关领域的前沿知识，同时也为中国与国外知名高校或研究机构的学术交流和合作搭建了沟通桥梁。除了派遣研究生出国学习外，高校也应该为研究生和本科生创造国际交流机会，如学术交流、海外实习、素质拓展、暑期学校或参与国际会议等，以此开阔研究生和本科生的研究视野，促进其创新能力的发展。

第二，重视高校与科研院所、高科技企业协同合作，在联合研发中推进创新人才培养。《国家中长期人才发展规划纲要（2010~2020年）》明确提出了"实施产学研合作培养创新人才政策"。在培养创新人才的过程中，应增进高水平独立科研院所与（研究型）大学的合作，充分发挥各自有限科教资源的效益，充分利用高校与企业、科研院所等不同的环境和资源以及在创新人才培养方面的各自优势，把以课堂传授知识为主的高校教育与以直接获取实际经验、实践能力为主的生产、科研实践有机结合起来，开拓新的人才培养模式。首先，重视在产学研协同合作的过程中实现创新人才的培养。以德国为例，约有 90% 的理工科研究生，在企业界实习时完成学位论文，

---

① 《关于公布 2012 年度第一批国家级大学生创新创业训练计划项目名单的通知》，中华人民共和国教育部，http://www.moe.edu.cn/publicfiles/business/htmlfiles/moe/A08_sjhj/201209/141624.html，最后访问日期：2015 年 10 月 10 日。

在实习的过程中有机会直接与企业界的一线工作接触,从实践中挖掘论文选题并展开研究。事实上,很多学生的课题,会带动企业创新,其中的一些研究成果还会申请到专利。① 其次,在产学研合作的过程中,实行"双导师制"。美国的大学与国家实验室,在联合培养研究生的过程中,除了提供本校的师资外,同时在实验室中还配有一名导师,通过共同制订个性化培养计划的形式,帮助指导计划的实施落实。印度的"追求研究科学创新"计划②,每年资助的10000名奖学金获得者,分别在1名在职研究者的指导下,到印度知名的研究中心从事暑期研究计划。在研究生培养的过程中,除了寻求实验室导师作为资源外,高校还应充分吸纳社会资源,参与全日制专业学位研究生的培养,与企事业等实际部门紧密合作,在相关企事业单位设立研究生实践基地,聘请具有丰富实践经验和指导能力的企事业专家担任研究生校外指导教师。这种在校企合作的基础上为学生配备校内理论导师和校外技术实践导师的"双导师制",有利于研究生在深入了解企业的基础上,有效地将理论和实践相结合。

第三,扩大科技工程类专业国际学生比例,拓展来华留学生学习和研究领域。中国不仅仅是留学生的输出大国,同时也是国际学生的输入大国之一。教育部发布的统计数据显示,2012年,来华留学生总数增长了28169人,其中,获得中国政府奖学金的人数达4554人。在发达国家人才培养的战略中,非常重视国际学生的培养。③ 在美国、德国和英国招收的国际学生中,就读工程技术、自然科学专业的比例较大(约占国际学生总人数的1/3)。这些国家在培养国际学生的过程中,储备了一大批工程技术类的人才,在他们完成学业后通过入籍政策留住这些人才。这些国际学生完成学业后,往往选择留在这些国家发展,为留学所在国的科技创新做出了巨大的贡献。有鉴于此,发达国家储备国际学生的做法,对中国招收国际学生有一定的启示作用。

专设"来华工程技术类国际学生"奖学金,吸引外国学生就读工程技术类专业。为了提高中国教育国际化水平,教育部于2010年9月公布了面向未来10年的"留学中国计划",旨在到2020年使来华接受高等学历教育的国际学生达到15万人,以使中国成为亚洲最大的留学目的地国家。④ 尽管改革开放以来,来华留学生数量日益增加,但是,与西方教育发达国家相比,来华留学生的总体规模、层次还有一定的差距,来华留学生对中国创新人才的储备尚未做出较大的贡献。根据教育部的统计,来

---

① 《综述:德国多层次科研体系保证创新质量与活力》,新华网,http://news.xinhuanet.com/world/2012-06/07/c_112149118.htm,最后访问日期:2015年10月13日。
② "追求研究科学创新"的英文原名为Innovation in Science Pursuit for Inspired Research,INSPIRE。
③ 《2013年度我国留学人员情况》,中华人民共和国教育部,http://www.moe.gov.cn/publicfiles/business/htmlfiles/moe/s5987/201402/164235.html,最后访问日期:2015年10月19日。
④ 《留学中国计划》,中华人民共和国教育部,http://www.moe.gov.cn/publicfiles/business/htmlfiles/moe/s6811/201209/141518.html,最后访问日期:2015年10月19日。

华学习汉语言文学、中医、法律、经济等学科的国际学生数量，占到来华本科生总数的 80% 左右，而理、工、农等学科国际学生数量较少。鉴于这一现状，中国可以通过设立"来华工程技术类"奖学金，吸引更多发展中国家的国际学生，来中国就读工程技术类专业，以提高中国工程技术类国际人才的储备。

在大学开设国际课程，并采用英语教学。在这个过程中，一方面，要提高来华留学生的汉语水平，使他们能够进入中国的大学课堂，与中国学生一起学习工程技术类专业知识，以更好地融入中国的校园环境和学术氛围；另一方面，通过开设全英语课程吸引更多国际学生来华求学。目前，中国有 34 所大学开设了英语教学的课程[①]，通过鼓励更多工程技术类高校开设英语授课的国际项目，来鼓励更多国际学生来华求学。

5.5 主要发达国家和新兴经济体创新人才聚集战略

5.5.1 完善移民制度，吸引高层次创新人才入籍

主要发达国家在积极培养本国创新人才的同时，还积极建立优先移民制度，吸引高层次创新人才移民，从直接争夺人才的短期战略过渡到长期引进人才的制度。

美国在制定法律、政策和完善移民制度的同时，通过颁发工作签证，吸引国际人才。首先，制定法律、政策，完善移民制度。20 世纪后半叶以来，美国多次修改了为引进国外科技人才服务的移民法规，并明确提出：只要是学术、专业上有突出成就的人才，不考虑其年龄、国籍和信仰，一律优先准入美国国籍。《美国 1952 年移民法》[②]、《美国 1965 年移民法》和《美国 1990 年移民法》的出台，逐步奠定了美国人才移民策略的法律基础。1965 年，约翰逊总统在自由女神像下签署《美国 1965 年移民法》，开始对国外移民实行"优惠制"，每年预留 29000 个移民名额，专门用于引进外国的高科技人才。美国政府 1991 年开始实行的《移民法》，进一步强化了人才优先的原则，使原来的移民制度更加趋于完善，为吸引外国优秀人才奠定了坚实的基础。其次，通过颁发工作签证进行国际人才竞争。1990 年，美国政府专门设立了一种"H-1B"非移民工作签证，仅颁发给来美国从事特殊专业的人士。这种签证必须由雇主出面为特殊人才申请。这一做法有效保证了雇主将引进人才与自身需要相结

---

① "List for English-taught Programmes in Chinese Higher Education Institutions"，中华人民共和国教育部，http://www.moe.edu.cn/publicfiles/business/htmlfiles/moe/s3917/201007/91578.html，最后访问日期：2015 年 10 月 13 日。

② 又称《麦卡伦-沃尔特法》。

合。特殊人才的雇用申请书，需要经美国公民与移民局批准。美国有不少族裔和杰出人士，都是持有"H-1B"签证。[1] 这一签证为短期引进外国科技人才服务，也适用于接纳外国科技人才移民。近年来，美国把争夺人才的重点聚焦到计算机领域。外国科技人才源源不断流入美国，填补了美国高科技人才的严重短缺。[2] 美国移民局公布的数字显示，2011年，美国颁发的专门针对外国人移民美国的"H-1B"签证多达26.9万个，其中来自印度的科技移民156317人（占签证发放总数的58%），来自中国（大陆）的科技移民23787人（占签证发放总数的9%）。事实证明，美国这一灵活的接纳移民制度，确实吸引了众多国外的优秀科技人才。例如，在美国25岁以上的人口中，在海外出生的工程专业人数超过了人口总数的35%；在计算机、数学等领域的统计比例也非常高（见图5-15）。[3] 在美国工业界中，1/3的理工科博士学位持有者出生于海外。[4] 据美国国家科学基金会统计，第二次世界大战结束以来，25%的外国留学生学成后，选择定居美国；在美国科学院院士中，海外人士占22%；在美籍诺贝尔奖获得者中，有35%的人在国外出生。[5]

日本采用修改入境管理条例的举措，聚集海外杰出人才。随着日本人口老龄化问题的加剧，其劳动力不足的问题日益严峻。日本政府认识到了自身人才引进机制的不完善，逐步摒弃过去的"排外"倾向。近年来，为了吸引外国优秀人才，日本不断加强立法，以期从政策层面减少现行管理制度和企业人事制度等因素的制约。首先，修改了入境管理条例，为具有专门知识和技术的外国科技人才提供在日本就业的机会。其次，2007年修订《雇佣对策法》，明确将促进具备高级专业知识和技术的国际学生和外国人在日本就业，提升到国家级雇佣对策的高度，规定雇主有义务改善雇佣管理，使海外人才获得适当的受聘机会，并能够发挥自己的能力。同时，《雇佣对策法》还规定，雇主在招聘员工的时候，不得以申请者的国际学生身份为理由将他们排除在外；并将最长居留期从现行的原则上3年延长到5年。[6] 2012年7月，日本开始对技术、人文和国际业务等领域的外籍人士的居留期限延长至5年。

与美国不同，德国本身不是一个移民国家。但是，其人口变化与经济发展对人才

---

[1] 美国公民及移民事务署。
[2] Homeland Security. Characteristics of H-1B Specialty Occupation Workers, Last modified October 11, 2012, http://www.uscis.gov/USCIS/Resources/Reports%20and%20Studies/H-1B/h1b-fy-11-characteristics.pdf.
[3] 美国人口调查局。
[4] National Science Foundation. "The Science and Engineering Workforce: Realizing America's Potential." Last modified September 5, 2012. http://www.nsf.gov/nsb/documents/2003/nsb0369/nsb0369.pdf.
[5] 教育部科技委《中国未来与高校创新》战略研究课题组：《中国未来与高校创新》，中国人民大学出版社，2011，第386页。
[6] Immigration Bureau of Japan, Last modified October 20, 2012, http://www.immi-moj.go.jp/newimmiact_1/zh-CN/q-and-a_page2.html.

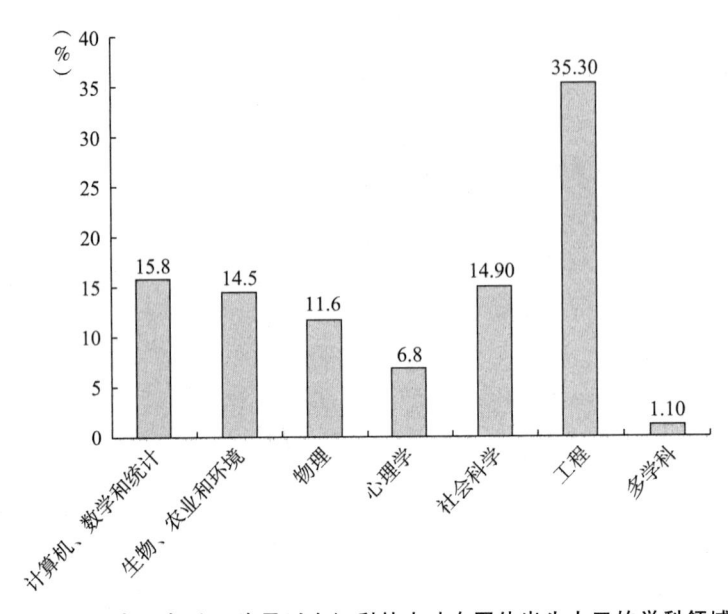

图 5-15　美国人口中（25 岁及以上）科技人才在国外出生人口的学科领域分布

资料来源：U. S. Census Bureau, *American Community Survey*: *The Foreign Born with Science and Engineering Degrees*: *2010*（American Community Survey Briefs）。

的需求，又凸显出德国在移民需求与排斥之间的矛盾。要突破各领域专业人才缺乏的瓶颈，德国唯有凝聚海外优秀人才，才能实现其经济的继续繁荣。"绿卡"和"蓝卡"[①] 政策就是在这一背景下产生的。2000 年，德国推出针对非欧盟信息技术领域人才的劳动移民措施——"满足信息技术行业需求的即刻启动计划"，又称"绿卡"。对于信息技术人才给予 5 年的工作及居留许可，同时规定，"绿卡"持有者的年薪不得少于 3 万欧元。而对于低技能劳工的居住申请以及在劳动力市场竞争无优势的群体，如难民申请，则采取了收紧的措施，反映出德国对不同移民群体的优先和偏好层级。根据联邦德国移民与难民管理局的数据，2000~2004 年，有 17931 名信息技术专业人士获得"绿卡"，来到德国从事相关行业的工作。[②] 德国面对人口老龄化，专业人才匮乏的问题和严峻局势，也想方设法解决或改善这一问题。2012 年 8 月，德国降低了对申请"欧洲蓝卡"的标准：对于在德国大学取得学位的毕业生，年薪须达到 44800 欧元；而对于人员紧缺的专业（数学、计算机、自然科学、技术、医学护

[①] 2009 年欧盟正式推出"欧洲蓝卡"（EU Blue Card）政策，旨在吸引受过良好教育的非欧盟人士来欧盟国家工作。欧盟成员各国（除英国、爱尔兰和丹麦）参与了该计划，获得"欧洲蓝卡"的移民享有与欧盟公民同等的薪水待遇和社会保障，获得家庭团聚签证，并有望获得永久居住权。

[②] Bundesamt für Migration und Flüchtlinge, Zuwanderung von Hochqualiizierten aus Drittstaaten nach Deutschland, Last modified October 15, 2012, http：//www. bamf. de/SharedDocs/Anlagen/DE/Publikationen/WorkingPapers/wp28 - hochqualifizierte. pdf；jsessionid = 14DB057BAE28758ED 9280D335BE48861. 1_cid286?__blob = publicationFile.

理等专业），该标准更是降到了年薪34944欧元。①"欧洲蓝卡"持有人根据本身的德语水平，一般在2年后就可以获得永久居留权；而在这一标准调整以前，申请者往往需要等上5年时间。这一措施大大鼓舞了高技能人才移居德国的积极性。

5.5.2 建立国家层面的访问学者品牌吸引国际人才

在人才聚集战略上，主要发达国家除了制定移民政策吸引国外优秀的人才长期或永久地为这一国家服务以外，美国、德国和英国都创立了具有国际影响的人才品牌，通过引入学者进行短期访学的形式，促进引入人才和本国学者的交流。

美国设立"富布赖特教育交流项目"，资助美国学者出国和外国学者赴美进行访学交流。"富布赖特教育交流项目"由美国阿肯萨斯州参议员威廉·富布赖特于1946年提出，每年资助8000人（其中包括1600名美国学生，4000名国际学生，1200名美国学者和900名外国访问学者。此外，每年还支持数百名教师和专家）。② 自1946年以来，已有31万名富布赖特项目资助获得者。"富布赖特教育交流项目"下设多个交流项目，其中，"核心富布莱特访问学者"项目，每年向来自100多个国家和地区的850名外国学者提供经费，在美国大学完成1~2个学期的博士后研究。

德国设立"洪堡学者"基金项目，向国际知名专家和青年学者提供赴德访学机会。洪堡基金会每年提供大约600个洪堡学者科研基金，资助已有一定声望的专家学者，或刚踏上科研道路的年轻博士后赴德国开展科研，以促进德国学者和外国学者之间的合作。获得科研基金资助的洪堡学者，在德国从事为期6~24个月的学术研究，且奖学金的经费支持力度大（为博士后提供2250欧元/月，为研究人员提供2450欧元/月），对海外优秀科研人员有很大的吸引力。③

英国于1903年创立以塞西尔·罗德（Cecil Rhodes）命名的罗德奖学金，旨在支持优秀的外国留学生（研究生）来牛津大学学习。罗德奖学金是世界范围内历史最悠久的奖学金项目，其竞争非常激烈，每年从14个国家和地区遴选83名学者。迄今，共授予7217名罗德奖学金获得者以"罗德学者"称号。"罗德学者"中有多位诺贝尔奖和普利策奖获得者以及政界首脑。"罗德学者"资助的时间一般为2~3年，2012年度的资助额度为13000英镑。④

---

① Die Blaue Karte EU, Last modified September 11, 2013. http://www.arbeitsagentur.de/Dienststellen/besondere-Dst/ZAV/downloads/AMZ/amz-praesentation-bluecard.pdf.
② The Fulbright Program, Fulbright, Last modified October 1, 2012. http://www.cies.org/Fulbright/#history.
③ FAQ, Last modified September 8, 2012. http://www.humboldt-foundation.de/web/faq-foerderung.html.
④ The Rhodes Trust. Rhodes Scholarships, Last modified Novermber 12, 2012, http://www.rhodeshouse.ox.ac.uk/about/faqs.

5.5.3 创造优越的科研环境，为创新人才提供有力支持

美国通过打造优越的科学和社会环境留住海外人才。美国在培养人才、引进海外人才的同时，还有一套完备的人才留用机制。[①] 一方面，美国为科研活动提供充足经费，研发经费投入的数额占 GDP 的 2.8%，仅次于瑞典、日本和德国（见图 5-16）。同时，为了鼓励中青年科研人员进行创造发明，美国科学基金会设立了各类奖励。如果获奖者是外国人，美国政府会主动为其办理"绿卡"或入籍手续，劝说获奖者继续留美效力。每年有 14%~20% 的获奖者是外籍青年科学家，他们大多被美国留用。[②] 另一方面，美国在福利待遇上对外籍人才有多种支持，使他们乐于在美国工作和居住。在为杰出的外籍人士提供高薪的同时，美国较为完善的社会福利制度、退休金制度和医疗保险制度，以及比较成熟的住房市场并妥善安置外籍人才家属，为移民美国的海外人才提供了优越的生活环境[③]，保障引入的外籍人才能够在美国安居乐业。

日本首先为人才营造了一个开放的研究环境。为了增强实验室的科研实力，日本政府将科研开发经费增加了一倍，并开放了一些重要的实验室，吸引外国科学家来日本进行研究。另外，日本通过设立国际合作奖励基金，对来日本参加合作研究的外国科学家给予补助和奖励，并提高外籍科研人员比例，开放了国家实验室主任职位，供海外学者竞争上岗。这些举措无疑使日本争取到了优秀的人才。其次，在国际合作中达到人才共享。日本十分重视国际科技合作，并在密切注意本国及其他国家在科学技术方面的互补性和共同性的前提下，通过多边、双边合作，达到人才开发与智力共享的目的。近年来，日本政府通过发展援助贷款、日本学术振兴会对外合作项目等，有效地利用了发展中国家的人才[④]，在最大限度上获取这些科学家的知识、经验和富有创造性的成果。最后，为引入的外籍高级人才提供宽松的就业环境。日本政府提出促进外籍高级人才就业的具体措施，包括从 2008 年起设立在东京、名古屋和大阪的"外国人雇佣服务中心"，作为帮助外籍高级人才就业的基地，运用全国网络，为他们提供求职阶段的多样化信息。[⑤] 另外，日本也提出改善外国人子女的教育环境，以

---

① 教育部科技委《中国未来与高校创新》战略研究课题组：《中国未来与高校创新》，中国人民大学出版社，2011，第 385~386 页。
② 岑建君：《高科技人才，美国挖了不少（人才大视野）》，《环球时报》2002 年 6 月 13 日，第 24 版。
③ 《21 世纪全球人才争夺战正在升级》，新华网，http://news.xinhuanet.com/fortune/2010-08/03/c_12401432_3.htm，最后访问日期：2015 年 11 月 12 日。
④ 马培：《日本科技人才开发战略研究分析》，《经营管理者》2011 年第 23 期。
⑤ Study in Japan. "Support for Finding Employment at Japanese Companies: The Employment Service Center for Foreigners." Last modified September 8, 2012. http://www.studyjapan.go.jp/en/inj/inj0402e.html.

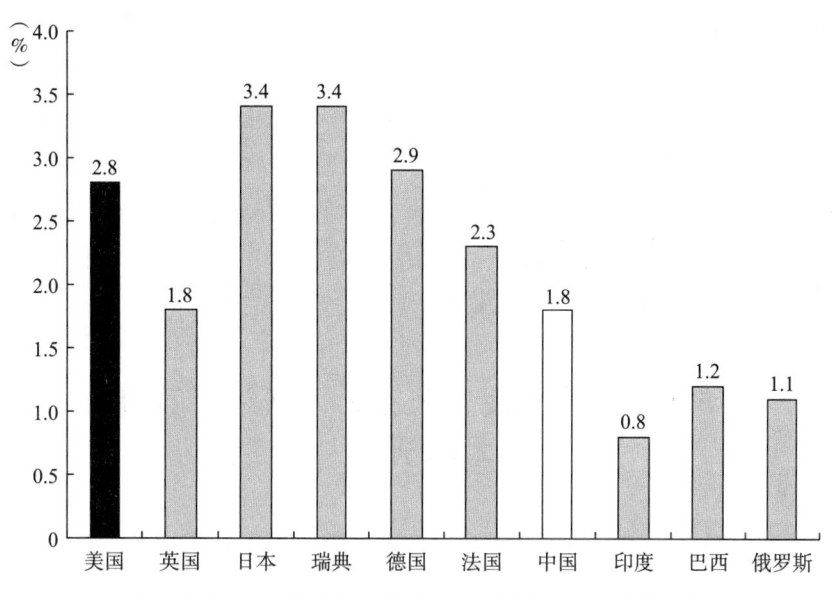

图 5-16 2011 年各国科研总支出占国民生产总值的比例

资料来源：联合国教科文组织统计研究所。

及创造外国科技人员家属在日本安心工作的环境，等等。

德国设立"年轻教授"席位，改革原有学术晋升规则，大力扶持年轻学者。德国大学教授职位的门槛极高，职称晋升是一个漫长而又艰辛的过程。一方面，年轻学者取得博士学位后，在大学从事教学和科研辅助工作，并完成一篇教授资格论文，才能取得"大学教授任职资格"。另一方面，德国大学对教授编制有严格的控制，往往一个专业方向仅允许聘一名教授，除非这名教授离校或病故，否则其他学者根本无法获得这一专业方向晋升教授的机会。这类"论资排辈"的现象，制约了有才华的新锐学者和研究人员。一些优秀人才因为在德国得不到好的学术发展机会，于是选择赴国外寻找更好的晋升机会。这对于德国高校的科研发展无疑是重大的损失。有鉴于此，德国 2002 年修订《高等教育框架法》，创立"年轻教授"制度，替代原有教授资格考试、申请终身教授职位的传统，让优秀的年轻学者能够尽早开始独立教学、科研和指导博士生。"年轻教授"在任期届满后，通过评估即可申请终身教授。

韩国通过制定"世界一流大学"和"世界一流研究中心"计划，网罗国际科技人才和世界一流学者到韩国高校短期从教。2008 年，韩国教育科学技术部制定并公布了为期 5 年的"世界一流大学"计划——每年投入 1650 亿韩元，5 年总投入达 8250 亿韩元。"世界一流大学"计划主要有 3 种资助形式：开发新专业与新课程（由海外学者和韩国国内的全职教授共同开展合作研究、建立联合实验室、讲学等教学活动）、聘请个别学者（资助韩国大学各系或研究所，以聘用外国助理教授或副教授开展教学以及合作研究活动）和聘请世界级学者（聘请包括诺贝尔奖获得者、美国工程院院士等世界最高水平的学者或核心的高级工程师作为兼职教授）。通过"世界一流研究中心"计划，韩国的大学在上述3个方向已经引入351位海外学者，包括10名诺贝尔奖获得者、35名工程院院士和29名科学院院士。除"世界一流研究中心"计划外，韩国教育科学技术部于2009年7月还启动了"世界一流研究中心"计划，旨在为政府资助研究机构引进国外优秀学者，构建开放型的研究体系，增强国际化的研究力量，进而建设示范性的世界一流"开放型研究中心"的运营模式。每个"开放型研究中心"约有12人，其中，国外优秀学者的比重超过40%。

5.5.4 建立海外创新人才网络，吸引本国创新人才回流

各国在积极吸引人才的同时，也深刻意识到吸引旅居海外的本国创新人才回国的重要性。

德国在加强人才培养和引进的同时，非常重视引入旅居海外的德裔人才回国，为德国科技发展贡献所长。目前，约有6000名德裔学者在美国从事研究和教学工作，如果能吸引这些优秀的科研人才回国效力，无疑将为德国的科技发展和创新建设注入强大的活力。在这一背景下，2003年，德国联邦教育与科研部发起了一项旨在争取海外德裔人才返回德国工作和定居的倡议——建立"德国学术国际网络"。该倡议由洪堡基金会、德意志学术交流中心、德意志研究联合会以及包括马普学会在内的四大高校外科研院所等机构联合组成。[①] 德国每年在美国东海岸或西海岸轮流召开一次"德国学术国际网络"的会议，并通过报道科技政策发展、发布月刊、定期组织区域性研究人员例行会议和招聘会的形式，吸引德裔人才回国发展。

早在20世纪70年代初，韩国教育部就已经在美国和欧洲组织了韩国科学家和工程师专业协会；80年代，又在日本、加拿大、中国和俄罗斯成立了相似的协会，旨在吸引海外高层次人才回归。在这些协会成立前后，韩国政府都给予了大力资助和支持，并且每年帮助组织当地韩裔会员召开讨论会。90年代，韩国政府建立了海外人员数据库。[②]

印度国内的高技术人才特别是计算机领域的尖端人才外流现象很严重。海外印裔人才特别是在美印裔人才，已成为全球科技创新的重要贡献者。据估计，在海外的印

---

① "Internationalisierung der Hochschulen." Last modified September 8, 2012, http://www.bmbf.de/archiv/newsletter/de/908.php.
② 王辉耀：《国家战略——人才改变世界》，人民出版社，2010，第78页。

裔人口中，具有学士学位的人员比例高达 67%，近 40% 的人员具有硕士或博士头衔。[①] 为开发海外智力资源，发挥海外人才的作用，印度于 2003 年在《科学技术政策》中明确提出："通过调整机制，吸引印裔科学家和技术人员返回印度，从而为印度的科技发展做出贡献。"[②] 印度政府专门建立海外印裔人才库，并于 2008 年正式开通"在美印裔专业人才网络"，旨在以网络会员方式广泛吸引在美印裔专业人才，服务于印度的前沿研究和先进技术开发，促进印度科技实体参与国际合作与竞争，将印度打造为具有全球吸引力的国际研发平台。2010 年，《使印度成为全球科学领袖》中提及：在建设国家时，借力于身处全球各地的印度人才。为了吸引在外人才回流，承诺"海归派"可保留双重国籍，来去自由，政府将为他们提供尽可能好的工作生活条件，使他们安居乐业。此外，与中国或新加坡通过提供大量资源以吸引科学家回国的做法不同，印度通过设立多个科研项目经费和建立实验室的形式，吸引印籍科学家回国。[③]

5.5.5 主要发达国家和新兴经济体创新人才聚集新战略

多年来，主要发达国家和新兴经济体，在人才培养、人才吸引和人才留用各个环节上，制定了周全的战略，以进一步确保其在全球科技和经济发展中的优势。在人才聚集方面，主要发达国家和新兴经济体，积极致力于探索引进海外高层次人才的途径，具体表现在以下几个方面。

根据《全球人才指数报告：展望 2015 年》[④] 的预测，继 2011 年之后，美国 2015 年仍将成为全球最具人才吸引力的国家，在人才指数的排名上遥遥领先第二名近 10 分[⑤]（见图 5-17），其人才领先优势明显。人们不禁要问：美国赢在哪里？

美国通过放宽移民引入限制条件和留住创新人才实现创新人才聚集战略。除了积极培育和储备人才外，吸引优秀技术人才移民的做法，在一定程度上是一种更为迅速、直接的人才获取方法。美国本身是一个由移民组成的多民族国家，长期以来也格

[①] 张树良等：《主要新兴经济体国家人才战略浅析》，《科技管理研究》2012 年第 7 期。
[②] Department of Science and Technology, *Science and Technology Policy 2003*, Last modified October 16, 2012, http://www.dst.gov.in/stsysindia/stp2003.htm#c5.
[③] Toles, Valer D. "Young Leaders for Biology in India." *Science* 2010 (5998): 1441. Last modified September 17, 2010. http://www.sciencemag.org/content/329/5998/1441.full?ijkey=dUlybEoESE13w&keytype=ref&siteid=sci.
[④] 《全球人才指数报告：展望 2015 年》由《经济人》（*The Economist*）旗下的经济人智库（Economist Intelligence Unit）编写。该报告通过对企业 441 位高级执行人员进行问卷调查以及对 5 位企业及大学等管理人员进行深度访谈，在 7 个指标（即人口发展趋势、义务教育、高等教育、劳动力的质量、人才环境、开放性、吸引人才的倾向）对各国进行评定，得出综合分数。
[⑤] 《全球人才指数报告：展望 2015 年》的数据显示，美国以 74.5（满分 100 分）位列榜首，而第二名丹麦的得分为 65.4。

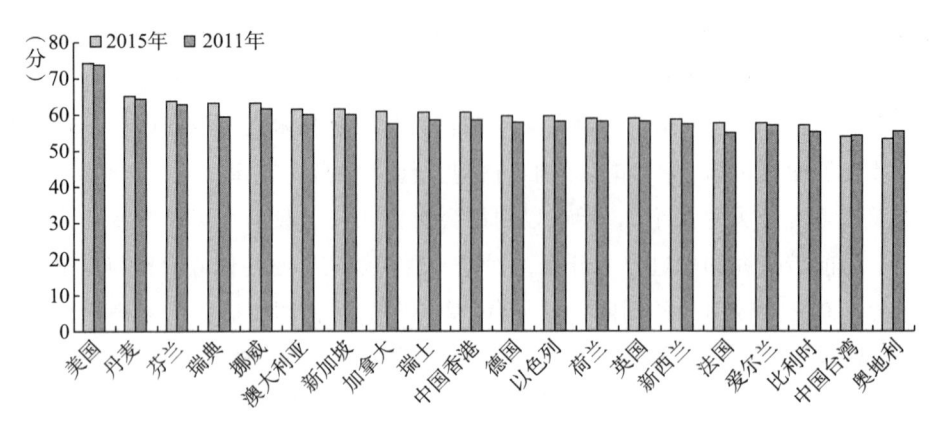

图 5-17 全球人才指数（前 20 位）

资料来源：Economist Intelligence Unit, *The Global Talent Index Report: Outlook to 2015*, 2011, pp.4-5。

外重视人才引进，利用灵活多样的移民政策、教育政策和人才政策等，从世界各地网罗人才。不仅如此，美国还出台了一系列优惠政策留住人才。例如，高薪聘请人才、为人才提供签证便利，并授予非美籍专业人士在美永久居住权，为其科研活动提供充足经费。美国从 1990 年开始实施了"H-1B"签证计划、"绿卡制"，给予入籍优惠，使大批的国际学生学成后定居美国。此外，美国拥有十分完善的社会福利制度、医疗保险制度，可确保移民到美国后生活无忧（见表 5-37）。

表 5-37 21 世纪初美国主要人才聚集战略及计划

发布时间	人才战略或计划名称	战略或计划要点
2007 年	《国家创新日程》	• 在改革移民制度的大背景下，增强接受过高等教育的劳动力的移民制度； • 重视"基于家庭"的海外人才移民政策，这一做法能促进接受过良好教育，且具有技能的移民在美国安家落户、投资新企业、刺激经济增长
2008 年	《美国的科技竞争力》	• 鼓励在美国高校获得自然科学与工程学专业学位，特别是博士学位的国外学生临时居住或永久性居住美国； • 鼓励海外高技术移民； • 建立一个永久性的委员会资助并负责对美国的科技表现力和科技人才状况进行检测、评估和分析； • 继续强化基础研究和应用研究并保持研究人员在薪酬和工作条件方面的竞争力

资料来源：Kalil T., IRONSJ. "A National Innovation Agenda: Progressive Policies for Economic Growth and Opportunity Through Science and Technology." Last modified October 15, 2012. http://www.americanprogress.org/wp-content/uploads/issues/2007/11/pdf/innovation_chapter.pdf; National Defense Research Institute. "U.S. Competitiveness in Science and Technology." Last modified October 15, 2012. http://www.rand.org/content/dam/rand/pubs/monographs/2008/RAND_MG674.pdf。

日本从 2002 年开始实施培养科技人才的国家战略，日本政府把人才作为实现科技立国的关键。然而，同许多发达国家一样，在高科技人才储备方面，日本存在严重的紧缺问题。随着人口老龄化问题的加剧以及人才储备不足,吸引人才成为日本政府加强本国经济实力和国际竞争能力的重要途径。一方面,日本于2008年推出了"留学生30万人计划",计划将在日国际学生人数在2020年提高到30万人。另一方面,日本积极雇佣外国科研人员。与德国相似,日本以往并不特别热心于聘用外国人,但是,面临专业技术人才严重匮乏的现实问题,日本不得不做出改革。2007年,日本修订《雇佣对策法》,以确保优秀的国际学生或外国技术人员在日本享有良好的就业环境。同时,第三期"科学技术基本计划"明确提出,在招聘科研人员时,政府应通过公开招募、英语竞聘等形式,广泛招募人员,督促各机构进行公平筛选,建立竞争、公正的人事制度,吸引全球精英。招募时广泛征求优秀的候选人,而不考虑候选人的性别、年龄或国籍等因素。在研究人员的待遇方面,在公正评估能力和成果的基础上,对其贡献进行嘉奖,支持青年研究人员的自立、提高人才的流动性、吸纳外国优秀研究人员以及重点投资世界顶尖水平的研究型大学,成为该基本计划中人才培养建设的主要内容。在获得博士学位的国际学生中,招募优秀人员从事博士后工作。此外,为了促进聘用外国研究人员,政策上不仅保证了其研究环境,同时还保证了住房、子女教育等后勤保障环境(见表5-38)。

表5-38 21世纪初日本主要人才聚集战略及计划

发布时间	人才战略或计划名称	战略或计划要点
2007年	修订《雇佣对策法》	● 法律明确,将促进国际学生等具备高级专业知识和技术的外国人在日本就业提升到国家级雇佣对策的高度,规定雇主有义务改善雇佣管理,使海外人才获得适当的受聘机会,并能够发挥自己的能力 ● 雇主用毕业生的时候,不得以国际学生的身份为理由,将他们排除在外
2008年	30万留学生计划	拟在2020年实现接纳30万名国际学生的目标
2010年	新成长战略——21项国家战略计划	● 目标:实现名义增长率和实际增长率达到6%和2% ● 使日本具有高端技术的外籍人员人数翻倍 ● 接收30万名国际学生
2012年	新"在留管理制度"	对技术、人文知识、国际业务等专业人才的居留期限最多延长为5年

资料来源:白春礼主编《人才与发展:国立科研机构比较研究》,科学出版社,2011,第13页;钱铮、孙巍:《日本引进海外人才战略及对我启示》,科学网博客,http://blog.sciencenet.cn/home.php?mod=space&uid=784242&do=blog&id=615177,最后访问日期:2015年9月27日;Ministry of Economy, Trade and Industry. "New Growth Strategy." Last modified October 30, 2012. http://www.meti.go.jp/english/policy/economy/growth/outline20100618.pdf; Immigration Bureau of Japan,《致在日本居住的各国外国人》, Last modified November 15, 2012. http://www.immi-moj.go.jp/newimmiact_1/zh-CN/point_1-2.html#anchor-point2。

德国是世界上第四大经济体。然而,随着人口老龄化问题的加剧,德国也面临技术类专业人才紧缺的严峻局势,迫切需要引入海外优秀的工程技术类人才。德国主要的人才聚集战略表现为改革移民政策、吸引德裔人才回国发展。第一，改革移民政策。在移民方面，由于德国是一个非移民国家，过去并无特别的政策吸引外国人来德国就业或生活，然而，随着人口老龄化、专业人才匮乏等问题的加剧，引入海外人才成为了迫切的需要。德国于2000年修订《国籍法》，同时提出"满足信息技术行业需求的即刻启动计划"、《移民法》（2005年）和降低"欧洲蓝卡"标准（2012年），对于在德国高校取得学位的国际学生和引入紧缺专业的高技术人才在移民政策以及留德工作上给予了有力支持。例如，在德国高校取得学位的国际学生，毕业后获得一年半时间的居留许可，以供他们在德国寻找工作，而高技术人才可以获得长期居留。第二，吸引众多优秀的海外德裔人才回国。德国每年都有大批优秀的科技人才前往美国从事高端研发工作，这对于德国本身而言是"人才流失"。有鉴于此，自2003年起，德国就在美国建立了"德国学术国际网络"，通过宣介科技政策发展、发布月刊、定期组织区域性研究人员例行会议和招聘会的形式，吸引德裔人才回国发展（见表5-39）。

表5-39 21世纪初德国主要人才聚集战略及计划

发布时间	人才战略或计划名称	战略或计划要点
2000年	国籍法	放宽国籍政策，最大限度地保留非德裔人才资源
2000年	满足信息技术行业需求的即刻启动计划	该计划也称为"绿卡"，为非欧盟信息技术领域的人才进入德国就业市场提供便捷
2003年	德国学术国际网络	德国每年在美国的东海岸或西海岸轮流召开一次"德国学术国际网络"的会议，并通过报道科技政策发展、发布月刊、定期组织区域性研究人员例行会议和招聘会的形式，吸引德裔人才回国发展
2005年	移民法	对于在德国高校取得学位的外国学生，毕业后给予一年时间的居留许可，供他们寻找工作；高技术人才可以长期居留
2012年	降低"欧洲蓝卡"标准	对于在德国大学取得学位的毕业生，年薪达到44800欧元；对于人员紧缺的专业（数学、计算机、自然科学、技术、医学等专业），该标准更是降到了年薪34944欧元。根据蓝卡持有人的德语水平，一般在2年后就可以获得永久居留权；而在这以前，申请者往往需要等上5年。德国本是非移民国家，因而这一措施，大大鼓舞了高技能移民的积极性

资料来源：Rahner S. Fachkräftebedarf und Zuwanderung: Geschichte und Perspektiven. Last modified October 7, 2012. http://www.das-parlament.de/2011/43/Beilage/005.html；GAIN. German Academic Internatinoal Network. Last modified October 7, 2012. http://www.gain-network.org/；Bundesministerium des Innern. Zuwanderungsgesetz. Last modified October 7, 2012. http://www.zuwanderung.de/ZUW/DE/Zuwanderung_geschieht_jetzt/Zuwanderungsgesetz/Zuwanderungsgesetz_node.html#doc921682bodyText1。

英国自工业革命以来，在科技方面一直处于世界领先位置，尤其在工业制造、数学、物理学、医学、生物技术、天文学、通信技术及能源方面，有很大的优势。在人才聚集战略方面，英国通过引入"记分移民制"，实施"高技术移民计划"，并通过严格控制发放国际学生签证数量，来提升英国国际学生的质量。

第一，引入"记分移民制"，吸引高技术类人才。2002年，英国颁布"高技术移民计划"，旨在吸引海外高层次移民。"高技术移民计划"在2008年被"记分移民制"的移民政策所取代。新移民法将入境签证分为5类：高技术人才（T1）、技能型人才（T2）、低技能型人才（T3）、学生（T4）和临时工人（T5）。2012年4月至2013年4月，英国对于年收入低于15万英镑的技能型人才（T2）的引进数量限定为20700人。[1]

第二，提高来英国际学生的质量，只引进最优秀的外国留学生来英求学。与其他国家不同，英国在近几年不断缩紧了赴英国际学生签证的发放数量，并提高了签证的发放要求。[2] 例如，申请者的英语水平由原来的"中下"提高到"中上"，且提出仅有研究生可以携带家眷。[3] 此外，2012年4月，取消了原来国际学生在英国高校毕业后可以获得两年"毕业工作签证"的举措[4]，现行的规定只允许获得技能型工作机会，积分达到要求，才能获得工作许可（见表5-40）。这一新的举措，一方面保证了来英国际学生的质量，减少以打工为目的人数；另一方面也使得留学英国的门槛过高，减少了人们留学英国的积极性。对此，英国智库建议英国政府放宽对高技术人才的签证发放，对自然、技术、工程和数学领域的毕业生，恢复发放两年毕业工作签证。[5]

表5-40　21世纪初英国主要人才聚集战略及计划

发布时间	人才战略或计划名称	战略或计划要点
2002年	高技术移民计划	专门用于吸引高层次海外人才。以记分方法确立申请者是否达到准许移民的标准。申请人只要达到规定分数，就可获得在英国居住和寻找工作的机会。工作年限最短为1年，最长可达4年
2008年	毕业工作类签证	允许在英国完成学业的国际学生留在英国工作长达2年

注：原"毕业工作类签证"于2012年4月被取消。

资料来源：UK Visa Bureau. Tier 2 Work Permits. Last modified October 30, 2012. http://www.visabureau.com/uk/work-permit.aspx.

---

[1] 对于年收入超过15万英镑的人数没有限制参考。
[2] Home Office UK Border Agency. "Government Outlines Overhaul of Student Visas." Last modified October 30, 2012. http://ukba.homeoffice.gov.uk/sitecontent/newsarticles/2011/march/54-student-visas.
[3] 之前规定只要攻读长期课程的学生都可以携带家属。
[4] Immigration Matters. "New Student Visa Rules Announced Today." Last modified September 11, 2013, http://immigrationmatters.co.uk/new-student-visa-rules-announced-today.html.
[5] Yiu, C. Bits and Billions: A Blueprint for High-impact Digital Entrepreneurship in the UK. London: Policy Exchange. Last modified September 21, 2012. http://www.policyexchange.org.uk/publications/category/item/bits-and-billions-a-blueprint-for-high-impact-digital-entrepreneurship-in-the-uk.

韩国在20世纪60~70年代经济获得飞速发展，一跃跻身"亚洲四小龙"的行列。21世纪初，韩国通过搭建海外人才平台，并认真做好海归人才支持工作，实施其人才聚集战略。第一，建设吸引海外人才的平台与网络。在60年代，韩国政府就积极着手建立韩国海外人员信息库，并通过在全球范围内成立韩国科学家及工程师专业组织协会，构建国际高级人才网络。① 第二，实施"世界一流大学"计划，支持大学雇佣世界杰出研究者。2008年，韩国首次推出"世界一流大学计划"，旨在支持国立科研机构引进国外优秀学者，促进更多的韩国大学跻身世界一流的行列（见表5-41）。2010年，韩国共投入7.52亿美元的经费用于支持这一计划。② 在这一计划的支持下，首尔国立大学在2010年就引进了59名外籍教授，为其教学、研究带来了国际视野。第三，重视对海归人才的专门管理和政策支持。韩国政府专门设立海外人才回归事务机构——韩国科学工程基金会，对海归人才实行归口管理。韩国科学工程基金会通过三类人才回归基金项目（短期归国项目、国外学者引进项目和长期归国项目），吸引和挽留人才。韩国政府在通过种种优惠措施吸引人才回国的同时，兼顾了物质补贴和精神激励，周全地考虑到了回归人员的工作和生活各个方面（提供住房、搬家、交通和子女教育补贴）。③

表5-41　21世纪初韩国主要人才聚集战略及计划

发布时间	人才战略或计划名称	战略或计划要点
2008年	"世界一流大学"计划	支持国立科研机构引进国外优秀学者、构建开放研究体系、建设一流研究中心
2009年	韩国全球奖学金计划	加强与国际著名学术的人才交流与合作，提高韩国在国际社会的地位和竞争力

资料来源：Study in Korea. About GKS. Last modified Feburary 27, 2012. http://www.studyinkorea.go.kr/en/sub/gks/gks_introduce.do。

苏联曾是全球的科研、教育和科技强国，作为它的继承者俄罗斯，由于政治动荡，经济停滞，出现了严重的社会不公平和收入不平衡等问题，导致大量人才外流。俄罗斯痛定思痛，通过创造良好环境留住人才，或促使人才回流，以此实现科技复兴。

第一，完善科技与人才政策制度，减少人才流失。人才强国之路，不仅要优先发展教育，培养本国人才，引进国外人才，还要能留住人才。苏联解体后，随着科研投

---

① 王辉耀：《国家战略——人才改变世界》，人民出版社，2010，第28页。
② Mcneill D. "South Korea Brings in Foreign Professors by the Thousands, But Is It Ready for Them?" Last modified Feburary 27, 2012. http://chronicle.com/article/South-Korea-Brings-in-Foreign/126508/.
③ 王辉耀：《国家战略——人才改变世界》，人民出版社，2010，第28页。

入减少及科研人员工资降低,许多杰出的科学家移居海外,这直接导致了俄罗斯原有的科研体系濒临崩溃,科研管理陷入混乱,科研工作一度陷入了停滞状态。俄罗斯联邦教育和科学部长安德烈·富尔先科(Andrei Fursenko)在接受《科学》杂志的访谈时曾提及,20世纪90年代,约有35000名俄罗斯科学家移居海外,这一结果造成俄罗斯国内的科学家出现青黄不接的状况。[①] 有鉴于此,俄罗斯陆续颁发了《俄罗斯联邦2010年前后国家科技发展政策原则》、《俄罗斯联邦至2015年科学与创新发展战略》、《俄罗斯创新产业科学与科学教育人才2009~2013年联邦专项计划》等一系列政策文件,对完善科技领域的人才政策、提高科技人员的待遇和社会保障、防止青年高尖端技术人才流失,提出了明确的政策和措施。第二,强化人才培养和吸引机制,重振教育竞争力。和许多国家一样,俄罗斯制定了吸引人才回国的一揽子计划。其中,首要任务是,尽可能创造条件,使人才能够安定地从事研究工作。俄罗斯充分利用"大俄罗斯情结",凝聚吸引旅居海外的俄裔科技人才。俄罗斯于2006年6月发布的总统法令,提出鼓励海外同胞归国的计划;2012年,总统又签署了执行"帮助海外同胞自愿回俄罗斯重新定居"的行政命令,旨在激发俄罗斯海外同胞回国的愿望,为俄罗斯的区域发展做出贡献。2009年,俄罗斯政府启动了一项"创新俄罗斯的科学和教育劳动力"引智计划,并设立众多的科研项目,旨在鼓励海外俄裔科学家回国。获得该计划支持的俄裔科学家,曾在22个国家工作或生活过。很多俄裔科学家目前在美国、德国和英国等国的世界知名大学担任教授或实验室、研究中心负责人。与此同时,俄罗斯众多大公司还提供待遇优厚,不设置薪酬封顶限制,重金招揽西方高级管理人才。此外,俄罗斯意识到,若要重新振兴,必须弥补人才的缺口。因此,俄罗斯不仅要鼓励侨居海外的俄裔科学家回家,更要吸引外国的顶尖科学家赴俄开展研究工作(见表5-42)。

表5-42 21世纪初俄罗斯主要人才聚集战略及计划

发布时间	人才战略或计划名称	战略或计划要点
2006年	"海外同胞归国计划"	计划实施期间鼓励9.7万人回到祖国
2009年	"创新俄罗斯的科学和教育劳动力"计划	鼓励俄裔海外科学家回国,成为俄罗斯科学团队、执行研究项目的领军人物。海外回国科学家通过竞争获得项目,获奖的俄裔科学家目前工作、生活在22个国家,其中包括目前在美国、德国和英国等国的俄裔科学家、大学教授和世界知名大学实验室、研究中心的负责人

---

① Schiermeier Q., Severinov K., "Russia Woos Lost Scientists." *Nature* 465 (2010), last modified October 14, 2012, http://www.nature.com/news/2010/100616/full/465858a.html.

续表

发布时间	人才战略或计划名称	战略或计划要点
2012 年	执行"帮助海外同胞自愿回俄罗斯重新定居"的行政命令	旨在激发俄罗斯海外同胞回国的愿望，为俄罗斯的区域发展做出贡献。根据俄罗斯的实际社会经济状况，提供居住、工作、教育和培训机会，鼓励海外同胞回国

资料来源：Schiermeier Q. , Severinov K. , Russia Woos Lost Scientists. Nature 465（2010），http://www.nature.com/news/2010/100616/full/465858a. html；President of Russia, Executive Order on the state programme to resettle compatriots living abroad to Russia, http://eng. kremlin. ru/acts/4416。

近年来，印度经济的快速发展受到了国际社会的广泛关注。和中国相似，印度有大量的海外留学生和高科技人才在欧美等发达国家学习或工作。21 世纪初，印度的人才聚集战略着重于通过政策吸引这些人才回国。2003 年，印度推出《科学技术政策》，旨在通过调整机制，吸引海外印裔科学家和技术人员返回印度，为祖国的科技发展做出贡献。同时，基于大批工程技术类的印裔人才旅居美国的现状，自 2008 年起，印度政府也积极建立"在美印裔专业人才网站"，旨在以网络会员方式，广泛吸引在美印裔专业人才，服务于印度前沿研究和先进技术开发，促进印度科技实体参与国际合作与竞争，将印度打造成为具有全球吸引力的国际研发平台（见表 5 – 43）。

表 5 – 43　21 世纪初印度主要人才聚集战略及计划

发布时间	人才战略或计划名称	战略或计划要点
2003 年	科学技术政策	通过调整机制，吸引印裔科学家和技术人员返回印度，从而为印度的科技发展做出贡献
2008 年	建立"在美印裔专业人才网络"	旨在以网络会员方式广泛吸引在美印裔专业人才，服务于印度前沿研究和先进技术开发，促进印度科技实体参与国际合作与竞争，将印度打造为具有全球吸引力的国际研发平台
2010 年	使印度成为全球科学领袖	创建优越的科学研究环境，吸引海外印裔科学家回归，参与到建设新印度的项目中。在建设国家时借力于身处全球各地的印度人才，并向其他国家的人才提供来印度工作的机会

资料来源：白春礼主编《人才与发展：国立科研机构比较研究》，科学出版社，2011，第 30 ~ 31 页；Ministry of Science & Technology. "Kapil Sibal Launches PIOUS Network for Information on Indian Diaspora." Last modified October 2, 2012, http://pib. nic. in/newsite/erelease. aspx?relid = 34672；Science Advisory Council to the Primie Minister. "India as a Global Leader in Science." Last modified November 15, 2012, http://resourcecentre. daiict. ac. in/iresources/iresources/reports/science_ vision_ 10. pdf。

巴西是南美洲大陆面积最大的国家，也是拉美地区经济的引擎。近年来巴西在生物技术、信息技术和深海勘探领域取得了优异成就。然而，巴西的人才流失问题严重。2006 年的数据显示，每年有 14 万 ~16 万在巴西取得学位的人离开巴西，去其他国家寻求更好的工作机会。① 为吸引国际人才和海外巴西人才回国，巴西政府于1995年宣布承认"双重国籍"。在此基础上，巴西自2002年开始向具有专业技能的外国移民颁发"人才签证"，并对在巴西高校就读的国际学生给予申请巴西国籍方面的优惠政策。② 同时，为了吸引人才回国工作，巴西科技部还制定了"博士扎根特别计划"，旨在通过奖学金和津贴等方式，鼓励高级科研人员留在国内企业和科研机构工作，以解决巴西人才流失问题（见表5-44）。

表5-44　21世纪初巴西主要人才聚集战略及计划

发布时间	人才战略或计划名称	战略或计划要点
2002年	"人才签证"	向具有专业技能的国外移民颁发"人才签证"，对在巴西高校就读的国外留学生给予申请巴西籍的优惠政策
2011年	"科学无疆界"计划	● 鼓励海外优秀的年轻人才和研究人员与巴西当地的研究者开展研究合作； ● 促进海外的巴西科学家回国工作； ● 通过建立国际合作，增进巴西的大学和研究中心的国际化程度

资料来源：白春礼主编《人才与发展：国立科研机构比较研究》，科学出版社，2011，第30~31页；胡智慧：《巴西21世纪科技发展战略与政策》，中国网，http://www.china.com.cn/chinese/zhuanti/286147.htm，最后访问日期：2015年11月2日。

5.5.6　启示与借鉴

第一，建立国家层面的国际高端创新人才交流项目，鼓励高端人才来华进行交流。在重视培养本土创新人才的同时，积极引进国外创新人才也具有重要意义。只有引入世界各地的人才，拓宽创新思路，通过不同学术思想的碰撞，才能持续不断地产生新的知识和成果。主要发达国家对于创新人才的聚集战略呈现出多样性。随着经济全球一体化的加速，信息网络技术日益发展，国界对于专家、科技人才的限制日渐淡化，国际技术交流与合作的情况日益频繁，国家之间的协作现象更为普遍，呈现出人才循环流动、双向流动、有进有出的现象——"不求所有、但求所用"，这种现象已经成为全球的共识。

第二，重视创新人才的管理和服务工作，确保引入的创新人才及其家属能安居乐业。成功引入海外创新人才只是第一步，引入后更要想方设法留住人才，使他们回国后能再创辉煌，从而最终实现引进人才的真正目的。因此，有必要完善中国海外留学

---

① The Guardian. "Brazil's Brain Drain." Last modified October 2, 2012, http://www.guardian.co.uk/education/2007/sep/12/highereducation.uk.
② 白春礼主编《人才与发展：国立科研机构比较研究》，科学出版社，2011。

人才联络站，做好海归创新人才的后勤服务工作。尽管教育部已设立留学服务中心，但其职责主要是为出国留学生提供相应的服务，吸引留学人才回国的管理和服务工作仍须加强。

第三，建设"中国海外人才国际网络和平台"，吸引海外创新人才回国。德国和印度都有很大一批高端人才在美国从事科学研究及创新工作，通过设立"德国学术国际网络"和"在美印裔专业人才网络"，帮助德国和印度与这些高端人才始终保持紧密的联系，通过定期向他们发布国内最新的科技动态以及人才招聘信息的形式，使德裔和印裔的海外研究人员了解国内目前在国际上所处的优势领域。借鉴德国和印度的经验，中国可以建立"中国海外学者国际网络"，集中信息和资源，发挥中国海外学者的优势，对促进人才回流或扩大国际影响都具有很大的意义和贡献。同时，借鉴韩国政府每年通过经费支持的方式，帮助组织海外的韩裔会员召开讨论会的经验，应重视欧美同学会等留学人员社团发挥的重要作用，并给予更多的关注与支持。

参考文献

白春礼主编《人才与发展：国立科研机构比较研究》，科学出版社，2011。

陈闯：《英国国家创新体系演变的历史脉络》，《中国青年科技》2007年第10期。

程如烟：《推进制度和政策改革提高俄罗斯创新绩效》，《全球科技经济瞭望》2007年第8期。

邓国庆：《它山之石：不断发展的巴西科技创新政策》，《科技日报》2013年5月9日。

邓华：《新时期俄罗斯科技和创新发展战略》，《全球科技经济瞭望》2009年第12期。

龚惠平：《俄罗斯国家创新体系的新发展》，《全球科技经济瞭望》2006年第12期。

胡雪梅：《坚持"科学立国"的日本人才战略》，《中国人才》2012年第11期。

华山、王蓓：《大学如何接轨"科教兴市"战略》，《解放日报》2003年4月22日。

黄军英：《后危机时代英国政府的科技与创新政策》，《中国科技论坛》2012年第4期。

教育部科技委《中国未来与高校创新》战略研究课题组：《中国未来与高校创新》，中国人民大学出版社，2011。

〔美〕理查德·尼尔森编著《国家（地区）创新体系比较分析》，曾国屏等译，知识产权出版社，2012。

姜尔林：《趋同与趋异：全球化背景下高等教育重点建设政策比较——以中国、韩国、日本三国为例》，《清华大学教育研究》2007年第3期。

李芳华、赛音托娅：《俄罗斯科研人才发展状况》，《俄罗斯中亚东欧市场》2009年第9期。

李明德：《巴西科技体制的发展和研发体系》，《拉丁美洲研究》2004年第3期。

李忠云、邓秀新：《科教融合协同育人提升人才培养质量》，《中国高校科技》2012年第9期。

刘川生：《教育创新助推创新型国家建设》，《中国社会科学报》2012年7月17日。

柳卸林、段小华：《转型中的俄罗斯国家创新体系》，《科学学研究》2003年第3期。

李安方：《建设创新型国家的韩国经验与中国借鉴》，《世界经济研究》2006年第10期。

李宏、张薇:《世界主要国家与地区创新系统比较研究》,《中国科技论坛》2003年第5期。

林仲海:《日本科技厅机构改革进入重要阶段》,《全球科技经济瞭望》1999年第5期。

卢立峰、李兆友:《巴西技术创新政策演化及启示》,《技术与创新管理》2010年第3期。

卢娜:《日本国家创新系统评析》,《现代日本经济》2002年第2期。

马培:《日本科技人才开发战略研究分析》,《经营管理者》2011年第23期。

牛长松:《英国大学生创业教育政策探析》,《比较教育研究》2007年第4期。

戚文海:《基于转轨视角的俄罗斯国家创新战略的演进与趋势》,《俄罗斯研究》2007年第5期。

史世伟:《德国国家创新体系与德国制造业的竞争优势》,《德国研究》2009年第1期。

孙伟林、孟玮:《追寻世界科学中心转移的轨迹》,《民主与科学》2006年第3期。

孙昭钺:《美国政府引导建立科技创新体系的主要举措》,《当代世界》2010年第5期。

万钢:《世界科技发展趋势与中国的自主创新》,《时事报告》2008年第12期。

汪凌勇等:《2011科学发展报告》,科学出版社,2011。

王玲:《韩国李明博政府的科技政策之探究》,《全球科技经济瞭望》2009年第6期。

王耀辉:《国家战略——人才改变世界》,人民出版社,2010。

王作跃:《为什么美国没有设立科技部?》,《科学文化评论》2005年第5期。

武福源、黄军英:《浅析韩国科技创新优劣势》,《海峡科技与产业》2007年第5期。

吴慧:《韩国高校人才培养模式的主要特征及其启示》,《教学研究》2008年第6期。

吴晓波、范志刚、杜健:《国家创新系统视角下的中印比较》,《科学学研究》2007年S2期。

徐小洲、郑英蓓:《韩国的世界一流大学发展计划:BK21工程》,《高等工程教育研究》2006年第6期。

谢作栩:《马丁·特罗高等教育大众化理论述评》,《现代大学教育》2001年第3期。

熊耕:《浅析美国大学中国家实验室的管理特点》,《高等工程教育研究》2001年第1期。

张俊芳:《印度国家创新系统的历史演进(上篇)》,《中国青年科技》2007年第6期。

邓艳:《印度国家创新系统的历史演进(下篇)》,《中国青年科技》2007年第7期。

张梦然:《站在新科技革命的十字路口》,《科技日报》2012年7月9日。

张树良等:《主要新兴经济体国家人才战略浅析》,《科技管理研究》2012年第7期。

赵伟:《"我们的新学校"——俄罗斯国家教育倡议解析》,《外国中小学教育》2011年第4期。

中国科学院:《科技革命与中国现代化》,科学出版社,2009。

《综述》编写组:《2005年世界科学技术发展综述》,《科技与法律》2006年第4期。

邹秀婷:《俄罗斯创新经济对中俄经贸科技合作的影响》,《西伯利亚研究》2007年第1期。

《上海:"海归"符合"三条件"可携配偶及子女落户》,人民网,http://politics.people.com.cn/GB/14562/13670701.html,最后访问日期:2015年10月12日。

《日本实施培养科技人才的国家战略》,新华网,http://news.xinhuanet.com/fortune/2002-05/29/content_414609.htm,最后访问日期:2015年10月5日。

《日本实施人才国家战略计划培养技术人才240万》,新华网,http://news.xinhuanet.com/news-center/2002-05/29/content_414483.htm,最后访问日期:2015年9月26日。

《21世纪全球人才争夺战正在升级》,新华网,http://news.xinhuanet.com/fortune/2010-08/03/c_12401432_3.htm,最后访问日期:2015年11月12日。

《子女教育成海归人才第一烦 小小海归咋"软着陆"》,新华网,http://news.xinhuanet.com/edu/2012-02/23/c_122741090.htm,最后访问日期:2015年9月10日。

岑建君:《高科技人才,美国挖了不少》,人民网,http://www.people.com.cn/GB/paper68/6472/636442.html,最后访问日期:2015年11月12日。

《巴西21世纪科技发展战略与政策》,中国网,http://www.china.com.cn/chinese/zhuanti/286147.htm,最后访问日期:2015年9月7日。

专题负责人:刘念才、朱军文(上海交通大学)
撰稿人:朱军文、朱佳妮、扎西达娃、刘念才

第6章　科教结合背景下协同创新的体制机制

6.1　协同创新的内涵和模式

6.1.1　协同创新产生的背景、内涵与影响因素

6.1.1.1　中国创新能力的不足

面对21世纪知识经济的挑战，企业创新能力的提升，对于提高中国企业的国际竞争力、获得长期竞争优势具有重要的意义。[①] 各级政府均将提升创新能力上升到战略高度与核心位置。2012年党的十八大明确提出实施创新驱动发展战略，指出"科技创新是提高社会生产力和综合国力的战略支撑，必须摆在国家发展全局的核心位置"。[②] 十八届三中全会将全面深化改革的总目标明确为完善和发展中国特色社会主义制度、推进国家治理体系和治理能力现代化。紧紧围绕使市场在资源配置中起决定性作用深化经济体制改革这一主线，提出加快转变经济发展方式，加快建设创新型国家的总体思路。2013年9月30日，习近平在中共中央政治局第九次集体学习时指出：要加快科技体制改革步伐，破除一切束缚创新驱动发展的观念和体制机制障碍。着力推动科技和经济社会发展深度融合，处理好政府和市场的关系，打通从科技强到产业强、经济强、国家强的通道，让市场真正成为配置创新资源的力量，让企业真正成为技术创新的主体。着力增强自主创新能力，健全激励机制、完善政策环境，激发科技创新的积极性和主动性，坚持科技面向经济社会发展的导向，围绕产业链部署创

[①] 王立新、高长春、任荣明：《企业创新能力的评价体系和评价方法研究》，《东华大学学报》（自然科学版）2006年第3期。

[②] 胡锦涛：《坚定不移沿着中国特色社会主义道路前进　为全面建成小康社会而奋斗——在中国共产党第十八次全国代表大会上的报告》，人民出版社，2012，第21页。

新链，围绕创新链完善资金链，消除科技创新中的"孤岛现象"，破除制约科技成果转移扩散的障碍，提升国家创新体系整体效能。① 李克强在2015年向"两会"作的政府工作报告中指出："培育和催生经济社会发展新动力。当前经济增长的传统动力减弱，必须加大结构性改革力度，加快实施创新驱动发展战略，改造传统引擎，打造新引擎。"②

伴随着竞争国际化、信息化以及网络化的迅速发展，技术创新已成为经济增长、产业发展和企业持续竞争优势保持的最主要来源。在科技飞速发展的今天，知识大爆炸、创新数量以及技术复杂性日益增加，产品生命周期不断缩短，学习模仿变得越来越困难。随着研究与实践对技术进步理解的加深，经济学家们逐步认识到技术转移的困难属性，甚至连模仿都非常困难。③ 技术的复杂性使得学习成本上升，模仿者的消化吸收难度加大，后发者的学习周期大大延长，甚至赶上了先发者的创新周期。后发者陷入了依附的陷阱，模仿创新的"后期进入"几乎无机可乘，传统创新战略中的跟进策略难以奏效。因此，自主创新是一个国家、一个区域、一个企业维持长久竞争优势的动力源泉，是国家、区域与企业的核心能力和旺盛生命力的体现。

改革开放30多年来，中国创新能力建设取得了一定成果。然而，与发达国家和新兴工业化国家相比，自主创新能力不足已经成为中国经济发展的桎梏，制造能力的强化却使中国长期处于微笑曲线的低端，远离价值较高的研发与品牌两端。由于缺乏核心技术，国产品牌产品的市场份额逐年下降，甚至无法生存。中国的创新能力仍然薄弱，具体表现在如下几个方面。

①技术创新基础条件薄弱。传统的创新研究将研发作为创新能力的核心，随着研究的不断发展，创新能力的内涵得以拓宽，而研发水平依然可以成为创新能力的核心组成要素。从研发水平角度分析，中国企业开展研发活动的比重较低，研发活动的质量低下，大部分企业与组织甚至根本没有技术研发活动。2013年，中国规模以上工业企业（年主营业务收入为2000万元及以上的法人工业企业）中有研发活动的数量仅占14.8%，不到1/6（见表6-1）。中国企业技术创新的基础条件薄弱，自主创新能力低下，与现阶段国家对自主创新的要求极不协调。

---

① 《习近平总书记系列重要讲话读本》，学习出版社、人民出版社，2014，第66页。
② 《2015年政府工作报告（全文实录）》，人民网，http://www.people.com.cn/n/2015/0305/c347407-26643598.html，最后访问日期：2016年9月5日。
③ Teece. D., "Time-Cost Tradeoffs: Elasticity Estimates and Determinants for International Technology Transfer Projects," *Management Science* 23 (1977): 830-837.

表 6-1 规模以上工业企业中有研发活动的企业占全部企业的比重

单位：%

年份	2000	2004	2008	2009	2011	2012	2013
有研发活动的企业占全部企业的比重	10.6	6.2	6.5	8.5	11.5	13.7	14.8

资料来源：国家统计局编《中国科技统计年鉴（2014）》，中国统计出版社，2014。

②关键技术自给率低，核心竞争力有待加强。技术能力一直是组织创新能力的核心，而专利通常可以反映一个国家或组织的技术水平与技术能力。国家知识产权局公布的《2013年世界五大知识产权局年度统计报告》显示，2012年，中国的有效专利量占世界总量的10%左右。2014年中国企业在美专利授权数仅占全美总量的2%，这一比例远低于国际上其他创新强国，如日本的比例就达到了18%。中国在欧盟的专利申请数居第4位，但也仅占总数的9%。美国专利局1976~2011年的统计数据显示，美国专利局授权的日本专利为831661项，韩国为94674项，中国仅为10670项。从总量上看，日本的美国专利局授权专利数量是中国的77.4倍，韩国的美国专利局授权专利数量是中国的8.9倍。2013年，中国的专利申请量已经位居世界第1，占全球总量的32.1%，但国际专利体系（PCT）专利申请量较少，仅占全球总量的10.5%，低于美国（27.9%）和日本（21.4%）的水平。表6-2总结了中国历年发明专利授权数量的变化情况。

表 6-2 中国的发明专利授权数

单位：项，%

年份	1990	1995	2000	2005	2010	2011	2012	2013
国内	1149	1530	6177	20705	79767	112347	143847	143535
国内所占比重	29.94	45.09	48.70	38.84	59.04	65.28	66.26	69.11
国外	2689	1863	6506	32600	55343	59766	73258	64153
国外所占比重	70.06	54.91	51.30	61.16	40.96	34.72	33.74	30.89

资料来源：相关年份《中国统计年鉴》。

欧洲工商管理学院与世界知识产权组织于2014年联合发表了《全球创新指数报告》。该报告显示，2014年全球国家创新能力排名前5位的为瑞士、英国、瑞典、芬兰和荷兰。其中，中国香港排名第10位，中国大陆排名第29位。在创新等级排名上，中国并未被列入以创新驱动的第三等级国家，而被列为以效率驱动发展的第二等级国家（见图6-1）。由此可见，中国的创新能力相对于一些发达国家仍相对较弱。

此外，瑞士洛桑国际管理发展学院同时也发布了《世界竞争力年鉴》。年鉴采用

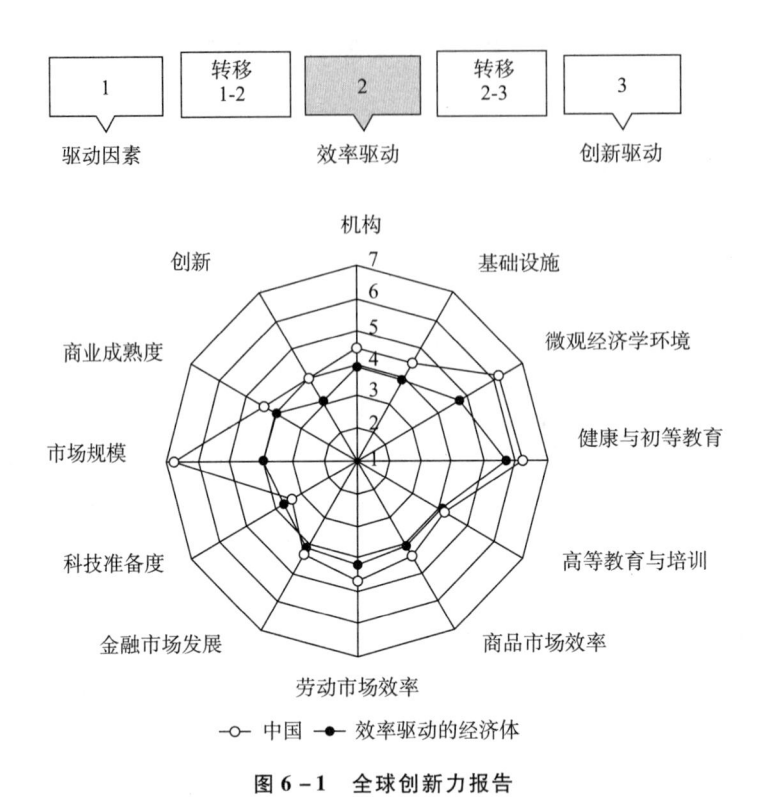

```
   ┌───┐  转移   ┌───┐  转移   ┌───┐
   │ 1 │──1-2──→│ 2 │──2-3──→│ 3 │
   └───┘         └───┘         └───┘
 驱动因素       效率驱动       创新驱动
```

图 6-1　全球创新力报告

资料来源：WEF, *Global Competitiveness Report 2014*。

经济表现、政府效能、企业效率、国家基础设施和社会系统等项目，来衡量世界各国的竞争力。年鉴数据显示，2008～2014年，中国大陆整体竞争力排名分别是第17、20、18、19、23、21、23位；其中，经济表现排名分别是第2、2、3、3、3、3、5位；政府效能排名分别是第12、15、25、33、34、41、34位；企业效率排名分别是第33、37、28、25、32、25、28位；国家基础设施排名分别是第31、32、31、28、29、26、26位。上述排名显示，中国的整体竞争力处于一般水平。从经济总量看，中国已经可以称为一个大国，但在企业效率和人力资源等方面依然落后，政府效能近几年更是呈下降趋势。因此，改善国内的整体科技创新环境，提高创新能力已刻不容缓。

综上所述，尽管中国目前已经是一个经济和科技大国，但各项国际数据显示，中国远远不是经济和科技强国。同时，中国是产业大国，却也仍不在产业强国之列。中国要实现建设创新型国家的战略目标任重而道远。

6.1.1.2　协同创新的内涵

协同学是由德国物理学家哈肯于1975年率先提出的。该理论致力于协同关系的研究，将不同学科具有的共同特征的现象作为研究对象，研究一个系统中各子系统之间的协调一致的作用,系统从无序变成有序的规律是什么,有序结构形成后如何变化。

按照哈肯协同学的观点,协同学包含两个思想:

——从统一的观点处理一个系统的各部分之间的,导致宏观水平上的结构和功能的协作;

——鼓励不同学科之间的合作。

从本质上来看,协同创新就是通过打破单元、组织、领域、区域或国别的界限,实现创新要素最大限度的整合,通过相互协作,共同开发,实现单独要素所无法实现的整体协同效应。[①] 协同实现了各子系统的组合,从而使得整个创新链完整起来、活跃起来,这离不开企业与所有的利益相关者之间建立紧密联系,以实现创新要素、创新资源在不同企业、机构与组织之间的共享,构建创新要素整合、共享和交互的创新网络体系。协同创新不同于传统的市场交易和科层组织,能更有效地协同不同性质个体(如政府、企业、社会组织等)之间的关系[②],超越了产学研合作的利益导向机制,从而能够更好地汇集分散的资源,协调各方面的利益关系,促进创新要素协同形成创新溢出与创新合力。其关键是形成以大学、企业、研究机构为核心要素,以政府、金融机构、中介组织、创新平台、非营利性组织等为辅助要素的多元主体协同互动的网络创新模式,通过知识创造主体和技术创新主体间的深入合作与资源整合,产生 1 + 1 + 1 > 3 的非线性效用。[③]

协同创新不同于传统意义上的合作,其与合作创新的区别如表 6 - 3 所示。

表 6 - 3 协同与合作的区别

项目	合作	协同
资源共享	无,完全独立的自治体	有,新的组织结构
相互的目标	不明确	共同的目标
信任	低,防御性的协议	高,关系契约
承诺	低	高

资料来源:Wang, S. & Archer, N., "Supporting Collaboration in Business-to-business Electronic Marketplaces, Information," *Systems and E-Business Management* 2 (2004): 269 – 286。

协同创新是将各个创新主体要素进行系统优化、合作创新的过程,协同创新可以从整合以及互动两个维度来分析(见图 6 - 2)。在整合维度上,主要包括知识、资源、行

[①] 许庆瑞:《全面创新管理:理论与实践》,科学出版社,2007;李平:《应积极推动协同创新》,《黑龙江日报》2012 年 3 月 12 日,第 12 版。

[②] Pittaway, L. et al., "Networking and Innovation: A Systematic Review of the Evidence," *International Journal of Management Reviews* 5 (2004): 137 – 168.

[③] 陈劲、阳银娟:《协同创新的理论基础与内涵》,《科学学研究》2012 年第 2 期。

动、绩效,而在互动维度上,主要是指各个创新主体之间的互惠知识分享,资源优化配置,行动的最优同步,系统的匹配度。根据两个维度上的不同位置,协同创新是沟通、协调、合作、协同的过程。

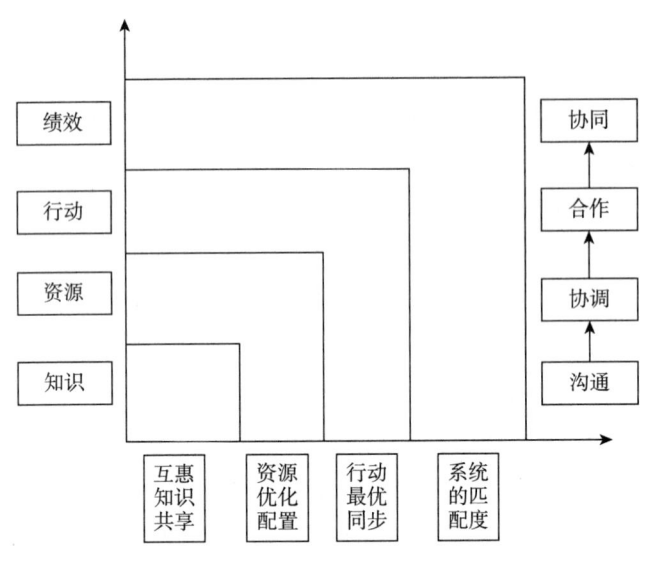

图 6-2　协同创新理论框架

资料来源:陈劲、阳银娟:《协同创新的理论基础与内涵》,《科学学研究》2012 年第 2 期。

协同创新的主要特点有:①整体性。创新生态系统是各种要素的有机集合而不是简单相加,其存在的方式、目标、功能都表现出统一的整体性。②层次性。不同层次的创新有不同的性质,遵循不同的规律,而且不同层次之间存在相互影响和作用。③耗散性。创新生态系统会与外部进行信息、能量和物质的互流。④动态性。创新生态系统是不断动态变化的。⑤复杂性。组成系统的各要素比较多样,且存在复杂的相互作用和相互依赖。①

协同创新从本质上超越了以往各种产学二元创新、产学研合作创新、集群创新等创新模式,成为整合异质性创新资源、提高创新效率的更有效途径。中国需在构建"协同创新"体制机制上大胆探索以寻求重大突破,强化各级各部门和社会组织的协同创新体制机制建设和体制机制改革,选择战略性新兴产业作为突破口,在加大对战略性新兴产业科研与项目建设经费投入的同时,在科研项目管理中进行新政策试点。例如,围绕科研项目立项,协同创新需要根据产业界需求进行选题,同时充分发挥企业创新的主体作用;在科研项目验收阶段,协同创新不能只局限于学术界只注重论文发表、不注重经济效益的单一评价怪圈,应将创新成果的评价交由市场去检验。特别

---

① 陈劲、阳银娟:《协同创新的理论基础与内涵》,《科学学研究》2012 年第 2 期。

是应用研究型项目，更要紧紧围绕科研成果的市场价值进行合理评价。由此，协同创新强化并实现了企业、高校、科研院所的深度合作，强化了跨国界、跨区域、跨学科的协同合作，着力构建起"大开放、大合作、大协同"的科技创新体制机制。

协同创新是通过国家意志的引导和机制安排，围绕产业与市场重大需求，促进企业、大学、研究机构发挥各自的能力优势、整合互补性资源，加速技术推广应用和产业化，协作开展产业技术创新和科技成果产业化活动的新的创新模式。因此，协同创新已经成为当今科技创新的新范式。

协同创新使不同类型、不同背景、不同战略取向、不同利益群体的主体和人和谐共处于同一体系并围绕同一目标合作共创事业，实现共赢。创新是新创意到商业化的全过程，是以市场实现为标志、以追求商业利润为目的的商业性活动。要实现创新的经济价值，需要政府的有效推动和制度保障，需要创新主体之间的相互认同、彼此承诺、资源共享、有效协同，还需要市场环境的有效激励和支持。

6.1.1.3　协同创新的影响因素

协同创新对效率提升与创新的成功带来极大的影响，然而，如果协同创新的影响因素没有得到很好的管理，协同创新依旧会失败。[①] 协同创新的因素主要包括战略、过程、结构以及能力四个维度。战略是协同创新的首要影响因素，需要考虑协同创新主体的战略价值、目标一致性以及文化一致性等方面；过程维度包含领导力、计划、治理以及控制等方面，组成了协同创新过程管理的各个方面；结构维度主要包含职能与基础设施；最后，承诺、相互依存、协调、信任、资源共享、信息技术、危机管理、知识与信息分享等要素构成了协同创新影响因素的能力维度。大量的研究与实践总结了协同创新的影响因素，具体如表6-4所示。

表6-4　协同创新的影响要素

分类	影响因素
战略	战略价值
	目标一致性
	文化一致性
过程	领导力
	计划
	治理
	控制

---

① Bititci, U., Carrie, A., Turner, T., *Integrated Performance Measurement Systems: Structure and Dynamics*, in *Business Performance Measurement: Theory and Practice* (Cambridge: Cambridge University Press, 2002).

续表

分类	影响因素
结构	职能与基础设施
能力	承诺
	相互依存
	协调
	信任
	资源共享
	信息技术
	危机管理
	知识与信息分享

资料来源：Mun, J., Shin, M., Lee, K., Jung, M., "Manufacturing Enterprise Collaboration Based on a Goal-oriented Fuzzy Trust Evaluation Model in a Virtual Enterprise," *Computer & Industrial Engineering* 56 (2009): 888 – 901; Bititci, U., Carrie, A. Turner, T., *Integrated Performance Measurement Systems: Structure and Dynamics*, in *Business Performance Measurement: Theory and Practice* (Cambridge: Cambridge University Press, 2002); Spekman, E., "Strategy Supplier Selection: Understanding Long-term Buyer," *Business Horizons* 31 (1988): 75 – 81; Powell, W. Koput, Smith-Doerr, L., "Inter-organizational Collaboration and the Locus of Innovation: Networks of Learning in Biotechnology," *Administrative Science Quarterly* 41 (1996): 116 – 145.

6.1.2 中国协同创新中心的案例研究

为贯彻落实胡锦涛在庆祝清华大学建校100周年大会上的重要讲话精神，积极推动协同创新，中国高校均积极结合自身发展优势，探索不同类型的协同创新模式，其组建形式和运行机制各有其内在机理和创新特色。本部分选取浙江大学创新技术研究院、绿色交通技术产学研协同创新联盟、浙江大学煤炭资源化利用发电技术协同创新中心、天津化学化工协同创新中心和北大—清华生命科学联合中心作为典型案例，在前期调研的实证基础上，着重选择模式不尽相同以及具备体制机制改革特色的协同创新中心，试图对协同创新的模式进行分类探索研究。

6.1.2.1 浙江大学创新技术研究院

浙江大学创新技术研究院于2012年5月成立。该创新技术研究院的目标是探索建立科技成果产业化、技术创新和人才培养与高科技企业培育有机结合的新型协同创新模式，力促科技、人才、资本、信息、市场等创新要素的深度有机结合，提高科技成果的转化率，衍生、培育高新技术企业，提升企业自主创新能力，为区域经济发展和建设创新型国家服务。

创新技术研究院以有限责任公司的企业化方式运行。由分别代表省市政府的国有企业、浙江大学、民营企业和金融、创业投资企业共同出资成立，注册资金为5.05

亿元人民币。其中，浙江大学全资公司——浙江大学圆正控股集团有限公司出资2.55亿元，其余2.5亿元由12家省内外国企、上市公司、民营企业共同出资。研究院成立后，省、市、区政府都给予了相应的税收等政策优惠，并持续地给予财政资金的支持。

创新技术研究院不仅介入共性技术、关键技术和前瞻性技术的产业化研究开发，而且积极引进省内外、国内外先进技术和科研成果，整合高校、科研院所、企业以及人才、资金、信息和市场等各方优质资源进行深化研究开发，实现科技成果的产业化，并在高新技术产业化的过程中孵化高科技企业。在前期半年多的筹备过程中，已经组织人员对70余个国内外高科技项目进行了调研、评估、论证和筛选，其中数个项目已进入技术持有人、合作企业和创新技术研究院三方对接的阶段；一个名为"电磁避震器与旋转动密封"的项目已经落地，成立了项目公司，第一款用于单晶硅炉上的旋转动密封装置已研制成功。创新技术研究院设立了每年20项成果产业化的前期目标。

创新技术研究院将以项目组团运行并实行项目独立核算。在科技成果产业化的过程中，项目筛选、专家论证、决策和产品研发等是关键步骤。在项目筛选阶段，研究院将分设10个浙江大学专业背景较强且与国家战略新兴产业相吻合的行业研发方向，每个行业以具有较深专业背景的博士担当"调研员"，到科研、市场一线寻找有市场前景的科研成果和需求。创新技术研究院已经聘请了首批涵盖各学科门类的22位专家教授组成专家咨询委员会，今后将面向全球的高校、科研院所、政府部门、企业和社会各界聘请一大批专家，形成涉及各行各业的专家咨询专业委员会和立项决策委员会。专家咨询专业委员会和立项决策委员会将对项目的技术可行性与市场前景形成综合分析、评估和判断。对通过论证的项目，创新技术研究院将依托浙江大学的平台优势面向海内外招聘人才，组建相应的项目研发团队，投入资金，并与相关行业的企业合作，对科研成果进行深度开发，成为面向市场与产业的产品。

这一模式将充分发挥浙江大学的科技和人才优势，浙江省、杭州市的区域经济政策优势及民营企业的市场优势，加速科技成果的产业化。在不断转化科技成果、孵化高技术公司、做强做大科技产业规模、壮大区域经济实力的同时，创新技术研究院通过持有所孵化高技术企业的部分股权或转让部分产业化成果项目获取利润，实现"科技项目研发投入—成果转化—企业孵化—高技术企业发展壮大—股权分红或转让、成果转让取得收益—高技术项目研发再投入"的良性循环发展机制。

6.1.2.2 绿色交通技术产学研协同创新联盟

武汉理工大学等21家高校、科研院所和行业企业积极探索协同创新的新模式，共同组建了"绿色交通技术产学研协同创新联盟"。联盟围绕中国"资源节约型、环境友好型"社会建设对交通运输业赋予的使命和要求，立足于解决影响交通运输业发展方式转变和结构调整的瓶颈问题，推动低碳运输体系建设，促进绿色交通运输技术发展，通过创新体制机制，统筹交通运输业内外相关资源，构建国际一流水平的绿色交通技术协同创新平台，共建创新人才培养试验区，推进行业文化传承创新，全面提升交通运输业的自主创新能力、创新人才培养能力和文化传承创新能力。

联盟的主要任务如下。

①合作构建国际一流水平的科技创新平台。围绕解决中国绿色运输体系科学发展的基础性、前瞻性、战略性重大问题，充分利用联盟内外相关科技资源，建立全新的科研协作机制及成果与利益共享机制，重点建设重大基础与应用基础研究协同创新平台、重大共性关键技术开发研究协同创新平台和重大科技成果转化协同创新平台三类科技协同创新平台。

②合作共建创新人才培养试验区。围绕绿色交通运输体系发展对创新型人才的需求，充分发挥联盟成员单位优势，依托科技协同创新平台，探索创新人才培养的新模式、新机制，合作建设高水平博士和博士后培养试验区、高质量本科生和硕士生培养试验区和高素质工程技术人才培养试验区三大创新人才培养试验区。

③协同推进行业文化传承创新。依托协同创新联盟，推动中国交通行业的观念创新，以现代交通发展观、交通科技观、交通人才观等构筑符合时代特征的交通行业文化，实现交通行业的文化创新，提升行业软实力。

④协同培养和造就学科领军人物及创新团队。面向交通运输业自主创新和创新人才培养对高层次人才的需要，培养和造就一批能够引领交通运输业未来发展方向的学科领军人物和高水平的创新团队。围绕联盟协同创新平台的研究领域和建设任务，引进以两院院士、国家"千人计划"等为代表的具有国际竞争力的战略科学家作为特聘专家，建设若干以战略科学家为核心的创新团队。面向中国交通运输业技术创新和产业升级的重大需求，依托联盟科技创新平台，引进一批产学研特聘专家，建设若干以产学研特聘专家为核心的研发团队。

依托协同联盟，组建了"绿色交通技术协同创新中心"。中心设管理委员会，管理委员会是中心的最高决策机构，负责制定中心发展规划并确定科学技术的总体发展路线，确定中心不同时期的重点任务，争取各类资源，协调和决定中心发展的重大事项，聘任中心主任和领域首席科学家等。中心主任负责中心的日常管理和运行，协调创新体内三类协同创新平台和创新人才培养试验区等各类创新资源，支持领域首席科学家开展科学研究和人才培养。首席科学家负责本领域的协同创新研究工作，具有相对独立的人事管理权限，负责组建创新研究团队，对团队成员按创新质量和贡献进行绩效分配。协同创新中心通过构建科学的组织管理体系，整合汇聚绿色交通技术领域各类相关创新资源，构建三类科技创新平台，为三大关键技术的突破提供支撑。同时，依托三大关键技术研究和三大科技创新平台建设，构建创新人才培养试验区，培养拔尖创新人才，实现绿色交通技术领域的持续协同创新。

6.1.2.3 浙江大学煤炭资源化利用发电技术协同创新中心

"煤炭资源化利用发电技术协同创新中心"由浙江大学牵头，以浙江大学、清华大学、华东理工大学为核心高校，以中国国电集团公司、神华集团有限责任公司、中国东方电气集团有限公司、中国中材集团有限公司作为协同企业。中心将面向国家能源领域的重大需求，以体制机制改革为引领，实现创新要素和各种资源的高度汇聚和深度融合，在煤炭深度资源化综合利用的发电技术领域开展协同创新，以建成能源领域国际一流的国家级创新基地。

浙江大学、清华大学是中国高校能源动力领域顶尖的科学研究和人才培养基地，其中浙江大学拥有"能源清洁利用国家重点实验室"、"国家能源科学与技术学科创新引智基地"、"国家能源煤炭清洁转换利用技术研发中心"、"国家环境保护燃煤大气污染控制工程技术中心"、"国家水煤浆工程技术研究中心水煤浆燃烧研究所"等研究基地。清华大学拥有"工业锅炉及民用煤清洁燃烧国家工程研究中心"、"燃气轮机与煤气化联合循环国家工程研究中心"和"热科学与动力工程教育部重点实验室"等研究基地。华东理工大学是以化工为特色的高校，拥有"化学工程联合国家重点实验室"和"煤气化及能源化工教育部重点实验室"等研究基地。此外，"煤科学与技术教育部重点实验室"（太原理工大学）也将加盟协同创新中心。

中国国电集团公司是以发电为主的综合性电力集团，在发电行业处于领先地位，公司可控装机超过1.1亿千瓦，居全国第二，居世界企业500强第341位。神华集团有限责任公司是以煤为基础，电力、铁路、港口、航运、煤制油与煤化工为一体的特大型能源企业，居世界企业500强第234位。中国东方电气集团有限公司是以大型发电成套设备、电站工程承包和电站服务为主业的中国最大的发电设备制造基地，连续8年保持发电设备产量世界第一。中国中材集团有限公司是以非金属材料制造业、非金属材料技术装备与工程业和非金属矿业为主业的大型企业集团，连续多年进入中国企业500强。

协同创新中心努力探索建立高校面向行业产业的创新模式，纠正高校工程学科的研究方向论文化、研究队伍分散化的倾向，提升围绕国家和企业重大工程技术需求，组织多学科集团军开展有组织协同创新的能力。加强与企业的深度融合，使企业介入前期研究，高校科研向后期延伸，实现基础研究、应用研究、技术研发、工程示范和商业化各环节的有机结合。

协同创新中心建立统一的学术和行政决策与运行体系，设立理事会、科技委员会。理事会讨论决定协同中心重大事项，协调人、财、物等资源，由核心高校和协同企业的主管领导组成。科技委员会为协同创新中心的发展，提供决策咨询，由具有国际视野、熟悉国内外技术与产业发展、有深厚学术造诣的国内外知名专家以及核心高校和协同企业的专家组成，由中国工程院副院长谢克昌院士任主任。

协同创新中心的领导班子由首席科学家、中心主任和副主任组成，岑可法院士任首席科学家，倪明江教授任中心主任。协同创新中心将建设"煤炭裂解燃烧发电平台"、"煤气焦油深加工平台"、"污染物脱除资源化平台"、"灰渣废弃物综合利用平台"和"系统工程集成平台"5个研究平台，由高校和企业的高水平专家担任平台负责人。协同创新中心打破了单位界限，将各单位最强的研究力量分别组合到相应平台中，5个平台任务明确、互为支撑、优势互补、协同发展。

协同创新中心具有相对独立的人事权，实行统一的聘用、考核和薪酬制度，并按照竞争和流动的原则汇聚国内外最优秀的人才。进入协同创新中心的人员保留原单位的编制和薪酬，由协同创新中心统一安排任务、进行考核，并按照统一标准发放协同创新中心津贴。实行团队考核制度，按照指挥系统逐级考核，并以完成本职任务的质和量作为主要考核标准和依据。

在人才培养方面，实行依托重大工程技术创新培养研究生，论文选题结合国家和企业重大需求。各单位联合制订培养方案，招生试点直接面试录取，实行交叉选课、学分互认，并由高校教授和企业专家组成导师组合作培养研究生。探索高校将人才和技术整体输出到企业的机制。汇聚各方资金和资源，建立协同创新中心发展基金和共享平台，按照"开放、共享、有偿"的原则，实现人才、仪器设备、科研设施等在创新体系内的共享，并根据各方投入的智力和资源，共享研究成果和知识产权。

6.1.2.4 天津化学化工协同创新中心

"天津化学化工协同创新中心"由天津大学和南开大学联合组建，实现了强强联合与优势互补。该中心的发展目标是，打造在国际化学化工学术领域内一流的科研和人才培养平台。其指导思想是，以全面提升创新能力为目标，面向科学前沿和国家发展需求，汇聚资源，建立协同创新体，进一步创新机制，形成创新要素聚集的战略高地，形成有利于协同创新的可持续发展能力。

该中心贯彻"2011计划"，在建设过程中坚持校地、校院共同推进，不断延展协同创新的理念环境，结合天津滨海新区开发开放这一国家战略需求，积极加大基础研究成果的转化，统筹考虑学校和区域的协同创新工作，为区域经济和社会发展做出贡献。

该中心的主要功能定位为：充分释放人才、资本、信息和技术的活力，力争促进学科交叉融合，推动学科群协同发展，培养拔尖创新人才，聚集高层次领军人才，提升社会服务能力，发挥人才培养、科学研究和社会服务三位一体的作用。

该中心的目标定位为：瞄准世界一流，面向科学前沿，努力成为中国化学化工领域科学研究和人才培养的学术高地，成为聚集和转化国内外化学化工科技创新成果的重要基地，成为服务天津市经济社会发展、服务滨海新区开发开放乃至辐射全国具有重要影响力的创新平台。两校在研究生联合培养、知识产权共享和学术评价激励机制等方面实现突破。

该中心的主要任务为：打破传统化学化工学科界限，突出创新与交叉，瞄准学科前沿，通过整合天津大学化工和南开大学化学的学科资源和优势，以体制机制改革为重点，以创新能力提升为突破口，加强与国际化学化工领域知名研究机构的协作，按照国家急需、世界一流的要求，根据国家在能源、资源、环境与健康领域的迫切需求，围绕跨越分子水平的化学到大规模化工技术研发过程中的核心问题与瓶颈问题，开展原始性、前瞻性、基础性和应用性创新研究，大力推动化学化工学科的融合发展，培养、汇聚一批国际学术领军人才与科研创新团队，开发一批具有自主知识产权的重大原始创新成果，输出一批拔尖创新人才，创造出巨大的经济效益与社会影响。

该中心以"跨越分子与过程的设计合成"为主题，优先在以下领域开展研究：①功能导向物质的设计与绿色合成，包括功能分子的设计及绿色合成和组装的新理论、新方法、新技术，分子设计合成与物质规模化制备过程耦合及其对物质功能的影响，功能导向物质绿色合成的过程强化及新过程、新技术与新装备。②能源及资源的高效清洁转化利用，包括新能源及资源高效转化过程中的分子、材料设计、合成与应用基础，重大能源及资源高效转化与利用过程的跨尺度作用机理与调控机制，化石能源、资源与可再生能源、资源的高效清洁转化技术与分离过程。

两校共同签署了《天津大学南开大学组建"天津化学化工协同创新中心"承诺书》，承诺将充分发挥两校学科优势，以化学化工领域为中心，开展国家急需的战略性研究，探索科学技术尖端领域的前瞻性研究、涉及国计民生重大问题的公益性研究，建设重大创新平台和创新团队，并以此为契机大力推进两校在协同创新领域的体制机制改革，主动对接天津特别是滨海新区的产业发展需求。

6.1.2.5 北大—清华生命科学联合中心

北京大学作为国内名列前茅的文理医工综合性大学，在培养高素质创新型人才、取得突破性科研进展以及为国民经济发展和社会进步提供智力支持等方面都发挥着极其重要的作用。

2011年，为加速中国世界一流大学的建设，提升高校创新能力，由教育部、科技部和财政部设计、组织，清华大学与北京大学密切配合，按照"统一领导、顶层设计、强强联合、务实发展、动态调整"的原则，组建了"清华大学—北京大学生命科学联合中心"（以下简称"生命中心"），英文名称为 Tsinghua University-Peking University Joint Center for Life Sciences（TPCLS）；在北京大学挂牌称为"北京大学—清华大学生命科学联合中心",英文名称为 Peking University-Tsinghua University Joint Center for Life Sciences（PTCLS）。

生命中心作为协同创新平台，其目标是通过改革教育和科研的相关制度，吸引与汇聚热心教育的优秀科学家，培养拔尖创新人才，造就一流的以生命科学研究与教育中心为目的的协同创新平台。该中心激励科学家秉承"求实创新"的科学精神，自由探索未知前沿；营造学科交叉融合、研究独立自主、思想宽松活跃的氛围，激励具有突破性和持续发展潜力的原始创新。生命中心正式运作以来，成效已现端倪。该平台已经吸引和凝聚了多位国际知名学者，取得了诸多具有世界领先水平的研究成果，在《自然》、《科学》和《细胞》等国际顶尖刊物上发表了诸多高水平论文，联合举办学术报告及专题讲座100余场。

生命中心同时为生命科学研究与人才培养改革试点单位，其宗旨是落实《国家中长期教育改革和发展规划纲要（2010~2020年）》和《国家中长期科学和技术发展规划纲要（2006~2020年）》的相关要求；加速中国世界一流学科和一流大学的建设；推动科学研究和人才培养为一体的体制机制综合改革与创新。生命中心的主要任务是以卓越的生命科学基础研究带动拔尖创新人才培养，建设国际一流的生命科学研究与教育中心；通过体制机制改革与创新，为高等教育改革探索可持续发展的新模式，为科技体制改革提供可借鉴的经验，为聚集、使用和培养人才提供可推广的范例。

生命中心建立健全了改革试点的组织结构，成立了协调领导小组、建设指导小组、科学咨询委员会、执行委员会和生命中心。其中，生命中心是依托两校生命科学学院并作为跨院系的相对独立的实体，实行主任负责制，下设独立的科研实验室若干和支撑部门。生命中心在科研、教学、人才招聘和考核等方面享有自主权，包括人员聘用条件及方式、薪酬待遇及发放、考核评价标准及办法等。

此外，协调领导小组是改革试点的指导协调机构，负责改革试点的协调推动、政策支持、指导督促，组长为教育部部长。改革试点建设指导小组由两校校长担任组长，主要职责是具体协调改革试点的启动、组织机构的设立以及审批改革试点发展规划等重大事项。科学咨询委员会由国内外著名的生命科学家组成，为改革试点提供学术咨询和建议，审定研究方向及发展规划，听取年度工作报告。改革试点执行委员会由两校校长担任委员会主任，负责贯彻落实协调领导小组和建设指导小组的指示精神和工作要求，解决改革过程中遇到的各种问题，指导生命中心的运行与管理。

6.1.3 协同创新中心的目标与宏观布局

6.1.3.1 目标

协同创新的目标是各个创新主体要素内实现创新互惠知识的共享、资源优化配置、行动最优同步和高水平的系统匹配度。协同创新平台是指不同的企业、科研机构和大学通过平台网络连接起来，以合作创新为核心，围绕特定的研究目标和内容，整合企业、高校与科研机构的核心优势资源和竞争优势，获得单方无法独立达到的高效益，最大限度地提高平台的运行效率，及时把必要的组织功能联合在平台这个载体和中介中，建立起一个适应科技、经济及社会发展的较为紧密的合作平台，共同开展某种技术或某项产品的研究、开发和产业化。

在宏观层面上，以创新体制机制为动力，以汇聚高层次创新人才为保障，以承接重大科研项目及其产业化为支撑，协同创新平台大力加强政、产、学、研、用一体化合作。协同创新平台以提高平台的技术创新能力为前提，选择适当的平台发展规模，围绕市场需求，形成合作创新规划，确定适应市场和平台运行特点的运行机制，提高平台对科技及经济发展的贡献率，发挥科技第一生产力的作用。在微观层面上，协同创新平台通过主体之间、主体与外部环境之间的人力、知识、技术、基础设施、资本、信息及政策等创新资源的互动，实现合作技术创新目标，取得一定的经济效益和社会效益。

因此，协同创新平台是在政府的引导和协调下，充分调动企业、高校和科研机构的科技力量，组建具有高度科技环境感知力和商业环境感知力的协同创新团队，加强协同创新团队之间的合作与交流，充分整合创新资源，实现创新资源的合理配置与共享，完成研发任务，提高创新团队的科技创新能力和水平，增强合作创新团队的效率，进而提高平台的运行绩效。

6.1.3.2 宏观布局

协同创新中心应以人才、学科、科研三位一体的创新能力提升为核心，坚持"高起点、高水准、有特色"的发展原则，充分利用高等学校已有的基础，汇聚社会多方资源，大力推进高等学校与科研院所、行业企业、地方政府以及国际社会的深度融合，探索建立适应于不同需求、形式多样的协同创新模式。协同创新中心的具体模式可以大致划分为四大类，即根据高校和企业的学术导向和研究特色，分别建立面向科学技术前沿、行业产业经济发展、区域发展和中国社会主义文化建设的协同创新中心。

（1）面向科学技术前沿和社会发展的重大问题，依托高等学校的优势特色学科，与国内外高水平的大学、科研机构等开展实质性合作，吸引和聚集国内外的优秀创新团队与优质资源，建立符合国际惯例的知识创新模式，营造良好的学术环境和氛围，持续产出重大原始创新成果和拔尖创新人才，逐步成为引领和主导国际科学研究与合作的学术中心。

（2）面向行业产业经济发展的核心共性问题，依托高等学校与行业结合紧密的优势学科，与大中型骨干企业、科研院所联合开展有组织创新，建立多学科融合、多团队协同、多技术集成的重大研发与应用平台，形成政、产、学、研、用融合发展的技术转移模式，为产业结构调整、行业技术进步提供持续的支撑和引领，成为国家技术创新的重要阵地。

（3）面向区域发展的重大需求，鼓励各类高等学校通过多种形式自觉服务于区域经济建设和社会发展。支持地方政府围绕区域经济发展规划，引导高等学校与企业、科研院所等通过多种形式开展产、学、研、用协同研发，推动高等学校服务方式转变，构建多元化成果转化与辐射模式，带动区域产业结构调整和新兴产业发展，为地方政府决策提供战略咨询服务，在区域创新中发挥骨干作用。

（4）面向中国社会主义文化建设的迫切需求，整合高等学校人文社会科学的学科和人才优势，推动与科研院所、行业产业以及境外高等学校、研究机构等开展协同研究，构建多学科交叉研究平台，探索建立文化传承创新的新模式，加强文化对外表达和传播能力建设，发挥智囊团和思想库作用，为提升国家文化软实力、增强中华文化国际影响力、推动人类文明进步做出积极贡献。

在以上案例中，浙江大学创新技术研究院以项目组的形式，筛选出10个浙江大学专业背景较强且与国家战略性新兴产业相吻合的行业研发方向，开展共性技术、关键技术和前瞻性技术的产业化研发，并结合浙江省、杭州市的区域经济政策优势及民营企业的市场优势，加速科技成果的产业化，属于面向区域发展重大需求的协同创新模式，鼓励高等学校通过多种形式自觉服务于区域经济建设和战略性新兴产业建设，推动高等学校服务方式转变，构建多元化成果转化与辐射模式，带动区域产业结构调整和新兴产业发展，为地方政府决策提供战略咨询服务，在区域创新中发挥骨干作用。绿色交通技术产学研协同创新联盟，也是面向行业产业经济发展的协同创新模式，主要针对中国交通运输业，立足于解决影响交通运输业发展方式转变和结构调整的瓶颈问题，推动低碳运输体系建设，促进绿色交通运输技术发展，构建国际一流水平的绿色交通技术协同创新平台。浙江大学煤炭资源化利用发电技术协同创新中心，探索建立高校面向行业产业的协同创新模式，纠正高校工程学科的研究方向论文化、研究队伍分散化的倾向，提升围绕国家和企业重大工程技术需求，组织多学科集团军开展有组织协同创新的能力。主要依托高等学校与行业结合紧密的优势学科，建立多学科融合、多团队协同、多技术集成的重大研发与应用平台，形成政、产、学、研、用融合发展的技术转移模式，提高科技成果转化率。天津化学化工协同创新中心，面向科学前沿和国家发展需求，汇聚资源，建立协同创新体，努力成为中国化学化工领域科学研究和人才培养的学术高地，成为聚集和转化国内外化学化工科技创新成果的重要基地。北大—清华生命科学联合中心，通过改革教育和科研的相关制度，吸引与汇聚热心教育的优秀科学家，培养拔尖创新人才，造就一流的生命科学研究与教育中心。主要面向科学前沿和社会发展的重大问题，激励科学家秉承"求实创新"的科学精神，自由探索未知前沿；营造学科交叉融合、研究独立自主、思想宽松活跃的氛围，激励具有突破性和持续发展潜力的原始创新。

6.1.4 协同创新的体制机制

在上文提到的5个协同创新平台案例中，浙江大学创新技术研究院是面向区域发展重大需求的协同创新模式；绿色交通技术产学研协同创新联盟和浙江大学煤炭资源化利用发电技术协同创新中心，是面向行业产业经济发展的协同创新模式；天津化学化工协同创新中心和北大—清华生命科学联合中心，是面向科学前沿和社会发展重大问题的协同创新模式。以下将对上述三种协同创新模式的组织结构、协同成员构成和科研组织模式进行实证研究。

"2011计划"希望高校能够突破抑制创新能力提升的内部机制障碍，打破与其他创新主体之间的体制壁垒，把人才作为协同创新的核心要素，通过系统改革，充分释放人才、资本、信息、技术等方面的活力，营造有利于协同创新的环境氛围。实现八大方面的体制机制改革：①构建科学有效的组织管理体系；②探索促进协同创新的人事管理制度；③健全寓教于研的拔尖创新人才培养模式；④形成以创新质量和贡献为导向的评价机制；⑤建立持续创新的科研组织模式；⑥优化以学科交叉融合为导向的资源配置方式；⑦创新国际交流与合作模式；⑧营造有利于协同创新的文化环境。

6.1.4.1 组织架构

①面向区域发展的重大需求。浙江大学创新技术研究院由浙江大学（浙江大学圆正控股集团有限公司）控股，浙江省内多家知名上市公司和实力型民营企业参股组建，是一家依托政府支持，集高科技产品与技术的引进和研发，高科技企业孵化与高新技术产业培育于一体的具有投资功能的企业法人。浙江大学创新技术研究院的首任院长是褚健（浙江大学副校长），下设三大职能部门，分别是综合管理办公室、项目与产业化部和战略发展规划部。

浙江大学创新技术研究院的组织架构主要由股东大会、董事会、监事会、专家委员会等组成（见图6-3），创新技术研究院以项目组团运行并实行项目独立核算。研究院分设10个浙江大学专业行业研发方向，聘请专家教授组成专家咨询委员会，面向全球的高校、科研院所、政府部门、企业和社会各界聘请一大批专家，形成涉及各行各业的专家咨询专业委员会和立项决策委员会，对项目的技术可行性与市场前景形成综合分析、评估和判断。

②面向行业产业经济发展。绿色交通技术产学研协同创新联盟，由武汉理工大学

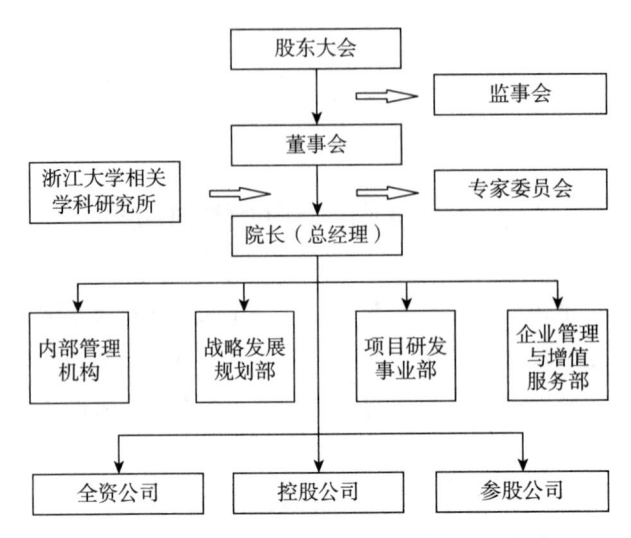

图 6-3 浙江大学创新技术研究院的组织架构

等 21 家高校、科研院所、行业企业共同组建,中心设管理委员会。管理委员会是中心的最高决策机构,负责制定中心发展规划并确定科学技术的总体发展路线,确定中心不同时期的重点任务,争取各类资源,协调和决策中心发展中的重大事项,聘任中心主任和领域首席科学家等。中心主任负责中心的日常管理和运行,协调创新体内三类协同创新平台和创新人才培养试验区等各类创新资源,支持领域首席科学家开展科学研究和人才培养。首席科学家负责本领域的协同创新研究工作,具有相对独立的人事管理权限,负责组建创新研究团队,对团队成员按创新质量和贡献进行绩效分配。

煤炭资源化利用发电技术协同创新中心是建立在高校的面向行业产业的科技创新实体单位,由浙江大学牵头组建,联合清华大学、华东理工大学等高校,在煤电领域与浙江大学形成互补性优势的国内一流学科力量,整合中国国电集团公司、神华集团有限责任公司、中国东方电气集团有限公司、中国中材集团有限公司等全产业链上的龙头企业。协同中心按照"3+3+5"的组织架构模式进行管理,即理事会、科技委员会、学术行政机构三级决策执行机构,综合管理部、创新教育院、产业发展部三大职能部门,煤炭热解燃烧发电、煤气焦油深加工、污染物脱除资源化、灰渣废弃物综合利用和系统工程集成 5 个研究中心(见图 6-4)。

中心理事会负责协同中心重大事项的决策,组织协调人、财、物等资源。设立科技委员会,统筹负责重大研究选题的设立及实施论证、可持续能源发展领域工程科技人才的培养方向。设立三个职能部门:①综合管理部:负责人才团队的聘任、考核、晋升和评价,房产、仪器、设备、基金等资源的汇聚和共享管理,财务和行政管理等。②创新教育院:能源领域工程科技人才的创新培育,培养产业发展需要的工程科技人才,为企业培训在岗员工,鼓励其进入协同中心进行再学习,鼓励来源于企业的

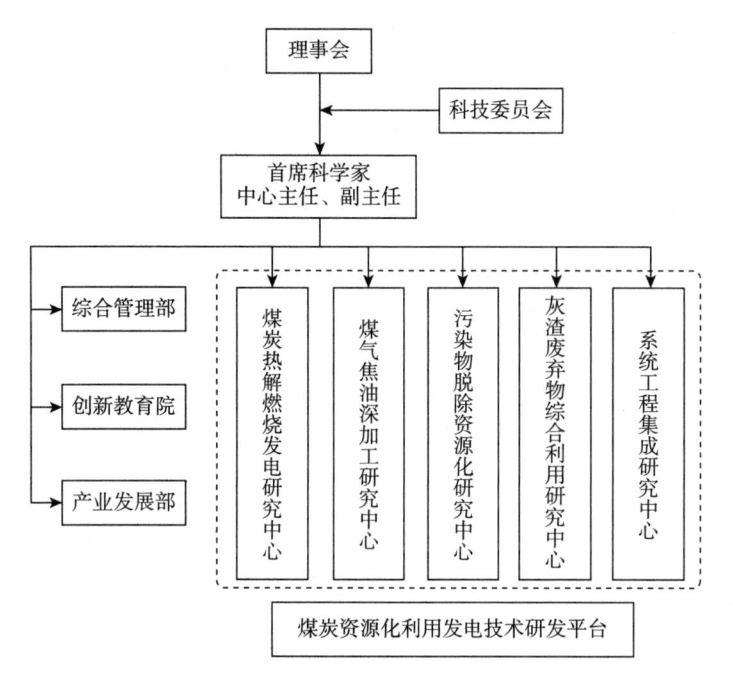

图 6-4 协同中心的组织结构

工程师与在校学生合作开展研究。③产业发展部：将成功的科研成果进行应用开发，在协同中心设中试平台，新技术中试成功后，转入相关企业生产基地，成果由协同中心和企业共享。

③面向科学前沿和社会发展。天津化学化工协同创新中心，由天津大学、南开大学联合组建，实施的是理事会领导下的中心主任负责制，中心主任行使权力由理事会监督。理事会是创新中心的最高决策机构，由举办单位负责人以及科技界、企业界、政府和化学化工领域知名的学术、技术、管理专家组成。每届任期四年。组建政府和企业参与、两校人员为主的理事会组织管理体系，负责重大事务的协商与决策，制定总体发展战略和路线；成立以诺贝尔奖获得者、欧美科学院院士为成员的"国际专家顾问委员会"，为中心提供指导性意见和建议。协同创新中心涉及两所高校，分别由两校一位副校长主管，建立每月会谈机制。协同创新中心的执行主任是天津大学副校长，来自化工学院。

北大—清华生命科学联合中心，是依托两校生命科学学院并作为跨院系的相对独立的实体，实行主任负责制，下设独立的科研实验室若干和支撑部门。生命中心在科研、教学、人才招聘和考核等方面享有自主权，包括人员聘用条件及方式、薪酬待遇及发放、考核评价标准及办法等。组织结构包括协调领导小组、建设指导小组、科学咨询委员会、执行委员会和生命中心。

协调领导小组是改革试点的指导协调机构，负责改革试点的协调推动、政策支持、指导督促，组长为教育部部长。改革试点建设指导小组由清华大学、北京大学两校校长担任组长，主要职责是具体协调改革试点的启动、组织机构的设立以及审批改革试点发展规划等重大事项。科学咨询委员会由国内外著名的生命科学家组成，为改革试点提供学术咨询和建议，审定研究方向及发展规划，听取年度工作报告。改革试点执行委员会由两校校长担任委员会主任，负责贯彻落实协调领导小组和建设指导小组的指示精神和工作要求，解决改革过程中遇到的各种问题，指导生命中心的运行与管理。具体组织结构如图 6-5 所示。

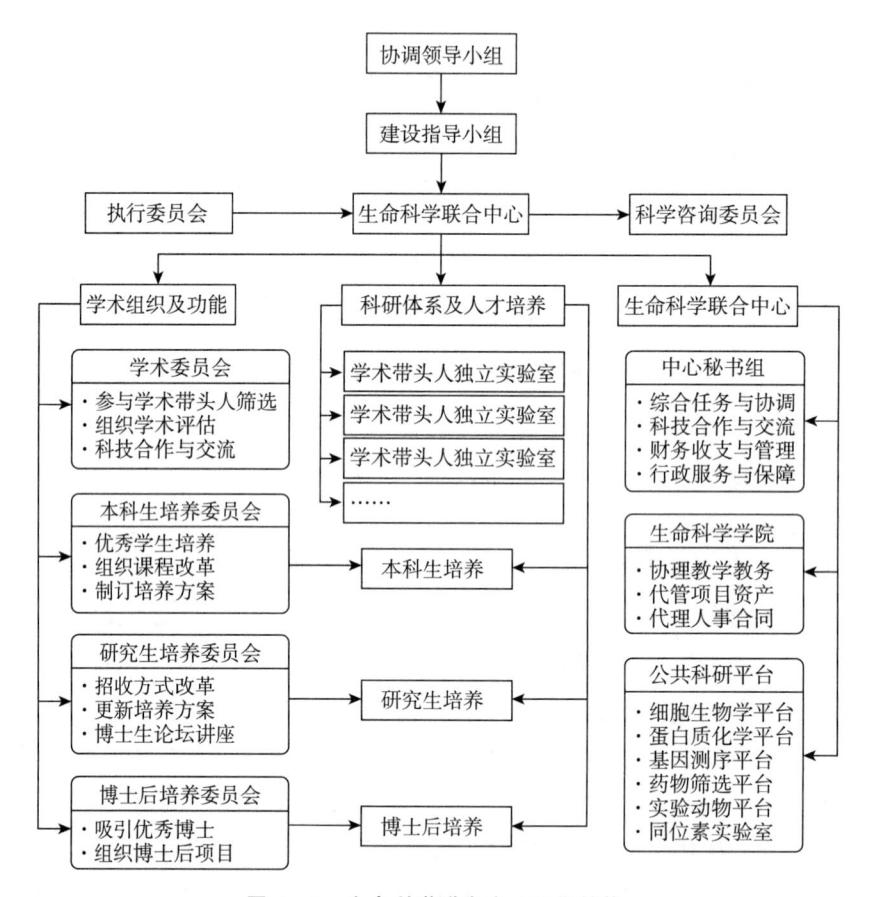

图 6-5　生命科学联合中心组织结构

6.1.4.2　科研形态

①面向区域发展的重大需求。浙江大学创新技术研究院，面向十大重点发展产业（新能源、新材料、物联网、信息技术及软件、医疗健康、节能环保、先进装备、海洋产业、仪器仪表、国防军工），整合高校、科研院所、企业以及人才、资金、信息、市场等各方优质资源进行深化研究开发，实现科技成果的产业化，并在高新技术产业化的过程中孵化高科技企业。创新技术研究院的科研组织模式是以项目组的形式

运行的。项目形成以后,组织人员对高科技项目进行调研、评估、论证和筛选,然后进入技术持有人、合作企业和创新技术研究院三方对接的阶段,每个项目组实行项目独立核算。在科技成果的产业化过程中,项目筛选,专家论证、决策和产品研发是关键步骤。创新技术研究院首批聘请了涵盖各学科门类的22位专家教授组成专家咨询委员会,后续将面向全球的高校、科研院所、政府部门、企业和社会各界聘请大批专家,形成涉及各行各业的专家咨询专业委员会和立项决策委员会。专家咨询专业委员会和立项决策委员会将对项目的技术可行性与市场前景形成综合分析、评估和判断。对通过论证的项目,创新技术研究院将依托浙江大学的平台优势面向海内外招聘人才,组建相应的项目研发团队,投入资金,并与相关行业的企业合作,对科研成果进行深度开发,成为面向市场与产业的产品。通过校企合作、引进高端技术人才,研发领先应用技术,引进国际先进项目,培养经营管理人才,孵化高新技术企业,加速高新企业发展,培育战略性新兴产业。

②面向行业产业经济发展。绿色交通技术产学研协同创新联盟的科研组织模式依托于三类科技协同创新平台(重大基础与应用基础研究协同创新平台、重大共性关键技术开发研究协同创新平台和重大科技成果转化协同创新平台),以科研团队的形式进行。面向交通运输业自主创新和创新人才培养对高层次人才的需要,培养和造就一批能够引领交通运输业未来发展方向的学科领军人物和高水平的创新团队。围绕联盟各协同创新平台的研究领域和建设任务,引进和培养以两院院士、国家"千人计划"特聘专家等具有国际竞争力的战略科学家,建设若干以战略科学家为核心的创新团队。其中首席科学家负本领域的协同创新研究工作,组建创新研究团队,对团队成员按创新质量和贡献进行绩效分配。

浙江大学煤炭资源化利用发电技术协同创新中心,基于协同创新合作平台,采取产业链分工合作的科研组织模式,任务分工实行交叉项目负责制。煤炭资源化利用发电技术主要分为五个部分:热解燃烧发电、煤炭气化、裂解气化产物深加工、污染物脱除与资源化、灰渣废弃物综合利用。协同创新体将各个高校和企业的优势学科与技术进行交叉融合,其中三大高校分别负责煤炭资源利用开发技术的部分技术,浙江大学负责裂解燃烧发电、灰渣废弃物综合利用,清华大学负责污染物脱除与资源化,华东理工大学负责裂解气化产物深加工,分别建立相关平台。企业的任务基于工程分工,并参与到高校的平台建设中去。国电集团负责电站工程,神华集团负责煤化工工程,东方电气集团负责装备制造,中材集团负责材料工程,并参与各自擅长技术的模块以及浙江大学的系统工程集成平台建设。

③面向科学前沿和社会发展。天津化学化工协同创新中心的科研组织模式以学科带头人科研团队的模式进行,学科带头人是中心课题负责人,直接对课题负责,中心

将在几年内分2期共组建70个学科带头人科研团队，人员规模最终达到1000人左右，并实现动态平衡。科研组织模式改革还在进行中，以后需要通过改变评价来改变科研组织模式，要有利益共享机制，通过具有较强组织能力的带头人领导重大项目，整合协同创新需要的多个领域。

北大—清华生命科学联合中心下设独立实验室若干和支撑部门，中心以课题组负责的独立实验室为基本研究和人才培养单元。科研模式采取学科带头人负责制，按照国际标准，在两校公开选拔学科带头人。应聘者应为两校生命科学领域的事业编制人员，经个人申请、生命中心学术委员会组织国际评审，生命中心主任（负责人）批准后可聘为生命中心学科带头人。原则上改革试点学科带头人必须具有本研究领域世界领先的学术水平，相当于美国一流研究型大学助理教授或以上水平。

6.1.4.3 评价机制

协同创新中心最终要形成以创新质量和贡献为导向的评价机制。改变单纯以论文、获奖为主的考核评价方式，注重原始创新和解决国家重大需求的实效，建立综合评价机制和退出机制，鼓励竞争，动态发展。其中，面向区域和行业产业的协同创新模式的评价机制，基于科技成果转化情况以及行业产业应用情况，而面向科学前沿和社会发展的协同创新模式，一般都从原来的纯论文数量导向走向注重创新质量的评价。

浙江大学煤炭资源化利用发电技术协同创新中心，完善以行业产业应用为导向的科研评价体系，强化项目的过程管理，引入第三方科研项目监理制度，建立既能体现公平、又能激发竞争的科技成果认定制度。建立协同创新的成果共享机制，依托中心开展研究取得的成果，可同时标注中心和人事所属单位（成果归属人事所属单位）。按照人员和单位的实际贡献排列署名，协同体系内实现共享使用。对于高影响因子的论文，承认不同单位、不同学科作者作为共同第一作者，或共同通讯作者。建立知识产权收益政策，对协同创新中心多个单位共同产生的知识产权，各参与单位就知识产权归属及利益分别签订协议，知识产权收益向科研人员倾斜（如技术股份等）。

北大-清华生命科学联合中心打算构建自由开放、鼓励创新、宽容失败的文化环境，反映在对协同创新中心的人员评估考核方面则从单纯以论文、获奖为主的评价方式向以创新质量和贡献为导向的评价机制。在科研上，生命中心采取"自由主义"，即不规定具体的课题、不设具体的考核指标，学科带头人可以做到"我的科研我做主"，对师生的评价不能仅仅靠论文的产出数量，更要看质量，希望通过量变产生质变。北京大学人事部将各院系的津贴打包发给部门，由部门之间自行分配，为各院系、研究中心灵活设置个性化的考核评价标准提供了支持。生命中心的评估主要有以下几种。

学术评估，包括生命中心整体的学术影响评估和学科带头人学术水平评估。生命中心是以基础研究为主的研究实体，学术评估的主要依据是发表论文的质量与数量以及国际评估专家组的综合评估意见。

人才培养评估，主要考察拔尖创新人才培养能力、博士研究生的生源质量、海内外优秀博士生来中心做博士后研究的吸引力等。

国际评估，由教育部、科技部和财政部每五年组织一次，对生命中心的科学研究、人才培养和运行管理进行整体评价。

年度考核，改革试点执行委员会以审核年度报告的形式对生命中心进行年度考核。生命中心于每年3月15日前将上一年的《生命中心工作年报》报送改革试点执行委员会。执行委员会将考核结果报送协调领导小组备案。

每五年一次对独立实验室的学科带头人进行考评。凡是科研水平不能保持本研究领域世界领先水平者，给予两年缓冲期（经费支持逐步缩减），两年后仍未达到要求水平则不再担任学科带头人。

6.1.4.4 资源配置

协同创新中心要实现优化以学科交叉融合为导向的资源配置方式。充分利用和盘活现有资源，集中优质资源予以重点支持，发挥优势和特色学科的汇聚作用，构建有利于协同创新的基础条件，形成长效机制。政府在其中扮演了资源提供者的角色，面向行业产业的协同创新模式以及与企业有合作关系的面向科学前沿的协同创新模式还拥有企业的资金支持。

浙江大学煤炭资源化利用发电技术协同创新中心由政府、大学和企业共同投入资源，实现各种创新要素和资源的高度汇聚、融合和共享。中心根据国家和企业的重大技术需求开展协同创新。根据需要建立协同中心发展基金，汇聚各方资金，支持协同创新工作。按照"开放、共享、有偿"的原则，建立公共科技资源信息平台，实现仪器设备、科研设施、科技成果等在创新体系内的公开和共享。企业在高校建立联合研究中心或创新实验平台，长期进行科研合作开发以及产业化推广。将高校人才优势和技术优势形成整体解决方案输出给企业，提升高校解决国家重大需求的能力。

天津化学化工协同创新中心实行大型仪器的资源共享以及人力资源共享。在协同创新中心成立之前，教育部支持天津大学和南开大学两校共建，给予重点支持。2005年，天津市支持两校建立了一个绿色化学化工实验室，给予发展经费1000万元，对化学化工领域给予重点投入，前期合作的基础深厚。在化学化工协同创新中心成立之前，两校合作比较松散，老师之间的合作都是自发联系，学校层面的合作，资源投入均分，没有共享的实验室设备和资源。两校成立化学化工协同创新中心后，双方教师参与共同领域的科学研究，共享实验室设备以及两校资源，共同拥有研究成果，后续将建立更加公平的利益分配机制，推进共同的研究成果，达成一个相对平衡的资源运作体系。

北大-清华生命科学联合中心由北京大学、清华大学各投入 1 亿多元，预计 10 年内分别投入 16 亿元，共计 32 亿元。在科研经费管理上，生命科学联合中心实行竞争性和长期支持相结合的方式，如果某个人一贯科研能力突出、科研操守好，就应该长期支持，如果项目非常好，就以项目支持为主。在生命科学联合中心，最优秀的博士后待遇一年可达到 18 万元。

6.1.4.5 国际合作

除面向区域发展的协同创新模式以外，其他模式都对国际合作机制采取了相应的措施，涉及国际创新团队引进、国际项目合作、人才培养等诸多方面，下面以浙江大学煤炭资源化利用发电技术协同创新中心为例进行说明。

浙江大学煤炭资源化利用发电技术协同创新中心将整合三校四企的国际资源，引进海外优秀人才进入科研平台，中心将制定与国际接轨的、灵活的学制年限、毕业标准和学位要求，推荐特别优秀的学生到海外一流大学和研究机构进行联合培养。提高英文讲授专业课的比例，请国际一流教授到中心讲授核心课程、主持讨论班等。建有国家能源科学与技术学科创新引智基地（"111 计划"），2012 年 7 月对第一期"111 计划"验收优秀后成功获得项目滚动。与欧美著名大学和世界 500 强公司建立了 9 个联合研究中心，是组建"中美清洁能源联合研究中心"的核心成员单位。引进 6 位欧美院士、20 余位教授组成了国际一流名师和科研创新团队，由国内 1 位院士和 16 位教授组成 5 个国际化的能源领域科研合作团队。联合承担了 40 余项国际科技合作项目，累计国际合作项目的科研经费达到 2000 余万元。由欧美 2 位院士和 4 位教授为研究生和本科生开设了 6 门主干课程，与国外 20 余所知名大学和研究机构签订了联合培养研究生协议，派出、联合培养了 50 余名国内青年教师和研究生，接收、联合培养了 20 多位国外留学生。

6.1.4.6 人事制度

各协同创新中心在人事制度上大多想要改革原来固定呆板的人事制度，构建国际化的人员聘用与流动机制。这种人事制度改革的特征在浙江大学创新技术研究院、绿色交通技术产学研协同创新中心表现得不是很明显，浙江大学煤炭资源化利用发电技术协同创新中心、天津化学化工协同创新中心和北大-清华生命科学联合中心都有比较明显的人才流动的人事制度改革趋势，从而保障人才的开放、流动并鼓励创新。建立以任务为主导的人员聘用方式，增强对国内外优秀人才的吸引力和凝聚力，造就协同创新的领军人才与团队。推动高等学校与科研院所、企业之间的人员流动，优化人才队伍结构。

浙江大学煤炭资源化利用发电技术协同创新中心通过统一的聘用、考核和薪酬体系以及创新机制汇聚优秀人才。在研究人员的人事体制上实行按需设岗。涉及跨单位人员聘任的，采取人员流动不调动的方式，成果归属原单位。在岗位设置与人员聘任方面，中心具有相对独立的人事权。岗位设置分为教师、科研、管理、服务四个系列，其编制归属分为原单位编制和中心编制两大系列。在人事管理方面，采取岗位工作与人事关系相对分离的形式。中心建立了完善的人员动态管理和退出机制。出于项目原因或者经考核不再续聘的，人事关系属于原单位编制人员可回原单位的相应技术岗位工作；人事关系属于中心编制人员，可作解聘处理；海外引进人员，由中心推荐到中心依托单位相关学院工作。

天津化学化工协同创新中心建立国际化的人员聘用与流动机制，参照欧美现行制度面向全球招聘拔尖人才，实行年薪制与全员聘任合同制（原两校人员可实行双聘制）。高薪聘用，学科带头人每人100万元，助手40万~50万元的年薪，还设立独立的青年科学家研究部，面向国际公开招聘40周岁以下的杰出青年科研人才。天津大学、南开大学的教师人事关系仍在原来学校，但是享用创新中心的薪酬，保留原单位的基础工资。中心内来自两校的研究人员和教师坚持流动不调动的原则。

北大–清华生命科学联合中心人员聘任以"国际化、社会化、竞争性、高效率"为基本原则。组成人员分为四类：独立实验室的负责人、实验室内的辅助研究人员、公共平台的技术支撑人员和行政服务人员。

独立实验室负责人：按照国际标准，在两校公开选拔学科带头人。应聘者应为两校生命科学领域的事业编制人员，需经个人申请、生命中心学术委员会组织国际评审，生命中心主任（负责人）批准后可聘为生命中心学科带头人。原则上改革试点学科带头人必须具有本研究领域世界领先的学术水平，相当于美国一流研究型大学助理教授或以上水平。独立实验室采取学科带头人负责制，五年为一个聘期。

实验室内的辅助研究人员：辅助研究人员的聘任标准和考核条件由学科带头人自行决定，相关费用由学科带头人从其实验室基本科研费中支出；学科带头人提出拟聘申请后，由中心主任（负责人）审批。

行政服务人员、公共平台的技术支撑人员：由生命中心根据需要择优聘用，并根据年度考评结果决定续聘或解聘。

生命科学中心采用全员合同制，不设永久职位。包括学科带头人在内的所有人员与生命中心签订有固定期限的合同，聘期结束前6个月进行评审，合格者续聘，不合格者解聘，失去生命中心支持（与学校的聘用关系由所属学院决定）。在聘用标准上，新聘教授的年龄原则上不超过55岁，其学术水平明显高于此前清华大学、北京大学该领域的平均水平。以2011年生命中心首批学科带头人（首席科学家）招聘为例,两校各相关院系共有119位教授递交申请,经过海外评审专家组评议,最后入选的只有39位,通过率约为1/3。

6.1.4.7 人才培养

各类协同创新模式的核心都在研究的同时关注人才培养,其中面向区域发展重大需求的模式最主要关注的是科技成果转化和结构型产业升级,对人才培养的侧重较少。其他两种协同创新模式,面向行业产业经济发展和面向科技前沿和社会发展重大问题的案例,都提出了人才培养的改革新方案,希望取得灵活的自主招生权,并在协同单位之间轮转学习。以科学研究和实践创新为主导,通过学科交叉与融合、产学研紧密合作等途径,推动人才培养机制改革,以高水平科学研究支撑高质量人才培养。

浙江大学煤炭资源化利用发电技术协同创新中心发布了联合招生简章,统一了招生标准。中心开展统一考试、直接面试、择优录取的试点工作。各高校在研究生招生名额上给予倾斜支持,并扩大工程博士培养试点。在研究生培养方面,建立导师组合作培养制度。聘请不同学科和企业的专家以兼职教授和兼职研究员的身份加入导师组,企业专家作为兼职导师参与工程博士、工程硕士和卓越工程师计划的人才培养。设立协同中心的学位委员会,制定中心统一的培养方案和学位授予办法,并确定建议授予学位的类型,报学校学位委员会审批。实行协同创新中心内的研究生课程交叉授课,学分互认,成果共享。中心的博士后、博士生和研究助理的津贴,都在现有基础上有所提高。教育部针对协同创新中心直接下达博士生名额,新增博士生由协同创新中心统一录取和培养。研究生培养以直博生、硕博连读生为主,保证每个进入协同创新中心的教授和主要创新团队成员每年有1~2个博士生名额,提高协同创新中心的招生自主权,由协同创新中心直接面试择优录取。突破原工程博士生招生政策,由必须依托国家重大专项招生,改为依托协同创新中心的重大技术创新项目,根据企业需求招收企业后备领军人才攻读博士学位。

天津化学化工协同创新中心的组建,给两校化学与化工学科的招生和教育教学体系带来了革新。两校改革本科生录取机制,加大自主招生力度,挖掘创新人才,并在研究生招生上实施多次选拔、动态进出机制,对优秀学生实行"本–硕–博"连读的人才培养模式。鼓励本科生选修研究生课程,考试成绩合格者,可在研究生阶段免修该课程。优秀的学生参与中心的科研工作,进入科研团队,通过让学生参与高水平的科学研究和国家重大工程项目,实现培养高水平科技创新领军人才的目的。在人才培养上,双方互认学分,互修学分,互相进行研究生推免。青年教师优先进入科研团队,设立青年教师研究基金、青年教师发展委员会,鼓励培养青年教师。

北大–清华生命科学联合中心以多学科交叉的培养方案,选拔想象力丰富、独立思考意识强、具有强烈从事科学研究意愿的学生,因材施教,发挥其创造力。通过紧密结合自主科研实践活动，加强本科生、研究生、博士生的教育和培养，鼓励和培养青年科学家自主成长。其中，博士培养模式如下：从2011年起，生命中心面向生物学及生物学相关专业学生，独立招收2012年入学的博士研究生。自2012年起，联合北京大学、清华大学和北京生命科学研究所联合培养博士研究生项目，招收2013年入学的博士研究生，两个项目的运作方式大体相同，只是在导师选择和培养方案上略有差别。

在招生录取上则打破传统的考试习惯，采取根据递交的申请材料、大学综合表现，择优邀请申请人参加复试的方式。复试由生命中心成立的联合招生委员会安排，联合招生委员会根据申请者的本科成绩单、专家推荐信，采取单独考核及面试等方式进行差额面试，对学生的学科背景、操作技能、外语口语水平、逻辑思维能力、创新能力等进行综合评价。

所有研究生不分专业录取、不定导师，在入学第一年一边学习研究生课程，一边进行研究轮转，轮转的实验室包括清华大学的生命科学学院、医学院、化学系和北京大学的生命科学学院、化学与分子工程学院、物理学院、医学部、分子医学研究所、心理学系等。轮转可直接进入联合生命科学中心的导师的实验室。轮转结束后，根据师生双向自愿原则选择确定导师。

以生命科学英才班、生命医学药学实验班为依托，按照国际标准，重新制订培养方案，探索精英式育人模式：推行模块式教学，学生根据专业需求和兴趣自主选修，两校学分相互承认，充分共享清华大学生命科学中心和北京大学生命科学中心的资源，实现优势互补。

6.1.5 协同创新模式比较分析

根据以上对多种协同创新模式的案例研究，结合国家的高等学校创新能力提升计划的相关指导，本研究发现，协同创新的四种模式，在有些方面存在较明显的差异。因此，我们从协同创新模式的目标使命、组织构成（核心单位）、产出（绩效）、资源配置、人才培养、评价机制和科研组织这七个维度进行了比较分析（见表6-5）。

表6-5 四种协同创新模式的多维度比较分析

模式 维度	面向科学前沿	面向行业产业	面向区域发展	面向文化建设
目标使命	吸引汇聚全球优秀科学家，进行前沿学术研究，产出原始创新成果，同时培养拔尖创新人才	多学科交叉融合，形成政、产、学、研、用相结合的技术转移模式，指导和引领行业技术进步和结构调整	围绕区域经济发展规划，开展产、学、研、用协同研发，构建多元化成果转化与辐射模式，带动区域发展	探索文化传承创新的新模式，建设文化对外表达能力，提升国家文化软实力，增强中华文化国际影响力

续表

模式 维度	面向科学前沿	面向行业产业	面向区域发展	面向文化建设
组织构成（核心单位）	高校－科研机构	高校－科研机构－企业	政府－高校－企业	高校－境外高校－行业产业
产出（绩效）	原始创新理论成果	突破关键共性技术	解决区域发展重大问题	文化传承
资源配置	中央财政	中央引导，行业龙头企业投入，引入风险资本	中央引导，地方政府牵头投入，区域企业投入	中央财政
人才培养	国际领先的理论科学家	技术专家，工程师	技术专家，工程师，科技型创业人才	文化大师
评价机制	同行评议	同行＋企业家，综合评价经济、社会效益和理论价值	同行＋企业家＋政府，综合评价经济、社会效益和理论价值，重点关注带动效应	同行评议
科研组织	动态，周期较长	动态，项目制	动态，项目制	较稳定

面向科学前沿、面向行业产业、面向区域发展和面向文化建设这四种协同创新模式，首先在其目标及使命上截然不同。面向科学前沿的协同创新中心的目标使命是：对国际前沿科学进行深入研究，吸引汇聚一大批国际知名的科学家，以及国内外的优秀团队和资源，通过高校与科研机构的实质性协同合作，营造良好的学术环境和氛围，产出原始创新成果和拔尖创新人才。面向行业产业的协同创新中心主要是解决行业产业的核心共性问题，通过高校、科研机构和企业的多学科交叉融合及紧密合作创新，形成政、产、学、研、用相结合的技术转移模式，指导和引领行业技术进步和结构调整。面向区域发展的协同创新中心，支持地方政府围绕区域经济发展规划，引导高等学校与企业、科研院所等，通过多种形式开展产、学、研、用协同研发，推动高等学校服务方式转变，构建多元化的成果转化与辐射模式，带动区域产业结构调整和新兴产业发展，为地方政府决策提供战略咨询服务。面向文化建设的协同创新中心的目标使命是：整合高等学校人文社会科学的学科和人才优势，通过构建多学科交叉研究平台，探索建立文化传承创新的新模式，加强文化对外表达和传播能力建设，发挥智囊团和思想库的作用，提升国家的文化软实力，增强中华文化的国际影响力。

协同创新的参与单位，一般都包括政府、高校、科研机构和企业这几大基本组成部分，不过不同的协同创新模式在部分单位上有所侧重。面向科学前沿的协同创新中心的核心构成是高校和科研机构，政府主要起到引导作用，企业几乎不参与其中。面向行业产业的协同创新中心的核心构成是高校、科研机构和企业，政府也是起引导作用。面向区域发展的协同创新中心则不同，地方政府、高校和企业是核心组成单位，区域创新系统需要借助地方政府的力量重新进行市场资源的有效分配，高校是知识支撑，企业是推动经济发展的中坚力量。面向文化建设的协同创新中心的核心构成是高校、行业产业以及境外高校，旨在促进创意文化产业的发展和中华文化的研究和传播。

由于四种协同创新模式的目标不同，与之相适应，它们在产出指标、人才培养和评价机制上也有所不同。面向科学前沿的协同创新中心的产出（业绩），是原始创新理论成果，关注国际领先的理论科学家的培养，实行同行评议。面向行业产业的协同创新中心的产出，是突破性的关键共性技术，以培养技术专家和工程师等工程人才为主，要综合评价经济、理论和社会价值，引入企业家和同行共同评价机制。面向区域发展的协同创新中心的产出，是解决区域发展难题，培养一批工程人才和科技型创业人才，根据最终形成的经济效应和社会效应进行评价。面向文化建设的协同创新中心的产出，是文化的传承，旨在培养中国的文化大师，实行同行评议。

在资源配置上，本研究建议中央政府从如下方面调整相关的政策：对面向科学前沿和面向文化建设的协同创新模式，进行重点资金投入；对面向行业产业的协同创新模式，进行引导资金投入，然后鼓励行业龙头企业以及参与的中小企业共同投入运营资本，实现市场化运作；对面向区域发展的协同创新模式，根据地方政府财力状况酌情予以投入。在科研组织上，除了面向文化建设的协同创新模式的组织构成较为稳定以外，其他三种协同创新模式都具有动态性。

6.2 协同创新的国际比较

目前，世界上公认的创新型国家有 20 个左右，包括美国、芬兰和德国等。世界上创新型国家的共同特征是：国家和社会对创新活动的投入高，重要产业的国际竞争力强，投入产出的绩效较高，科技创新在产业发展和国家的经济增长中起重要作用。

国际上诸多国家在各种异质组织主体之间协同创新方面的实践经验，对中国顺利开展协同创新、建设国家创新体系的国家战略具有重要的借鉴意义。本研究将分别从高新技术前沿研究、创新人才培养以及知识成果转化三个方面列举具体案例加以分析说明。例如，由政府、企业和大学联合参与共建的产业－大学合作研究中心（Industry-University Cooperative Research Centers，IUCRC）[①] 成功的产学研协同创新模式，硅谷产学合作的体制、制度和中介组织的创新，德国的马普学会以及英国的各大国家实验室在跨学科、国际化合作中取得的成绩等，都对中国高校筹建和运行"2011 协同

---

① NSF. "Industry-University Cooperative Research Centers Program (I/UCRC)." Program Solicitation. Last modified July 9, 2012. http://www.nsf.gov/pubs/2012/nsf12516/nsf12516.pdf.

创新中心"具有较大的参考意义。

6.2.1 科技前沿研究典型案例

6.2.1.1 德国马普学会

马普学会是一个独立的、由德国政府资助的全国性非营利学术研究机构。其主要任务是支持自然科学、生命科学、人文科学和社会科学等领域的基础研究，支持开辟新的研究领域，与高校合作，并与其共享大型科研仪器设备。在基础研究方面，马普学会是首屈一指的国家级研究机构。该学会拥有30多名诺贝尔奖获得者，被誉为"诺贝尔奖锻造厂"；德国每年发表的高水平学术论文有1/3左右出自马普学会。2013年，在国际三大顶级学术期刊《细胞》、《自然》、《科学》上发表的文章总数中，马普学会位列世界第四（前三依次为哈佛大学、霍华德医药研究中心和麻省理工学院）。作为一个自主管理的科研机构，该学会为科研人员提供先进的研究平台和宽松的科研环境，支持科研人员自主选择科研课题并开展科研工作。马普学会下属的研究所是马普学会的支柱，它们大部分都毗邻当地高校，没有教学聘约的限制，但有良好的专业设备，马普研究所具备了开展基础研究的优越条件。2014年，马普学会的年度财政预算达到了16亿欧元。马普学会的研究所主张通过为研究者提供自由的研究环境，进行跨所交叉研究、多元化的国际合作来"创造无边界的科研合作环境"，以培养人才。当前，马普学会共有83个研究所和附属研究机构，拥有科研人员、奖学金生和来自世界各地的访问学者共21000多名。概括起来，马普学会研究所的核心特征主要体现在如下几个方面。

①自由的研究氛围。马普学会研究所为最优秀的科学家创造最理想的科研环境。其一，研究所可以自主决定研究题目，资助选定的国内外伙伴及合作方式，并拥有自主支配财政预算的权利。其二，这种自由性也体现在马普学会的组织机构上。在马普学会的最高决策机构（评议会）中，政府官员所占比例不到10%，这极大地降低了政府对研究机构的干预。[1] 此外，马普学会研究所还主张科学对话的公开性，注重人员绩效而不是资历，支付具有国际竞争力研究者的报酬，给予其长期资助，提供一流研究设备以及优厚的个人生活条件。马普学会为每位所长提供稳定、不受时间限制的研究经费，并且对其高度信任。通过成立马普青年研究小组，为年轻有为的科学家提供有保障的资金支持，使他们从事自己感兴趣的研究工作。这些举措对发挥研究人员的开创精神具有不小的鼓励作用，可以使他们在相对较小的压力下自由

---

[1] 朱崇开：《德国基础科学研究的中坚力量》，《学会》2010年第3期。

地进行创造性研究。如此优越的环境,吸引了世界各地顶级科学家到马普学会研究所工作。

②跨所交叉研究。马普学会制订跨所研究计划,设立专项经费,用于资助马普研究所之间进行尖端跨学科合作研究。2007年,在一项关于有毒蛋白质结构的研究项目中,聚集了来自生物物理化学研究所、分子生理学研究所、生物化学研究所和结构分子生物学工作组的研究人员。通过参与这些跨学科合作研究项目,马普学会研究所培养了一批高水平跨学科人才。

③国际合作。马普学会历来重视与其他国家的科研机构和高校保持合作关系。1959年,与以色列魏茨曼研究所开展联合研究;1977年,在荷兰奈梅亨建立语言心理研究所;2002年,在意大利佛罗伦萨成立艺术史研究所;2005年,与中国科学院共建上海计算生物学伙伴研究所,这是马普学会在德国以外设立的第一个伙伴研究所。

马普学会也积极与高校开展国际合作。2000年,马普学会研究所与德国高校联盟及其他教育组织成立了马普国际研究院,联合培养硕士和博士。该研究院非常重视国际合作,外国学生人数已占到学生总数的2/3,外籍学生可以选择在德国高校或在本国高校进行博士学位论文答辩。2008年,马普学会已和高校合作建立了52个国际研究院,占德国研究生院总数的50%[①];2012年,马普学会约有6000名国外访问学者和青年研究人员,同时与120多个国家5400多名研究人员共同进行超过4500个国际合作研究项目。

6.2.1.2 英国国家物理实验室

英国的企业大多数都集聚在主要的大学附近。这样的地理位置分布有利于企业和大学开展创新合作。企业从大学获取最新的科技成果并将其产业化,高校从企业得到一手的市场需求信息,从而为进一步的技术创新打下基础。

英国十分重视高校在创新中的作用。高校的创新作用不仅仅体现在为企业提供高技术支持,还体现在培养学术界和产业界的创新人才、促进学科完善等方面。但是由于在校企合作过程中,获利成了很多高校开展校企合作的很重要的一个目标,因而也导致了大学与企业之间出现信任危机。

为此,英国有学者呼吁政府集中关注那些具备杰出研究能力的高校,鼓励其与中小企业在共同感兴趣的领域开展合作。同时,政府也应增加知识转移合作的数量并扩大范围。具体的实施形式是共同出资建立具有技术转移性质的共享中心。在合作过程中,政府提供创新资金促进协作。这种开放式创新模式为英国经济走出金融危机的阴

---

① 朱崇开:《德国基础科学研究的中坚力量》,《学会》2010年第3期。

影提供了很大的帮助，促进了众多高新企业的崛起。例如，英国曼彻斯特大学拥有生命科学与生物技术领域的大量知识产权。但是曼彻斯特大学并不是简单地通过校办企业实现利润最大化，而是在政府的支持下将这些技术共享，进一步孵化商机。政府则每年向其提供7亿英镑的财政预算作为其对国家和区域经济贡献的补偿。一些企业因此从中获益，专门从事疤痕治疗的顶尖生物技术公司——雷若威（Renovo）公司就是其中之一。

英国国家物理实验室（NPL）创建于1900年，它是英国贸易与工业部的执行机构，是英国国家测量基准研究中心，也是英国最大的应用物理研究组织。1981年英国国家物理实验室被分为6个部，即电气科学、材料应用、力学与光学计量、数值分析与计算机科学、量子计量、辐射科学与声学。作为高度工业化国家的计量中心，英国国家物理实验室与全国工业、政府部门和商业机构有着广泛的联系，对外则作为国家代表机构，与各国际组织、各国计量中心保持密切联系。它还在环境保护，例如噪声、电磁辐射、大气污染等方面向政府提供建议。

英国国家物理实验室是英国领先的科研基地之一，一直遵循着"企业化管理"模式。2010年9月，凭借其政府所有－委托管理（以下简称GOCO）的模式，被评选为英国最优秀的百强企业之一，以及毕业生最期望去工作的前10个科学公司之一。①

英国国家物理实验室在贸易与工业部对实验室测量学拨款预算下降的背景下，于1990年进行私有化改革，成为英国贸易与工业部的一个执行机构，即政府资助的国家测量系统中心。英国国家物理实验室是GOCO模式的成功代表，由私营组织或高校代表政府进行管理运作。当前的英国国家物理实验室由英国佳信集团管理，但是英国政府拥有其资产和智力成果。

转制为GOCO模式后，英国国家物理实验室对管理结构进行了重大调整，行政人员大为减少，简化了操作程序，会计系统更加简单，采购更加迅速和有效，经费管理更加灵活。政府部门根据需要来采购科研机构的部分产品，并根据合同为科研机构提供经费，从而使英国国家物理实验室的活动既比较稳定，收入也有所增加。此外，英国国家物理实验室也凭借其公有背景与企业合作更为频繁。

总之，GOCO模式对于提高科研机构与科研人员的自我发展和自我完善能力，加强官、产、研之间的联系和交流，促进科技与经济的有机结合，具有很好的推动作用。目前，英国国家物理实验室有超过500名科学家，与英国、欧洲、美国及其他国家诸多公司进行科研合作。图6-6为英国国家物理实验室的管理框架。

---

① 孙锋、刘彦：《英国公共科研机构私有化改革后管理运行模式探析》，《科技管理研究》2011年第4期。

因此，无论是英国曼彻斯特大学还是国家物理实验室，它们的人才培养模式都各具特色。多学科交叉合作、院校合作、开放自由的科研环境、独特的实验室管理方式以及充沛的资助经费等，都为人才培养提供了必要的保障并取得了一定成果。这些具有顶尖科研实力的实验室的人才培养方式，为中国高水平基础研究基地推进人才培养提供了宝贵的参考和借鉴。

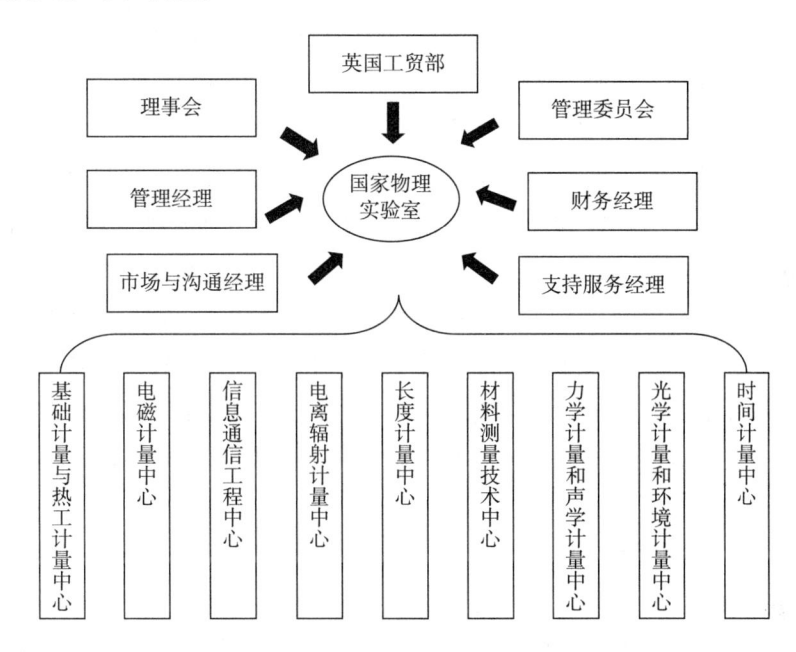

图 6-6 英国国家物理实验室的管理框架

资料来源：孙锋、刘彦：《英国公共科研机构私有化改革后管理运行模式探析》，《科技管理研究》2011 年第 4 期。

6.2.2 创新人才培养典型案例——国际商业机器公司学术行动计划

从产学合作项目对人才培养的作用角度可以将其模式概括为：面向高校学生群体，借助产业项目开发所提供的教育资源，通过构建产学合作的教育组织体系，实现从学到用的植入式人才培养目标。其中国际商业机器公司（IBM）学术行动计划正是基于该模式下的一项创新性计划，较好地诠释了高校在协同创新过程中如何对接产业开展人才合作培养的新模式。

IBM 在中国的学术行动计划，可以追溯到 20 世纪 80 年代。从一系列计算机设备硬件和软件的捐赠活动发展到 1995 年全面启动的"IBM - 中国高校合作项目"，并致力于加强中国高校信息科学技术领域的学科建设和人才培养。截至目前，IBM 已与中国 60 多所教育部直属大学建立了合作伙伴关系，与中国高校合作成立了 25 个 IBM 技术中心、建立了 100 多个合作实验室和合作技术中心，并与中国 20 多所高校开展了 80 多个联合"共享大学研究"项目。其中，还针对中青年学科带头人和学术骨干的培养问题，通过组织"访问学者计划"、"创新资助计划"、"博士生英才计划"、"博士生联合培养计划"等，加强对高层次人才的培养力度。IBM – 中国高校合作项目包括 10 个方面的内容。这些合作项目的成功开展，可以为中国高校在协同创新中开展人才合作培养提供颇有意义的启示。

6.2.2.1 教学合作创新与平台共建

依据合作伙伴高校的具体情况和需求，IBM 大学合作部在向高校提供丰富教学资源的同时，会协助学校将资源整合到课程体系中，以进一步充实和完善已有的课程，推动高校课程体系建设，具体提供的支持包括：①积极配合高校改革教学体系，提供 IBM 课程资源包，并结合高校的课程体系结构，提供相应的 IBM 教学资料；②根据高校的需求，为高校培训教师；③资助高校进行精品课程或远程课件开发。

在 2006~2008 年，IBM 共资助了 60 多门教育部 – IBM 精品课程建设项目。2006 年 11 月 14 日，教育部与 IBM 正式签署了《开展"现代服务科学方向"研究合作项目备忘录》。

自此，IBM 与中国教育部全面展开合作，把现代服务科学学科建设纳入高等教育改革发展战略和全国教育事业发展规划中，在全国高校中推进现代服务科学学科建设和相关研究，从政策层面大力推进"现代服务科学学科建设"。此外，IBM 通过专家讲座、联合授课、共享课件资源等方式，结合学校情况，与相关高校展开紧密的服务科学教学与科研实践，覆盖了计算机学院、管理学院、软件学院、经济与金融学院等不同的院系。目前，清华大学、北京大学、哈尔滨工业大学、西安交通大学、北京邮电大学、电子科技大学、同济大学、浙江大学、中山大学等高校已经建立了 10 个服务科学相关研究中心；北京大学、浙江大学、哈尔滨工业大学、天津大学、中山大学、中国人民大学、东南大学、电子科技大学和北京联合大学等 9 所高校设立了现代服务科学相关专业方向。

6.2.2.2 开展师资培训和课程认证，提升人才培养质量

为了支持高校师资队伍建设，IBM 定期组织师资培训班和研习讨论班。其中，在师资培训班中，IBM 根据业界发展状况，结合高校的课程建设和认证培训需求，定期组织师资培训班，介绍领先技术和行业解决方案；IBM 在寒假或暑假期间开设研习讨论班，邀请国内外知名学者和教育专家对课程建设和教学方法进行讨论，或针对当前研究领域的热点问题展开交流。此外，在 IBM 与教育部、合作伙伴高校携手推进"服务科学学科建设"的重要举措中，IBM 定期开展服务科学研讨班，与高校老师分

享在相关领域的经验和成果，协力推进这一新兴学科的建设。

IBM为合作伙伴高校提供的专业课程认证支持包括：积极与高校合作开展IBM全球专业技术认证项目，为高校培训老师，提供认证培训教材，协助高校开展认证培训课程和全球认证考试，提供认证奖励与推广计划。

为了鼓励中国高校优秀学生及从事相关教学、科研工作的优秀教师展开更广泛深入的学习与研究，基于教育部（原国家教育委员会）和IBM于1995年签署的谅解备忘录，IBM自1998年设立"IBM-中国优秀学生奖学金"起，相继设立了IBM奖研金、奖教金、中国优秀学生巾帼奖学金和中国优秀学生自强奖学金。截止到2008年，共有来自33所高校的919名本科生、研究生获得了"IBM-中国优秀学生奖学金"。其中，18名女性研究生获得"IBM-中国优秀学生巾帼奖学金"；来自18所高校的47名专科生、本科生、研究生获得了"IBM-中国优秀学生自强奖学金"。来自36所高校的226名教师获得了IBM-奖教金；另外，还有130多名教师获得IBM奖研金。

此外，IBM充分利用全球资源，推动资源整合，促进知识显性教材化，为合作伙伴高校的教材编写和课件开发提供资金、技术和人员支持。其中包括：利用全球高校合作项目资源，帮助高校取得引进类和翻译类教材的版权；与高校共同确定自编类教材的书目和内容，并提供技术和资料支持；为经过许可的翻译类、自编类教材和参考书提供赞助；与高校共同监控项目进度，并调动资源全面配合项目完成。

6.2.2.3 加大联合研究开发力度，共享大学研究成果

IBM利用相关领域的研发优势，与中国高校合作开展联合研究项目，成立联合研究实验室，举办学术交流活动。其中，"共享大学研究"项目旨在加强与中国一流高校科研人员的技术合作与交流，促进科研成果的快速转化。

2000~2009年，IBM通过"共享大学研究"项目资助了20多所高校的80多个联合研究项目，硬件捐赠总额超过8000万元。此外，IBM还提供强有力的软件和技术支持。研究领域覆盖了深度计算、下一代互联网、普及运算设备、无线技术、网格运算、服务科学、生命科学、商业价值研究、供应链管理、云计算、大型主机、绿色技术等课题，并取得了丰硕的成果。同时，在联合研究实验室建设中，IBM中国研究院在中国已经成立了6个联合创新研究院，合作高校包括清华大学、北京大学、哈尔滨工业大学、西安交通大学、上海交通大学、北京邮电大学。此外，IBM中国研究院支持清华大学成立了现代服务科学研究中心，致力于中国现代服务业的发展和新型人才的培养。北京大学宣布与IBM合作成立方案工程研究中心，双方共同推进方案工程的研究及人才培养。在学术交流活动方面，IBM通过召开国内、国际性的学术交流会议，同来自教育界、工业界、商业界等领域的专家分享经验和研究成果，为专家、学者提供了一个广阔的交流平台。

6.2.2.4　丰富校园科技活动，深入高校开展科技传播

为帮助合作伙伴高校的师生更及时地了解业界动态，IBM 定期组织高级经理和资深专家到高校做讲座，内容涉及信息技术发展趋势、软件开发、项目管理、行业动态、企业文化、职业生涯规划等。此外，应各高校的要求，IBM 还邀请公司专家作为合作高校的客座教授。同时，为了让在校学生在第一时间接触领先技术，掌握实用技能，IBM 定期举办各类不同规模的校园竞赛。各类校园科技活动包括 2010～2011 年 IBM 校园大使系列巡讲、IBM 大师讲坛、IBM 蓝色加油、IBM 校园竞赛、IBM 夏令营和 IBM 学生技术俱乐部等。

6.2.2.5　积极推动学者交流访问，促进科技知识传播

为加强国内外优秀大学之间的科研合作以及校企合作，IBM 自 1998 年开始开展学者交流访问项目。IBM 推荐合作伙伴高校的优秀教师作为访问学者到 IBM 研究机构或国内外著名高校进行短期学术访问。从 1998 年至今，IBM 共资助来自 29 所合作伙伴大学的 60 名优秀教师到美国北卡罗来纳州立大学[①]、加拿大麦克马斯特大学、香港大学、IBM 中国研究院和 IBM 中国开发中心等机构访问学习。学习的内容包括数据库相关技术、商业智能、电子商务、网络安全、供应链管理、服务科学等。此外，IBM 还为教师参加各类国际学术会议提供机会。

6.2.2.6　积极搭建实习招聘平台，广纳优秀学子

充分利用 IBM 中国研究实验室、IBM 中国开发中心和 IBM 全球服务部创新解决方案开发基地的资源，向合作伙伴高校的学生提供实习机会和实训平台，成功地为公司及社会培训了 1000 余名优秀的员工，也为学生们提供了积累社会经验、接触世界先进技术、体验领先的商务创新思维的实践机会，其中，IBM 毕业实习招聘计划包括"青出于蓝"实习生计划、"蓝色之路"实习生计划、博士生英才计划和全球服务执行中心实习生计划，更是得到了公司、高校和学生三方的充分认可。

此外，IBM 以其自身在信息技术上的独特优势，与包括武汉理工大学、华东师范大学软件学院、北京工业大学软件学院、北京邮电大学软件学院、北京联合大学自动化学院和山东大学齐鲁软件学院等在内的高校进行合作，其人才培养的主要特色表现为以下几个方面。

（1）建立面向职业角色的课程体系。高校在传统的信息技术教育培训中，对学生缺乏明确的职业角色定位，其课程往往是片面地通过一些技术或者产品的组合来设置教学内容，并以此作为学生的培养方向。如何从社会对于某个职业角色所应具备的知识和技能出发，让学生掌握从初学者到合格的信息技术从业者所应经历的最佳学习

[①] NCSU, "Industry/University Cooperative Research Centers Program Evaluation Project," Last modified July 9, 2012, http://www.ncsu.edu/iucrc/.

路线，就成为该项目的第一大特色。该特色具体表现在两个方面。

一是职业角色定位，根据不同的职业功能需求来培养学生，让学生和院校都以一种"面向对象"的态度参与到教学中来。真正培养"拿来就用"型人才。针对不同职业角色来定位信息技术从业者所应具备的技能并定制相应的培训课程。根据从业者的不同作用，针对毕业学生和初、中级信息技术从业者的主要职业分布，从中选择了一部分从业者，提出了针对这些人的课程体系和教学路线（见图6-7）。

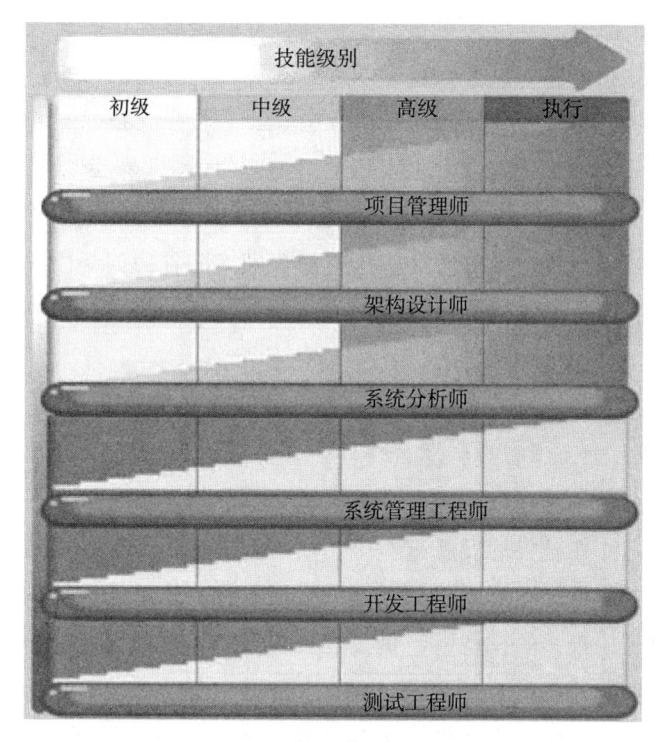

图6-7 IBM课程体系和教学路线

二是注重学生职业素质的培养。现阶段毕业生水平与用人单位需求之间的矛盾不仅是毕业生的知识水平和动手能力的问题，更体现在职业素质培养方面。如何培养学生的团队沟通意识和职业道德意识，成为该课程体系中职业素质培养的重要组成部分。

（2）建立人才联盟和人才联盟数据库，充分发挥人才信息的沟通桥梁和人才技能长期跟踪的作用，旨在建立人才供需双方之间更有效的信息渠道，通过为学生提供个人信息发布手段，以及为企业提供招聘搜索途径，更好地解决学生就业问题。此外，人才联盟计划长期跟踪学生的成长状况，适时为学生提供各类培训信息，为学生在就业后的继续发展提供强有力的支持。在人才联盟中，有统一的人才考核标准和合作院校人才培养标准。

6.2.3　知识成果转化典型案例

6.2.3.1　美国硅谷——高科技的摇篮

硅谷是美国重要的电子工业基地,也是世界上最为知名的电子工业集中地。20世纪60年代中期,微电子技术的高速发展促成了硅谷的形成。如今的硅谷,孕育着不断发展的高科技产业,其范围也在不断扩张。硅谷是以美国一流大学,如斯坦福大学和加州大学伯克利分校等世界知名大学为依托,以高技术的中小公司群为基础,并拥有思科、英特尔、惠普、朗讯、苹果等大公司,融科学、技术、生产为一体的高科技创新园区。目前,硅谷已有大大小小的电子工业公司10000家以上,所生产的半导体集成电路和电子计算机约占全美的1/3和1/6。[①] 80年代后,生物、空间、海洋、通信、能源、材料等新兴技术的研究机构纷纷出现。硅谷的创新模式与中国的协同创新模式也有一些类似之处,因此,从硅谷成功的创新经验中,我们或许可以得到一些启示。

①硅谷产学合作的特点

A. 以研究型大学为核心的产学合作体制。硅谷起源于斯坦福大学科技园,以斯坦福大学、加州大学伯克利分校等研究型大学为核心的产学合作互动体制,是硅谷产学合作的一大特点。在硅谷的发展过程中,斯坦福大学作为世界上最著名的电子研究中心,一直发挥着举足轻重的作用。可以这么说,作为电子信息技术摇篮的硅谷,是在斯坦福大学电子工程系的扶持下,迅猛发展起来的,这种发展又为电子工程系的教学和科研提供了更好的条件。现在,硅谷有8所研究型大学、9所社区大学。各个大学尤其是斯坦福大学,成为高技术成果和高端人才的源泉,源源不断地输送给硅谷。斯坦福大学本身也在特曼教授的领导下,推出鼓励产学合作的一系列政策和制度创新。这些措施对于硅谷产学互动机制的形成,加快研究型大学技术转化,为硅谷的发展和崛起,提供了丰富的人才和技术支持。

B. 企业是产学合作创新的主体。在硅谷,除了拥有一批像惠普、网景、英特尔、苹果、太阳微系统等创新能力极强、处于世界领先地位的大公司,也不乏一批创新活力极强的小企业。硅谷的很多公司都由大学的老师或者学生创建。他们利用学校发明的创意成立公司,实现产学研之间的成功转化,这些公司形成了硅谷创新的核心竞争力。

C. 风险投资在产学合作中起到积极促进作用。在硅谷起步阶段,风险投资相对

---

① 杨峰:《风险投资嵌入式产学合作战略联盟研究》,硕士学位论文,浙江大学,2008。

薄弱。20世纪50年代后期和60年代，主要靠政府国防经费的投资。自70年代开始，风险投资逐渐取代军费成为硅谷创业发展的主要经济来源，在硅谷的发展中逐步起到了主导作用。风险投资为以斯坦福大学为代表的研究型大学的科研成果转化、高校师生高新技术创业提供资金和和增值服务。思科公司的创建就是一个典型的例子。1984年，斯坦福大学的一对教师夫妇列昂纳德·波萨克（Leonard Bosack）和桑德拉·勒纳（Sandy Lemer）设计了一种新型的联网设备，用于斯坦福校园网络，将校园内不兼容的计算机局域网整合在一起，形成了一个统一的网络。1988年，他们得到了一家风险投资公司的支持后，辞去教师职务，全力投入思科公司的业务。在风险投资的帮助下，1990年，思科公司可制造路由器2万台，并在纳斯达克上市。之后，思科公司走上了快速发展的道路。到2000年，思科公司年销售额高达180亿美元，雇员31000人，一度超过微软成为美国市场价值最高的公司。

②硅谷产学合作的体制创新

A. 斯坦福大学的政策创新。在特曼教授主导下，斯坦福大学从20世纪30年代起，就开始积极促进斯坦福大学和工业界之间的联系，鼓励学生和教师学以致用，将自己的发明创造商业化。具体而言，斯坦福大学鼓励研究人员参与创业的政策主要有：

一是允许教师和研究人员每周有一天可以到公司兼职，从事开发和经营活动。

二是允许教师和研究人员有1~2年的时间脱离岗位，到硅谷创办科技公司，或到公司兼职，学校保留其职位。

三是教师在学校获得的科技成果，由发明者本人负责向公司转移的，学校与其签署许可合同，所获得的知识产权收益，学校只提取10%左右。

四是学校的应用性成果在1年之后仍未向企业转移的，发明者可自主向企业转移，学校一般不再收取回报。

B. 硅谷的制度创新。从20世纪40年代起，斯坦福大学陆续推出了三大措施，推动企业和大学的产学合作：①成立"斯坦福研究院"，从事国防研究并协助发展西海岸的公司；②举办"荣誉合作项目"，向当地公司开放课堂，对工程师进行培训；③建立"斯坦福科技园"，吸引了大批公司。斯坦福科技园的建立，奠定了硅谷高科技中心的基石，是硅谷历史的重要转折点。

斯坦福研究院建立于1946年，当时建院目的是运用斯坦福大学在应用科学和工程领域的专业知识，吸收资金支持相关方面的研究。在斯坦福研究院的董事会中，除了董事会主席是斯坦福大学的人员外，大部分是加利福尼亚州的一些公司高层管理人员。斯坦福研究院的目标之一就是振兴西部工业。但出乎预料的是，在最初几年的发展中，来自本地的资助研究很少。1959~1964年，75%的研究项目资助来自政府。

从 20 世纪 60 年代开始，随着政府资助经费的减少，硅谷本地企业的迅速发展，斯坦福研究院来自本地企业的经费比例不断提高。斯坦福研究院与企业最紧密的联系，一般通过合作项目来实现。这些合作项目的收入，占斯坦福研究院商业研究收入的一半以上。在这些项目中，合作对象不仅仅包括本地的高科技公司，还包括很多《财富》杂志评出的世界 500 强企业。

大学荣誉合作研究项目直接把大学研究人员和产业界的利益结合在一起。特曼教授于 1954 年创立的荣誉合作研究项目，使当地公司能够派他们的工程师和科学家作为兼职学生，在斯坦福接受高等教育，同时为公司全职工作。起初，这个计划仅限于电子工程专业，到 1958 年，该计划扩展到数学和科学专业。到 1959 年，在斯坦福工程学院中有 324 个该项目的研究生，占全部研究生人数的 40% 多。这个计划增强了公司和大学之间的联系，使企业的工程师得以保持技术优势和建立专业联系。斯坦福大学与周边硅谷社区的重要联系之一就是通过大量的研究中心建立起来的。研究中心是斯坦福大学将最新研究信息流向产业界的渠道，这些中心和项目，也为斯坦福社区的研究者提供了资助机会。

建立斯坦福科技园的初衷其实很简单，那就是出租土地给学校赚钱。斯坦福科技园初建时，企业的种类很多很杂。但是，随着本地高科技企业瓦里安公司和惠普公司进入，典型的示范效应开始显现。斯坦福科技园迎来了更多高科技公司的进入，例如通用电气、柯达、洛克希尔等。随着科技园的不断壮大，斯坦福科技园成了将大学实验室最新知识和技术转让给园区各产业公司、使大学研究人员与产业界工程技术人员加强互动合作的一种重要的组织机构，并将其目标定位于不断发展学界和产业界的伙伴关系。

从出租土地本身来说，斯坦福大学因此获得了一笔长期稳定的收入。1981 年以后，这笔收入达到了每年 600 万美元，1985 年以后，增长为每年 900 万美元。最重要的是，斯坦福大学在使用园区的收入时不受任何限制。这样，特曼教授所提出的、旨在提升斯坦福大学科研实力的人才招聘计划，就得到了有力支持。斯坦福大学的教学科研水平从 20 世纪 60 年代以后直线上升，就充分说明了这一点。斯坦福大学已发展成为全球顶尖的研究型大学。

这三项组织形式的创新，充分体现了这一地区的研究型学术机构、企业家和公司之间的密切合作关系。事实上，这些创新不仅促进了大学、政府和公司之间的各种合作关系，也促进了私人关系和组织关系。产学合作创建了一种有益于像斯坦福大学或惠普公司那样单个组织的社会体制，也营造了一个拓宽教育和经济交流的社会网络。一方面，以研究型大学为核心的学术研究机构和以主导性的高技术创业型公司为核心的产业界之间的集体学习与横向交流，有助于消除阻碍产学创新关系深入发展的各种误区。另一方面，产学合作体制为研究型大学和高技术创业型公司以及其他公司提供了一个学习与合作交流的机会。

C. 硅谷中介组织的创新。关于硅谷兴起和繁荣的原因，一直是硅谷研究和信息技术行业史研究的热门话题。对它的认识，以前仅限于与大学的关系、风险资本和军事开支等因素。新的研究从硅谷成长的社会结构和文化层面上，强调了作为硅谷社会结构要素之一的中介组织，在硅谷整体创新能力方面所发挥的横向联系功能。

硅谷的中介组织，主要有会计师事务所、审计师事务所、律师事务所、税务事务所、公证和仲裁机构、资产和资信评估事务所、人才招聘机构、市场研究机构和广告公司等。它们具有规范市场行为、监督市场主体和提供市场服务等中介组织的一般职能，同时又适应了硅谷的社会生态环境，具有促进社会资本形成、技术创新和新知识传播，尤其是强化社会网络的特殊功能。

硅谷中介组织的创新主要表现在以下几个方面。

首先是在服务功能上适应了高科技园区的需要。例如，硅谷律师事务所的主要特色领域，是知识产权法、破产法、公司法和移民法律。其中，知识产权服务内容包括确认和管理客户的知识产权物品（财产、债务和程序），为客户提供经营、战略执行和发展的法律咨询，涉及获得和保护专利、版权等。硅谷的律师收入高并采取新的执业方式，比传统律师更多地参与企业的经营管理，其收入不仅超过了华尔街律师，甚至成为美国律师界的参照标准。又如，硅谷的会计师事务所，其业务一般包括审计业务和税务业务，而管理咨询业务的比重越来越大。大型的会计公司一般都设有专门的管理咨询部门，为硅谷中赚钱很快的新生代进行财务计划方面的服务。

其次是制度创新功能十分显著。例如，在风险投资上，中介公司的介入改变了硅谷的资本投资格局。硅谷早期的风险投资是零星的，不成规模。在1962年前，政府是半导体产品的唯一市场买主。到了20世纪70年代，风险资本取代军事经费成为支持硅谷创新的主要来源。1974年，有超过150家风险资本公司在硅谷经营。到了1988年，硅谷吸收了全美40%的风险资本投资。在此过程中，风险投资也由个体风险投资家转向风险投资公司的结构形式，并直接推动了信息技术产业的发展。在技术转化中介上，最突出的例子是斯坦福大学，它首创了大学与工业联营项目，如1950年成立的地球科学产业联合体、1955年建立的航空学联营项目，并创建了斯坦福大学工业园，开创了大学与地区电子企业合作的模式。

再次是加强了横向联系功能，主要体现在行业协会上。20世纪70年代初成立于硅谷的美国电信协会，其目标是加强产业联系，维护产业利益，为加州的电子工业提供健康的商业环境。多年来，行业协会被认为是美国技术社区的代言人。1977年成立的半导体工业协会，其任务是使美国硅片制造业在有关贸易、技术、环境保护、工业安全和健康方面获得政治优势。1970年成立的半导体设备和材料协会，主要是为一些企业主办贸易展销会，协调各种标准制定活动，组织教育培训和市场调查等。

最后是具有硅谷创新网络的促进功能。风险投资公司是其服务公司的战略和管理决策者，这种关系使他们成为促进创新的社会结构的核心部分。而律师事务所的法律操作，不仅实用而且灵活，并富有创新性。他们在社区成员中建立了沟通信任与协调合作，使硅谷的法律诉讼事件少于美国其他地区，其作用已超出通常律师事务所发挥的作用。中介组织在强化社会网络方面具有重要影响，它的潜在功能是促进了硅谷创新文化的形成，已成为硅谷高科技生态社区中不可缺少的"种族"。

6.2.3.2 美国产业－大学合作研究中心

美国产业－大学合作研究中心是最近30多年来美国产业与大学之间合作的最佳实践，通过积极引入产业界资源获得了持续发展。在申请筛选、组织管理、资金资助模式以及美国国家科学基金会的作用方面，美国产业－大学合作研究中心都具有典型特征，对中国正在积极推进的"2011计划"具有重要的参考价值。

在过去的几十年中，美国政府对研究的支出开始缩减、全球的竞争压力日益增大、基础研究对创新的重要性日益突出、产业界对学术研究的投入不断增加，这些因素促使产业界和大学之间的合作不断深入发展，也逐步产生了诸多产学合作的理论和实践。但是合作的深入并未消除大学和产业界文化上的本质差异，现代大学和产业界仍然依照不同的轨迹前行：在组织机构上，前者是学科性的组织架构，后者是问题导向性的组织架构；在研究时间的宽裕度上，前者可以给予研究者较长的研究时间，而后者则要求研究的时间越短越好；在目标或价值追求上，前者追求教育和知识的扩散传播，而后者则追求利益。在无法改变双方本质属性的情形下，美国产业－大学合作研究中心是近30年美国实现产业大学合作的最佳实践。

①美国产业－大学合作研究中心的组织目标。过去30多年来，隶属于美国国家科学基金会的美国产业－大学合作研究中心，在建立产业界、学术界和政府之间的长期合作关系方面，对美国的产业和企业产生了积极影响，被认为是引领和开创了美国产业与大学合作的新时代。每个美国产业－大学合作研究中心开展的研究，要同时考虑到产业伙伴和本中心教师的兴趣，并通过科教结合的方式，既对国家的基础研究有所贡献，也承担起培养研究生和本科生创新能力的任务。美国产业－大学合作研究中心要达到的具体目标如下：

A. 通过产业界、学术界和政府之间的长期合作，持续为企业研究做出贡献。

B. 通过美国国家科学基金会的资金杠杆作用，吸引产业资金，以支持研究生开展与产业相关的研究。

C. 通过产业界与大学之间的合作，提升劳动力的竞争力和创新力。

D. 鼓励研究型企业在国际范围内积极接触学术界和产业界领袖,以保持竞争力。

②美国产业-大学合作研究中心的产生与发展。美国产业-大学合作研究中心项目开始于20世纪80年代。目前,美国产业-大学合作研究中心已经成为美国最大的合作研究项目之一,实现了大学、产业合作的双赢。根据一项调查结果,90%的产业界代表和教师都表示满意,并认为这是大学与产业合作的典型模式。

20世纪70年代,美国国家科学基金会试图通过推动大学与产业界的合作来促进创新和技术竞争力,因而推出了一个创新项目——实验研发激励计划(Experimental R&D Incentive Program,ERDIP)。实验研发激励计划的目的在于试验"推动非政府资金支持研发活动以加快技术转移"的各种方法的有效性。其中一种模式是来自麻省理工学院的基于大学的研究联合体——麻省理工学院高分子处理中心。在1978年评估时,只有麻省理工学院高分子处理中心从产业界持续吸引到了资金。因此,这一模式开始受到美国国家科学基金会的推崇,成为美国国家科学基金会推动大学与产业合作的主要模式,即后来推出的美国产业-大学合作研究中心计划。

出于以下两个方面的原因,美国产业-大学合作研究中心计划自成立之后获得了良好的发展。一方面是因为竞争压力促使美国企业采取基于创新的竞争策略以保持全球的竞争力,企业需要不断地通过研发、与大学联合研发或购买大学技术等方式,实现技术创新和产品创新。另一方面是因为联邦政策,例如《拜杜法案》、《史蒂文森法案》和《国家合作研究和生产法案》等,均鼓励和支持企业与大学之间的合作。经过30多年的发展,美国产业-大学合作研究中心计划已经成为美国国家科学基金会持续资助时间最长的一个计划,已经形成了110个产业-大学合作研究中心。有50%以上的产业-大学合作研究中心已经不再接受美国国家科学基金会的资助,但是仍然能自给自足且运行良好。750多名教师、750多名研究生以及200多名本科生,在接受美国国家科学基金会资助的50个左右的产业-大学合作研究中心做研究工作,几乎涵盖了当今技术的所有研究领域,产业-大学合作研究中心已经跨学科培养了上千名硕士和博士。

③美国产业-大学合作研究中心的组织运行特征

A. 严格的申请筛选机制。一个产业-大学合作研究中心通常始于对一位大学教授的一项微小资助。这位教授拥有必要的科学、组织和创业技能,从而能够组成团队,并建立和运行一个产业-大学合作研究准中心。如果产业-大学合作研究中心能够获得来自产业界、所属大学或其他大学的强大资助的承诺,那么这个准中心就可以向美国国家科学基金会提交建议书,叙述所获得的进步,并为正式成为产业-大学合作研究中心提出书面申报。如果若干大学共建产业-大学合作研究中心,那么必须有两所或更多的大学进行申报,而且由于多大学的产业-大学合作研究中心能够扩大基础研究的基础，增加产业－大学合作研究中心参与者之间的交流，并且由于解决产业界的问题需要多学科和多技术的参与，常常需要组成一个学校联合体来实现跨学科研究，所以多个大学组织申报的产业－大学合作研究中心比单个大学组织申报产业－大学合作研究中心更容易得到美国国家科学基金会的批准和资助。

美国国家科学基金会会给予产业－大学合作研究准中心提供准备资金，一共是12个月11500美元。如果一所大学准备申请加入已有的产业－大学合作研究中心，则会得到12个月1万美元的资助。此外，产业－大学合作研究准中心的主持学校，会额外获得3000美元，专门用于支付评估费用。评估者会指导中心主任开展一次成功的申报会议，并且会参加准中心的第一次筹备会，主要是为帮助准中心顺利成为产业－大学合作研究中心做出努力和贡献。

一个产业－大学合作研究中心必须具备如下特征：

——参与的大学、产业界和其他组织，保持紧密的合作伙伴关系；

——一个独特的研究领域，代表了产业－大学合作研究中心和产业界的共同利益；

——由产业－大学合作研究中心成员共同确定明晰的产业－大学合作研究中心目标和研究路线图；

——拥有支持产业－大学合作研究中心开展共同研究的私人或公共成员组织；

——由领导学校的产业－大学合作研究中心主管和其他参与学校的产业－大学合作研究中心主管组成一个组织，以利于组成一个多样的教师和学生团队；

——一个适合产业－大学合作研究中心的协同运行模式，与产业－大学合作研究中心的最佳实践相符；

——每年召开两次会议，评估项目和展示研究成果，至少有一次会议是筛选新项目的会议；

——一个基于产业－大学合作研究中心最佳实践的由成员参与的研究项目的培养、选择、资助、指导过程；

——有效的最佳实践实施，例如使用项目执行摘要，这有助于成员对研究项目的评估；

——研究生参与高质量研究项目，使学生有能力开展产业相关的研究；

——成员之间签署合作合同，以保证知识产权共享；

——贸易组织或协会成员签订合同；

——有一份有效的计划，概述中心未来如何成长、引进和保留成员，与公司建立合作关系吸引其投资；

——由一个独立的评估机构（人员）对产业大学的合作进行正式评估。

B. 完善的组织管理机构。产业－大学合作研究中心的组织管理模式以产业－大学合作研究中心主任为核心，通过学术政策委员会和产业咨询委员会的协调，依托研究计划和研究项目具体开展产学合作、建立大学与产业伙伴关系，并由独立的专家评估者评估合作效益，为产业－大学合作研究中心的高质量运行提供改进建议。

其一，产业－大学合作研究中心主任。每个产业－大学合作研究中心都设有一名主任，主任要对产业－大学合作研究中心运行的所有方面负责，并向大学管理者——通常是系主任负责。对于多大学的产业－大学合作研究中心，则会设立联合主任，是其他大学参加该产业－大学合作研究中心的负责人，协助产业－大学合作研究中心主任的管理及与其他中心的合作。

其二，学术政策委员会。一般由相关系的系主任和大学其他的高级管理人员，例如教务长、负责研究的副校长等组成，学术委员会的主要职责是解决重要的政策问题，例如专利和许可、晋升和终身教授评定等。

其三，产业咨询委员会。产业咨询委员会主要由产业界代表组成，对产业－大学合作研究中心管理的所有方面，包括研究项目筛选、评估、战略规划等提供建议。产业咨询委员会的所有成员对产业－大学合作研究中心的研究成果共同拥有知识产权。产业咨询委员会维系了大学与产业之间的合作关系。在这样的关系中，大学教师贡献知识和研究能力，产业界的研究人员贡献了面向产业技术和获取市场竞争力的知识。

产业－大学合作研究中心的运行，主要依靠研究计划和研究项目来开展。研究计划通常由多个具体的聚焦于产业兴趣的研究项目组成。每个研究项目由一个首席研究者主持，可能也有来自产业界的监督者（可以是产业咨询委员会的代表或者由产业咨询委员会成员公司委派的工程师）参与。首席研究者紧密跟踪学生的研究进展（因为研究生也通常会在教师指导下参与研究项目），并向监督者提供常规的进展报告，监督者也常常会直接参与研究项目。因此，产业界直接参与研究计划和评估，使大学的技术转移更为直接。美国的产业资金，可以通过大学的研究成果获得迅速增值。

C. 独特的资金资助模式。美国国家科学基金会可以为产业－大学合作研究中心提供3期共15年的资金资助。但是，拿到美国国家科学基金会的资金资助并非易事，要求产业－大学合作研究中心所得到的会费收入（其会员由公司、其他组织和非美国国家科学基金会的联邦机构组成，可以分为正式会员和准会员）必须达到一定的额度，才可能获得美国国家科学基金会的配套资助。美国国家科学基金会在为产业－大学合作研究中心提供第一期为期5年的资金资助后，会对产业－大学合作研究中心进行评估，如果符合美国国家科学基金会的相关要求，则可继续享有第二期为期5年的资助。10年之后，如果产业－大学合作研究中心继续表现出色，则可获得第三期5

年资助,但是第三期资助一般只提供给多大学中心。具体如表6-6所示。

表6-6 美国国家科学基金会对产业-大学合作研究中心的资金资助模式

期数	中心类型	从产业界获取会费收入（万美元）	美国国家科学基金会配套（万美元）	备注
第一期	多大学中心（每个分站点）	15~30	6	中心必须总共获得30万美元以上的会费收入
		30	8	
	单个大学中心	40	8	—
第二期	多大学中心（每个分站点）	17.5~35	4	中心必须总共获得35万美元以上的会费收入
		35	6	
	单个大学中心	40	6	—
第三期	多大学中心（每个分站点）	17.5	1.5	
	主持大学	17.5	2.5	

由于产业-大学合作研究中心的主持大学还负有额外的责任,如协调、综合管理、中心运转（包括营销、沟通、宣传）、评估多大学中心等,所以可获得美国国家科学基金会的额外资助。在"多大学产业-大学合作研究中心协调"这一职能上,主持大学在第一期和第二期,会根据产业-大学合作研究中心所容纳的大学数量,获得相应的资助（即产业-大学合作研究中心每增加1所大学就多获得1万美元资助）,在第三期可固定地从美国国家科学基金会获得每年2.5万美元的资助。在"产业-大学合作研究中心运转"职能上,主持大学在第一期和第二期的头2年均可每年获得2万美元的资助,在第三、四、五年每年获得1万美元的资助。在"评估多大学产业-大学合作研究中心"职能上,美国国家科学基金会会在第一期和第二期向主持大学每年根据产业-大学合作研究中心站点大学数量,提供9000美元到2.1万美元不等的资金,以支付评估费用。

另外,当一个产业-大学合作研究中心拥有了8个甚至更多的成员单位时,美国国家科学基金会会提供一部分资金支持产业-大学合作研究中心聘请副主任。同时,美国国家科学基金会积极支持并推动产业-大学合作研究中心的国际化,如果产业-大学合作研究中心有1个国际分站点,或者开展了国际合作,就可以从美国国家科学基金会每年获得2.5万美元的额外支持。

D. 美国国家科学基金会"巧作用"的发挥。从表6-6中可以发现,美国国家科学基金会给予每个产业-大学合作研究中心的配套资金远远少于美国国家科学基金会要求每个产业-大学合作研究中心从产业界争取的资金,而且资金资助逐期减少,但要求产业-大学合作研究中心从产业界获得的资金则逐期增加。这一方面说明,美国国家科学基金会对产业-大学合作研究中心的资金支持，并不是产业-大学合作研究中心维持运行的关键，另一方面则说明，美国国家科学基金会在帮助产业-大学合作研究中心吸引产业界资金方面，起到了重要的作用。

在实践中，产业-大学合作研究中心得到的来自产业界和其他领域的资助，是美国国家科学基金会对其投资的10~15倍之多，而美国国家科学基金会对产业-大学合作研究中心的资金资助是相当有限的——在2000财年只有520万美元，但是，来自其他途径的资金额度就相当可观，在2000财年有将近680万美元。如今，各个产业-大学合作研究中心加起来，共有600多个合作伙伴，其中90%是企业，剩下的10%包括州政府、国家实验室以及其他联邦机构。美国国家科学基金会通过资金杠杆机制，帮助产业-大学合作研究中心源源不断地吸引外界资金。这一案例成了美国典型的"杠杆"资助案例，即联邦政府发挥乘数效应，协同国家研发过程，成为美国国家科学基金会和其他资助机构争相模仿的案例。这类产业-大学合作研究中心也被认为是真正意义上的合作中心。

那么，美国国家科学基金会究竟扮演了怎样的角色，发挥了什么作用，才将这一杠杆机制运用得淋漓尽致呢？在产业-大学合作研究中心的运行中，美国国家科学基金会主要发挥着如下作用。

第一，筛选和评估。严格审查产业-大学合作研究中心提供的申请材料，只有符合条件的，具有积极创业导向或者说"顾客导向"的申请者，才有可能获得申请批准。

第二，荣誉。美国国家科学基金会是美国科学和工程研究资助的最大资金来源，有一个良好的同行评议系统，在学术界和产业界都有很高的威望。因此，能够从美国国家科学基金会获得资助，也代表了产业-大学合作研究中心的实力，对其从产业界获得资助、赢得尊重有促进作用。美国国家科学基金会对有潜力的产业-大学合作研究中心产业资助者敞开大门。

第三，技术支持。产业-大学合作研究中心可以从美国国家科学基金会的人员处得到帮助，这些人员会积极帮助产业-大学合作研究中心主任解决中心运行中的问题。美国国家科学基金会人员通过与原有产业-大学合作研究中心的沟通交流，总结经验、吸取教训，可以为新产业-大学合作研究中心主任提供良好的运行参考意见。

6.2.4 国际案例对中国协同创新的启示

本研究从国际创新合作的视角，详细介绍了上述案例的成功经验，能够为中国的协同创新提供诸多有价值的参考和借鉴。

6.2.4.1 突破体制机制障碍营造适宜创新的生态体系

硅谷从一个农业地区转变为美国的高科技中心，不是因为地方政府有意要把当地建设成科技中心，而是因为一位教授追求他的理想。肖克利等人以在1951年始创的晶体管为支点，带领一群充满激情的教授、科学家、工程师、企业家、投资者及律师，实现晶体管大众商业化的创新。硅谷的成功在于建立了一个持续创新的生态系统，促进了硅谷后来的创新经济。①

硅谷的成功，首先是因为实现了体制和制度的创新，斯坦福研究院、荣誉合作项目以及斯坦福科技园这三项组织形式的创新，充分体现了这一地区的研究型学术机构、企业家和公司之间的密切合作关系。事实上，这些体制和制度创新，促进了大学、政府和公司之间的各种合作关系，包括私人关系和组织关系。大学和企业的创新合作，不仅创建了一种有利于双方组织的社会体制，也营造了一个拓宽教育和经济交流的社会网络和生态系统。创新主体之间的集体学习与横向交流，有助于消除阻碍产学创新关系深入发展的各种误区，给彼此提供了一个极好的学习和合作交流的平台。因此，在中国开展协同创新的过程中，也要特别重视创新生态体系的建立。

6.2.4.2 政府管理部门加强顶层设计

作为产业-大学合作研究中心的政府管理机构，美国国家科学基金会对产业-大学合作研究中心从成立到运转的整个过程进行了全面有效的规划设计。一是建立了"准中心"制，申请者首先成为"准中心"，只有运行良好，才可能被批准为正式的产业-大学合作研究中心，这可以从整体上保证大多数正式产业-大学合作研究中心成功运行。二是设立了独特的资金资助模式，将获得产业界的资金资助与能够从美国国家科学基金会获得的资助金额相挂钩，这一模式促使产业-大学合作研究中心积极争取产业界资金的进入，从而带来产业界的需求，使产业-大学合作研究中心真正成为协同创新中心。三是构建了行之有效的管理机制。产业-大学合作研究中心以研究计划、研究项目管理为支点，产业-大学合作研究中心主任、首席研究者、监督者、学术政策委员会、产业咨询委员会各自发挥作用，关键是将产业研究者直接带入研究项目，实现了面向产业需求的技术研发。

作为"2011计划"的主管机构，教育部已经相继出台了两个重要文件，明确了协同创新中心建设的意义、任务、管理方式以及具体的实施方案等。从两个文件中可以看出，教育部对协同创新中心的要求、高校如何组织申报两个方面的内容进行了详细的解释。但是，对于极为关键的其他内容却没有做出细致的说明，包括中心的组织架构、政府的政策支持、经费支持和评估等。本研究认为，建设首批协同创新中心用

---

① 谢德荪：《源创新——转型期的中国企业创新之道》，五洲传播出版社，2012。

"先行先试"的态度对待是正确的,所以各项规定不宜太细,但是在目前"政府掌握主要资源、高校盲目争资源"的环境下,教育部作为主管机构,极有必要加强顶层设计,明确自己的定位,出台具有可操作性的相应政策。

6.2.4.3 引导产业界积极参与

从美国产业-大学合作研究中心的案例来看,它之所以能够获得持续发展,最为关键的因素就是成功引入了产业界的参与。一方面,通过产业咨询委员会和研究项目,让产业界的代表和研究人员参与产业-大学合作研究中心的研究。这样,产业-大学合作研究中心的研究往往来自产业需求或者考虑到产业需求,从而能够更有效率地实现技术转移,产业资金的投入可以更快地转变为技术和产品,从而获得更好的收益。另一方面,参与产业-大学合作研究中心,可以使公司成员与研究生一起工作,而这些研究生平日就在科教结合的环境中学习实践,了解产业需求,对于公司来说,如果能招聘到这些学生也是重要的收益。美国国家科学基金会独特的资助模式,也会促使产业-大学合作研究中心积极争取产业界的资金资助。

教育部已经颁布的两个文件都是以政府和高校为主要政策对象,没有提及政府、高校应该如何吸引并鼓励产业、企业进入协同创新中心。特别是"面向行业产业的协同创新中心"和"面向区域发展的协同创新中心"这两个中心的建设,必须要充分考虑产业和区域发展的需求。只有让企业看到在协同创新中心中有实现自身利益的可能,企业才会投入资金并参与进来,否则,都会成为"伪联盟"和"伪中心"。因此,可以借鉴美国产业-大学合作研究中心的做法,由企业提出技术需求,高校以协同创新中心的名义,申请教育部资助或相关项目,企业应以一定比例进行资金配套,并派相关科研人员进驻高校协同研究,最后的技术研发成果,由高校和企业共享。

6.2.4.4 给风险投资创造良好的环境

硅谷的成功还依赖于中介组织的创新。第一,中介组织在服务功能上适应了高科技园区的需要。第二,其制度创新功能十分显著。例如,在风险投资上,中介公司的介入,改变了硅谷的资本投资格局。第三,加强了横向联系功能,主要体现在行业协会上。第四,具有硅谷创新网络的促进功能。中介组织在强化社会网络方面具有重要影响,它的潜在功能是促进硅谷创新文化的形成。

科技创新是一项具有高度风险的事业,风险资本作为一种科技创新的有效风险分担机制,可以减少创新的不确定性,风险资本因为与创新企业共同分担了技术创新过程中各种潜在的风险,从而全面降低了整个技术创新过程中的不确定性。

政府应创造有利于风险投资业发展的良好外部环境。政府可以借鉴美国硅谷和德国发展风险投资业的成功经验,以及产业-大学合作研究中心通过美国国家科学基金会资金杠杆作用吸引产业资金的做法,为支持研究生开展与产业相关的研究,制定优惠的投融资政策、资本市场政策、税收政策以及吸引外来风险投资，在社会、法律、科技等方面，出台一些真正有利于中国风险投资业发展的激励政策。

2005年11月，国家10个部委联合颁布的《创业投资企业管理暂行办法》，为中国风险投资事业的发展注入了活力，但配套的政策，如税收优惠政策等尚未出台。建议尽快完善配套法规，以创造良好的协同创新外部环境。

另外，还要建立风险投资的有效退出机制。有效的退出机制是风险投资正常运转的关键环节，风险投资的成功与否最终取决于资本退出的成功与否，没有有效的退出机制，就不会有健康的风险投资。积极创造条件，尽快完善创业资本市场，也是发展中国风险投资业的必由之路。

6.2.4.5 重视知识产权保护问题

在协同创新实现知识增值的过程中，需要注意几个方面的问题：一是知识产权的归属问题。在协同创新合作早期，应该以合同文本的形式，约定知识产权的具体归属。二是利益的分配问题。利益的分配包括经济利益和社会利益，经济利益一般通过有形的资产表现出来，但社会利益如商标、美誉度等无形资产则难以量化，应该以另外的表现形式单独计量。总之，协同创新是多法人主体的合作，产权以及知识产权的明晰十分重要。需要制定和完善与协同创新平台的知识产权相关的法律法规，明晰协同创新过程中产权和知识产权的归属问题。对国家出台的相关知识产权的法律法规（如《成果转让法》等）制定实施细则，加强可操作性，要特别注意对发明人的激励以及合法权益的保护，维护公平的竞争合作环境，促进协同创新的有效进行。

尽管协同创新知识合作相对于其他途径来说具有较低的交易成本（尤其是在一些关键性技术上，大学在知识供给上设置的壁垒相对较弱），但由于企业和大学对自己在知识协同中的资源付出持有不同的评价标准，往往导致知识产权纠纷问题，并影响后续的合作发展。因此，在合作开始前，各方应当签订知识产权协议和技术管理计划，以此作为协调和保护各方利益的工具。

随着科技的快速发展，创新所需知识的更新速度远远超过了单个组织内部储备知识的速度。为此，需要构建协同创新系统以实现提高知识协同效率的目的。它是一种全新的、多元的、深度的合作关系。资源共享平台以网络化的虚拟组织形式出现，是大学、企业和科研机构通过各种契约方式或股权而结成的、共同创造新知识和进行知识转移的网络组织，共享知识、促进知识流动和创造新知识，也是以知识为纽带的互补性、风险共担的知识联合体。

6.2.4.6 实现人才培养机制创新

通过IBM产学创新合作的案例可以发现：在组织协同创新中，美国政府和企业的很多思路和做法都是可圈可点的，非常值得中国相关部门研究和借鉴。依据特定产业人才的发展需求，高校如何通过嵌入式合作的方式整合产业资源、开展人才的合作培养、真正实现人才从学到用的一站式发展，一直是高校在探索协同创新过程中开展人才合作培养的重要课题，通过上述模式的分析，可以得出关于协同创新产学研合作在人才培养方面的几点启示。

①通过资源整合，加强课程体系建设，实现人才培养的深度合作。协同创新在人才深度合作的培养过程中，首先要明确现实的人才需求及其相应的能力诉求，进而根据人才发展的自身规律，充分整合来自产业界的优势资源，进行不同层次、不同阶段的课程体系开发。一方面，从知识体系更新、增强实践能力课程的开发与职业素质培养和职业角色定位两个角度，根据不同的职业角色需求来培养学生。除技能培训外，还将培养学生的团队沟通意识和职业道德意识等作为课程体系的重要组成部分，帮助学生提高就业时的竞争力。另一方面，从构建良好的行业生态系统出发，为广大用人机构提供更多高素质人才。

②通过教材开发，强化师资培养，实现隐性知识的显性化。高校通过嵌入式方式参与到产业中的特定技术领域中，专业化地进行相关人才培养所需的教材开发和师资培养，可以有效并及时地实现知识体系的更新，完善高校现有的知识体系和师资队伍。同时，这种协同创新合作人才培养过程，有利于为学生提供实习实训基地和模拟实战的教学实验环境。为学生提供的教材来源于真实的项目，帮助学生学习到产业界所需的能力和规范方法。

③通过组建人才数据库，重视人才联盟，实现人才培养的产学对接。通过组建人才数据库，收集、整理特定产业领域的相关人才资料，可以全方位且长期地关注人才技能水平的增长。高校要积极参与并共同支持相关产业界人才数据库的建立与维护，建立人才联盟，及时有效地为学生提供合适的实习与就业信息，根据学生的能力特长，优先推荐他们到合适的产业部门就业。同时，根据产业部门对人才能力的发展需求，可以进行有效地人才培养规划。

④通过科学的人才认证，构建能力综合评价体系，实现人才的全面发展。鼓励高校、科研单位的科技人员创业或到企业从事各种产学研合作工作。科技人员经本单位同意，可以以录用、聘任或兼职等方式在企业工作。科技人员在兼职期间从事与原单位的知识产权不相关的产学研合作项目时，可以不经原单位同意。协同创新过程合作开发项目的技术成果，属于联合体各方共有。如属合作前的成果，双方应以合同形式阐明。引导企业采取各种措施激励本单位技术人员从事产学研开发，加快科研成果的转移和转化。为企业提供有益的教育产品、体制和环境。帮助企业技术和管理人员接受技术教育、进修计划、继续教育以及再培训教育等。

6.2.4.7 重视协同创新系统组织协调者的培养选拔

无论是科技前沿研究案例、创新人才培养案例，还是科技成果转化案例，我们都可以从中得出一个结论，那就是协同创新系统的组织协调者是协调创新网络的重要因素。对于协同创新，我们一定要重视组织者的筛选和培养。协同创新强调资源的系统、有效和深度整合。在协同创新网络的结点处，我们需要一批具有跨组织协调能力的个人或组织，将原本难以直接联系和交流的各个部门，通过特殊的"桥梁"连接起来。

关于协同创新的关键组织者必须具备的素质，维克多（Victor）和格雷格（Greg）认为以下三大素质非常重要。第一是主动开放。这些组织者必须具备积极联系其他组织的特质，将本来陌生的个体（如创业家、投资者和科学家等）通过"黏合剂"联系起来，突破传统的组织边界，建立彼此需求和供给的沟通机制。第二是说服力。组织者往往站在创新系统长远利益的角度，在跨组织的沟通过程中，给双方提供一些建设性的意见，并且他们有能力说服不同的组织采纳最有利于整个系统未来发展的想法。这种通过回归人性本质（对长远利益的追逐）的沟通策略，往往能够起到事半功倍的作用。第三是执行力。很多创新想法往往能够在短时间内声名鹊起，但是却难以通过实践的成功得到维系和延续。协同创新所需要的组织者，正是那些能够将想法和点子落到实处的人。他们能够促成真实的经济交易行为，形成系统效应，"三分钟热情"并不是他们追求的目标。他们也许难以详细预测和评估最终的创新成果，但是他们却能够在每一次协同可能实现的价值创造中，逐步明晰未来系统发展的愿景，把握创新大势。

因此，应尽快根据以上总结出的组织协调者的素质，出台协同创新组织协调者的筛选、培养和评价方面的具体机制和措施，以保障协同创新事业的顺利执行。

6.2.4.8　充分重视创新项目评估的作用

经常性的评估是美国国家科学基金会成功运行产业-大学合作研究中心项目的又一重要因素。产业-大学合作研究中心通过设立专门的独立评估专家，对产业-大学合作研究中心的创办和运行进行指导和评估，以保证产业-大学合作研究中心高质量运行。他们会通过定量和定性的方法，在产业-大学合作研究中心现场，考察工业界和大学的交互影响，考察的主要内容包括：①产业-大学合作研究中心研究的质量和影响力；②参与该项目的教师的满意度；③产业参与者的满意度。产业-大学合作研究中心研究的高质量，其一就体现在教师在顶级期刊上发表了论文，教师和学生经常从专业学会中获得资助开展创新研究。此外，美国国家科学基金会专门在北卡罗来纳州立大学成立了产业-大学合作研究中心计划评估项目中心，专门为产业-大学合作研究中心评估者提供详细的指导方针、评估程序、评估工具和其他资源，使评估者的评估更为科学和客观，并通过评估者的反馈、分析，向所有的产业-大学合作研究中心提供更有针对性的建议。

从目前中国政府主导的诸多政策和项目来看，都较为重视政策和项目的落实，但是，对于政策和项目的实施效果、成绩和效率都较少关注。只有通过具体的评估，才能对政策和项目进行客观评价，总结经验和教训，从而对今后类似政策和项目的实施提供更具说服力的指导。在国内，很少能找到政策和项目的实施评估细则，不重视政策和项目的评估，经常使得政策和项目执行走样从而以失败告终，并且即使以后有类似政策和项目出现，也会因为缺少前期项目的较为系统的经验指导，而重新走上"犯错"的道路，既不能取得应有的效果，又浪费了国家公共资源。因此，本研究建议，从教育部开展"协同创新中心"建设起，尝试建立一套完整系统科学的评估体系，对协同创新中心进行有效评估，为今后国家其他项目和类似项目的评估探索经验，并进而形成一种典型的评估模式。

综上所述，各国的经典案例为中国实行协同创新的国家创新体系提供了制度、政策、主体、人才培养和区域平衡等诸多方面的参考资料。在积极借鉴吸收利用的同时，还应依据中国的实际情况加以完善。在实施协同创新的过程中，需要区域和区域之间的平衡，这离不开企业、高校、科研院所和中介机构的积极参与，只有这样，协同创新体系才有可能良性发展，只有当所有的创新主体都协同发挥作用，才能真正实现协同创新的政策目标。

6.3 "2011计划"实施情况

6.3.1 "2011计划"实施背景与意义

改革开放以来，中国的高等教育得到了迅速发展，基本建成了学科门类比较齐全、培养类型多样的研究型和应用型教育体系，中国成了高等教育大国，为现代化建设提供了有力的人才保障，国际影响力也在不断提高。但总体来看，高等教育的质量还不能适应经济社会发展，不能满足人民群众接受高层次教育的需求，这既关系到创新型国家建设，也关系到综合国力的增强、国民素质的提高以及长远的可持续发展。为贯彻落实中长期教育规划纲要，推进高校人才培养、科学研究和机制创新一体化改革，转变创新发展方式，2011年3月22日，教育部、财政部在"全面提高高等教育质量工作会"上正式印发了《关于实施高等学校创新能力提升计划的意见》。继"211工程"和"985工程"两项重点工程之后，这项旨在提升高校创新能力的"2011计划"，成为中国高等教育领域的第三个重大战略工程。

"2011计划"的核心目标是提升人才、学科、科研三位一体的创新能力。具体来讲，就是以人才、学科和科研三位一体创新能力提升为核心任务，以协同创新中心为载体，以创新发展方式转变为主线，通过构建面向科学前沿、文化传承创新、行业产业以及区域发展重大需求的四类协同创新模式，深化高校的体制机制改革，实现有效支撑中国经济社会又好又快发展。"2011计划"的重要导向是必须改变单纯以项目、论文数量为主的考核评价方式，以注重原始创新质量，注重解决国家重大需求贡献度为导向来评价科学研究，最终实现集聚和培养一批拔尖创新人才，取得一批重大标志性成果，推动高校建成一批具有国际重大影响的学术高地、文化传承创新的主力阵营、行业产业核心共性技术的研发基地和区域创新发展引领阵地。

实施"2011计划"，重在突破制约高校创新能力提升的体制机制障碍，打破高校与其他创新主体之间的藩篱壁垒，通过改革创新，改变以论文数量、项目为主的评价方式，转而以解决国家重大需求贡献度为导向来评价科学研究，充分释放人才、资本、信息和技术等方面的活力，营造有利于协同创新的环境氛围。

实施"2011计划"，解决教育、科技与经济社会发展结合不够紧密以及科研资源配置分散、封闭和低效等问题，就必须促进知识创新、技术创新和产品创新的分割状态，向科技工作的上、中、下游联合、贯通的方向转变。

"2011计划"的主要内容可以简要地归纳为"1148"，即一个根本出发点、一项核心任务、四类协同创新模式的探索和推进八个方面的体制机制改革：以"国家急需、世界一流"为根本出发点；以人才、学科、科研三位一体的创新能力提升为核心任务；以协同创新中心为载体，构建四类协同创新模式，大力推进学校和学校、学校和科研院所、学校和行业企业以及学校和区域发展、学校和国际合作的深度融合；以创新发展方式转变为主线，着力推动八个方面的改革。

与传统产学研合作模式相比，"2011计划"与之有相同之处，又存在差异。传统产学研合作以某个企业为目标，围绕企业生产亟须解决的技术问题和亟须培养的专门人才来开展合作，往往集中于某一成果、某一应用或者某一技术。"2011计划"则是围绕国家战略需求，针对当前影响经济社会发展的某一重点行业而开展的协同创新实践，涉及创新链的上、中、下游，既有原始理论创新，又有应用创新，更有成果转化创新。

在资金支持和政策支持方面，"2011计划"重在高校的体制机制改革创新，重在推动高校内部资源和外部创新力量的有机融合，同时辅以资金支持和财政支持，建立协同创新模式，从而带动和推进"211工程"和"985工程"的进一步发展。"2011计划"要求学校和地方加大投入，确定了在充分、有效集成现有资源、积极吸纳多方投入和支持的基础上，国家给予增量支持，赋予高校在合理范围内使用经费的主动权，用于拔尖创新人才培养、人员选聘以及协同创新与协同管理等方面。在政策支方面，推行人才制度的改革试点，优先支持高校在人员聘用、考核评价、人才培养和薪酬制度等方面进行尝试，在相关资源配置和组织推荐国家相关任务方面予以重点倾斜支持。

全面提高高等教育质量是教育改革发展最核心最紧迫的任务，而提升创新能力，是提高质量的灵魂。因此，实施"2011计划"，对于大力提升高等学校的创新能力，提高高等教育质量，为建设创新型国家和人力资源强国提供强有力的人才和科技支撑，都具有十分重要的意义。"2011计划"通过推动内部资源和外部创新力量的有机融合，建立协同创新模式，为高校进一步提升创新能力提供了良好契机，更为高等学校在原有基础上进一步调整完善科技合作创新机制，探索建立更高层次的协同创新体系提供了难得的机遇。因此，实施"2011计划"，打通了以企业为创新主体、以高校及科研院所为技术依托的完整创新链条；明确了高校服务企业、攻克行业共性技术和企业关键技术难关，实现技术和市场的有效衔接，创新活动和人才培养以及学科建设的有机结合，从而直接解决了中国的原创性不足问题，更解决了高校与企业的对接问题，必将对加快国家创新体系建设，深入实施科教兴国、人才强国战略产生深远影响。

6.3.2 "2011计划"实施过程

为推动实施"2011计划"，教育部、科技部确定了明确的实施方案、总体目标、重点任务、协同创新中心建设类型、实施范围以及实施年限等要求，支持和鼓励有条件的高校、地方先行先试，制订校级和省级以及其他形式的协同创新计划，并明确了培育组建、评审认定和绩效评价的操作程序。

根据"2011计划"鼓励有条件的高校制订校级协同创新计划，先行先试，积极培育。鼓励各地设立"省级2011计划"，结合当地重点发展规划，吸纳省内外高校、科研院所与企业组建协同创新体，建立协同创新机制，营造协同创新环境氛围。

2012年3月11日，教育部公布第一批"2011计划"协同创新中心名单，其中有量子物质科学协同创新中心、中国南海研究协同创新中心、宇航科学与技术协同创新中心、先进航空发动机协同创新中心、生物治疗协同创新中心、河南粮食作物协同创新中心、轨道交通安全协同创新中心、天津化学化工协同创新中心、司法文明协同创新中心、有色金属先进结构材料与制造协同创新中心、长三角绿色制药协同创新中心、苏州纳米科技协同创新中心、江苏先进生物与化学制造协同创新中心、量子信息与量子科技前沿协同创新中心14家协同创新中心（见表6-7）。2014年，教育部公布了第二批协同创新中心名单（表6-8）。

表6-7 2012年认定的第一批"2011协同创新中心"名单

序号	中心名称	主要协同单位	类别
1	量子物质科学协同创新中心	北京大学、清华大学、中国科学院物理所等	前沿
2	中国南海研究协同创新中心	南京大学、中国南海研究院、海军指挥学院、中国人民大学、四川大学、中国社会科学院边疆史地中心、中国科学院地理资源所等	文化
3	宇航科学与技术协同创新中心	哈尔滨工业大学、中航科技集团等	行业
4	先进航空发动机协同创新中心	北京航空航天大学、中航工业集团等	行业
5	生物治疗协同创新中心	四川大学、清华大学、中国医学科学院、南开大学等	前沿
6	河南粮食作物协同创新中心	河南农业大学、河南工业大学、河南省农业科学院等	区域
7	轨道交通安全协同创新中心	北京交通大学、西南交通大学、中南大学等	行业
8	天津化学化工协同创新中心	天津大学、南开大学等	前沿
9	司法文明协同创新中心	中国政法大学、吉林大学、武汉大学等	文化
10	有色金属先进结构材料与制造协同创新中心	中南大学、北京航空航天大学、中国铝业公司、中国商飞公司等	行业
11	长三角绿色制药协同创新中心	浙江工业大学、浙江大学、上海医药工业研究院、浙江食品药品检验研究院、浙江医学科学院、药物制剂国家工程研究中心等	区域
12	苏州纳米科技协同创新中心	苏州大学、苏州工业园区等	区域
13	江苏先进生物与化学制造协同创新中心	南京工业大学、清华大学、浙江大学、南京邮电大学、中国科学院过程工程研究所等	区域
14	量子信息与量子科技前沿协同创新中心	中国科学技术大学、南京大学、中国科学院上海技物所、中国科学院半导体所、国防科学技术大学等	前沿

表6-8 2014年认定的第二批"2011协同创新中心"名单

中心名称	核心协同单位	类型
人工微结构科学与技术协同创新中心	南京大学、复旦大学、浙江大学、上海交通大学等	前沿
信息感知技术协同创新中心	西安电子科技大学、中国电子科技集团公司等	行业
辽宁重大装备制造协同创新中心	大连理工大学、东北大学、沈阳工业大学、大连交通大学、沈阳鼓风机集团股份有限公司等	区域
能源材料化学协同创新中心	厦门大学、复旦大学、中国科学技术大学、中国科学院大连化学物理研究所等	前沿
地球空间信息技术协同创新中心	武汉大学、中国航天科技集团、清华大学、北京航空航天大学等	行业

续表

中心名称	核心协同单位	类型
高性能计算协同创新中心	国防科学技术大学、中山大学、中国电子信息产业集团有限公司等	行业
无线通信技术协同创新中心	东南大学、清华大学、电子科技大学、北京邮电大学、重庆邮电大学等	行业
先进核能技术协同创新中心	清华大学、中国核工业建设集团、中国华能集团、中国广东核电集团有限公司、上海电气（集团）总公司、国家核电技术公司、中国电力投资集团公司等	行业
南方稻田作物多熟制现代化生产协同创新中心	湖南农业大学、湖南杂交水稻研究中心、江西农业大学等	区域
钢铁共性技术协同创新中心	北京科技大学、东北大学等	行业
IFSA协同创新中心	上海交通大学、中国工程物理研究院等	前沿
北京电动车辆协同创新中心	北京理工大学、北京汽车集团有限公司、清华大学、北京交通大学、国家电网北京市电力公司等	区域
煤炭分级转化清洁发电协同创新中心	浙江大学、清华大学、华东理工大学、中国华能集团公司、中国国电集团公司、神华集团有限责任公司、中国东方电气集团有限公司等	行业
高端制造装备协同创新中心	西安交通大学、浙江大学、沈阳机床（集团）有限责任公司、陕西秦川机床工具集团有限公司等	行业
感染性疾病诊治协同创新中心	浙江大学、清华大学、香港大学、中国疾病预防控制中心等	前沿
高新船舶与深海开发装备协同创新中心	上海交通大学、中国船舶工业集团公司、中国海洋石油总公司等	行业
智能型新能源汽车协同创新中心	同济大学、上海汽车集团股份有限公司、清华大学、湖南大学、天津大学、国家信息中心、潍柴动力股份有限公司、中国电力科技集团公司52所、中国科学院电动汽车研发中心等	行业
未来媒体网络协同创新中心	上海交通大学、北京大学等	行业
重庆自主品牌汽车协同创新中心	重庆大学、重庆邮电大学、重庆长安汽车股份有限公司、中国汽车工程研究院股份有限公司等	区域
国家领土主权与海洋权益协同创新中心	武汉大学、复旦大学、中国政法大学、外交学院、郑州大学、中国社会科学院中国边疆史地研究中心、水利部国际经济技术合作交流中心等	文化
中国基础教育质量监测协同创新中心	北京师范大学、华东师范大学、东北师范大学、华中师范大学、陕西师范大学、西南大学、中国教育科学研究院、教育部考试中心、安徽科大讯飞信息科技股份有限公司等	文化
中国特色社会主义经济建设协同创新中心	南开大学、南京大学、中国人民大学、中国社会科学院经济学部、国家统计局统计科学研究所等	文化

续表

中心名称	核心协同单位	类型
出土文献与中国古代文明研究协同创新中心	清华大学、复旦大学、安徽大学、北京大学、湖南大学、吉林大学、首都师范大学、中国人民大学、中国社会科学院历史研究所、中国文化遗产研究院、中山大学等	文化
两岸关系和平发展协同创新中心	厦门大学、复旦大学、福建师范大学、中国社会科学院台湾研究所等	文化

从第一批"2011协同创新中心"的组成单位构成看，可以发现有如下三个显著特点。

一是重点研究领域强强联手，鼓励协同。

首批评审共受理了来自全国的167份协同创新中心申请，它们都体现了由高校牵头、广泛联合科研院所、行业企业和地方政府等优势创新资源的特点。经过三轮严格认定，最终只有14份申请获得批准。首批14个"2011计划"国家协同创新中心，包含了科学前沿、文化传承、行业产业和区域发展4大类，研究内容涵盖了量子物理、化学化工、生物医药、航空航天、轨道交通、新型材料、纳米科技、现代农业以及司法文明、海洋权益等领域。这些研究方向体现了国家的重大需求，也是参与国际前沿竞争的需要。

和"211工程"、"985工程"不同，这次国家重点扶持的不再是某一所大学，而是一批新型创新主体——协同创新中心。比如，首批名单中排在第一位的量子物质科学协同创新中心，是由北京大学、清华大学和中国科学院物理所强强联合组建的，各组成单位在国际量子研究领域都具有顶尖实力，该协同创新中心集中了20名院士和数百名科技精英。教育部科技司司长王延觉在讲话中指出："希望通过一个中心的建立，形成一个改革特区，推动高校运行机制的改革。"

二是为地方高校提供了平等竞争的机遇。

传统的"211工程"和"985工程"，难以惠及广大地方高校。而"2011计划"按照"国家急需、世界一流"的认定要求，首批名单打破了地方高校很难申请国家重大项目的局限，在区域类别的4个协同创新中心里，牵头的河南农业大学、浙江工业大学、苏州大学和南京工业大学均是地方高校，只有苏州大学是"211高校"。

2014年开展的第二批协同创新中心同样延续了第一批申报的思路，对直属高校进行了一定的限制，以鼓励更多地方高校参与。例如，第二批申报工作仍采用限额推荐的方式。原则上，中央直属高校申报数量控制在平均每校不超过1项，各地方教育部门申报数量控制在2项以内（包括4种协同创新类型）。其中，中央高校牵头申报面向区域发展类的协同创新中心，不占地方推荐指标，但占本校指标。鼓励高校积极参与协同创新中心建设,作为参加单位不受名额限制。

三是取消终身制,采用长周期评估。

和"211工程"、"985工程"相比,"2011计划"的一个重大改变是取消了终身制。"2011计划"自2012年开始正式启动实施,每4年为1个周期。教育部、财政部定期组织"2011协同创新中心"的申报认定,在高校、地方、行业等前期充分培育的基础上,每年择优遴选、认定出符合"国家急需、世界一流"要求、具有解决重大问题能力、具备良好机制体制改革基础的"2011协同创新中心"。"2011协同创新中心"通过认定并建设运行满4年后,教育部、财政部将委托第三方对其人才培养、资源整合、科技成果转化、对行业产业的支撑作用以及国际影响力进行综合评价。如果目标完成且国家有进一步需求,才能进入下一个周期。这样做的目的是让"2011计划"能够长期保持竞争优势和创新活力。

四是资金支持不再以"给钱"为主。

在过去的"211工程"和"985工程"建设中,中央和地方都投入了大量资金予以重点扶持。但"2011计划"不再以资金投入为主,因为这些协同创新中心本身已经有大量科研项目,有相对充足的科研经费来源,还有着很强的吸金能力。据统计,全国培育的167个协同创新中心已经吸纳了超过200亿元的社会资金。"2011计划"专项资金将用于现有体制投资不能解决的问题,如高水平队伍组建、协同机制、学者流动机制、学生培养方式以及资源共享方式等。

在中央和地方各级政府部门的推动下,在各所高校和相关企业的积极参与下,"2011计划"取得了很大的进展。但是,实施"2011计划"仍存在如下难点和问题。

第一,"2011计划"从组织上必须强调强强联合,包括校校、校企、校所之间的强强联合等。合作各方应以国家重大战略需求为牵引,实现优势互补,以提升领域和国际竞争力为统一目标,求同存异,追求集体利益最大化。这种合作关系的建立和维护本身就是一个难点。这就要求协同体的各成员之间明确责任,梳理相互之间的关系,明晰整体组织形式。责任主体的设置,不一定明确到具体单位,可以根据创新中心的需求,直接明确到人。在建立管理委员会、学术委员会等管理机构的过程中,应进一步强化负责人的责任。

第二,实施"2011计划"必须通过构建良好的人事聘用考核机制,从海内外汇聚一批不同学科的拔尖创新人才或团队,引导研究人员全身心投入科技创新活动,避免产生争抢科研经费和科研经费提成等急功近利的行为。

第三,知识产权问题是高校成果的核心问题,处理不好可能会影响协同创新体的正常运行。当前,基于国家法律、地方法规和学校制度等因素,难以明确界定高校成果或协同体的科技成果产出的归属与收益分配,至少无法以同样的知识产权归属模式，去规范协同体的知识产权归属情况。

第四，协同创新中心建立以后必然要有明确的研究目标，更要承担大量的研究任务，而协同创新中心研究任务的确定则应当以企业需求为源头，这就需要建立一套科学合理的科研项目立项机制。

第五，考虑到创新型人才供需的现状，"2011 计划"也面临着人才培养的重大挑战。目前，协同创新中心主要集中在解决国家重大问题和重大需求方面，以科学技术研究、产学研结合为中心，并未过多关注创新型人才培养，而这正是中国未来建立创新型国家的不竭动力。因此，依托协同创新中心，实现人才培养、人才与劳动力市场相匹配，也应该是"2011 计划"的一项重要目标。

6.3.3 "2011 计划"的实施经验与建议

为了顺利实现科教兴国和人才强国战略目标，"2011 计划"的实施必须围绕"国家急需、世界一流"这一核心原则。因此，在进一步推进实施"2011 计划"的过程中，应当着重考虑如下几个方面的内容。

第一，合理进行资源配置。搭建协同创新平台的一个重要途径，就是资源整合，既包括当前已有的资源，也包括国家支持的增量资源。整个协同创新体系应通过一系列的优化和整合实现优质资源的优化配置。具体而言，要明确各主体的优势，充分发挥强项，将最优的资源配置给最合适的主体，同时建立资源的评估和监控机制。此外，应有明确的效益评价机制，评价资源的使用率，合理调度人力资源和资金，避免资源闲置和浪费。同时，应从系统的大局出发，着手建立低成本资源共享机制，鼓励协同创新的各个参与主体，将信息和资源进行群体内共享，化零为整，互通有无，减少不必要的重复购买和重复劳动，充分发挥协同优势。

第二，按照因地制宜、因人而异的原则明确知识产权的界定。由于不同科技成果的社会属性和经济属性都不同，加上研发过程参与者的不同，知识产权的界定难以有统一的标准。因此，应当把握因地制宜、因人而异的原则，由协同创新中心自行制定规章制度并严格贯彻实施。例如，对于企业投资基金支持项目产生的知识产权归属，可以按照项目协议规定来解决。对于国家投入支持的项目产生的知识产权，可以按照国家有关知识产权的法律法规予以解决。"2011 计划"中协同创新中心自有经费产生的知识产权，归发明人所属单位，使用权和收益权归中心；国家任务支持的知识产权，依照国家规定确定归属，协同创新中心享有优先使用权，权益归协同创新中心和发明人所属单位；企业投入资金产生的知识产权，按协议约定相关的权益归属。

第三，要梳理好高校和企业的关系，明晰二者的定位。在创新链或产业链中，高校、企业和科研院所的功能和定位都不同，因而发挥着各自不同的作用。部分企业研发能力较强，其在创新链中的定位要相应前移，而研发能力较弱的企业，在创新链中的定位要后移，此时高校就应该进行补位，完成企业无法承担的研发任务。如果企业和高校发生错位，高校只注重基础研究，企业只注重生产，则会造成技术创新和成果转化成为空白地带，严重阻碍协同效应的发挥。

第四，建立完善的协同创新中心人才考核机制。人是最为活跃的要素，也是协同创新中心运转和发展的重要力量。因此，如何引进人才、留住人才、培养人才，应当是协同创新中心构建的重要一环。科学的考评机制应包括开放式聘用机制、人才评价与成果评价、团队评价与个人评价、企业评价与学术评价相结合的评价机制以及固定年薪与绩效奖励相结合的薪酬激励机制等。在考评过程中，应更加重视企业评价的作用，但薪酬激励机制应坚决杜绝与科研经费提成挂钩，避免科研成果成为一纸空文，更要避免科研人员人浮于事。

第五，将创新活动和人才培养有机结合，为创新人才培养提供有利契机。依托协同创新中心进行创新人才培养，可以根据实际需要采取特殊的人才培养模式。可以进一步寓教于研，加强校校合作、校企合作、校院合作，将理论知识特别是工程类等需要大量实践的知识，放到生产制造一线的环境中讲授，可以更好地提升人才培养质量。在校校合作方面，创新中心既可以单独设置创新课程，又可以开设学分互换课程，也可以共同成立实验班，跨校、跨学科和跨专业选课。以某一专业为核心，依托不同学校的精品课程，实现联合培养，充分发挥各学校的学科优势。在校企合作方面，实行双导师制，学生既有学术导师也有业界导师，提升工程硕士、工程博士的培养质量；在校院合作方面，可以参考国外大学院制度，根据区域发展需要，建立核心学科和周边学科，以贯穿式"本－硕"或"本－硕－博"模式，培养创新所需专业人才，最终实现以协同创新中心为载体，以高校和企业为主体，以科研和创新为主线，培养综合型创新人才。

6.4 推进中国协同创新能力建设的政策建议

通过提升协同创新能力来构建国家核心竞争力，是新时期建设创新型国家的重要战略。要真正促进协同创新能力的进一步提升，解决中国长期以来创新能力不足，特别是创新力量分散，人才培养、科学研究与经济社会发展相互脱节的问题，必须从突破中国现有体制机制中的一系列障碍出发，真正实现企业、高校、政府等创新主体之间的协同互动，来共同推动中国协同创新能力建设。在上述研究的基础上，我们特针对中国在协同创新能力方面所面临的问题，就如何突破体制机制障碍来推动协同创新能力建设提出以下几点政策建议。

6.4.1 强化技术转移过程中的知识产权立法和执法工作，完善知识产权保护机制

技术转移问题，是中国协同创新能力建设的重要环节。《国家中长期科学和技术发展规划纲要（2006～2020年）》提出："加快建立以企业为主体、市场为导向、产学研相结合的技术创新体系，引导和支持创新要素向企业聚集，促进科技成果向现实生产力转化。"同时，在国家技术转移促进行动方案中，明确提出了要进一步活跃高校和科研院所与企业之间，行业和领域间、区域间、国家间的知识流动和技术转移。这就要求中国在新时期协同创新战略指导下，走有中国特色的技术转移之路。中国已经在知识产权保护方面进行了很多尝试，例如，2015年8月29日，全国人大常委会修订通过的《促进科技成果转化法》，对建立成果（尤其是职务发明成果）转化的利益机制，下放成果的使用权、处置权以及促进成果发布与共享等方面，做出了很多规定。同时，国务院《关于深化体制机制改革，加快实施创新驱动发展战略的若干意见》也着重提出要"实行严格的知识产权保护制度"，并给出了诸如探索实施惩罚性赔偿制度、完善知识产权审判工作及健全知识产权侵权查处机制等一些具体做法。但是，如何从法律和制度上，综合保障协同创新主体在技术转移过程中更为广泛的协同合作关系，还需要进行更多的探索和深入思考。

美国1980年颁布的《拜杜法案》是协调产学协同创新非常有效的一部法律。它确定了以高校为核心的知识产权归属和利益分配机制，允许联邦资助高校和科研机构的研究成果与专利独家授权或永久授权转移给产业界，以保护知识产权的法律为起点，掀起了美国技术转移的浪潮。同时，《拜杜法案》也是不同创新主体在技术转移过程中解决利益冲突的产物。它从制度上保障了技术转移过程中不同创新主体之间的利益，更是促进高校知识产权保护和高校知识产业化的法宝。尽管这部法律存在一定的局限性，但它为美国高校向产业界开展技术转移工作、参与经济发展服务做出了突出的贡献。从此，大学第三个使命"创业"也由此诞生了。随后，欧洲和日本也纷纷效仿，各自制定了《技术转移法》、成立了大学技术转移办公室，大学获得了更多的自主权。协同创新联盟的发展不仅需要适合中国国情的《技术转移法》来协调，而且还需要保障不同创新主体在技术转移和商业化过程中拥有相应的自主权。特定的《技术转移法》和相应的自主权是推动协同创新能力高效发展的动力机制。因此，必

须根据中国的国情和国际规则，增修相关法律、规范技术转移活动、强化技术转移机制、完善技术转移体系，促进知识、技术和人才的流动，进而推动大学、研究机构、政府和产业界的结合。

由于协同创新过程涉及众多的利益主体，也迫切需要通过加强技术转移过程中的知识产权立法，以强有力的刑事制裁来严厉打击技术转移过程中的知识产权侵权行为。特别是针对职务发明及其归属的产权纠纷问题，还需要进一步规范相关的职务发明报酬立法，科学评估发明人的学术贡献度和技术贡献度，在统一制定国家的最低标准下，制定向职务发明人利益倾斜的报酬提取比例（如不低于30%），并鼓励以股份或出资等形式丰富职务发明报酬的实现形式，以充分保障单位与职务发明人之间的利益平衡。还应建立确定职务发明报酬相关因素的评估机构和监督体系，完善单位规避支付职务发明报酬的罚款制度，健全职务发明报酬纠纷的司法解决途径。

此外，各级政府的职能部门要通过完善法律来建立健全知识产权保护体系。同时，也要努力营造良好的政策环境和激励机制，保护和鼓励发明人、科技人员的创新精神和创新热情，帮助企业合理运用知识产权战略，预防和处理知识产权纠纷，切实推进中国提升自主创新能力、建设创新型国家的战略目标。

6.4.2 创新知识产权金融管理工具，完善知识产权交易体系，推动中国科技型中小企业的发展

知识产权质押融资，是知识产权权利人将其合法拥有的且目前仍有效的专利权、注册商标权、著作权等知识产权出质，从银行等金融机构取得资金，并按期偿还资金本息的一种融资方式。自1999年中国出现首例知识产权质押融资业务以来，各地都在积极探索。尤其是国际金融危机以来，面向中小企业的知识产权质押融资取得了一些成绩。但是，在新时期全面推进中国协同创新能力提升的过程中，如何进一步完善知识产权质押融资的扶持政策和管理机制，加强知识产权质押评估管理，支持中小企业开展知识产权质押融资，是当前完善中国知识产权交易体系的重要课题。

科技型中小企业，是指以科技人员为主体，由科技人员创办，主要从事高新技术产品的科学研究、研制、生产、销售，以科技成果商品化以及技术开发、技术服务、技术咨询和高新产品为主要内容，并以市场为导向，实行"自筹资金、自愿组合、自主经营、自负盈亏、自我发展、自我约束"的知识密集型经济实体，同时也是中国协同创新主体的重要组成部分。长期以来，有技术、没资金的问题，使科技型中小企业备受困扰，也进一步阻碍了中国协同创新能力的提升。根据国家扶持中小企业发

展的政策，要突破科技型中小企业发展的困境，就必须从科技型中小企业本身具有的优势出发，充分利用丰富的知识产权包括专利权、注册商标权、著作权等，通过创新知识产权金融管理工具，扩大知识产权投融资方式，支持知识产权质押、出资入股和融资担保等。探索与知识产权相关的股权债权融资方式，支持社会资本通过市场化方式，设立以知识产权投资基金、集合信托基金、融资担保基金等为基础的投融资平台和工具。鼓励开展与知识产权有关的金融产品创新，充分挖掘知识产权的融资价值，特点是开展多种模式的知识产权质押融资业务，扩大中小企业知识产权质押融资规模，盘活科技型中小企业的无形资产，缓解融资难问题。

首先，在国家层面的政策支持上要建立促进知识产权质押融资的协同推进机制，有效推进知识产权质押融资工作。由于中国涉及知识产权登记注册的部门，有国家知识产权局、国家版权局和国家工商总局，协同推进机制的建立，将解决知识产权分散于多个部门登记注册管理的难题，使知识产权质押融资更顺畅。同时，协同推进机制的建立，将有助于指导和推动知识产权质押融资工作的开展，在更大范围和更多领域搭建好知识产权质押融资平台，进一步扩大知识产权质押融资的带动和示范效应，推动知识产权质押融资的规模化、体系化和规范化发展，促进商业银行通过开展知识产权质押贷款服务，助力更多的中小企业发展。

其次，协同推进机制的建立需要逐步完善风险管理机制。知识产权质押融资作为一种金融管理工具，虽然已经在政府、银行、企业之间形成共识，但仍存在诸多隐患，如信息不对称、法律风险、估值风险等。因此，建立完善的知识产权质押融资风险管理机制，要求各地银监部门指导和支持商业银行等金融机构，建立健全知识产权质押融资管理体系，创新授信评级，严格授信额度管理，建立知识产权质押物价值的动态评估机制，落实风险防控措施。鼓励融资性担保机构为中小企业知识产权质押融资提供担保服务，引导企业开展同业担保业务，构建知识产权质押融资多层次风险分担机制。探索建立适合中小企业知识产权质押融资特点的风险补偿和尽职免责机制。支持和引导各类信用担保机构为知识产权交易提供担保服务，探索建立社会化知识产权权益担保机制，如知识产权质押融资风险损失由银行和担保机构按比例共同承担。同时设立中小企业融资担保专项资金，主要用于支持各担保、再担保平台和机构的运作，或者引入保险机构，进一步完善知识产权质押融资的风险防控制度。

完善知识产权交易政策，加快建立知识产权评估交易机制，支持设立以知识产权转移为重点的技术转移机构，推进知识产权交易市场体系建设，促进知识产权交易，是保障中国科技型中小企业快速成长、推动中国协同创新能力建设的重要举措。

6.4.3 大力促进科技中介服务机构的发展，完善协同创新成果转化和知识转移的服务体系

大力发展科技中介服务机构，是有效推动协同创新过程中技术转移的重要途径。发达国家发展科技中介的共同做法是，通过政府立法和政策导向，推动并引导中介企业关注科研机构和企业的技术创新。例如，美国政府自1980年以来，不断增加、修改技术转移相关法案，如《拜杜法案》、《联邦技术转移法》和《国家竞争力技术转移法》等，日本1998~2000年通过了《大学等技术转让促进法》、《技术转移法》、《产业活力再生特别措施法》等。因此，中国在大力发展为企业服务的各类科技中介服务机构的过程中，迫切需要加紧制定促进和规范技术转移服务机构发展的政策法规体系，逐步明确各类机构的法律地位和权利义务，研究技术转移服务机构的组织制度和发展模式，特别是大力培育和发展各类独立的科技中介服务机构，引入自由竞争的市场机制，引导科技中介服务机构脱离公共事业单位，使之向专业化、规模化和规范化方向发展。

在构建技术交流与技术交易信息平台的同时，对国家大学科技园、科技企业孵化基地、生产力促进中心和技术转移中心等科技中介服务机构开展的技术开发与服务活动给予政策扶持。各级政府也要将技术转移服务机构的建设工作提上议事日程，纳入政府的经济和科技发展规划。同时，应加强对科技中介服务机构的行业管理和规范，制定科技中介服务机构的指标评价体系及机构资质认定、监督管理等制度，规范行业行为，提高行业准入门槛。

6.4.4 构建区域协同创新网络，推动区域创新能力的提升

由企业、研究机构、大学、政府、中介服务组织等构成的区域创新网络，通过产业链、价值链和知识链，汇聚优势资源，形成长期稳定的创新协作关系，是一种具有大量知识溢出、技术转移和学习特征的创新组织模式。世界上公认的创新型国家，也都积极地通过培育大规模且具有较强竞争优势的区域创新网络来提升国家创新能力。这也逐渐成为中国建设创新型国家的重要战略。但是，从目前中国多数区域创新网络的建设情况来看，由于只强调本地区域网络主体（如企业、大学、研究机构、政府等）的运行，缺乏对创新网络外围环境之间的互动，使得对区域创新能力的提升并没有显著的效果。究其原因，一方面，由于政府没有发挥应有的主导作用，各个网络主体没有形

成紧密联系的协同创新网络;另一方面,由于单个网络内的创新资源有限,难以承担大型的创新活动,致使区域创新能力日益萎缩。因此,要解决中国跨区域协同创新网络建设的问题,亟须着手解决以下几个问题。

首先,区域协同创新网络的建设,要前所未有地提升政府在创新体系中的作用。政府引导是解决市场失灵的有效手段,特别是在现阶段,中国市场的自我调节机制还不成熟,相关的法律法规也有待健全,需要政府在适当的条件下予以行政上的协调和支持。

其次,通过构建一个有实质权力和实际协调效果的"跨区域协调中心",以有效的联系机制和合理的组织协调机制为基础,负责区际经济合作在研究策划、统筹规划、联系沟通、指导实施、信息服务、政策法规咨询等方面的工作,以实现区域间优势互补和共同发展。与此同时,在区域协同创新网络中,应积极推动建设跨企业-产业联盟,主要措施包括:①发展产业技术联盟,重点是建立以技术创新为目标、以市场为导向、以企业为主体,产学研相结合的联盟形式。②围绕特色产业,通过优势企业牵头建立联盟。③促进企业之间、产学研之间、联盟之间的合作与交流,形成创新网络和创新集群。④促进联盟的国际化,包括成员的组成和以技术创新为目标的国际合作等。构建跨区域协同创新网络,需要同时打造交易网络和技术网络两个平台。首先,构建跨区域交易网络平台,包括建立区域之间的专业性市场、网上交易平台以及跨区域的要素市场;其次,构建跨区域的技术创新网络平台,即以地方政府为主导实施协同战略,将企业、地方政府、研究机构、中介机构等各相关利益主体,协同在一个无形的平台上,通过协作和创新形成一个强大的跨区域集群。在具体的区域协同创新模式上,应积极推动供应链互补型整合模式、资源共享型整合模式、优势互补型整合模式和蛛网辐射型整合模式的发展,促进资源、信息等要素在创新主体之间的流动与整合,以此推动区域协同创新能力的提升。

6.4.5 加强以创新质量和贡献为导向的协同创新评价体系建设,完善利益分配机制

通过推动协同创新过程中的成果转化和知识转移来加速科技进步与经济社会的发展,已成为世界各国的共识。特别是高校依托自身的优势资源为产业部门提供科技管理咨询、企业孵化、技术转移、人力资源开发、知识传播等综合服务,并通过广泛开展技术转让、共建技术中心和共同开发课题等多种形式合作,大大增强了企业的技术创新能力,有效地促进了科技力量向经济社会的转移。

但是,考虑到协同创新过程中会涉及多方的利益相关者,在市场自由配置利益的过

程中，由于机制不健全和信息不对称，常常出现利益分配不合理的问题，特别是缺乏一套科学系统地测度协同创新绩效的评价体系。其中，最为突出的问题表现为，现有的创新绩效评价体系，过分强调静态的量化评价指标，简单地以科研经费、科技成果（论文、著作、获奖、专利）等指标作为考核依据，而对于协同创新过程绩效甚少考核。这不仅大大影响了协同创新能力建设的公平性原则，也挫伤了那些本该获取更高收益组织的积极性。

为了更好地明确协同创新过程中不同创新主体的地位及其利益分配问题，引导创新主体最大限度地发挥作用，需要高度重视"协同创新评价体系"的建设问题，突出协同创新主体之间的联动性，坚持将协同创新过程绩效和结果绩效纳入创新绩效评价体系，在充分考虑创新主体各方对创新系统的贡献程度、资源投入和承担的风险水平等情况的前提下，形成以创新质量和贡献为导向的评价机制，改变单纯以论文、获奖为主的考核评价方式，注重原始创新和解决国家重大需求的实效，建立综合评价机制和退出机制。其中，面向区域和行业产业的协同创新模式，要建立以科技成果转化情况以及行业产业应用为导向的评价体系，引入第三方科研项目监理制度，建立既能体现公平又能激发竞争的科技成果认定制度。面向科学前沿和社会发展的协同创新模式，要从原来的纯论文数量导向走向创新质量的评价，建立以学术影响和学术水平为基础的评估体系，主要依据是发表论文的质量与数量以及国际评估专家组的综合评估意见。

完善协同创新利益分配的激励机制，就要从协同创新评价体系的建设着手，审视整个创新系统能够实现的共同利益，积极贯彻利益分配中的公平性、平等性和协商性原则，保障各个主体在创新体系中平等的地位，本着互利共赢的指导思想，通过充分的讨论，协商决定利益分配方案。只有这样才能保证协同创新机制的长期稳定发展，才能实现协同创新能力建设过程中整体利益的最大化。

6.4.6 完善动态灵活的人员聘用与流动机制，构建科学有效的协同创新组织管理体系

高效的人才聘用和流动机制是构建科学、合理的人才队伍结构的重要保障。因此，为了充分保障协同创新组织的高效运行，必须从突破现有人事制度的障碍出发，改变以往固定呆板的人事制度，进一步完善动态灵活的人员聘用与流动机制。具体的政策措施如下。

在人才聘任制度的改革上，积极实施"双聘"制度，即根据按需设岗的原则，将涉及跨单位人员聘任的，采取人员流动不调动的方式，将岗位工作与人事关系进行

相对分离，成果归属原单位。同时，参照欧美现行制度，面向全球招聘拔尖人才，实行年薪制与全员聘任合同制，设立独立的青年科学家研究部，面向国际公开招聘40周岁以下的杰出青年科研人才。

在人才流动机制改革上，要充分保障自由开放的人才流动机制。建立以任务为导向的"人才驿站"，并以"国际化、社会化、竞争性、高效率"为基本原则，增强对国内外优秀人才的吸引力和凝聚力，特别是在全球范围内吸引优秀的博士后加盟，共同造就协同创新的领军人才与队伍。同时，还要建立完善的人员动态管理和可进可出的流动机制，建立由国内外专家组建的评审团，在人才聘期结束前6个月进行综合评审，特别是出于项目原因或者经考核不再续聘的，人事关系属于原单位的编制人员可回原单位的相应岗位工作，或者实施解聘处理。

在人才岗位设置上，确定相对独立的人事权，进一步将岗位设置分为教学、科研、管理、服务4个系列。同时，在协同创新内部的运营系统内，将岗位进一步细分为独立实验室的负责人、实验室内的辅助研究人员、公共平台的技术支撑人员和行政服务人员。按照国际标准，对独立实验室负责人，进行公开选拔，应聘者需经个人申请，由学术委员会组织国际评审。原则上，独立实验室负责人必须具有本研究领域世界领先的学术水平，采取个人负责制，5年为1个聘期。实验室内的辅助研究人员的聘任标准和考核条件，由独立实验室负责人自行决定，相关费用从实验室基本科研费中支出。行政服务人员、公共平台的技术支撑人员，根据需要择优聘用，并根据年度考评结果，决定续聘或解聘。

6.4.7 健全寓教于研的拔尖创新人才培养模式，以高水平科学研究支撑高质量人才培养

探索建立拔尖创新人才培养的有效机制，促进拔尖创新人才脱颖而出，这是建设创新型国家、实现中华民族伟大复兴的历史要求，也是当前教育改革的迫切要求。为了推动中国的协同创新能力建设，进一步完善以科学研究和实践创新为主导，依托重大科研项目，通过学科交叉与融合、产学研紧密合作等途径，推动科教结合的人才培养机制改革，以高水平科学研究支撑高质量人才培养，必须从以下几个方面的人才培养机制改革中进行全面突破。

在招生办法改革上，需要进一步完善"自主申请，多方审核"的人才选拔机制。成立联合招生委员会，发布联合招生简章，统一招生标准，根据以往的成绩单、专家推荐信，采取单独考核及面试等方式进行人才选拔，特别是对学生的学科背景、操作技能、外语口语水平、逻辑思维能力和创新能力等进行综合评价。实行招生制度改

革，首先要完善本科生录取机制，加大自主招生力度，挖掘创新人才。在研究生招生上实施多次选拔、动态进出机制，打破传统考试习惯，根据递交的申请材料和大学阶段的综合表现，择优邀请申请人参加复试。在博士研究生的招生中，要进一步突破原工程博士生的招生政策，依托协同创新联盟的重大技术创新项目并根据企业需求招收企业后备领军人才攻读博士学位。在研究生招生名额上给予协同创新联盟高校政策性倾斜支持，特别是扩大工程博士培养试点。

在人才培养方面，应依托重大项目的研究与开发，积极加强科教结合的人才培养机制改革，完善创新创业导向的跨学科复合型人才联合培养制度。首先，设立统一的学位委员会，制定统一的培养方案和学位授予办法，聘请不同学科和企业专家担任兼职教授和兼职研究员加入导师组，企业专家作为兼职导师参与工程博士、工程硕士和卓越工程师计划的人才培养。在联盟高校内对研究生课程交叉授课，双方互认学分，互修学位，互相进行研究生推免，共享资源，实现优势互补。研究生培养以直博生、硕博连读生为主，对优秀学生实行"本－硕－博"连读的人才培养模式，鼓励本科生选修研究生课程，考试成绩合格者，可在研究生阶段免修该课程。优秀学生将直接进入中心的科研团队，让学生参与高水平的科学研究和国家重大的工程项目，以高水平的科学研究支撑高质量人才培养。青年教师应先进入科研团队，设立青年教师研究基金、青年教师发展委员会等来支持青年教师的培养工作。

在人才考核工作上，依据人才发展的自然规律，分阶段分层次制定以科研能力和创新成果为导向的科技人才创新能力考评制度，弱化青年人才职业发展初期的量化性考核，不断改进完善片面将论文数量、项目和经费数量、专利数量等与科研人员评价和晋升直接挂钩的僵化做法。完善科技人员的收入分配政策，加快实施绩效工资，建立健全以贡献率为基础的创新人才薪酬制度等，为协同创新培养和输出高素质人力资源，进一步推动协同创新能力建设。

6.4.8 坚持以分类和重点支持为导向的资源配置方式，构建有利于协同创新的长效机制

完善协同创新的资源配置模式是保障协同创新能力建设成功的关键。为了充分利用和盘活协同创新组织的现有资源，必须坚持不断优化以分类和重点支持为导向的资源配置方式，根据不同类型的协同创新组织模式，制定不同的资源配置方式，以充分汇聚优势和特色学科，构建有利于协同创新的长效机制。

首先，面向行业产业和区域的协同创新模式，应以产业资助为主，政府资助为辅。来自政府的资助，主要发挥种子资金的杠杆作用，通过建立协同中心发展基金，

以此撬动产业部门投入更多的资源,实现各种创新要素和资源的高度汇聚、融合和共享,并按照"开放、共享、有偿"的原则,建立公共科技资源信息平台,实现仪器设备、科研设施、科技成果等在创新体系内的公开和共享。鼓励企业在高校建立联合研究中心或创新实验平台,长期进行科研合作开发以及产业化推广。

其次,面向科学前沿的协同创新模式,应以政府资助为主,产业资助为辅。面向科学前沿的重大科技项目往往是投资周期较长且短期效益不明显的项目,因此,必须以政府投入为主体并恰当引入产业资助,形成竞争性和长期支持相结合的资源配置模式。

最后,要完善协同创新的资源共享机制,加强高校、企业、科研机构、金融机构和政府等主体之间的资源整合与互动,包括建设面向科技前沿、行业产业、区域发展和文化传承创新的资源共享平台,特别是加强以政府为主导的公共服务平台建设。因为公共服务平台是促进协同创新平台的科技资源优化配置,提高科技创新能力,实现科技可持续发展的重要基础,政府应充分利用网络实现科技资源和科技基础设施的有效集成,提升信息资源共享程度,从而提高整个协同创新平台的运行效率。具体的资源共享平台建设包括科技咨询服务平台、科技文献共享平台、科学数据共享平台、仪器设施共享平台、自然资源共享平台、技术转移平台、生产力促进中心、行业检测服务平台、创新投融资平台、评估平台等。

参考文献

陈劲、斯亚奇、谢芳:《企业知识产权价值实现的动态选择》,《科学学与科学技术管理》2011年第11期。

陈劲、阳银娟:《协同创新的理论基础与内涵》,《科学学研究》2012年第2期。

陈劲:《协同创新》,浙江大学出版社,2012。

陈劲、郑刚编著《创新管理——赢得持续竞争优势》,北京大学出版社,2009。

陈黎:《区域创新能力的形成与提升机理研究》,博士学位论文,华中科技大学,2011。

陈武、何庆丰、王学军:《基于智力资本的三维协同区域创新模式研究》,《情报杂志》2011年第2期。

程平:《知识产权质押融资探析》,《人力资源管理》2011年第7期。

范晓波:《知识产权价值决定——以经济学价值理论为视角的考察》,《电子知识产权》2006年第10期。

郭咸纲:《贡献利益与分享模式》,清华大学出版社,2005。

何卫平、张俊英、马保川:《合作创新风险分担研究》,《中国管理信息化》2011年第8期。

何卫平、张俊英、芮玉:《基于工程项目风险分担的合作创新风险管理研究》,《改革与战略》2011年第5期。

何秀芳、刘宇、吴文斌:《构建区域创新主体之间的利益共享机制形成高效区域创新协同网络体系》,《中国改革报》2009 年第 11 月 2 日。

胡锦涛:《在庆祝清华大学建校 100 周年大会上的讲话》,新华网,http://news.xinhuanet.com/politics/2011-04/24/c_121341791.htm,最后访问日期:2015 年 7 月 9 日。

教育部:《教育部财政部关于实施高等学校创新能力提升计划的意见》,http://www.moe.edu.cn/publicfiles/business/htmlfiles/moe/A16_zcwj/201204/134371.html,最后访问日期:2015 年 7 月 9 日。

解学梅、曾赛星:《创新集群跨区域协同创新网络研究述评》,《研究与发展管理》2009 年第 1 期。

解学梅:《都市圈协同创新机理研究:基于协同学的区域创新观》,《科学技术哲学研究》2011 年第 2 期。

雷永:《产学研联盟利益分配机制研究》,硕士学位论文,上海交通大学,2008。

李俊华、王耀德、程月明:《区域创新网络中协同创新的运行机理研究》,《科技进步与对策》2012 年第 13 期。

李平:《应积极推动协同创新》,《黑龙江日报》2012 年 3 月 12 日。

李霞、宋素玲、穆喜产:《协同创新的风险分摊与利益分配问题研究》,《科技进步与对策》2008 年第 12 期。

李校秋、邓利斌:《基于交易成本理论的组织之间协调机制研究》,《中国外资》2009 年第 14 期。

刘学、庄乾志:《合作创新的风险分摊与利益分配》,《科研管理》1998 年第 5 期。

马永红、王展昭:《区域创新系统与区域主导产业协同机理研究》,《科技进步与对策》2012 年第 16 期。

〔美〕迈克尔·迪屈奇:《交易成本经济学》,王铁生、葛立成译,经济科学出版社,1999。

明炬:《协同创新中心培育组建过程常见的几个问题》,《中国高校科技》2012 年第 7 期。

史金龙:《基于复杂性科学的区域创新网络各结点的协同发展研究》,硕士学位论文,山东大学,2008。

孙锋、刘彦:《英国公共科研机构私有化改革后管理运行模式探析》,《科技管理研究》2011 年第 4 期。

孙中峰等:《美国技术转移措施及组织运作机制》,《全球科技经济瞭望》2003 年第 5 期。

陶锐:《基于知识增值过程的企业知识价值链研究》,《科学决策》2009 年第 5 期。

田晓霞、陈金梅:《利益相关者价值创造、创新来源与机会》,《科学学与科学技术管理》2005 年第 11 期。

王国顺、周勇、汤捷:《交易、治理与经济效率》,中国经济出版社,2005。

王立新、高长春、任荣明:《企业创新能力的评价体系和评价方法研究》,《东华大学学报》(自然科学版) 2006 年第 3 期。

王展昭:《区域创新系统与区域主导产业群协同发展的对策研究》,硕士学位论文,哈尔滨工程大学,2011。

谢德荪:《源创新——转型期的中国企业创新之道》,五洲传播出版社,2012。

〔美〕熊彼特:《经济发展理论》,何畏等译,商务印书馆,1990。

许彩侠：《区域协同创新机制研究——基于创新驿站的再思考》，《科研管理》2012 年第 5 期。

许庆瑞：《全面创新管理：理论与实践》，科学出版社，2007。

杨峰：《风险投资嵌入式产学合作战略联盟研究》，硕士学位论文，浙江大学，2008。

于娱、施琴芬、朱卫未：《我国高校知识价值增值效率研究——基于数据包络模型分析》，《科技进步与对策》2012 年第 15 期。

袁晓东：《知识产权交易成本分析》，《电子知识产权》2006 年第 11 期。

岳建明：《区域产业技术创新联盟与产业集群的协同发展机制构建策略探讨》，《中国外资》2011 年第 14 期。

张钢、徐乾：《知识集聚与区域创新能力：一个社会认知的视角》，《自然辩证法通讯》2006 年第 6 期。

张平：《职务发明制度探讨》，硕士学位论文，苏州大学，2011。

张雪艳：《国有企业管理必须重视交易成本》，《管理科学文摘》2006 年第 4 期。

张永军、赵占波：《企业价值评价与知识增值的研究》，《技术经济与管理研究》2010 年第 1 期。

赵成：《风险资本、创新管理与价值创造》，《环渤海经济瞭望》2002 年第 8 期。

甄晓非、林全盛：《高科技企业知识增值与创新管理研究》，《科学管理研究》2012 年第 3 期。

朱崇开：《德国基础科学研究的中坚力量——马普学会》，《学会》2010 年第 3 期。

Bititci, U., Carrie, A & Turner, T., "Integrated Performance Measurement Systems: Structure and Dynamics," in *Business Performance Measurement: Theory and Practice* (Cambridge: Cambridge University Press, 2002).

Chandrasekaran, Tellis, "Global Takeoff of New Products, Culture, Wealth, or Vanishing Differences?" *Marketing Science* 27 (2008).

Chesbrough, H. W., *Open Innovation* (Harvard Bus. S. C., 2003).

David Mowery, Nathan Rosenberg, "The Influence of Market Demand Upon Innovation: A Critical Review of Some Recent Empirical Studies," *Research Policy* (1979).

Handfiel, B. R. & Bechte, C., "The Role of Trust and Relationship Structure In Improving Supply Chain Responsiveness," *Industrial Marketing Management* 31 (2002).

Kogut, B., Zander, U., "Knowledge of the Firm, Combinative Capabilities, and the Replication of Technology," *Organization Science* 3 (1992).

Malone, Crowston, "The Interdisciplinary Study of Coordination," *ACM Computing Surveys* 26 (1994).

Mun, J., Shin, M., Lee, K., Jung, M., "Manufacturing Enterprise Collaboration Based on a Goal-Oriented Fuzzy Trust Evaluation Model in A Virtual Enterprise," *Computer & Industrial Engineering* 56 (2009).

Pittaway, L., et al., "Networking and Innovation: A Systematic Review of the Evidence," *International Journal of Management Reviews* 5 (2004).

Powell, W., Koput, Smith-Doerr, L., "Inter-organizational Collaboration and the Locus of Innovation: Networks of Learning in Biotechnology," *Administrative Science Quarterly* 41 (1996).

Spekman, E., "Strategy Supplier Selection: Understanding Long-term Buyer," *Business Horizons* 4 (1998).

Teece, D. J., "Technological Know-how, Property Rights, and Enterprise Boundaries: the Contribution of Arora and Merges," *Industrial and Corporate Change* 14 (2005).

Teece. D., "Time-Cost Tradeoffs, Elasticity Estimates and Determinants for International Technology Transfer Projects," *Management Science* 23 (1977).

Varda, D., Shoup, A., Miller, S., "A Systematic Review of Collaboration and Network Research in the Public Affairs Literature", *American Jounal of Public Health* 3 (2012).

Wang, S. & Archer, N., "Supporting Collaboration in Business-to-business Electronic Marketplaces, Information," *Systems and E-Business Management* 2 (2004).

Wilson, J. M, Straus, S. G., McEvily, B., "All in Due Time: The Development of Trust in Computer-mediated and Face-to-face Teams?" *Organizational Behavior and Human Decision Processes* 1 (2006).

专题负责人：陈劲、姚威（浙江大学）
撰稿人：姚威、黄淑芳、周佳、李纯、梅亮

后 记

"科教结合推动国家创新发展"课题由科技部资助、教育部科技司组织的重点科研项目，课题于 2013 年立项，2015 年完成研究任务并结题。本课题的研究成果经修改、补充、整理后形成此书：《国家创新系统的演进与发展——以科教结合为视角》。本研究课题由教育部科技委委托清华大学、上海交通大学、北京大学、浙江大学、华东师范大学和西安交通大学六所高校有关部门和人员承担，由清华大学公共管理学院院长薛澜教授担任课题总负责人。

本书的完成凝聚了参加本书研究、撰稿、审阅和评审的诸多学者和专家的共同努力。本课题内容的总体策划是在薛澜教授主持下，由本书编委会成员何晋秋、刘念才、周辉、陈劲、杜德斌、郭菊娥等参加讨论确定，教育部科技委秘书长高润生、副秘书长朱小萍进行指导并提出了重要的意见和建议。课题进行中先后召开多次项目研讨会和专题研讨会，聘请有关专家、学者对各部分研究成果进行审查、评议和研讨，提出了许多宝贵的意见。承担各任务的学校及研究人员对研究工作认真负责，分别对研究报告的有关部分进行了认真修改、调整和补充。本书由薛澜教授担任主编，何晋秋教授负责全书统稿及协调，刘军仪、张青青、顾小璐等参加了全书的统稿和校稿工作。

本书各章的撰稿人和审阅人

章节	撰稿人	审阅者
第1章	薛澜、何晋秋、张帆、张青青	肖广岭、黄海刚、刘军仪
第2章	何晋秋、郭菊娥、刘军仪、黄海刚、张旭	康小明、苑大勇、张青青
第3章	何洁、李晓强、周辉	何海燕、王刚波
第4章	杜德斌，楚天骄、王俊松	肖尤丹、庞诗
第5章	朱军文、朱佳妮、扎西达娃、刘念才	潘少华、戴继强
第6章	姚威、黄淑芳、周佳、李纯、梅亮	薛二勇、康小明

国家创新系统的建设和发展是我国各级政府、众多学者和专家十分关注的重要问

题；科教结合也是国内外教育、科技、经济及企业界的管理部门和学者、专家长期探讨的课题，它们对国家的建设和发展具有重要的理论和实际意义，其中许多问题尚待进一步深入研究。本研究虽然在某些方面做了一些努力，但研究结果尚不够系统和全面，有不少地方还值得进一步讨论和商榷。我们诚恳地期待各界同行的批评与指正，以使本项研究工作能继续深入、取得更多的成果，为国家的建设和发展做出更大的贡献。

我们诚挚地感谢本书编委会的各位教授及参加本书的编写、评审、审阅、专题研讨和为本书出版辛勤努力的学者、专家和工作人员。

薛澜、何晋秋

图书在版编目(CIP)数据

国家创新系统的演进与发展：以科教结合为视角/薛澜等著. -- 北京：社会科学文献出版社，2016.12
ISBN 978 – 7 – 5097 – 9861 – 4

Ⅰ.①国… Ⅱ.①薛… Ⅲ.①国家创新系统 – 研究 – 中国 Ⅳ.①F204②G322.0

中国版本图书馆 CIP 数据核字(2016)第 254818 号

国家创新系统的演进与发展
—— 以科教结合为视角

著　　者 /	薛　澜　何晋秋　等
出 版 人 /	谢寿光
项目统筹 /	曹义恒
责任编辑 /	曹义恒　岳梦夏
出　　版 /	社会科学文献出版社·社会政法分社 (010) 59367156 地址：北京市北三环中路甲 29 号院华龙大厦　邮编：100029 网址：www.ssap.com.cn
发　　行 /	市场营销中心 (010) 59367081　59367018
印　　装 /	三河市尚艺印装有限公司
规　　格 /	开本：787mm × 1092mm　1/16 印张：24　字数：481 千字
版　　次 /	2016 年 12 月第 1 版　2016 年 12 月第 1 次印刷
书　　号 /	ISBN 978 – 7 – 5097 – 9861 – 4
定　　价 /	98.00 元

本书如有印装质量问题，请与读者服务中心 (010 – 59367028) 联系

版权所有 翻印必究